百年上海与中国共产党

忻 平 主编

城市转型与人口治理

1949—1976年上海动员人口回乡研究

张 坤 著

上海人民出版社 · 学林出版社

本丛书得到上海市教委上海高校智库内涵建设项目"高等学校智库建设—党史国史研究数据库"（2018年）、上海高校高原学科建设计划上海大学"中国史"以及上海高校马克思主义理论高峰学科项目的资助，特此致谢！

总　序

2007 年 3 月 30 日，时任中共上海市委书记习近平与上海市领导班子成员共同瞻仰了中国共产党"一大"会址。在认真观看珍贵的历史资料后，习近平深情地说："中国共产党诞生在上海，这是上海的骄傲，我们有幸在上海工作，既感到十分光荣，更倍感责任重大。"① 时隔十二年，中共中央总书记习近平来到上海调研，他强调："上海是党的诞生地，党成立后党中央机关长期驻扎上海。上海要把这些丰富的红色资源作为主题教育的生动教材，引导广大党员、干部深入学习党史、新中国史、改革开放史，让初心薪火相传，把使命永担在肩，切实在实现'两个一百年'奋斗目标、实现中华民族伟大复兴的中国梦进程中奋勇争先、走在前列。"② 建党百年之际，总书记的殷切嘱托为深入开展中国共产党在上海革命斗争史研究、深入发掘上海红色资源提供了根本依据。

2020 年 1 月 8 日，习近平总书记在"不忘初心、牢记使命"主题教育总结大会上的讲话中指出："从石库门到天安门，从兴业路到复兴路，我们党近百年来所付出的一切努力、进行的一切斗争、作出的一切牺牲，都是为了人民幸福和民族复兴。"③ 总书记的讲话进一步明确了上海是中国共产党百年奋斗史的起点，是中国共产党人初心开始的地方。中国共产党在上海孕育和诞生、中共中央长期驻扎在上海，这是近代以来上海城市发展、多元文化生长、人才聚合等多种历史因素合力的结果，其中蕴含了深刻的历史必然性。

1843 年上海开埠以来，伴随着城市现代化和工业文明的发展，上海因

---

① 《习近平的 4 次"一大"会址之行》，《新民晚报》2017 年 11 月 1 日，第 3 版。
② 《习近平：深入学习贯彻党的十九届四中全会精神　提高社会主义现代化国际大都市治理能力和水平》，《人民日报》2019 年 11 月 4 日，第 1 版。
③ 《习近平在"不忘初心、牢记使命"主题教育总结大会上的讲话》，《人民日报》2020 年 1 月 9 日，第 2 版。

其特殊性而成为全国最早的先进生产力展示之地、工人阶级集聚之地、先进文化荟萃之地和马克思主义传播之地。上海是近代中国的经济中心、工业中心、商业中心、文化中心、通讯中心、航运中心。作为近代中国工业文明的摇篮，上海是工人阶级最集中的地方。1919 年全国工人总数达 200 万人，上海工人总数已经达 51 万人，产业工人数量达 18 万人①，因此毛泽东称"上海是中国工人阶级的大本营"②。在以商为主的城市性质和以移民为主的陌生人社会基础上，逐渐形成了习近平总书记说的开放、创新和包容的城市品格与平等、多元、法治的社会氛围，形成了上海人崇尚理性、勇于创新的精神特质。追求新知、反对旧制度，成为中国共产党的思想意识形态的社会基础。

近代以来，上海租界、华界"四国三方"的特殊政治地理格局、多元的法律文化和宽松的社会环境，为中国革命和政治活动的展开提供了自由土壤。经过几十年的发展，20 世纪初，上海更演变为全国文化中心，不同思潮在此激荡，教育、新闻、出版等各类文化产业迅猛发展。五四新文化运动中心转移到上海以后，各类先进的中国知识分子集聚上海，译书办报，他们从信奉无政府主义转而研究和信仰马克思列宁主义，协力促进了马克思主义在中国尤其在上海的广泛传播。1920 年 8 月，陈望道首译《共产党宣言》在上海出版后，掀起了马克思主义和社会主义传播的热潮。整个民国时期，马克思主义著作多在上海翻译出版。可以说，纵览 20 世纪，上海提供了中国共产党创建所需要的各类主客观条件。红色基因在江南文化、海派文化的基础上落地生根、开花结果，形成了红色文化，开启了创建中国共产党的历程。

上海向来被称为"十里洋场""魔都上海"，但许多人不清楚的是，上海更是中国的红色源头。新、老渔阳里和中共一大会址、博文女校、《新青年》编辑部、《共产党》月刊编辑部、又新印刷所等在内的"红色一平方公里"则是上海的红色源头与核心。中国共产党在这里成立，中国共产党的历史从这里开始，中国共产党的精神家园在这里形成。这里是一个新型无产阶级政党酝酿、筹备、诞生的地方，党在这里指挥中国革命、从这里出发踏上长征的征程。毫无疑问，中国共产党诞生在上海具有历史的必然性，中国共产党

---

① 沈以行、姜沛南、郑庆声：《上海工人运动史（上卷）》，辽宁人民出版社 1991 年版，第 19 页。
② 此文来源于 1949 年 5 月 29 日新华社社论《祝上海解放》，该社论为毛泽东亲笔修改。中共上海市委党史研究室：《浴火新生：上海解放图录》，上海辞书出版社 2009 年 1 月，第 188—189 页。

的初心可以在上海的百年历史中追寻源头。

20 世纪初的上海也是中国共产党人革命活动的主要场域。1920 年 2 月，陈独秀由北京秘密返回上海，入住法租界老渔阳里 2 号，风云一时的《新青年》编辑部也随之迁至于此。一大批早期共产主义者在此汇集与活动。同年 8 月，中国共产党上海发起组在老渔阳里 2 号（今南昌路 100 弄 2 号）成立，实现了党的发起和初建。十八大后中央党史研究室编印的《中国共产党的九十年》中明确写道："上海的组织一开始就叫中国共产党，北京的组织则称为中国共产党北京支部。它们都是不久后组成统一的中国共产党的地方组织。"① 老渔阳里成为孕育中国共产党的"秘密花园"，上海发起组在这里指导全国各地党组织的筹建和各类工作。中国共产党的第一次代表大会和第二次代表大会都是在此筹备组织的。1921 年 7 月 23 日，中国共产党各地方组织的代表们第一次共同聚集在法租界望志路 106 号（今兴业路 76 号）召开了党的一大，共同选举了中央局和党的书记陈独秀，通过了第一部《中国共产党党章》，标志着全国性的中国共产党组织在上海正式成立。从某种意义上讲，从渔阳里到一大，这是一个历史的过程，两座高峰，缺一不可。

党的一大后，新生的中央局迁回老渔阳里，这里就成为最早的党中央机关所在地。新渔阳里 6 号（今淮海中路 567 弄 6 号）是上海社会主义青年团的发起和初建之地，后来成为团中央的驻扎之地，也成为外国语学社这个党培养青年干部的场所。

自 1921 年 7 月中共一大召开到 1933 年 1 月临时中央政治局被迫迁往江西苏区，中共中央在上海 12 年，除了三次短暂迁离外，中共中央领导机关一直驻扎于上海，以上海为中心指导全国各地的革命斗争。众所周知，新民主主义革命时期召开过的党的七次全国代表大会中，一大、二大、四大等三次大会都是在上海召开。即便在莫斯科召开中共六大期间，上海仍设有留守中央负责处理党的日常工作。② 六大后党中央还是迁回上海。今天在云南路尚存"六大后中央政治局机关旧址"。

上海从来不是政治中心，但是百年来，几乎所有的政治大事件都首先在

① 中共中央党史研究室：《中国共产党的九十年（新民主主义革命时期）》，中共党史出版社、党建读物出版社，2016 年，第 28 页。

② 中共上海市委党史研究室：《1921—1933：中共中央在上海》，中共党史出版社，2006 年，第 1 页。

上海发生。中国共产党在上海诞生，中国国民党也是在上海改组更名。抗日战争期间，上海既是抗战文化的发源地，又是全国抗日救亡运动的发起地和中心地，还是第二次国共合作的最早谈判地。解放战争爆发后，上海成为中国共产党领导下爱国民主运动和人民革命第二条战线的主要阵地之一，上海风起云涌的革命斗争有力推进了解放战争的胜利进程。正如毛泽东所述：上海是中国工人阶级的大本营和中国共产党的诞生地，在长时期内它是中国革命运动指导中心。在中国革命主力由城市转入乡村以后，上海仍然是中国工人运动、革命文化运动和各民主阶层爱国民主运动的主要堡垒之一。①

中华人民共和国成立后，上海成为国家最为重要的社会主义建设和重工业制造基地之一，同时，也积极支援着全国的建设，涌现出一大批先进人物和典型事迹。改革开放以来，尤其20世纪90年代浦东开发开放，上海从后卫变成前锋，承载着完成国家战略任务、走在时代前列、努力践行改革开放排头兵、创新发展先行者的使命。

百年上海史是中共党史、新中国史、改革开放史和社会主义发展史的一个缩影和典型。从过去、现在到未来，上海的历史发展与中国共产党的发展史相互交织，通过这扇窗口，可以探究中国共产党奋斗历程及中国各项政策的实施成果。上海百年与中国共产党的关系密不可分，目前已成为中外学界均十分关注的热门课题。

伟大的革命实践拓展了上海的红色文化底蕴，红色文化贯穿于上海发展的全过程。红色是上海这座社会主义现代化大都市的底色，红色基因在此孕育、发展并渗透进这座繁华都市的血脉深处。回顾百年上海史与中国共产党的奋斗史，中国共产党领导中国革命、建设和改革的历程丰富了上海的红色文化资源，延续和积淀了上海的红色基因。十年前，上海市委党史研究室统计上海共有红色遗址657处，现存444处。近年来，很多遗址仍在修复和重建中，截至今天，现存为600处左右。根据目前最新的统计数据表明，上海的红色遗址、革命和进步历史遗址超过了一千处。②这些红色文化资源镌刻下上海的红色印记，承载着薪火相传的红色基因。百年上海红色文化的历

---

① 中共上海市委党史研究室：《浴火新生：上海解放图录》，上海辞书出版社2009年1月，第188—189页。

② 《学者调研新考订出400处革命纪念地 上海红色文化遗址突破一千处》，人民网，http://sh.people.com.cn/n2/2018/0702/c134768-31763788.html，2018年7月2日。

史完整性是上海文化的一大特色，这一重要课题同样长期吸引着学术界的关注。

为了进一步研究上海和中国共产党领导的伟大斗争实践过程的关系及其历史地位和作用，传承与赓续上海的红色基因，我们组织编写了这套"百年上海与中国共产党系列丛书"。史学研究既要研究历史事件，也要研究与事件相关联的原因，这是历史学的基本研究方法。本套丛书以百年上海和中共党史、新中国史、改革开放史和社会主义发展史关系的"四史"为背景，以一百年党史为核心，以上海的政治、经济、社会和文化的历史发展为研究上海红色历史的前提，以党史作为思政课教学研究的重要内容，以中国共产党在各个领域的探索和实践作为研究党史的重要载体。

第一，从本套丛书总体来看，是以"百年上海与中国共产党"为主题，涉及上海百年与党史中许多具有创新性的专题。

第二，从历史发展来看，中国共产党在上海创建具有历史必然性，其关键在于那个特殊的历史转折年代，上海独特的地缘政治格局、上海的经济、文化和社会结构，为党的诞生提供了其他地方难以觅见的环境，也为中共中央驻在上海十二年提供了得天独厚的条件。因此，上海的政治、经济、社会和文化等自然在研究范畴之内。同时，党史是高校思想政治理论课的重要内容，也是本丛书的重要内容之一。

第三，百年来，在革命、建设、改革三大历史时期，上海都发挥了独特的作用。归纳、深化、弘扬这些作用与影响，就是出版本系列丛书的目的所在。

本系列丛书研究的时段不一，题目各异，作者多是年轻人，他们开阔的视野，新颖的角度、丰富的内容，多元的思维方法，反映了今天年轻学者的研究特点。

郑智鑫的《上海与中国共产党早期革命活动——一个城市社会生态的视角》从城市社会生态的视角考察中国共产党在上海建党及其早期革命活动，由此来理解中国革命。近代上海因其极为特殊的地位，无疑是考察城市社会生态与中共早期革命活动之间关系的最佳范本。作者基于上海城市经济基础、政治空间、文化条件中包含的多方面要素，分析探讨了中国共产党在上海的诞生和中共中央在上海十二年间开展活动所处的外部社会生态环境。

张坤的《城市转型与人口治理：1949—1976年上海动员人口回乡研究》

以大量一手档案、报刊等原始资料为据，从历史变迁角度对1949—1976年上海动员人口回乡现象的历史过程作了较为系统的梳理。动员人口回乡是在社会主义建设时期政府以动员的方式，将城市外来人口和部分城市人口迁回原籍农村从事农业生产的一种历史现象。规模大、牵涉面广、持续时间长是基本特点。包括摊贩、游民、娼妓、乞丐、职工和工人、知识青年、退休人员、外来人口等在内的几乎所有上海存在过的职业和人群都有过的回乡现象。这也是了解新中国历史的一个视角。

张学娟的《新中国成立初期干部制度化建设研究——以1949—1956年上海为例》立足于中华人民共和国成立初期的政权建设背景，从制度与制度化理论视角，分析1949—1956年间上海干部制度化建设历程以及如何围绕当时的党和政府的中心工作，加强干部队伍制度化建设的具体措施。从一个侧面反映出中华人民共和国成立初期党在城市干部队伍建设中的努力。

丰箫的《国家建设和价值观教育——1949—1956年上海高校政治课研究》，以1949—1956年上海市高校政治课为中心，重点研究中华人民共和国成立初期上海高校进行价值观教育的主要情况。该书详细分析了中华人民共和国成立初期上海高校价值观教育的主要组织、措施的建设历程，并从教育的主体——教师和学生两个层面进行个案和群体分析，多视角剖析教育观的实施过程、特点、结果和影响；分析了中华人民共和国初期社会主义价值观教育的方式、效果，以及存在的不足和原因，为我们解析了当时的价值观教育的经验以及国家建设和价值观教育的关系，为当前高校思政教育和价值观教育提供有益的借鉴。

本套丛书得以顺利出版是团队全体成员共同努力的结果，丛书的作者大多是学界新锐，他们的作品具有很强的创新性。同时，学无止境，年轻作者的成果难免存在挂一漏万之处，竭诚欢迎各位专家学者批评指正。

忻平

2020年10月15日

目　录

前 言

一、研究缘起和意义

工业化的发展必然带来城市人口的增加和城市化进程的加快，这是现代化进程的一般规律。在社会主义建设时期，中国的现代化道路则与这一规律迥然不同。

开埠以来，上海城市人口的增加总体上处于自发状态。至 1949 年，上海已经从一个中等规模的江南市镇发展成为中国人口规模最大的现代都市。中华人民共和国成立后，人口发展结束了自发状态。上海自近代以来第一次处于强有力的中央政权统治之下，作为特大城市的上海严格控制人口规模成为其现代化进程乃至中华人民共和国城市化进程的重要特点之一。

在政府的严格控制之下，1949—1976 年上海人口规模处于发展最慢的历史时期。清朝末期，上海人口从 1852 年的 544413 人发展到 1910 年的 1289353 人，增加了 136.8%，年均增长 2.32%。民国时期，上海人口从 1910 年的 1289353 人发展到 1949 年 3 月的 5455007 人 ①，增加了 323.1%，年均增长 8.08%。社会主义建设时期，上海市区人口从 1949 年 4189397 人发展到 1976 年的 5519083 人，增加了 31.7%，年均增长 1.13%。改革开放以来，上海市区人口逐年稳步增长，从 1978 年的 5573796 人发展到 2014 年的 2425.68 万人 ②，增加了 334.9%，年均增长 9.05%。2015 年以来，上海在制定和推进"十三五"规划的过程中，再次强调要严格控制人口规模，于是上海城市人口增长进入了新的周期。

---

① 邹依仁：《旧上海人口变迁的研究》，上海：上海人民出版社，1980 年版，第 90—91 页。由于统计资料中从 1852 年开始统计，且缺少 1911—1913 年的统计数据，所以本文比较时选取 1852、1910、1949 年的统计数据，以描绘上海人口发展的大势。

② 1949、1976、1978 年的人口数据来自上海市公安局户政处编写的《上海市人口资料汇编（1949—1984）》，1984 年制，第 7—8 页。2014 年数据来自《去年上海人均生产总值 9.73 万》，东方早报，2015 年 3 月 1 日。

根据上述数据，社会主义建设时期上海城市人口增长在上海开埠以来的四个发展阶段中处于最低水平，甚至低于同期上海市区人口的自然增长率①。与社会主义建设时期其他大城市相比，上海市区人口的增长也是最慢的，据测算，1976年与1949年相比，北京市区人口增长了124.6%，天津增长了60.3%，武汉增长了167%，广州增长了135.2%②。可以说，从上海控制人口规模的角度而言，在其发展史上，社会主义建设时期表现最为突出；在同期各大城市的人口规模控制中，上海的表现也最为典型。

控制城市规模、减少城市人口是贯穿社会主义建设时期始终的一项重要政策。1949—1976年的27年中，上海市运用多种政策工具不断减少城市人口，大大放缓了上海成为千万人口大城市的步伐。中华人民共和国成立初期，上海通过疏散灾难民回乡生产等运动，推动了旧城市的改造。1950—1954年，上海市并未对人口问题进行系统规划和控制，导致城市人口迅速增加。1955年，上海开始进行动员农民回乡生产的运动，大规模地减少了城市人口，并开始系统地制定人口发展规划，按照规划的要求不断组织人口外迁。1957年的《上海市人口工作方案（草案）》③则完善了减少城市人口的政策工具，控制迁入、组织迁出和计划生育成为上海市减少城市人口的"三驾马车"。在此三项政策之中，组织人口外迁由于见效最快而更受政府偏爱。20世纪六七十年代，随着城乡二元结构的形成和不断固化，上海迁入人口大量减少，但政府组织人口外迁的工作仍在继续推进。20世纪60年代初的精简职工、减少城镇人口运动、60年代中期的三线建设、"文革"期间的知识青年上山下乡和备战疏散运动等，同样促使上海的人口外迁出现高潮。上海组织人口外迁的持续时间之长、力度之大，在古今中外的城市发展史上，都是极为罕见的。

动员人口回乡是社会主义建设时期政府以动员为手段，将城市人口或城市外来人口迁回原籍农村从事农业生产的一种历史现象。薛凤旋把此一时期中国的人口迁移主要分为两类：一是由城市到城市的迁移，二是有组织地由

①　据笔者测算，1950—1976年27年间上海市区人口的自然增长率为1.6%。测算数据资料来源于上海市公安局户政处编写的《上海市人口资料汇编（1949—1984）》，1984年制，第23—24页。
②　张坤：《1949—1976年上海市动员人口外迁与城市规模控制》，《当代中国史研究》，2015年第3期。
③　《上海市民政局关于上海市人口工作方案（草案）》，上海市档案馆：B168-1-882-27。

城镇至农村的人口迁移①。从上海的实践来看，由城市到城市的迁移是以支援外地工矿企事业单位建设的形式开展的。根据较为详细的统计资料，从 1950 年至 1969 年，上海市支援工矿企事业的人数达 76.21 万，支援农业建设 61.52 万，两者共计 137.73 万。同期，上海共动员回乡人口数为 241.42 万②。支援农业建设与动员人口回乡主要是由城至乡的迁移，其区别在于支援农业建设大多在劳动部门的组织之下，劳动力以插队、建队或组建参加国营农场等形式进行；而动员人口回乡则主要由民政部门组织进行，动员来自农村的人口回其原籍。从上述数据可见，就减少城市人口的要求而言，动员人口回乡的规模远大于支援外地建设的规模。亦即在上海的组织人口外迁过程中，由城至乡的迁移远大于由城至城的迁移。

目前，学术界关于社会主义建设时期上海减少城市人口、组织人口外迁的历史进程已有不少研究成果，但其中规模最大、涉及面最广的动员人口回乡现象则少人问津，从历史发展的视野对动员人口回乡的历史进程进行系统研究的学术成果更是付之阙如。基于此，本书的研究的意义与价值可概括如下：

第一，还原上海动员人口回乡的历史真相。从历史发展的长时段视野，描述上海动员人口回乡的历史进程，分析上海动员人口回乡的阶段特征。并在此基础上，总结动员人口回乡的原因、工作机制以及被动员对象的历史命运，以实现历史学还原历史真相的学科使命。

第二，从动员人口回乡的新视角切入，分析社会主义建设时期上海城市发展的特点。如此大规模的动员人口回乡现象，必然由当时的时代背景和上海城市发展的独特定位所决定。动员人口回乡与社会主义工业化存在着紧密联系，城市规模由城市工业的布局所决定，工业化的挫折往往催生大规模的动员人口回乡现象的发生。动员人口回乡意味着禁止外来人口进入城市，意味着城市人口回到农村。这直接影响了城市人口的规模，从而影响了城市化的发展水平。城乡二元社会的形成是以 1958 年 1 月 9 日通过的《中华人民

---

① 薛凤旋：《中国城市及其文明的演变》，北京：世界图书出版公司北京公司，2010 年版，第 279 页。

② 《综合计划统计资料（70）002 号——历年来上海支援外地建设人员情况》，上海市档案馆：B252-1-9-7。

共和国户口登记条例》为标志的，① 而制度的强制性必然不会如此迅速释放出来，其构建需要大量的人为努力，动员人口回乡便是其中一项重要工作。通过对这些要素的分析，我们可以在一定程度上观察到社会主义建设时期上海城市发展的特点。

第三，为特大城市的人口治理提供重要历史素材和历史借鉴。特大城市的规模，主要是人口规模，一直是政府推动特大城市健康有序发展的首要调控目标。城市人口规模，尤其是特大城市的人口规模受到政府规划的严格控制，直至今日，仍是重要的政策导向。社会主义建设时期上海的动员人口回乡，是调控特大城市人口规模的重要方式，也是上海组织人口外迁的主要渠道。上海在生产发展的同时不增加城市人口的经验，对今天超大城市的人口治理依然具有重要的借鉴意义。

史学视野的独特性，在于勾连起特定的历史事件、历史现象、历史人物与整体时代特征之间的内在联系，即所研究的内容如何影响了时代特征的形成与发展，以及研究对象本身受怎样的时代特征所规定，蕴含着怎样的时代信息。按照忻平教授的全息史观，如果把上海的社会主义建设和探索作为全息体的话，那么，动员人口回乡则是重要的全息元，而全息史观就是"既注重元（个体），也重视体（整体），更重视体元之间的各种全息联系及关系"②。在全息史观的指导下，通过对动员人口回乡的研究，从而把握社会主义建设时期的时代特征，从而在实现整体史研究目标方面进行探索。

二、相关概念及研究范围

（一）相关概念阐释

1. 动员。所谓动员，亦即政治学中的"政治动员"概念，是指执政党或政府"利用拥有的政治资源，动员社会力量实现经济、政治和社会发展目标的整治活动"③。政府动员人口回乡，具有明确的经济、政治和社会发展目标，即一方面改造城市，把消费城市改造为生产城市，另一方面改造人，把各类

---

① 任远、谭静、陈春林、余欣甜：《人口迁移流动与城镇化发展》，上海：上海人民出版社，2013年版，第21页。

② 忻平：《从上海发现历史——现代化进程中的上海人及其社会生活1927—1937（修订版）》，上海：上海大学出版社，2009年版，第11页。

③ 林尚立：《当代中国政治形态研究》，天津：天津人民出版社，2000年版，第271页。

人员转变为社会主义的劳动者。

2. 回乡。本书所用"回乡"一词，是指政府动员人口回到原籍农村的实践过程。动员人口回乡从未间断，但其具体对象是变动的。在 20 世纪 50 年代初期，动员对象一般是改造对象，如灾难民、妓女、游民、乞丐等。50 年代中后期的动员对象以外来人口为主，也包括一些在本市无固定正当职业的上海人。60 年代初依然延续了这一趋势，但在动员有上海户籍的人口回乡过程中，也包括一些被精简的干部、职工及其家属。"文革"期间的动员回乡对象则以知识青年 ① 和社会上的退休、无业人员为主。

本书所指涉的回乡对象，一方面是指回到农村并且改变了身份的人口。在上海减少人口的过程中，也有不少对象是回到农村但并未改变身份的，如下放干部、国营农场职工等，这些人与回乡对象在命运上并不相同。另一方面强调的是回原籍的人口。人口的由城至乡迁移分为回乡与下乡两种方式，本书仅研究回乡群体。实际上，在上海因减少城市人口而外迁的各种形式中，动员人口回乡的规模始终是最大的。

动员人口回乡并非一个专有名词，也并非一个单独的历史事件，而是在政府动员下由城市回到原籍农村的一种历史过程和历史现象。本书所述的动员人口回乡，具体可以从以下三个层面理解：

第一，本书所研究的动员人口回乡是政府主导下的人口城乡迁移现象的一种形式。自发的、个别的回乡现象在任何时期都未曾断绝，本书只研究政府主导和组织下的回乡现象。政府主导下的回乡现象，是上海减少城市人口的主要形式，政府的动员在其中发挥主要作用。

第二，回乡群体是指回到原籍农村的人。在政府的减人方略中，由城至乡迁移的方式不只回乡一种形式，但本书仅研究回原籍农村的一批人，这些人无论在上海减少城市人口中还是在上海发生的城乡迁移现象中，其规模都是最大的。

第三，动员回乡的对象不仅是改变了生活空间和生产方式，而且改变了身份。数百万人的命运被汇于动员人口回乡的洪流之中，改变的不仅仅是生活空间。他们由城市的种种不同职业改变成为农民和社员，少数成为生产队

---

① 本书所研究的知识青年，仅指回到原籍农村的知识青年，即回乡知青，在上海，回乡知青主要是以"投亲插队"的形式回乡的，下乡知青不作为本书的研究对象。

干部的回乡群众其身份仍为农民。

（二）研究范围

1. 时间范围。本研究的时间范围是 1949—1976 年。1949 年上海解放后不久，就开始了疏散灾难民回乡生产的运动，这是动员人口回乡的时间起点。从上海市区人口数据看，1968—1977 年的上海市区人口是逐年递减的。1978 年开始，市区人口数逐年回升。随着历史的推进，具备回乡条件的人口越来越少。因此，在备战疏散运动之后，上海人口的外迁是以动员知识青年上山下乡为主的，回乡已经不作为人口外迁的主要方式。鉴于此，本书遵从一般的党史研究分期，在时间范围上截止到 1976 年"文革"结束。从历史过程角度来看，动员人口回乡的高峰期是 1955—1962 年，1963 年以后，动员人口回乡虽然保持了一定的规模，但从政策导向上已经逐渐转为以下乡安置为主了。

2. 地域范围。本书所研究的是上海的动员人口回乡，在具体地域范围上，本书遵从历史发展的逻辑，所指涉的上海一般采用"当年辖区"的地理范围。中华人民共和国成立后，上海的行政区划变动很多，最大的变动是1958 年将江苏十县划归上海。采用"当年辖区"这一范围，则 1958 年之前的上海并不包括宝山、松江等，1958 年之后的上海则包括这些地区。

三、研究成果综述

总体而言，关于对上海动员人口回乡问题进行中长时段研究的专著和论文极少，但关于社会主义改造、20 世纪 60 年代的精简人口和六七十年代的回乡知青研究则不同程度地涉及动员人口回乡的问题。另外，一些全国性的研究中也兼及了上海的一些情况。现对已有的研究成果，按照纵向的研究进展分三个阶段展开论述。

（一）第一阶段，侧重工作研究。20 世纪五六十年代，以工作研究和成绩宣传为主要目的，其高潮是 1959 年前后。

从动员回乡开始以来，就已经有对相关问题的研究。由于中华人民共和国成立后社会科学的一些学科逐渐萎缩，学术界对此问题的研究很少，一些政府机构和宣传部门出于工作的需要和宣传的目的，对此问题进行总结，可以视为该问题研究的起步。如解放日报社编写的《上海解放一年：一九四九年五月至一九五〇年五月》中有《一年来的民政工作》一文，总结了上海一年中疏散难民、改造游民与生产救灾情况，指出疏散难民回乡生产是粉碎封锁、建设新上海的六大任务之一①，明确了上海解放初期动员人口回乡的意义和地位。

对动员人口回乡总结和研究的高潮是 1959 年前后，为迎接和庆祝中华人民共和国成立 10 周年，相关政府机构和宣传部门在总结中兼及了动员人口回乡工作。最为典型的是 1960 年上海市民政局的《上海市动员迁送外地盲目流入城市的人口回乡生产工作十年总结（修正稿）》②。报告认为，动员迁送外地盲目流入城市的人口回乡生产工作是一项关系到城乡社会主义建设、巩固工农联盟的十分重要的政治任务，动员人口回乡有力地支援了农业建设，也有利于减轻城市人口臃肿现象，维护了社会治安，对于密切城乡关系，加强和巩固工农联盟是有积极作用的。报告总结了 10 年动员人口回乡的四条经验，一是必须正确的贯彻党的方针、政策；二是经常不断地加强干部的政策思想教育是做好动员迁送外来人口回乡生产工作的关键；三是必须坚决贯彻党的群众路线；四是必须搞好各方面的协作关系。应该说，这份总结对 10 年来动员人口回乡作了比较系统全面的梳理，对本书的研究具有极大的参考价值。

除政府机构外，一些教育机构出于教育教学的需要也对动员人口回乡工作进行了初步的梳理。如中国人民大学马列主义教研室 1958 年编写的《关于两类不同性质的矛盾教学参考资料》③一书中，把上海沐浴业回乡职工要求复职一度"闹事"，经过耐心说服教育绝大部分回乡生产的案例作为教学素材，用来说明处理人民内部矛盾时要把说服教育作为主要方法。在开封地理学院地理系和中国科学院河南省分院地理研究所编写的《中国城市地理资料选辑》④中也援引了 1958 年《解放日报》中的资料，认为动员回乡生产、外调参加国家经济建设、组织垦荒等工作，有力地支援了国家工农业建设，进

---

①《解放日报》社编委会编：《上海解放一年：一九四九年五月至一九五〇年五月》，上海：解放日报出版社，1950 年版，第 12—13 页。

②《上海市民政局人口处动员外地盲目流入城市人口回乡生产工作十年总结》，上海市档案馆：B168-1-902。

③ 中国人民大学马列主义教研室编：《关于两类不同性质的矛盾教学参考资料》，1958 年版，第 56—57 页。

④ 开封师范学院地理系资料室、中国科学院河南省分院地理研究所资料室编：《中国城市地理资料选辑》，北京：商务印书馆，1959 年版，第 65—66 页。

一步密切了城乡关系，也在一定程度上解决了上海人口臃肿的现象。

　　总体而言，这一时期对于动员人口回乡的研究是初步的，基本上停留在工作总结、情况介绍的层面上，缺乏学科视角和理论创新，总体评价"一边倒"地倾向。这与当时整个中国学术的发展有关，不能苛求那个时代，从积极意义而言，这一时期的相关研究成果为今后的研究积累了素材，打下了基础。

　　（二）第二阶段，强调工业化、城市化的新视角，多学科并进。20世纪八九十年代，从工业化、城市化的视角出发，总结人口迁移的经验教训，目的在于为建立社会主义市场经济提供启示。

　　改革开放以来，社会科学逐渐恢复和发展，对动员人口回乡的相关研究也逐渐丰富，多学科并进、多视角融合成为这一时期研究的主要特点。

　　1. 人口学的研究成果

　　此一时期，人口学对动员人口回乡相关问题的研究比较集中，虽然大多数研究的着眼点在于推进八九十年代的城市化进程，仅对中华人民共和国成立后历史上的人口迁移加以追溯，但由于人口迁移的独特理论和视角，使得对动员人口回乡的研究大大向前推进了一步。

　　人口学此一时期已开始注重以工业化、城市化的学术视角来看待人口迁移问题。阎蓓的《新时期中国人口迁移》注意到了中华人民共和国成立初期由于经济恢复而导致的人口波动，上海仅1951年就迁入人口100万以上，迁入率高达192.2‰，净迁入率达83.8‰。但作者重点强调的是由工业化城市化而引起的人口向城市集中的趋势，并且客观地指出，从中华人民共和国成立至80年代，我国人口迁移资料极其有限，仅有的公安部公布的人口迁移统计资料因种种原因存在着明显的失真①。马侠在《中国城镇人口迁移》中指出，西方工业化的历史表明，农业和工业两大部门经济结构的转变所引起的人口迁移，使得绝大多数农业人口转变为工业人口，乡村人口转变为城镇人口。因此，人口的地域分布变化和职业分布变化被看作是现代国家的基本国情之一。②

　　张开敏、张鹤年、沈安安的《上海人口迁移及其构成的研究》一文认

---

①　阎蓓：《新时期中国人口迁移》，长沙：湖南教育出版社，1999年版，第84页。
②　马侠：《中国城镇人口迁移》，北京：中国人口出版社，1994年版，第204页。

为，中华人民共和国成立后上海城市人口外迁主要集中在两个时期，一是
1950—1957年间，为了支援和加强内地及边区工业建设以及开发人稀地区，
建设农业和林业基地，国家曾组织和动员大批工人、农民、技术人员、知
识分子和管理干部迁出上海，支边支农；1968—1977年间，"文革"中知识
青年上山下乡和大批干部下放劳动的政策，使大批大、中学生和干部迁出市
区，从而导致该时期上山下乡为第一位的迁出原因。由此，上海市区人口迁
移的原因构成，无论是迁入还是迁出，都受当时的社会、政治、经济等因素
制约，特别是随政策因素的改变而改变，这是中华人民共和国成立以来人口
迁移的一个重要特征①。

　　田方、林发棠主编的《中国人口迁移》是这一时期比较集中和系统关注
到上海动员人口回乡的一部著作。该书将中华人民共和国成立后上海人口迁
移总结为三次大起大落，其中第一次大迁出是1955年，根据中央对上海城
市的改造方针，一方面严格控制迁入，另一方面积极组织人员支内、支边、
支农建设，仅1955—1956年就迁出118.6万人。第二次大迁出是1958年上
海动员大批干部、知识分子和职工以及其家属支农、支内、支边建设，在
三年困难时期后又坚决采取了精简政策，动员大批职工和家属以及知青外
迁。第三次是1968—1977年，10年内市区共迁出147.3万人，净迁出100
万人②。

　　此外，张开敏的《上海人口迁移研究》（上海社会科学院出版社1989
年）、石方的《中国人口迁移史稿》（黑龙江人民出版社1990年）、沈益民、
童乘珠的《中国人口迁移》（中国统计出版社1992年）等著作也涉及中华人
民共和国成立后上海的人口迁移现象，不同程度地论及了上海的动员人口回
乡问题。

　　2. 其他学科的相关研究

　　对这一问题，社会学关注的是人口变动对社会发展的影响，代表性著
作是邓伟志的《上海社会发展四十年》，该作从社会发展的角度回顾了中华
人民共和国成立后40年上海的人口机械变动，并总结出两个特点：一是

---

　　① 中国社会科学院人口研究所编：《中国人口迁移与城市化研究》，北京：北京经济学院出版社，
1989年版，第276页。

　　② 田方、林发棠：《中国人口迁移》，北京：知识出版社，1986年版，第308—309页。

40年来上海人口迁入与迁出相抵，累计净迁出38.4万人。如果说中华人民共和国成立前上海外来人口迁入是造成城市人口总数增长的主要原因，那么，这之后40年来上海人口的机械变动则是影响上海人口增长的一种负效应。二是40年来上海人口的迁移变动大起大落，波动幅度过大，转变过程急骤，形成上海人口规模的不正常变动，对各方面事业的有计划发展有一定影响①。

沈安安、陈敏之的《从上海三十四年的人口发展看大城市的人口政策》一文，反思了中华人民共和国成立以来上海的人口发展情况，认为应当把人口的机械变动，即正常的迁入迁出看作是社会经济生活的一种正常活动。必须承认人口流动不仅应当存在，而且今后势必要大大发展。因此，在政策层面上不应限制这种正常的人口流动，而是应当防止和消除其中可能带来的消极后果，发挥其积极的作用②。这一结论从经济发展规律入手，把人口迁移和流动作为经济发展的正常现象。

党史研究的重点实际上是党的理论和路线方针政策，通过对历史事实的评判，对党的方针政策进行总结和反思，绝大多数的党史论述是一种从上而下的论述，党史学科对动员人口回乡的政策层面的研究视野也较为宏观。关于上海的动员人口回乡问题，在中共上海市委党史研究室所编写的《上海社会主义建设五十年》一书中反映最为集中，尤其是对20世纪60年代初的精简职工和减少城镇人口问题的研究较为全面。书中统计了20世纪60年代初动员人口回乡的大致情况，认为从1961年至1963年的3年中，上海共精简城镇人口52万余人，其中60%以上到外地农村参加农业生产——他们分担了国家的困难，自觉接受组织安排，表现出高度的政治觉悟。从政策的角度看，减少城镇人口对于加强农业战线、大办农业、大办粮食和进一步调整城乡关系、巩固工农联盟，起了积极作用；对贯彻执行以调整为中心的"八字"方针，改进企业管理，起了促进作用；在减少城镇粮食供应，减少国家工资支出和缓和市场供应紧张状况等方面，也收到了实际效果。可见，党史学科对于动员人口回乡的评价还是以高度正面评价为主，对历史背景、政策制定和实施过程的论述也更为扎实。

---

① 邓伟志：《上海社会发展四十年》，北京：知识出版社，1991年版，第15页。
② 陈敏元主编：《上海经济发展战略研究》，上海：上海人民出版社，1985年版，第65页。

历史学则在八九十年代注意到了上海动员人口回乡的问题，最集中地体现在熊月之主编的《上海通史·第13卷·当代社会》一书中。该书对各个时期上海动员人口回乡的情况均有所涉及，比如1950年对盲目流入的灾民，上海主要采用经过短期教育后遣送回乡的办法①。就上海总体的人口变动而言，该书认为从中华人民共和国成立以后上海城市人口规模变动的几个阶段性特征来看，国家的有关政策在其中起着较为重要的作用②。当然，此时的上海史研究从时间段上看，主要以开埠以来的近代上海为主要研究对象，关于中华人民共和国成立后上海的研究著作和文章相对较少，再加上通史体例在专门问题的研究上具有局限性，因此，对动员人口回乡的论述难以全面。

总之，20世纪八九十年代的研究打破了正面评价"一面倒"的局面，开始运用工业化、城市化的新视角进行研究。

（三）第三阶段，回归历史研究。新世纪以来，随着人口城市化成为常态，动员人口回乡的现实意义逐渐淡化，使得这一问题更多地成为一个历史问题。尤其是在历史研究"眼光向下"的社会史领域，对动员人口回乡具体问题的研究逐渐丰富和拓展。

1. 关于动员人口回乡的总体评价

上海乃至全国的动员人口回乡，或城乡间人口的逆向流动，究竟如何定性，是一个见仁见智的问题。邱国盛认为，1953年以后，随着社会主义计划经济的建立，当代中国二元城乡关系结构亦逐渐成形。但是，因"大跃进"运动的失败及随之而来的三年困难时期，大量上海城市人口被精简回乡则使这一逐渐固化的城乡关系结构再一次发生强烈震荡，对上海城市和郊区农村都产生了巨大的冲击，从而引发一系列矛盾与冲突。通过对这些矛盾和冲突的协调与解决，上海城乡关系的刚性结构在一定程度上得到软化，城市和乡村都因此受益，城乡间的协调发展也在一定程度上得到实现③。

周秀明则认为人口的逆向流动是一种"反城市化"的进程。就宏观背景而言，20世纪50年代末60年代初的人口逆向流动是为了降低城市失业率的

---

① 熊月之主编，承载著：《上海通史》（第13卷），上海：上海人民出版社，1999年版，第16页。
② 熊月之主编，承载著：《上海通史》（第13卷），上海：上海人民出版社，1999年版，第136页。
③ 邱国盛：《职工精简与20世纪60年代前期的上海城乡冲突及其协调》，《安徽史学》，2011年第6期。

举措，同时也是 1957 年后苏联逐渐减少对华经济援助的连锁反应 ①。概言之，周文对于这一现象的解读一方面强调了对现实的困难的应对，另一方面强调了宏观国际关系的影响。

如果说邱文强调了动员人口回乡的积极作用，周文分析了客观背景，那么杨黎源在《建国后三次人口大迁徙的流动机制比较及启示》中则认为，人口流动必须符合社会进步的方向，顺应经济发展的需要，按照"市场理性"的原则，让流动者自主选择流动的路径。否则，缺乏社会经济基础的政府主导的流动，必然造成社会动荡和资源浪费。

2. 社会主义改造中的动员人口回乡研究

近年来，对社会主义改造时期的动员人口回乡总体研究尚缺乏，但个案研究已有所涉及，前文所列举的关于中华人民共和国成立后上海史研究的几篇博士论文基本上都触及了动员人口回乡的问题。杨丽萍的博士毕业论文《从非单位到单位——上海非单位人群组织化研究（1949—1962）》② 中把动员人口回乡作为上海解决城市就业问题的一种消极安置方式，不仅仅是单纯意义上的疏散，而且"是政府的组织工作，它有具体目标，有动员过程，还有制度支持，总之，整个过程都是在制度化的组织安排下进行的"。

复旦大学阮清华 2008 年的博士论文《上海游民改造研究（1949—1958年）》③，对上海游民改造问题进行了非常严密的分析。在游民安置问题上，阮文指出"回家"是游民安置的最主要方式，所引用《上海民政志》关于1949—1958 年上海市安置处理游民情况统计表显示，10 年间上海共处理和安置游民 69573 人，其中由家属领回和遣送回原籍的人数为 23417 人，约占游民安置总数的 1/3，显示了游民改造过程中动员人口回乡所占的重要位置。

复旦大学汤水清的博士论文《上海粮食计划供应制度的建立 1953—1956》从粮食供应这个角度谈到了 1955 年上海动员人口回乡的问题。该文认为，动员人口回乡是在粮食紧张的情况下开展的，虽然这种方法能有效地压缩城市粮食销量，但它所依靠的是行政力量和严格的人口管理制度，这不

---

① 周秀明：《"反城市化"再解读——新中国第一次人口大迁移现象再认识》，《党史博采（理论）》，2010 年第 10 期。

② 杨丽萍：《从非单位到单位——上海非单位人群组织化研究》（1949—1962），华东师范大学博士学位论文，2006 年。

③ 阮清华：《上海游民改造研究（1949—1958 年）》，复旦大学博士学位论文，2008 年。

仅不利于城乡的人员流动，也不利于城市化、市场化的发展①。

此外，上海师范大学沈斐斐的硕士学位论文《建国初期上海人力车行业研究（1949—1956）》②一文中，认为车工回乡生产是车工转业的主要方向之一，车工的回乡生产有效地缓解了上海人力车工转业压力。该文对动员车工回乡的对象确定、处理原则、动员方法和经费问题也做了相应梳理，比较全面地反映了动员车工回乡的状况。

3. 对 50 年代中后期和 60 年代初的减少城镇人口问题研究

2011 年上海师范大学曹伟的硕士学位论文《挥别大上海——上海动员人口回乡工作研究（1955—1957）》是为数不多的以动员人口回乡为主题的研究成果。曹文分析了 1955 年动员人口回乡的背景：在 1949 年之后，随着意识形态、社会治理结构的变化，上海庞大的人口数量与政府对这座城市的定位出现了矛盾。对于此时已经被定位为国防前哨、生产型城市的上海，大量消费型人口的存在显然与这座城市的定位不符。为了保证上海这座城市能够按照既定政策目标进行发展，上海市政府遂于 1955 年初开始采取相关措施，试图对上海的人口规模进行紧缩，消除人口臃肿的不合理现象，并计划在 1956 年 6 月底之前完成动员 60 万人回乡生产的任务，最终基本完成了这个计划。

比较可贵的是，曹文对被动员回乡对象的心路历程和社会生活根据档案材料进行了梳理和分析。面对这一动员工作，民众呈现出多样化的态度，多数民众持积极响应态度，这证明了动员回乡工作的合理性。然而亦有相当数量民众在不同程度上消极对待，甚至坚决抵制这一工作。对被动员对象的态度和心理反应进行描绘，丰富了对动员人口回乡的研究。

在三年困难时期过后精简职工回乡问题上，目前为止仍然是全国性的研究较多，地区性的研究较少，专门研究上海精简职工的论著则更少。贺永泰的《20 世纪 60 年代初上海市精简职工论析》③一文从总体上总结了上海精简职工的特点，侧重精简的过程，对精简职工回乡的问题并未详细展开。罗平

---

① 汤水清：《上海粮食计划供应制度的建立 1953—1956》，复旦大学博士学位论文，2005 年。
② 沈斐斐：《建国初期上海人力车行业研究（1949—1956）》，上海师范大学硕士学位论文，2012 年。
③ 贺永泰：《20 世纪 60 年代初上海市精简职工论析》，《东华大学学报（社会科学版）》，2010 年第 3 期。

汉的《大迁徙——1961—1963 年的城镇人口精简》① 是一本优秀的党史著作，其论述的着眼点在于全国，具体关于上海的论述较少。其他省市精简职工的相关研究成果也有不少，如浙江大学朱珏的博士学位论文《20 世纪 60 年代初浙江省精简城镇人口问题研究》② 系统研究了浙江的精简城镇人口问题，其中关于回乡人员的安置方面有一部分内容涉及上海动员回浙江人员的安置工作，对本书具有很大的参考价值，尤其是在口述资料中有对上海某企业动员回嘉兴的朴尚全的采访记录，是本书研究的一份重要参考资料。

4. 关于回乡知青的相关研究

金大陆的《非常与正常：上海"文革"时期的社会生活》论及了"文革"期间的人口变动和动员回乡问题。该书指出，发生在"文革"中的人口外迁，多是出于政治运作的需要，多是由城市知识青年等构成的队伍。金著认为，20 世纪 50 年代的人口外迁属于良性的人口调节，而"文革"时期则属于恶性的人口变动③。

近年来，中国出现了关于知青史的研究热潮，成果较为丰硕。目前，研究上海知青的代表性成果有朱政惠、金光耀主编的《知青部落——黄山脚下的 10000 个上海人》(上海古籍出版社 2004 年版) 等。"一般来说，知识青年可以分为两类，即家在城镇的下乡知青和家在农村的回乡知青。在下乡知青中，又因去向不同，可分为到农村生产队插队落户和到国营或集体所有制农场以及兵团的两类。他们由于地位不同，境遇不同，面临的问题也不尽相同，当然，就其问题的根本性质来说，其实是一样的"④。著名知青史研究专家定宜庄认为，从总体上而言回乡知青"人数始终多于城市知青"⑤。定宜庄在论述回乡知青处境时运用了上海市川沙县的统计资料，1957 年到 1964 年期间，陆续落户、回乡的知青达 52000 余人，占全县农村青年总人数的 2/3 以上，占全县农业劳动力总数的 1/4 以上，有的公社 70% 以上的农活是由青年干的。可见回乡知青在上海农村生产和建设中发挥了重要的作用。

---

① 罗平汉：《大迁徙——1961—1963 年的城镇人口精简》，南宁：广西人民出版社，2003 年版。
② 朱珏：《20 世纪 60 年代初浙江省精简城镇人口问题研究》，浙江大学博士学位论文，2012 年。
③ 金大陆：《非常与正常：上海"文革"时期的社会生活（上）》，上海：上海辞书出版社，2011 年版，第 14 页。
④ 吴洵，妮娜等编：《中国知青总纪实（上）》，北京：中国物资出版社，1998 年版。
⑤ 金大陆、金光耀著：《中国知识青年上山下乡研究文集（上）》，上海：上海社会科学院出版社，2009 年版，第 231 页。

上海的知青回乡起步早，规模大。顾洪章在《中国知识青年上山下乡始末》一书中主要以知识青年为对象论述了从回乡到下乡的过程，他认为知青先有回乡，后有下乡，两者交织进行，50年代城镇知识青年到农村去主要是回乡或投靠亲友，这是知识青年下乡的主渠道。50年代末到60年代初，按照刘少奇关于动员不能升学的高小初中毕业生参加农业生产的指示，各大城市都进行了动员城市知识青年下乡的试点，其中人数最多的要数上海，这在全国"是少有的，产生很大的社会影响"①。但总体而言，关于上海知青的研究目前仍处于起步阶段，成果还需进一步拓展。

（四）研究的成果与不足

自动员人口回乡运动开展以来，对它的研究就从未停止，且逐渐呈现出多学科、视野广、涉及面大的特点。人口学、社会学、政治学、中共党史、历史学等学科均涉及了这一问题。单就历史学而言，研究成果越来越多，丰富了人们对这一问题的认识。从研究的视角来看，或从探索社会主义建设道路的角度出发，或围绕现代化、工业化、城市化进程展开，或从人口迁移、城市治理等视角切入，使得该课题具有较大的运用范围。从涉及的具体问题而言，动员灾难民回乡生产，对游民、人力车夫等群体的改造，动员农民回乡生产，动员外来人口回乡，精简职工和减少城市人口，解决社会闲散劳动力问题，知识青年上山下乡等具体运动均已有一些研究成果，为本书的研究打下了良好的基础。

然而，目前对上海动员人口回乡的研究仍有很大的不足，这些不足也是本书努力的方向，主要集中在以下三个方面：

1. 对上海动员人口回乡的规模仍然缺乏基础性的数据研究

确切地说，关于上海动员人口回乡的规模存在被严重低估的情况，尚未引起学界足够的重视。如2011年出版的《中国当代社会史》一书就认为，1954—1960年上海市净迁出人口在50～60万之间。在安置失业人员、社会闲散人员以及改造罪犯引起的人口迁移的统计数据中，仅提到上海"一五"期间迁到江西的闲散人员9万人，连同家属共30万人②，所依据的数据仍然

①　顾洪章：《中国知识青年上山下乡始末》，北京：人民日报出版社，2009年版，第15页。
②　师吉金：《中国当代社会史·第一卷（1949—1956）》，长沙：湖南人民出版社，2011年版，第178—186页。

是 1992 年出版的《中国人口迁移》[①]一书。实际上，根据上海档案馆的资料，仅 1955 年一年上海动员人口回乡的规模就达 586408 人[②]。由于动员人口回乡的对象很多未必具有上海户籍，因此，户籍统计的数据未必能够完全反映上海动员人口回乡的规模和工作力度。纵观已有的研究成果，目前关于上海外迁人口人数和动员回乡人数的统计，主要来自 20 世纪八九十年代的一些著作和统计资料，新世纪以来几乎没有数据上的更新和修正。再者，关于外迁人口的统计往往是总体而谈，缺乏动员回乡的具体数据，谈到人口迁移时甚至没有上海动员人口回乡的具体数据，不能不说是当代上海史研究中的一个重大缺憾。

2. 中长时段的研究尚有所欠缺

目前，已有的研究成果大多集中在某一点上——关于上海游民改造、人力车工改造、回乡知青等具体问题的研究都有一些成果，但涉及长时段的研究明显不足。具体个案的研究固然可以在具体问题上取得深入和突破，然而，缺乏长时段的研究则有可能忽略了发展的一般现象。某一具体运动有其独特的背景，动员人口回乡现象的持续不断却有其自身内在的逻辑。具体个案的研究可以对一个历史事件的过程有非常精彩的描绘，却容易缺乏纵向比较的眼光。研究的视角应该是多元的，但对具体的历史脉络则应有更为充分的实证和解释。

同时我们也必须看到，在上海社会主义建设的过程中，人口的减少和人口的增加是一对孪生兄弟。一次大规模的动员外迁之后，接下来总会伴随着人口的增长。在工业化的进程中，政治上减少人口的要求与经济上需要增加劳动力的要求始终并存。因此，人口增减的反复除了政治因素之外，主要源于生产力水平的低下，源于"八大"所说的"人民对于建立先进工业国的要求同落后的农业国现实之间的矛盾，人民对于经济文化迅速发展的需要同当前经济文化不能满足人民需要之间的矛盾"。不从这一高度来认识，对动员人口回乡问题的解释也就很难自圆其说。

3. 对被动员对象的生活转变和历史命运关注不够

减少上海城市人口是一项系统工程，其中包括了动员回乡、支援外地建

---

① 沈益民、童乘珠：《中国人口迁移》，北京：中国统计出版社，1992 年版。
② 《上海市民政局 1955 年和四年来遣送回乡生产人数统计表（1955）》，上海市档案馆：B168-1-867-1。

设、计划生育等一系列政策。具体而言，每一项政策对于政策实施对象的命运和人生轨迹的影响都是不同的。从已有的研究成果来看，三线建设对职工的影响、上山下乡对知青的影响、计划生育对人民生活的影响等相关论述都有，而对动员回乡对象的人生命运的关注非常缺乏。直到今天，上海市政府依然在对20世纪60年代初回乡的精简职工进行访问和困难补助，历史研究者对群体命运的关注甚至还不如政策的制定者，这无疑是历史研究的一个不足。

四、本书研究的创新点与研究方法

针对以上不足，本书拟在以下方面重点展开探索，力求在前人研究的基础上有所创新。

第一，对动员人口回乡的规模进行数据统计和估算。

一方面，要根据上海档案馆的原始资料进行严格地数据统计，力求反映动员人口回乡的总体规模。另一方面，要根据上海档案馆的相关资料进行估算。实际上，20世纪八九十年代的统计资料主要是根据公安系统的户籍资料得出，并且在统计时的大多数情况下将1958年前本来不属于上海的宝山、松江等地区的情况算在上海名下，这样估算也不能反映出1949—1958年上海动员人口回乡的准确规模和水平。上海动员人口回乡的实际规模需要根据现有的资料，尤其是上海档案馆的资料进行严格和精确考证。

第二，从事件研究转化为现象研究，对上海动员人口回乡进行长时段的考察，进而分析动员人口回乡的规律及其特点。

从长时段来看，动员人口回乡不仅仅是某一时期的政策。虽然20世纪五六十年代动员人口回乡采用的是运动式的工作方式，在经济上相对困难的时间段动员的规模会相对大一些，但从长期来看，可以说动员"多余"的城市剩余劳动力回农村从事农业生产是一项长期的政策。这与社会主义建设时期中央对上海的定位有关，也与社会主义建设的理想和总体思路有关。因此，动员人口回乡可以视为一种贯穿上海社会主义建设和探索时期的一种历史现象。本书将从中华人民共和国工业化和城市化的一般状况出发，从大的宏观历史来俯视发生在上海一地的动员人口回乡现象，捕捉和描绘动员人口回乡与大的时代变迁之间的关联性，同时力图加强和推动对当代上海史的研究。

第三，从社会生活史的视角，关注动员对象的心路历程和回乡人员的历史命运。

动员对象回乡后，其生活和命运究竟发生了哪些转变，是本书要研究的主要内容之一。从现有资料来看，20世纪50年代的政府对回乡对象回乡后的情况关注度是不够的，而1960年代以来，政府对回乡的职工及其家属的生活是高度关注的，"文革"期间依然坚持在对回乡对象进行回访，20世纪80年代仍在对回乡困难群众进行救助。这方面的文献资料相对较多。动员人口回乡对于回乡对象的影响到底是什么？回乡后的生活和心理状况究竟是什么样的？回乡群众对于农村发展的影响有哪些？上海的生活与他们回乡后的生活有什么样的逻辑联系？这些都需要进行分析研究。因此，要力求进行政策层面、社会层面、家庭和个人层面的整体研究，进而反思政治与生活、政府与民众之间的关系，对动员人口回乡作出符合历史事实的评价。

为达到以上创新目标，本书拟采用如下方法开展研究：

1. 文献的方法

对于历史研究而言，文献的方法是最基本的方法。本书以上海档案馆的馆藏资料为核心，以报刊资料和相关统计资料为辅，力争还原动员人口回乡的真实进程。从上海档案馆的馆藏来看，动员人口回乡的资料主要有三类：一是市委市政府（市人委）的相关文件，二是各部门主要是民政局、统计局、劳动工资委员会、人口委员会、公安局等部门及有关县区的资料，三是单位和企业关于动员回乡问题的相关计划、汇报、总结等。这些资料非常丰富，使本书的研究具有可行性。

2. 比较的方法

比较研究是史学研究的重要方法之一，也是提升研究结论说服力和可信度的一条捷径。鉴于不同时期动员的具体对象存在职业等方面的重要区别，本书以动员对象的纵向比较来反映动员人口回乡对上海社会结构的影响。从比较中可以看到，动员对象的演变是一个以工业化所需的工人和职工为中心，以失业、无业的社会闲散人员为边缘，从边缘向中心逐步渗透的过程。

3. 综合运用其他社会科学的方法

历史学的研究要深入，必须借鉴运用其他社会科学已有的研究成果和研究方法。本书主要需要借鉴马克思主义理论、经济学、社会学、人口学、统计学等学科的成果和方法，通过对马克思主义理论，尤其是中共党史中对于城市建设、人口管理等相关问题的梳理，寻找动员人口回乡的理论依据。通过对工业化、城市化进程的把握，厘清动员人口回乡与经济发展之间的内在逻辑。通过人口学、统计学的方法梳理资料，把握人口变动、人口迁移的宏观情况。通过对社会学方法的运用，论证动员人口回乡对于上海城市社会发展的影响。

第一章　上海动员人口回乡的时代背景与动因

中华人民共和国成立后，中国共产党开始按照社会主义的宏伟蓝图改造社会，重构社会秩序，筹谋建立一个"中华民族的新社会和新国家"①。中国的工业化和城市化在此一时期呈现出大起大落的发展特点，构成了时代发展的基本表征。一种历史现象之所以能构成历史现象，必然处于一个时代的硬性约束之下。动员人口回乡作为一个长达 30 年之久的历史现象，也同样需从同时段工业化与城市化的波澜起伏当中去寻求其根源。

第一节　社会主义工业化与人口迁移

工业化的进程与人口大规模地由城至乡迁移是同时发生的历史现象，这难免超出了一般经济学理论的解释能力。从总体上而言，这是由于中国在生产力发展水平很低的情况下启动了工业化的进程，工业化道路的选择又决定了中国共产党为了工业化目标而在社会运行的方方面面采取了低成本的策略：将大量人口由城市迁往农村，并禁止农村人口流入城市。其目的是为了节约城市运行成本并促进农业生产，从而使工业化与城市化、城市与乡村、理想与现实达成相对的平衡。

一、社会主义工业化的目标追求与路径选择

社会主义工业化是近代以来"中国梦"的重要诉求，是时代赋予中国和中国共产党的历史使命。客观地讲，1949 年之后集中全国之力推进工业化，

① 毛泽东：《毛泽东选集·第 2 卷》，北京：人民出版社，1991 年版，第 663 页。

自近代以来是破天荒头一遭，也只有在一个统一、巩固的政权领导之下才具有可能性。无论是晚清政府、北洋政府，还是后来的南京国民政府，虽然都在不同程度上推动了中国工业化的进程，但其内忧外患的执政环境使得其经济资源的调动能力、社会资源的整合能力等都远不能与共产党领导的新政权相提并论。由于缺乏经验、苏联模式的先天不足以及水土不服，尤其是中国落后的农业发展水平制约了工业化的发展，此一时期的工业化进程呈现出较大的波动性。

第一，社会主义工业化是共产党坚定不移的奋斗目标。

对社会主义工业化重要性的论述，广见于第一代领导集体的著述之中。早在中共七大上，毛泽东就已论述了中国工业化的紧迫性，指出"没有工业，便没有巩固的国防，便没有人民的福利，便没有国家的富强。"[1]1955年10月29日，毛泽东在同全国工商联执行委员座谈私营工商业社会主义改造问题时又强调，"我们的目标是要赶上美国，并且要超过美国……哪一天赶上美国，超过美国，我们才吐一口气。现在我们不像样子嘛，要受人欺负。"[2]1956年更是提出了著名的"开除球籍"论，凸显了实现工业化的迫切要求。这种紧迫感在很大程度上源于中国近代史的经验，"中国所以老被外国人欺侮，就是没有工业。"[3]毛泽东认为，蒋介石之所以失败，就是因为"蒋委员长二十年只搞四万吨钢，理应失败。"[4]

其他领导人在对工业化重要性的认识上与毛泽东并无二致。周恩来在1953年9月指出，"如果不努力建设自己的工业，特别是建设重工业，那就不能立足于世界。"[5]刘少奇则强调，如果在建立新中国以后不能实现中国的工业化和电气化，"那我们的革命就没有什么大的意义了，我们的革命就不能说是已经胜利了，相反，我们还要遭受可耻的失败。"[6]可见，要实现社会

---

① 毛泽东：《毛泽东选集·第3卷》，北京：人民出版社，1991年版，第1080页。
② 中共中央文献研究室编：《毛泽东年谱（1949—1976）》（第二卷），北京：中共中央文献出版社，2013年版，第460页。
③ 中共中央文献研究室编：《毛泽东年谱（1949—1976）》（第三卷），北京：中共中央文献出版社，2013年版，第159页。
④ 中共中央文献研究室编：《毛泽东年谱（1949—1976）》（第三卷），北京：中共中央文献出版社，2013年版，第277页。
⑤ 中共中央文献研究室：《周恩来经济文选》，北京：中央文献出版社，1993年版，第152页。
⑥ 刘少奇：《刘少奇选集》（下卷），北京：人民出版社，1985年版，第4页。

主义工业化，并且要加快实现社会主义工业化，是中国共产党的集体共识。

在工业化的紧迫感之下，虽然中央反复强调要处理好工、农业之间的关系，但政策的导向主要着眼点在于大力推进工业化。陈云在1954年的《关于第一个五年计划的几点说明》中，把农业与工业的比例作为"一五"的第一对重要关系，指出"农业增产有三个办法：开荒，修水利，合作化。这些办法都要采用，但见效最快的，在目前，还是合作化。"①陈云选择以最快的方式解决农业问题，以解决工业化的后顾之忧。而在毛泽东的《论十大关系》当中，其着眼点依然在于推进工业化。1956年4月19日，毛泽东指出"三个关系都必须很好地解决，即沿海与内地关系、轻工业与重工业关系、个人与集体关系"；4月20日，毛泽东又增加了地方与中央、经济与国防两对关系，并且指出"重工业是重点是无可争论的"；4月24日归纳出六大关系，即轻工业与重工业，沿海与内地，国防、行政与经济、文化，个人与集体，地方与中央，少数民族与汉族。4月25日，毛泽东在中央政治局扩大会议上正式发表了《论十大关系》的讲话，把重工业和轻工业、农业的关系提到首位②。以重工业为重点加快推进工业化，一直是毛泽东考虑的中心问题。

所谓社会主义工业化，包括社会主义与工业化两个核心词汇。一方面，中国共产党坚持把工业化作为自己的奋斗目标；另一方面，社会主义是对我国工业化的定性和前提。回顾我国社会主义工业化的历程，其特点主要有三个：（1）坚持社会主义原则。核心是坚持公有制，坚持工业基地尽量靠近原料产地，从而达到节约、高效的目的。（2）以重工业为主导。中国政府推动工业化学习了苏联的经验，坚持重工业优先原则。这是中国工业化道路最初确立的方向，后来虽然有所调整，但重工业优先性在实践中依然十分突出。（3）采用计划经济的方式。一开始采用计划经济的方式发展工业，并逐渐将计划经济的方式运用于人口发展、粮食供应等经济社会生活的一切领域。此一时期中国的工业化道路，主要就是围绕这三个特点展开的。

第二，中国共产党选择了一条以重工业为主的工业化道路。

在政权基本稳固之后，加快实现社会主义工业化，就成为中国共产党政

---

① 陈云：《陈云文稿选编（1949—1956年）》，北京：人民出版社，1982年版，第224页。
② 中共中央文献研究室编：《毛泽东年谱（1949—1976）》（第二卷），北京：中共中央文献出版社，2013年版，第562—567页。

策目标的优先选项。这种优先集中体现在两个"总路线"之中：一是过渡时期总路线，在"一化三改造"的格局中，逐步实现国家的社会主义工业化是总路线的主体，同时不断增加国营经济的比重；二是在社会主义建设总路线的要点之中，要求在重工业优先发展的条件下，工业和农业同时并举；在集中领导、全面规划、分工协作的条件下，中央工业和地方工业同时并举，大型企业和中小型企业同时并举，这实质上仍然强调了工业的发展。这两个"总路线"规划了中国工业化的进程，决定了社会主义建设时期中国工业化的基本特点，即"单纯依靠国家力量，实行计划经济和优先发展重工业"①。

应该说，重工业化是当时社会主义建设的核心特点。"我国社会主义建设事业，是以社会主义工业化为主体的，而社会主义工业化的中心任务，则是优先发展重工业。"②把重工业作为中国工业化的重点，其原因陈云曾在1955年《关于发展国民经济第一个五年计划的报告》中做了如下解释：

> 我国的农业是落后的，铁路和其他交通设备也不足，都需要发展和扩建。但是，能够使用于五年计划建设的财力有限，如果平均使用，百废俱兴，必然一事无成。而且，没有重工业，就不可能大量供应化肥、农业机械、柴油、水利工程设备，就不可能大量修建铁路，供应铁路车辆、汽车、飞机、轮船、燃料和各种运输设备。另外，要系统地改善人民生活，必须扩大轻工业。但现实的情况是，许多轻工业设备还有空闲，原因就是既缺少来自农业的，也缺少来自重工业的原料。再者，我们还处在帝国主义的包围之中，需要建设一支强大的现代化的军队。这一切都决定了我们不能不优先发展重工业③。

可见，以重工业作为中国工业化的中心是经过反复比较后作出的路径选择。社会主义建设的过程，在一定程度上就是工业在国民经济中比重的不断提升和重工业在工业中比重不断提升的过程。重工业自身具有投资大、就

---

① 武力：《中国工业化路径转换的历史分析》，《中国经济史研究》，2005年第4期。
② 《中共上海市委宣传部关于逐步紧缩上海人口的宣传提纲》，上海市档案馆：B168-1-870-33。
③ 陈云：《陈云文集·第2卷》，北京：中央文献出版社，2005年版，第592页。

业吸纳能力低、发展周期长的发展特点，并且这些特点是在中国缺乏资本原始积累的历史条件下发生作用的，对于中国经济和社会发展的影响极为深远。

首先，重工业的发展需要国家大量的资金投入，在面临帝国主义封锁的国际环境下，这些资金只能靠自我积累，这决定了国家需要从各方面节省资金。"一五"计划开始时中国仍是一个典型的农业国，1953 年中国的国内生产总值仅为 824.2 亿元，且农业总产值达工业总产值的 2.3 倍①。在这一背景下，农业的积累成为重工业所需资金的重要来源。由于农业既为工业提供资金，又为其提供原料和市场，因此，越是加快推动工业化的发展，就越需要加强对农业的索取；而要想加快农业发展，则又需要大量的机械、化肥等工业产品，即需要加快工业化的进程。由此使得工业与农业之间的关系成为贯穿社会主义建设时期的一对基础性的关系。

正因如此，社会主义建设时期对于人民生活的改善是缓慢的。在一个较长的历史时期之内，"先生产后生活"成为安排国民经济计划的原则性要求。在第一届全国人民代表大会第一次会议上，周恩来还特别提醒全国人民，为了集中力量发展重工业，"人民还是不能不忍受生活上的某些困难和不便。"②"一五"计划投资总额 5 年共计 427.4 亿元，而整个"一五"期间国家的财政总收入为 1354.9 亿元，投资占到国家财政总收入的近 1/3。在这样的情况下，国家不断加强经济乃至整个社会的计划性，将商业、金融、服务业等行业置于从属地位，不断开展"增产节约"的各种政治运动，以节约更多的资金确保工业和农业增长目标的实现。

其次，重工业吸纳就业能力低，决定了农村人口不能过多地流入城市，因而城市化的水平的提高是相对滞后的。重工业的资本密集型特征造成了"资本形成要素中短缺的资金对过剩的劳动力的替代和排斥"③。因此，即使在重工业快速发展的前提下就业也只能缓慢增长。以北京、上海二市为例，"一五"期间北京是国家重点建设城市，工业尤其是重工业发展迅猛。而上海并非国家建设重点，几乎没有新建工业项目，经过"一五"期间的发展，

①　国家统计局国民经济综合统计司编：《新中国六十年统计资料汇编》，北京：中国统计出版社，2010 年版，第 9 页。

②　中共中央文献研究室：《周恩来经济文选》，北京：中央文献出版社，1993 年版，第 178 页。

③　刘应杰：《中国城乡关系与中国农民工人》，北京：中国社会科学出版社，2000 年版，第 60 页。

工业生产总值增加的幅度北京是上海的两倍，而吸纳就业的能力却明显低于
上海（表1-1）。考虑到北京在中华人民共和国成立后成为政治、文化中心，
第三产业就业人员应有较快增加，若单以第二产业就业人员的增长情况进行
比较，则差距可能更大。这种现象决定了工业并不能大量吸收农业的转移人
口，甚至连城市自身的失业问题也只能在很大程度上依靠将失业人员转到农
业生产这一方式加以解决。于是，将农业人口固着在农村，便成为维持工业
发展的必要策略。

表1-1　"一五"计划期间北京、上海市工业发展与就业人员情况统计表

年　份	北京市		上海市	
	工业生产总值（亿元）	城镇就业人员（万人）	工业生产总值（亿元）	第二产业就业人员（万人）
1953 年	6.12	97.5	26.91	98.32
1954 年	6.85	101.9	28.38	104.60
1955 年	7.60	100.9	28.02	105.34
1956 年	8.67	116.2	34.41	123.96
1957 年	12.40	121.2	39.57	133.14
1957 年比 1953 年增长	102.6%	24.3%	47.1%	35.4%

资料来源：国家统计局国民经济综合统计司编：《新中国六十年统计资料汇编》，北
京：中国统计出版社，2010 年版，第 88、第 90、第 360、第 362 页。由于统计年鉴在此
阶段中北京只有城镇就业人员的统计，上海只有第二产业就业人员的统计，故仅能以这两
组数据进行比较。

再次，重工业的发展周期较长，随着重工业的发展，国民经济各方面
关系的调整同样也是一个漫长的过程。如在城乡关系上，随着工业化的推
进，本身必然带来农村人口大量迁入城市。但是，由于重工业吸纳就业能力
较低，同时需要不断增加农业生产，因此，中国开始实行统购统销制度，并
逐步将城市人口迁往农村，构建了城乡二元社会。越是过于强调重工业的发
展，城乡二元社会的机制就越需要加强。改革开放以来，随着中国重视有关
国计民生的轻工业品的生产，城市所需的劳动力迅速增加，农村人口迁入城
市的步伐才大大加快。1949—1976 年城乡关系调整的步伐非常缓慢，从根源
上来说，是由重工业发展周期较长的特点决定的。

重工业优先战略在此一时期的时代特征中具有基础性地位。"先生产、后生活"的原则、城乡二元社会的构建、人民生活低水平的平均主义等时代特征、均可以从重工业优先的战略中找到依据。放眼中华人民共和国成立以来的历史发展，这些特征均在一个较长的时间内影响了中国的发展，有的直至今日仍是需要解决的重大课题。其中，工业化进程中存在的工农和城乡矛盾，催生了城乡二元结构的形成，直接推动了动员人口回乡一系列运动的开展。

二、粮食危机：工业化战略下工农业矛盾的集中体现

马克思曾说，不从事农业而从事于工商业的劳动者人数，取决于农业者在他们自身的消费额以上，能够生产多少的农作物。这一科学论断也是新中国在"大跃进"的挫折中得出的惨痛教训。农业发展的程度决定了脱离农业的人口可以达到的限度，也限定了城市发展的规模。

在当时农业生产力水平极为低下的情况下，中国的工业化战略与农业生产力水平低下的矛盾迅速被激发出来。"农业能够为发展工业提供的积累极其有限，这是工业化所遇到的最大困难"[①]。然而，工业化的发展路径一旦确定，便要求工农业的发展处于一种动态平衡之中，过于强调任何一方都会受到规律的惩罚。为了实现社会主义工业化的奋斗目标，政府政策对工农业发展政策进行自觉调整，这种调整的政策意图，或是为了加快工业化而加强对农业的索取，或是为解决农村问题而适当控制工业化的发展速度。

20世纪的粮食危机是困扰整个世界的难题之一。一方面，后发现代化的社会主义国家大多选择了重工业为中心的工业化战略，向农业索取资金和市场的现象非常普遍，苏联、中国、朝鲜、古巴等社会主义国家都在不同程度上经历过粮食危机的阵痛。另一方面，20世纪下半叶整个世界经历了爆炸性的人口增长，尤其是广大发展中国家，人口与粮食的矛盾极为突出，这成为发展中国家发展的最大制约因素之一。中国既是最大的发展中国家，也是人口最多的社会主义国家，以上两种因素共同作用于中国，造成了中国的粮食危机也是极为严重的。

首先，中华人民共和国成立后，中国的粮食产量有了较大发展。从1949

---

① 刘应杰：《中国城乡关系与中国农民工人》，北京：中国社会科学出版社，2000年版，第51页。

年至 1976 年，中国的粮食总产量增加了 153%，人口增加了 73%（表 1-2），粮食总产量的增加速度快于人口的增加速度。可以说，中国农业发展的成就是巨大的。

其次，由于人口迅速增加，从人均产量来看，一直处于较低水平。从表 1-2 可见，在整个社会主义建设时期，中国的粮食产量长期在每人每年 200～300 公斤之间，1961 年的人均粮食产量甚至低于 1949 年的水平。当 1956 年人均粮食产量超过 300 公斤时，中国快速工业化的冲动以"大跃进"的形式释放出来，但随之受到了三年困难时期的挫折，人均粮食产量又迅速降低。直至 1974 年，人均粮食产量才达到 1956 年的水平。

一般认为，人均粮食供给量每年"达到平均 248.56 公斤的粮食需求水平，就能基本保证每人的生产安全，但营养水平将低于卫生部门推荐的标准"，"每人年均 360 公斤粮食是保障公民蛋白质需求的最低占有水平"①。在相对封闭的国际环境下，此一时期中国粮食总体供应水平，最多只能保证中国人民最基本的生存，营养水平并不达标。可以说社会主义建设时期的绝大多数时间内，中国都是困于粮食问题而不能解决，这种状况拖慢了中国工业化的脚步。

表 1-2　1949—1976 年中国人均粮食产量对照表

年份	全国粮食总产量（万吨）	全国人口总数（万人）	平均每人每年（公斤）
1949	11318.0	54167	209
1950	13212.5	55196	239
1951	14368.5	56300	255
1952	16391.5	57482	285
1953	16683.0	58796	284
1954	16951.5	60266	281
1955	18393.5	61465	299
1956	19274.5	62828	307
1957	19504.5	64653	302
1958	19765.0	65994	300

---

① 陆慧：《发展中国家的粮食安全评价指标体系建立》，《对外经贸实务》，2008 年第 3 期。

（续表）

年份	全国粮食总产量（万吨）	全国人口总数（万人）	平均每人每年（公斤）
1959	16968.0	67207	253
1960	14384.5	66207	217
1961	13650.0	65859	207
1962	15441.0	67295	230
1963	17000.0	69172	246
1964	18750.0	70499	267
1965	19452.5	72538	268
1966	21400.0	74542	287
1967	21782.0	76368	285
1968	20905.5	78534	266
1969	21097.0	80671	262
1970	23995.5	82992	289
1971	25014.0	85229	294
1972	24048.0	87177	276
1973	26493.5	89211	297
1974	27527.0	90859	308
1975	28451.5	92420	308
1976	28630.5	93717	306

资料来源：国家统计局国民经济综合统计司编：《新中国六十年统计资料汇编》，北京：中国统计出版社，2010年版，第6、第37页。

　　再次，在粮食生产水平较低的情况下，中国在20世纪50年代却属于粮食净出口国，无疑使粮食生产雪上加霜。随着工业化的推进，中国开始以粮食换外汇，越是工业发展迅速的时期，粮食出口反而越多。据统计，从1953至1960年，中国共计出口粮食1944万吨（表1-3）。在工业化迅速推进的"大跃进"期间，粮食出口达到高峰，1959年出口416万吨，这种波动反映了工业化发展需要向农业攫取的事实，同时也为粮食危机的产生埋下了伏笔。

表 1-3 1953—1960 年全国粮食净进出口量表（单位：万吨）

年　份	全国粮食净进出口量
1953	182
1954	168
1955	205
1956	250
1957	192
1958	266
1959	416
1960	265
总计	1944

资料来源：郑有贵、欧维中、邝婵娟、焦红坡：《南粮北调和北粮南运——当代中国南北方两个区域之间粮食流向流量演变的研究》，《当代中国史研究》，1997 年第 5 期。

在粮食产量不过关的情况下，中华人民共和国历史上主要经历了两次粮食危机。第一次粮食危机发生在 1953 年。随着国民经济的恢复，至 1952 年中国迅速恢复了生产，于是，"5 亿饥肠辘辘的农民便敞开了肚皮，在一年里足足吃掉 175 亿公斤粮食。老人不再哀叹，孩子不再挨饿，男人不再发愁了，女人们更是……在那两年里生了 42549740 个孩子"[①]。随着 1953 年"一五"计划的启动，"北京发现自己处于一个能大量出口粮食和启动一项重大的工业发展计划的地位"[②]，可以通过出口粮食以换取工业化发展的资金。可见，20 世纪 50 年代初期中国的人口迅速增长，抵消了粮食总产量增长的成果，于是造成了中华人民共和国历史上的首次全国性的粮食危机。

"大跃进"期间，大量社会资源被运用于工业，在资金、贸易等方式短期增长有限的情况下，劳动力的调配成为快速工业化见效最快的方式。于是在城乡关系中，劳动力大规模向工业集中，中国也出现了短暂的快速城市化。在城市内部，通过建立或筹备建立城市人民公社等方式，消化原未解决

---

① 胡岳岷：《21 世纪中国能否养活自己》，延吉：延边大学出版社，1997 年版，第 128 页。
② 沈志华、杨奎松：《美国对华情报解密档案 1948—1976》（2），上海：东方出版中心，2009 年版，第 194 页。

的失业人口，同时解放了妇女劳动力，使城市的劳动力资源得以充分发掘。这些政策超越了当时农业生产力的发展水平，剥夺了农业发展所需要的劳动力资源，加之三年严重的自然灾害，使中国发生了第二次全国性的粮食危机。其规模和影响，比第一次粮食危机犹有过之。

为解决粮食问题，中国政府主要采用了两方面的措施。一是从长计议，力图以机械化来推动粮食产量发展。在20世纪六七十年代以农业为基础的国民经济发展思路下，"国家在投入、价格、经营体制等方面，采取了一系列的政策和措施，强行推行这个目标，但是农业机械化的进程依然非常缓慢"①。中国耕地的特点决定了大规模的推行机械化其成效是有限的。在没有实现机械化以前，政府强调精耕细作和提高单位面积产量，"发展农业生产主要是提高单位面积产量；农村多增加一个劳动力，多花一份功夫，就能多生产一些粮食和其他经济作物，这在当前农业生产还没有实现机械化以前，尤为明显"②。可以说，保证农业所需的劳动力，在没有实现机械化之前是提高粮食产量的主要对策。

二是从当时的现实条件出发，将粮食的生产、销售等环节以及人口流动、迁移乃至人口生产，纳入计划的范围，以利于合理地调控资源。在精耕细作和提高单位面积产量的要求下，当时的中国需要大量人口留在农村从事农业生产，而大量人口进入城市与这一要求是相违背的。在此背景下，政府选择以计划经济的方式实现粮食的销售和供应，并且优先保证城市需要，同时不得不以非市场化的手段来调整人口的城乡布局。

三、全面计划化：解决问题的策略

在意识形态的蓝图之中，计划经济是社会主义的一个标志。因此，实行计划经济本身就是社会主义建设的题中应有之义。在处理粮食危机的过程中，计划经济可以集中力量办大事、效率高等优势迅速体现出来，政府也倾向于采用全面计划化的方式来处理国民经济各项关系。在此过程中，计划经济的工作方式和治理策略很快跳出了经济领域，成为中国共产党处理一切经济社会问题的重要思路和手段。

---

① 武市红：《邓小平对中国农业现代化的探索与思考》，《党的文献》，2006年第6期。
② 《中共上海市委精简小组办公室关于动员城镇人口回乡下乡的宣传要点和关于新疆情况的宣传资料（关于动员城镇人口回乡、下乡的宣传要点）》，上海市档案馆：A62-2-2。

"一五"计划的进行和应对粮食危机的需要，催生了全面计划化的产生，对中国发展产生了巨大影响。主要有以下几个方面：

第一，实行统购统销政策，将粮食的销售和供应纳入计划。面对粮食危机，中国共产党选择了以统购统销的办法加以解决。1953年陈云在全国粮食会议上详细分析了实行统购统销政策的必要性，指出所有减少支出的途径都不行，如减少出口粮，"这个主意不能打。在三十二亿斤的出口粮中，有二十亿斤是大豆，这主要是用来跟苏联等国换机器的，五亿四千万斤是跟锡兰换橡胶的，还有一些是向其他国家的出口。所有这些出口，都是必要的。"[①]若放弃粮食出口，则会影响中国的工业化进程，因此，实行统购统销成为必然选择。

统购统销将粮食的产、供、销等各个环节纳入政府的掌控之下，无疑是最为节约和快速的政策选择。这对当时维护社会稳定，确保工业化的顺利起步具有非常重大的意义。该政策直至实行家庭联产承包责任制时才得以废除，在中国实行了32年之久。

第二，加快变革生产关系。对于解决粮食问题而言，统购统销只能确保社会维持低水平的物质生活，根本的办法还是要增加粮食产量。从"大跃进"到人民公社，反映了政府对待农村和粮食问题的一贯思路，即在不过多增加投资的前提下，通过变革生产关系发挥农村潜力，实现增产目标。

第三，户籍制度和抑制人口的乡城流动，增强了人口迁移流动的计划性。统购统销以及与之相配套的粮食供应制度，天然地要求对供应对象实行有序管理，以更好地实现粮食供应的有序化。统购统销制度甫一建立，要求抑制人口自由流动的相关政策便随之而来。如1953年政府曾颁布《关于劝止农民盲目流入城市的指示》，1954年又重申了这一政策要求。从统购统销制度开始，政府对户籍制度进行改革，将粮油供应的相关标准与户籍捆绑在一起，以明确供应对象，使供应的总量更具计划性。同时，抑制农村人口向城市的流动，将此种流动称为"盲目的"，并将盲目流入城市的农民动员回农村。汤水清的研究证明，"粮食计划供应制度的建立以动员农民回乡为重要手段，并限制农村人口向城市的流动，居民城乡之间的身份差别第一次从

---

① 陈云：《陈云文选（1949—1956）》，北京：人民出版社，1984年版，第204—205页。

制度上得以确立。"① 这一系列政策和事件都是在解决粮食危机中自然衍生的，与粮食和人口的紧张关系密切相关。

第四，在大城市探索节制生育，力图将人口生产纳入计划轨道。城市人口规模过大，必然给粮食供应造成困难，加大粮食供应的成本。因此政府在特大城市最早进行了节制生育的探索。上海在1955年8月颁布了《关于节制生育的初步方案》，"适当放宽了人流及绝育手术的管理尺度，并在第一医药商店设立避孕药品专柜"②。虽然该方案主要着眼于节制生育的宣传与倡导，但也在一定程度上降低了上海的自然增长率，并为后来计划生育工作的开展积累了经验。

实际上，这一系列政策都符合应对粮食危机而采取开源节流办法的自然逻辑，若追根溯源，依然可以追寻到中国重工业战略下的工农业之间的矛盾以及由此所引发的粮食危机。在这一系列政策的作用下，中国开始重构社会秩序，其核心在于在城市供应节约的前提下保障工业化目标的推进。从这个意义上说，中国的城乡关系的调整本质上是工农业关系调整的逻辑延伸。通过以上措施快速地暂时控制了粮食危机，使得计划经济在当时的有效性和高效化十分凸显，同时也使计划经济突破了单纯经济领域的范围，进而实现整个社会全面计划化。

社会主义制度建立之后，政府与工业化的关系得以进一步强化，"社会主义改造使经济事务牢牢地处于国家的控制之下。国家不再是努力规划调整经济，而是直接管理它。"③ 当粮食危机稍得缓解，政府又运用有力的社会资源控制手段，强启了中国快速工业化的进程，在全国开展了"大跃进"运动，并要求在农业等领域也实现大的跃进，其核心依然是对工业发展高速度的追求。正如周恩来事后所反思的，"当时的口号是一马当先，万马奔腾，实际是一马当先，万马让路"。其后果是严重的，毛泽东说，"哪里是一马当先，万马让路？实际上是万马都死了，头一匹马也死了一半，钢不是降了一半吗？"④

---

① 汤水清：《论新中国城乡二元社会制度的形成——从粮食计划供应制度的视角》，《江西社会科学》，2006年第8期。

② 金大陆：《上海1966—1976年的计划生育工作》，《社会科学》，2008年第12期。

③ ［美］傅高义著、高申鹏译：《共产主义下的广州：一个省会的规划与政治（1949—1968）》，广州：广东人民出版社，2008年版，第160页。

④ 中共中央文献研究室编：《毛泽东年谱（1949—1976）》（第五卷），北京：中央文献出版社，2013年版，第481页。

在应对第二次粮食危机的过程中，政府依然采用计划经济的方式进行调整。具体表现在以精简职工、减少城镇人口为中心的工业和城市大撤退。从1959年至1962年，中国的工业生产总值和城市化率经过了大的下滑，工业生产总值最高峰为1960年的568.2亿元，最低值为1962年的325.4亿元，缩水达42.7%[①]；全国城镇人口从峰值1960年的13073万人，下降为1963年的11646万人，减少1427万人，人口城市化率从1960年的19.8%骤降为1963年的16.8%[②]；调整最大的是工业，第二产业从业人员则从1958年的峰值7076万人骤降到1963年的2038人，从业人员比重从26.6%下降为7.7%[③]。经过调整，"全国共精简了近2000万职工和2600万城镇人口，对整个国民经济的好转起了十分重要的作用"[④]。

这次粮食危机的教训使中国共产党在相当长的一个历史时期内，对于工业化的进程采取了更为谨慎和稳健的政策，国民经济政策调整为以工业为主导、以农业为基础。为加强调整力度，1959年毛泽东就指出，"权力下放太多了，有四个权要收回来，收到中央和省，一为人权，二为财权，三为商权，四为工权。"[⑤]工农业关系也较中华人民共和国成立初期更为合理：在农业发展政策上，除保障农村劳动力之外，进一步加强了对农业的资金投入。在工业上，强化工业为农业服务的导向，化肥、机械等直接为农业服务的行业得到了重视。1973年的"四三"方案，作为中华人民共和国历史上第二次大规模的引进外资，与"一五"计划引进苏联的156个项目相比，更为重视发挥工业对农业发展和人民生活的作用，包括引进13套大化肥、4套大化纤，"为从数量上和质量上解决人民'吃穿用'问题发挥了重要作用"[⑥]。

粮食危机是中国工农关系和城乡关系调整的重要背景，粮食问题成为困

[①]　国家统计局国民经济综合统计司编：《新中国六十年统计资料汇编》，北京：中国统计出版社，2010年版，第9页。

[②]　国家统计局国民经济综合统计司编：《新中国六十年统计资料汇编》，北京：中国统计出版社，2010年版，第6页。

[③]　路遇、翟振武主编：新中国人口六十年，北京：中国人口出版社，2009年版，第663—665页。

[④]　罗平汉：《大迁徙：1961—1963年的城镇人口精简》，南宁：广西人民出版社，2003年版，第257页。

[⑤]　中共中央文献研究室编：《毛泽东年谱（1949—1976）》（第四卷），北京：中共中央文献出版社，2013年版，第75页。

[⑥]　武力：《中华人民共和国经济史（增订版·上卷）》，北京：中国时代经济出版社，2010年版，第580页。

扰中国发展的难题。中华人民共和国成立初期许多方面的政策都可以放在工农关系和城乡关系调整的视角下加以解读。1974 年，当丹麦首相哈特林向毛泽东询问"中国所发生的一切是否与中国的人口基本上是居住在农村的农业人口有很大的关系"时，毛泽东给予了肯定的回答，"不错。中国农民占百分之八十。我们现在限制城市人口的增加，城市人口占两亿。城市人口太多，困难，难于供应。现在城市人口已经不少了，差不多跟美国的人口一样了。中国的城乡结构很特别，城市人口很少，农村人口很多，跟欧洲不同。打起仗来，城市人口太多也不利。"① 从这段话不难感受到，粮食危机带给我们这个民族的苦难是深重的，对于党的政策变迁以及国家发展的走向，影响是深远的。

在应对危机的过程中，全面计划化得以实现。在城乡关系上，城乡二元结构逐渐形成并固化，政府通过强化户籍管理、加强统购统销等手段，对农村人口向城市流动实行了严格控制。此外，工业发展所需要的劳动力更为依赖城市内部潜力的发掘，而不再轻易从农村吸收劳动力。如 1962 年，上海规定不仅对外来人口进入城市严格控制，而且"不准任何职工家属（包括军官家属）进城"②。在人口政策上，三年困难时期使中国共产党认识到农业生产力水平低下与人口众多的矛盾，对人口规模的调控更为自觉。1962 年底颁布的《中共中央、国务院关于提倡计划生育的指示》正式采用"计划生育"这一表述，改变了过去"节制生育"的提法，并把计划生育上升为一项"既定的政策"，要求必须"认真地长期地实行"③。1964 年 1 月国务院成立计划生育委员会，负责全国的计划生育工作。从此，人的生产也被纳入政府计划范围。

伴随着工业计划的推进，将整个社会纳入计划的轨道，实行全面计划化，是符合工业化战略自身的发展逻辑的。在"一五"计划的第一年，政府就在农村推行统购统销政策，"不仅保证了工业化所需粮食和工业原料，而

---

① 中共中央文献研究室编：《毛泽东年谱（1949—1976）》（第六卷），北京：中共中央文献出版社，2013 年版，第 553 页。

② 《中共上海市委关于精简工作情况的报告和市委精简小组关于上海市 1962 年减少城镇人口工作方案和上海市精减职工、减少城镇人口的工作总结（上海市一九六二年减少城镇人口工作方案）》，上海市档案馆：A62-1-10。

③ 田雪原：《中国人口政策 60 年》，北京：社会科学文献出版社，2009 年版，第 104 页。

且成为国家向农民筹集资金的主要手段"①。1955 年开始推进的农业合作化，虽符合共产党一贯将人民"组织起来"的理想和对公有制的目标追求，但其如此迅速的推进，以至于脱离了过渡时期总路线的时间设定，则与工业化的快速推进直接相关。毛泽东认为，如果不能实现农业合作化，"就不能解决年年增长的商品粮食和工业原料的需要同现时主要农作物一般产量很低之间的矛盾，我们的社会主义工业化事业就会遇到绝大的困难，我们就不可能完成社会主义工业化"②。可见，全面计划化所调控的目标，依然根植于中国工业化的梦想。

第二节　建设社会主义新城市与人口城市化

海外研究当代中国城市化的学者一般认为，中国的城市化进程采取了"非城市化"的策略，对城市化进程进行严格限制。陈金永进一步认为，中国的城市化进程是"城市偏向"的，在严格限制的同时，将更多的资源投资于城市工业，以期推进工业化的高速发展③。中国内地城市史研究开展较晚，并且更多地集中在经济学、社会学等社会科学领域，以不同的理论视角和统计方式展开研究，甚至连社会主义建设时期的城市史分期都并不统一。如蔡禾的《城市社会学讲义》将城市化进程分为两个阶段，即 1949—1960 年的城市化的复苏和发展时期，1961—1978 年的城市化发展的停滞时期④。路遇、翟振武的《新中国人口六十年》则把城市化分为三个阶段，即 1949—1957年的平稳城市化时期，1958—1965 年的城市化虚涨与挫折时期，1966—1977年的城市化停滞时期⑤。二者虽都认为中国的城市化经历了一个从发展到停滞的历史过程，但除 1949 年这一共同起点之外，竟无一个相同的时间节点，

---

① 肖冬连：《加速农业集体化的一个重要原因——论优先发展重工业与农业的矛盾》，《中共党史研究》，1988 年第 4 期。
② 中共中央文献研究室编：《毛泽东年谱（1949—1976）》（第二卷），北京：中共中央文献出版社，2013 年版，第 410 页。
③ 参考薛凤轩：《中国城市及其文明的演变》，北京：世界图书出版公司北京公司，2010 年版，第269 页。
④ 蔡禾：《城市社会学讲义》，北京：人民出版社，2011 年版，第 80—81 页。
⑤ 路遇、翟振武：《新中国人口六十年》，北京：中国人口出版社，2009 年版，第 451—467 页。

说明当代城市史的研究仍存在很大的探索空间。

　　笔者认为，全国范围内的"非城市化"策略并不存在。从全国范围来看，虽然东部沿海城市的城市化速度较慢，但中西部的一些重要工业城市，如武汉、兰州、洛阳等城市化水平仍有较大提升。在全面计划化的背景下，中国逐步将人民生活、人口迁移流动、人口生产纳入政府计划的范围，使计划手段成为解决人口问题的主要方式。因此，人口城市化水平亦在政府的计划之中。政府对城市化水平的政策思路分为两个时期：在 1965 年之前，因应工业化水平的变化而调整城市化水平；在 1966 年之后，城乡二元社会已经固化，政府没有通过城市化以促进工业化的相关政策，即使在工业化发展较快的三线建设时期，发展方向仍主要是"山、散、洞"地区，人口城市化水平长期稳定。

一、城市化与工业化的关系

　　1949—1976 年，中国的工业化与城市化均经历了大起大落的历史波折。城市化布局围绕工业化的发展而展开，呈现出明显的正相关性。

　　第一，工业化的发展状况。

　　根据表 1-4 和图 1-1，可以分析出社会主义建设时期工业化的发展轨迹。

　　首先，在国民经济发展增速的几项指标中，工业生产总值波动幅度最大，呈现出增速大起大落的发展特征，农业生产总值增速的波动幅度明显小于工业。增速的最高值和最低值，均表现在工业生产总值上：最高增速为 1958 年的 53%，而最低的 1961 年，工业生产总值则降低了 36.3%，中国工业缩水程度超过了 1/3。

　　其次，1957—1962 年，基本上是"二五"计划时期，中国的工业与农业增速呈现逆行态势，即工业增速快时，农业则相对缓慢，农业增长快时，工业增速则有所下降。这集中反映了此一时期较为突出的工农业矛盾。尤其是 1961 年，处于农业增长的峰值，同时也是工业增速的谷值，反映了工农业结构在此时经历了最大幅度的调整。自此之后，中国经济建设虽然还有不少失误，但总体而言，其经济波动曲线相对 20 世纪 50 年代中后期，波动的幅度明显缩小。

　　再次，按工业化增幅的波动程度，大致可分为四个波动周期，即 1953—1958 年，1959—1964 年，1965—1970 年，1971—1976 年。各阶段的峰值与谷值与中国当代史的重大事件是紧密相关的，如1955年"一五"计划才正式确定，农业合作化推行，工业化开始呈现加速态势。1958年是"大跃进"和人民公社，之后工业化增速快速下降。1961年是三年困难时期的最后一年，1961年制定了"工业七十条"，1962年初制定了"农业六十条"，调整国民经济计划的各项指标，因此从1963年起，工业增速又有较快增长。"文革"期间1967年和1968年经历了大的社会动荡，面对严峻的国际形势，加快进行"三线建设"，1969年和1970年又有较快增长。之后工业化则一直处于缓慢增长当中。其中1975年邓小平复出，着手对国民经济进行整顿，该年度工业生产又有较快增长。不难发现，中国的工业化的波动与党和政府的政策有密切关系。

表1-4　1952—1976年国内生产总值及工业、农业总产值增速统计表

（单位：亿元）

年份	国内生产总值	增速	工业总产值	增速	农业总产值	增速
1952	679.0	/	119.8	/	346.0	/
1953	824.2	24.1%	163.5	36.5%	381.4	10.2%
1954	859.4	4.3%	184.7	13.0%	395.5	3.7%
1955	910.8	6.0%	191.2	3.5%	424.8	7.4%
1956	1029.0	13.0%	224.7	17.5%	447.9	5.4%
1957	1069.3	3.9%	271.0	20.6%	433.9	−3.1%
1958	1308.2	22.3%	414.5	53.0%	449.9	3.7%
1959	1440.4	10.1%	538.5	30.0%	387.2	−13.9%
1960	1457.5	1.2%	568.2	5.5%	343.8	−11.2%
1961	1220.9	−16.2%	362.1	−36.3%	445.1	29.5%
1962	1151.2	−5.7%	325.4	−10.1%	457.2	2.7%
1963	1236.4	7.4%	365.6	12.4%	502.0	9.8%
1964	1455.5	17.7%	461.1	26.1%	564.0	12.4%
1965	1717.2	18.0%	546.5	18.5%	656.9	16.5%
1966	1873.1	9.1%	648.6	18.7%	708.5	7.9%
1967	1780.3	5.0%	544.9	−16.0%	720.6	1.7%
1968	1730.2	2.8%	490.3	−10.0%	732.8	1.7%

（续表）

年份	国内生产总值	增速	工业总产值	增速	农业总产值	增速
1969	1945.8	12.5%	626.1	27.7%	742.8	1.4%
1970	2261.3	16.2%	828.1	32.3%	800.4	7.8%
1971	2435.3	7.7%	926.6	11.9%	833.7	4.2%
1972	2530.2	3.9%	989.9	6.8%	834.8	0.1%
1973	2733.4	8.0%	1072.5	8.3%	915.6	9.7%
1974	2803.7	2.6%	1083.6	1.0%	953.7	4.2%
1975	3013.1	7.5%	1244.9	14.9%	979.8	2.7%
1976	2961.5	−1.7%	1204.6	−3.2%	975.7	−0.4%

资料来源：国家统计局国民经济综合统计司编：《新中国六十年统计资料汇编》，北京：中国统计出版社，2010 年版，第 9 页。

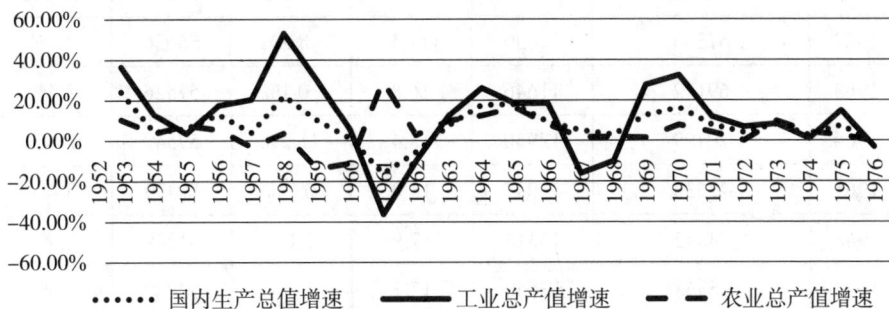

图 1-1　1952—1976 年中国国内生产总值及工业、农业总产值增速示意图

资料来源：根据表 1-4 绘制。

第二，人口城市化的发展轨迹。

所谓人口城市化，"就是一个变农村人口为城市人口，或变农业人口为非农业人口，由农村居住变为城市居住的人口分布变动过程"①。人口城市化的衡量标准，是某一时期城镇人口占社会总人口的比重。工业化以来，随着工业化进程必然出现人口向城市集聚的现象，这是城市化的一般规律。

_____

① 刘铮：《人口理论教程》，北京：中国人民大学出版社，2003 年版，第 251 页。

表 1-5　1952—1976 年中国城乡人口变化情况统计表

年份	年底总人口（万人）	按城乡分（万人）				
		城镇	占比	增长	乡村	增长
1952	57482	7163	12.5	/	50319	/
1953	58796	7826	13.3	9.3%	50970	1.3%
1954	60266	8249	13.7	5.4%	52017	2.1%
1955	61465	8285	13.5	0.4%	53180	2.2%
1956	62828	9185	14.6	10.9%	53643	0.9%
1957	64653	9949	15.4	8.3%	54704	2.0%
1958	65994	10721	16.3	7.8%	55273	1.0%
1959	67207	12371	18.4	15.4%	54836	−0.8%
1960	66207	13073	19.8	5.7%	53134	−3.1%
1961	65859	12707	19.3	−2.8%	53152	0.03%
1962	67295	11659	17.3	−8.2%	55636	4.7%
1963	69172	11646	16.8	−0.1%	57526	3.4%
1964	70499	12950	18.4	11.2%	57549	0.04%
1965	72538	13045	18.0	0.7%	59493	3.4%
1966	74542	13313	17.9	2.1%	61229	2.9%
1967	76368	13548	17.7	1.8%	62820	2.6%
1968	78534	13838	17.6	2.1%	64696	3.0%
1969	80671	14117	17.5	2.0%	66554	2.9%
1970	82992	14424	17.4	2.2%	68568	3.0%
1971	85229	14711	17.3	2.0%	70518	2.8%
1972	87177	14935	17.1	1.5%	72242	2.4%
1973	89211	15345	17.2	2.7%	73866	2.2%
1974	90859	15595	17.2	1.6%	75264	1.8%
1975	92420	16030	17.3	2.8%	76390	1.5%
1976	93717	16341	17.4	1.9%	77376	1.3%

　　资料来源：国家统计局国民经济综合统计司编：《新中国六十年统计资料汇编》，北京：中国统计出版社，2010 年版，第 6 页。

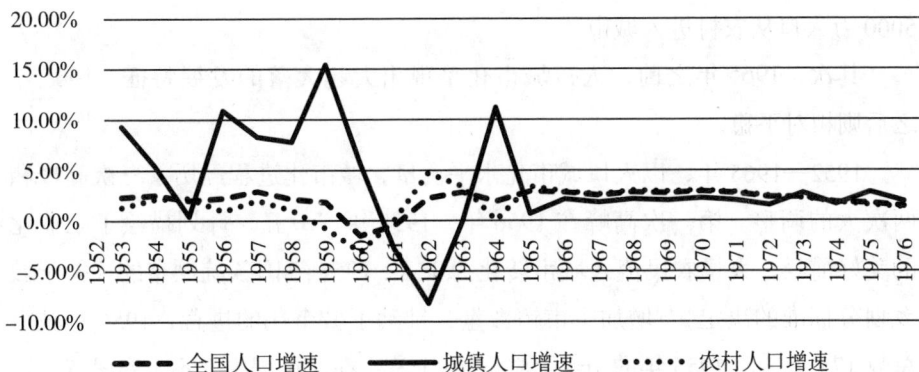

图 1-2　1952—1976 年中国城乡人口增速情况

资料来源：根据表 1-5 绘制。

根据表 1-5 和图 1-2，对 1952—1976 年的人口城市化发展历程叙述如下：
首先，在社会主义建设时期，中国的城市化水平缓慢提升。

我们选取 1952 年和 1976 年的人口数据进行比较，1976 年全国人口总数
比 1952 年增长了 63%[①]，全国城镇人口增长了 114%。可见，从宏观数据看，
中国的城市化进程在社会主义建设时期取得了较大的发展。若按人口城市化
的程度计算，从 1952 年的 12.5% 增加到 1976 年的 17.3%，提升了近 5 个百
分点；而同期的工业生产总值占国民生产总值的比重，从 1952 年的 17.6 增
长到 1976 年的 40.7%，提升了 23 个百分点。纵向比较，1976 年的工业生产
总值比 1952 年增长了 905.5%。比较两组数据不难看出，中国的城市化水平
总体上滞后于工业化水平，这一结论已为大多数城市史研究者所公认[②]。我们
可以对社会主义建设时期农村人口进入城市的情况进行粗略估算，若按人口
的自然增长计算，1976 年总人口比 1952 年增加了 63%。抛开城市自然增长
率与农村自然增长率的差别进行粗略估算，至 1976 年城市人口应为 11676 万
人，1976 年城镇人口实际有 16341 万人，那么从 1952 年到 1976 年有大约

---

① 本节所用数据如非特别注明，均来自表 1-2 和表 1-4，具体数字为笔者计算得出。
② 钟水映、胡晓峰：《对中国城市化发展水平滞后论的质疑》（《城市问题》2003 年第 1 期）一文
认为，中国的城市化发展水平是中国经济发展水平与结构的一种外在表现形式，是与中国的经济发
展水平与结构相适应的。但该文也承认中国的城市化与其他国家不同，是与我国的经济结构和城市
发展中的结构出现偏差的结果。然而，近年来大多学者仍认为中国的城市化滞后于工业化，如北大
教授周其仁在其新著《城乡中国》（上）一书中，就专设一节谈"工业化超前、城市化之后"的现象
（北京：中信出版社，2013 年版，第 19—23 页）。以上所讲的城市化滞后现象虽然论述的重点在改革
开放以后，但对考察社会主义建设时期的城市化现象具有很大的参考价值。

5000万人口从农村进入城市。

其次，1965年之前，人口城市化呈现出大起大落的发展特征，1965年之后则相对平稳。

1952—1965年，以人口城市化水平衡量，城市化进程经历了三次高峰和两次大的调整。第一次高峰在1956年，1955年"一五"计划描绘了工业化的美好前景，大量农民流入城市转化为工人；1955年国务院颁布的《关于城乡划分标准的决定》，增加了市镇数量，推动了城市化的进程，1956年城市总数175个，比1955年的165个骤增10个[①]。在此过程中，不少农民就地转化为城市居民。1959年的高峰来自"大跃进"的狂潮。中央在1958年"大跃进"的基础上进而发动"更大、更好、更全面"的跃进，更多劳动力投向工业。1964年城镇人口增加是大精简之后的恢复性上升，部分被下放职工因生活困难等原因，其本人或子女又重新被安排进城市，形成了社会主义建设时期最后一次人口城市化的高峰。

人口城市化的谷值则有两个，一是1955年，城镇人口仅增长0.4%，若考虑当年人口的自然增长率，则当年有大量人口从城市迁到农村。二是从1961年到1963年，城镇人口连续3年负增长，其中1962年下降幅度最大，达8.2%。

1965年至1976年，工业化的进程依然可见波澜起伏，而人口城市化的增幅则长期近乎直线运行，增速非常缓慢。从1965年至1976年，人口城市化水平其峰值为1965年的18.0%，其谷值为1972年的17.1%，十余年的时间内，人口城市化水平的波动幅度不超过1个百分点。从城镇人口的增速来看，1965—1972年城镇人口处于极为缓慢的增长过程中。这表明，1965—1976年城乡关系已经处于固化的状态。

第三，人口城市化与工业化的关系。

社会主义建设时期中国的城市化进程充满曲折，城市化水平的缓慢增长并不均衡，而是同样呈现出增长幅度大起大落的特征。城市化的过程不仅表现在农村人口向城市迁移，而且也存在城市人口大量向农村迁移。比较图1-1和图1-2可以很明显看出，1965年之前，中国的城市化与工业化处于大致相同的波动趋势之下，城市的调整略微滞后于工业的调整，如工业生产总值增速的峰值和谷值分别出现在1958年、1961年，而人口城市化的峰值出

---

① 顾朝林：《中国城镇体系历史·现状·展望》，北京：商务印书馆，1992年版，第187页。

现在1959年、1962年。这种滞后性的原因在于，历次调整往往是工业的指标和规模调整后，才相应对城市人口规模、结构进行调整，显示了城市化的发展水平服从于工业化的发展情况。

1965—1976年，工业发展水平仍有不小的波动，但城镇化水平却稳定而缓慢地增长。可见引起工业化波动的主要因素并非人口波动，工业化的发展也并未带来人口向城市的集聚。在此过程中，城镇从业人员数量仍有不小的增长——从1965年的5136万人到1976年的8692万人，增加了69.2%；城镇从业人员占城镇总人口的比重，从1965年的39.4%增加到53.2%。可见，在此一时期工业所需劳动力的解决，是通过充分挖掘城市潜力而实现的。农村人口总体上不仅没有向城市大规模转移，而且政府通过"上山下乡"将大量城市知识青年迁往农村，从而保证工业和城市的发展。

表1-6　1952—1976年城镇从业人员与城镇人口规模比较统计表

年度	城镇人口（万人）	从业人员（万人）	占比（%）	年度	城镇人口（万人）	从业人员（万人）	占比（%）
1952	7163	2486	34.7	1965	13045	5136	39.4
1953	7826	2754	35.2	1966	13313	5354	40.2
1954	8249	2744	33.3	1967	13548	5446	40.2
1955	8285	2802	33.8	1968	13838	5630	40.7
1956	9185	2993	32.6	1969	14117	5825	41.3
1957	9949	3205	32.2	1970	14424	6312	43.8
1958	10721	5300	49.4	1971	14711	6868	46.7
1959	12371	5389	43.6	1972	14935	7200	48.2
1960	13073	6119	46.8	1973	15345	7388	48.2
1961	12707	5336	42.0	1974	15595	7687	49.3
1962	11659	4537	38.9	1975	16030	8222	51.3
1963	11646	4603	39.5	1976	16341	8692	53.2
1964	12950	4828	37.3				

资料来源：国家统计局国民经济综合统计司编：《新中国六十年统计资料汇编》，北京：中国统计出版社，2010年版，第6—7页。

综上所述，在社会主义建设时期，中国总体的人口城市化水平仍有一定的提升，反映了社会主义建设的成就。但此过程并非稳步向前，而是充满反复和曲折的。在重工业为主的工业化战略之下，由于重工业的高投资和就业低吸纳的特点，伴随着工业化的发展本应发生的城市化过程受到了抑制。在此过程中，多重因素造成的粮食危机强化了政府控制人口城市化的紧迫感。于是，不仅农村人口向城市的转移受到抑制，政府还动员大量人口迁往农村，并以户籍制度、统购统销、供应制度等制度化途径限制人口的城市化，最终构建了制度化的城乡二元结构。这既是工业化战略的自然逻辑，也是政府应对危机的无奈之举。

二、建设社会主义新城市

中华人民共和国成立初期，城市发展的目标就已确定，一言以蔽之，就是要建设社会主义新城市。在不同时期和不同场合，这一目标有不同的叙述方式，如人民的城市、社会主义城市、新型的社会主义城市、生产的城市等等。这一城市定位的实现标准也是较为模糊的。以上海为例，1954 年 5 月 29 日，《新民晚报》的一篇文章标题即为《城市的性质改变了》[①]，其判定依据主要在于人民代表大会制度的建立，上海实现了人民当家作主，"不受财产地位，也不受性别和种族的限制，都在普遍、平等的基础上进行了投票"。但 1955 年上海市委第二书记陈丕显在政协上海市第一届委员会第一次全体会议上的政治报告中则认为"今天的上海也还不能说已经是合乎社会主义要求的城市"[②]，主要依据在于上海生产过于集中、离原料产地过远、消费人口大大超过了生产人口等一系列旧上海的特点还没有彻底改变。

虽然对于何时建成了社会主义新城市这一界定较为模糊，但社会主义新城市的内涵则是较为清晰的。这一目标主要由两个要素构成的，一是在政治上确立共产党的执政地位，建立人民当家作主的政治制度，使社会秩序建立在共产党的执政之下，重塑城市社会的阶级结构，改变过去城市为帝国主义和官僚资本服务的本质，实现城市为工人阶级服务的社会主义目标；在经济上，由消费型城市向生产型城市转变，以工业生产为核心，进而建立社会主

---

① 《城市的性质改变了》，《新民晚报》，1954 年 5 月 29 日。
② 《中共上海市委第二书记陈丕显在政协上海市第一届委员会第一次全体会议上的政治报告（摘要）》，《文汇报》，1955 年 5 月 16 日。

义公有制为主体的经济结构。因此，以社会主义新城市为目标的城市转型主要包括政治、经济两方面的秩序重构。从政治变革的角度，社会主义新城市主要可从以下几个方面加以理解：

1. 城市是社会主义革命的中心

在建设社会主义的目标中，社会主义的政治、经济、文化中心均是以城市为载体的。同时，城市也是中国共产党革命使命最终完成的主战场，反革命的力量或者说革命的对象，主要存在于城市之中。

中国共产党在意识形态上毫不掩饰对一切旧城市的厌恶。"现代都市是资本主义及其引伸——帝国主义——的副产物，是工业与资本主义的结晶，是封建剥削形式的冷藏库，是城乡之间不平等的对立中的占上风者的大本营，是一切投机取巧欺骗压榨者大显身手的阵地，是勤劳大众被吮吸被宰割的屠场，是藏垢纳污的臭水沟，但也可能叫它成为新生革命力量的血库。"① 因此，革命使命的完成，需要摧毁旧城市的一切糜烂、寄生和罪恶，需要将旧城市的基础"重新翻造一过"②，使得城市成为社会主义新城市。

因此，在城市解放之后，开展城市的社会改造成为中国共产党城市政策的重要一步。代表旧城市罪恶和寄生现象的群体，如娼妓、游民、乞丐等群体得到改造，主要思路是将他们整合进入社会主义劳动者的范围之中。代表旧城市剥削性的消费行业、奢侈行业等为富人服务的行业也得到改造。这既是社会改造过程，也是政权巩固过程。通过上述改造，削弱、力争消灭反革命力量的社会基础，构建共产党政权的合法性和社会基础。

此外，共产党的政策目标不仅在于要实现城市自身改造，而且要实现"城市领导乡村"的任务，这是七届二中全会确定的政策。由城市领导乡村的具体内容，"包括训练工人干部与知识分子下乡，帮助农民提高觉悟与文化水准，帮助农民克服落后与灾荒，帮助农民组织与提高农业生产，以及供应农业生产工具等等"③。亦即说，所谓的城市领导农村，其要义在于动员城市的人力、智力、物力以帮助农村发展。把城市作为革命的中心，以城市领导农村，从而推动中国社会的进步，这是中国共产党规划的社会主义建设道路。

---

① 《都市与革命》，《文汇报》，1949年9月13日。
② 同上。
③ 《论中国城乡关系的发展规律，工作重心的转移》，《文汇报》，1949年7月18日。

2. 城市阶级结构的重塑

毛泽东早在《新民主主义论》中就提出了新民主主义的经济纲领，后来逐步完善，在《目前形势和我们的任务》一文中最终确立，即没收官僚资本的大银行、大工业、大商业归新民主主义国家所有；没收封建地主阶级的土地，分配给无地和少地的农民，实行"耕者有其田"，发展各种具有社会主义因素的合作社经济；保护民族工商业。与经济纲领相对应，社会阶级结构也必将发生根本性的变化，其变化的结果预期如同五星红旗的内涵一样，整个社会只包括工人阶级、农民阶级、小资产阶级、民族资产阶级四大阶级，其他的阶级将被取缔或被整合进四大阶级的序列。

城市中的阶级阶层结构比农村复杂得多，因此城市的阶级结构重塑过程也较为复杂。在实践探索中，张闻天在1948年提出"党在城市工作中的政治路线是：依靠被压迫被剥削的无产阶级，团结独立劳动者和知识分子，联合中、小资本家，反对和打倒封建地主、官僚资产阶级及其代理人"①。这条意见为毛泽东所吸取，反映在七届二中全会的报告当中。然而，这只是新民主主义社会的阶级斗争纲领，随着官僚资产阶级及其代理人的消失，毛泽东进而认为工人阶级与民族资产阶级的矛盾成为社会的主要矛盾。作为代表工人阶级利益的中国共产党，又经过社会主义改造，使民族资产阶级作为一个阶级暂时退出了历史舞台，同时通过各类运动，压缩城市小资产阶级的生存空间，意图将民族资产阶级和小资产阶级都改造为自食其力的社会主义劳动者。"为工人阶级服务"成为城市建设和发展的准则，最终将城市阶级结构变为"两大阶级、一大阶层"，即整个社会阶级结构被简化为工人阶级、农民阶级和知识分子阶层。

胡建国的《中国城市阶层：北京镜像》以北京为个案，为我们描绘了社会阶级阶层结构的变化，指出1957年北京的阶级阶层结构有如下四个特征：第一，资本家和个体手工业者经过社会主义改造流向了其他社会阶层；第二，社会阶层中专业技术人员和国家与社会管理者、办事人员阶层不断扩大；第三，工人阶层队伍快速壮大；第四，第一产业以及第三产业的发展变化，使得农业劳动者和商业服务业员工呈现下降和上升的趋势②。可以说，

---

① 程中原：《张闻天的非常之路》，北京：人民出版社，2001年版，第160页。
② 胡建国：《中国城市阶层：北京镜像》，北京：社会科学文献出版社，2010年版，第31页。

经过社会主义改造，阶级结构得到重构，"阶级作为一个整体已经退出历史舞台"①。

然而，阶级斗争理论却并未退出历史舞台。如果说在社会主义改造之前的阶级成分是一种生产方式界定的话，那么社会主义改造完成后的阶级成分主要是一种身份象征。国家通过对身份的认定，如城里人还是乡下人，全民所有制单位还是集体所有制单位，干部、工人、农民还是地富反坏右等身份区别，以规划不同群体在社会资源分配、社会控制等方面的次序。"在社会主义公有制基础上，身份、单位和行政地位上的差别，成为标志和构成人们社会地位差异方面最主要的制度规则。"②身份制、单位制、行政制进一步分化了城市的社会阶层，同时农村人口流入城市的渠道也被阻塞，不属于城市社会结构序列的人口却被持续动员回农村。

3. 城市住宅：平等的社会主义居所

城市住宅的变革体现了城市的社会主义性，是社会主义城市这一目标的物化和具体化。上海解放后，住宅的建设处于政府的规划和控制之下，城市住宅建设的布局、改造、设计、资金来源等均由政府主导。

住宅的规划建立在对资本主义城市住宅布局进行批判的基础之上。1953年《新民晚报》的一篇文章对资本主义城市的布局概括如下：

> 几乎所有的资本主义城市，都毫无例外地具有这样外貌上的特征：一方面是高楼大厦，一方面是大量的贫民窟；城市中最好的地段被工厂、仓库、堆栈等所占用，那些没有生命的各色物资，比人还要受到尊重；街道狭窄、弯曲，交通拥塞、混乱；各种各式的建筑物纷杂的排列在一起，刺目的广告到处刺激着人；空气中弥漫着烟尘；在到处是拥挤和噪杂中，使人感到压迫和窒息③。

1951年，上海市副市长潘汉年在一份工作报告中有类似的论述，并且以

① 李友梅、黄晓春、张虎祥：《从弥撒到秩序："制度与生活"视野下的中国社会变迁（1921—2011）》，北京：中国大百科全书出版社，2011年版，第148页。

② 郑杭生：《当代中国社会结构和社会关系研究》，北京：首都师范大学出版社，1997年版，第55页。

③《合理的布置》，《新民晚报》，1953年11月28日。

阶级分析的视角将上海的高楼大厦与贫民窟的对立描绘成为资本主义与劳动人民的对立。"一面是高楼大厦，资本主义式的建设；一面是贫民窟，破落肮脏，既无卫生可言，又无道路设备，而那里却是上海人口最多的劳动人民居住。"① 改善劳动人民的居住环境，限制和压缩资产阶级的居住空间，无疑是住宅规划的方向。这一方向被概括为"为生产服务、为劳动人民服务"的社会主义城市建设原则。

中华人民共和国成立初期，政府就确定了"大力改善劳动人民的居住条件，为节约资金，坚持对城市原有的建筑要充分利用"这一原则，大力改造棚户区和简屋区，"主要是铺筑道路，敷设下水道，设置公共给水站，开辟火巷，建立路灯，使这些地方的交通、给水、排水、防火和照明条件大为改善"②。

"为生产服务、为劳动人民服务"的原则在政府强有力的规划之下得到了落实。效果如表 1-7 所示：一方面，从居住房屋占各类房屋建筑总面积的比重来看，20 世纪 50 年代总体上是稳定的。1958 年在"大跃进"的形势下，上海居住房屋的建筑面积在一年时间里迅速提高，居住房屋占比猛增到61.5%，这主要与卫星城和近郊工业区建设中住宅新村的兴建有关。从 1959 年开始，这一比重逐年直线下降，未有反复，1973—1976 年，该比重均低于1949 年的水平。这反映出，城市建设中居住房屋的建设受到抑制，工厂等类建筑比例上升，凸显了城市作为工业化基地的作用。

另一方面，中华人民共和国成立后主要修建的住宅是新工房，其建筑面积逐年增加。新工房是类似于曹杨新村一类的工人新村，其建筑体现了社会主义原则，"如果从高空俯瞰曹阳新村，还会发现它呈红五角形形状，充分体现出红色建筑的宏大叙事"③。花园住宅、公寓长期停止建设，并且这两类在"文革"期间面积还有所减少。这反映了城市住宅建设的着力点在于为工人阶级服务，努力改善工人的居住和生活环境，资产阶级、富人的生活空间受到压缩。

上海住宅是社会主义新城市政治诉求和阶级结构的投影。工人新村是新

---

① 《上海市人民政府一九五零年工作总结潘副市长在上海市二届二次人民代表会议的报告》，《文汇报》，1951 年 4 月 19 日。

② 《上海住宅（1949—1990）》编辑部编：《上海住宅（1949—1990）》，上海：上海科学普及出版社，1993 年版，第 1 页。

③ 王晓渔：《文化麦当劳》，长沙：湖南文艺出版社，2006 年版，第 120 页。

表1-7　1949—1976年市区各类房屋分布情况统计表　　单位：万平方米

年份	各类房屋建筑总面积	居住房屋				居住房屋占房屋建筑总面积比重（%）
		合计	花园住宅	公寓	新工房	
1949	4679.0	2359.4	223.7	101.4	—	50.4
1950	4679.0	2360.5	223.7	101.4	1.3	50.5
1951	4746.0	2391.9	223.7	101.4	9.8	50.4
1952	4886.0	2488.8	223.7	101.4	82.2	50.9
1953	5015.0	2575.0	223.7	101.4	126.8	51.4
1954	5141.0	2655.9	223.7	101.4	154.5	51.7
1955	5172.0	2668.4	223.7	101.4	161.6	51.6
1956	5229.0	2687.1	223.7	101.4	179.4	51.4
1957	5385.0	2769.3	223.7	101.4	236.3	51.4
1958	5362.2	3298.3	223.7	101.4	383.3	61.5
1959	5421.9	3299.1	223.7	101.4	386.9	60.9
1960	6139.7	3602.4	223.8	101.4	499.9	58.7
1961	6198.0	3630.6	223.8	101.4	521.0	58.6
1962	6263.2	3641.0	223.8	101.4	543.8	58.1
1963	6313.9	3649.8	223.8	101.4	553.9	57.8
1964	6433.4	3681.5	223.9	101.4	593.9	57.2
1965	6682.0	3740.6	223.8	101.4	640.3	56.0
1966	6801.8	3762.2	225.3	101.4	660.3	55.3
1967	6893.9	3793.1	225.3	101.4	684.6	55.0
1968	6957.1	3815.5	225.3	101.4	700.8	54.8
1969	7020.3	3837.9	225.3	101.4	717.0	54.6
1970	7115.1	3871.4	225.3	101.4	741.4	54.4
1971	7198.6	3888.1	225.3	101.4	750.9	54.0
1972	7318.2	3909.6	225.5	101.4	775.1	53.4
1973	7820.9	3740.4	127.6	85.4	750.1	47.8
1974	7972.9	3781.4	127.6	84.7	788.9	47.4
1975	8122.9	3848.5	127.4	86.4	856.7	47.4
1976	8279.6	3906.7	127.7	86.4	918.0	47.2

　　资料来源：《上海建筑施工志》编纂委员会编：《上海建筑施工志》，上海：上海社会科学院出版社，1997年版，第530—531页。

建住宅的主要形式，其面积不断扩大，反映了工人阶级在社会主义新城市中的中心地位，代表着社会主义城市住宅是以工人阶级为主体的劳动人民的平等居所。这是符合社会主义理想的居住形式，这种形式压缩了富人和资产阶级的居住空间，同时也没有给外来人口和城市贫民留下多少余地。

三、生产城市：社会主义城市的经济功能

1949—1976年，所有关于城市的定义均与城市的工业生产功能紧密联系在一起。在1961年12月中共中央颁布的《商业工作条例（试行草案）》中，将城市定义为"城市是社会主义工业化的基地，是政治、经济、文化的中心。"[①]城市是社会主义工业化的基地，在此一时期城市定义中居于首要地位。

党的七届二中全会确定将全党的工作重心从农村转移到城市。然而，从全党来看，中华人民共和国成立初期全党的主要精力在于在新解放区实行土地改革，贯彻新民主主义革命的政治纲领，确立城市工作的中心地位并未马上兑现。1951年2月18日，毛泽东主持中共中央政治局扩大会议，提出要"加强党委对城市工作的领导，实行七届二中全会决议"[②]，在完成土地改革的前提下，适时地将工作中心转移到城市，他曾提醒各省委和区党委，要避免在农村和城市、土改和工业领导中注意力的分配，"不要分配不适当和转移不适时"[③]。

因此，在中华人民共和国成立初期，党的工作重心并未骤然转向城市。此时中国共产党在城市工作的主要目标在于巩固政权，一方面恢复和发展生产，以建立新城市的经济基础；另一方面对城市的阶级结构进行重塑，逐步构建新社会的阶级基础和政治认同。按照中国共产党"新政治、新经济、新文化"的社会改造路径，此时的城市工作总体上是基于政治方面的考量。例如毛泽东曾认为"北京、天津、青岛、上海、南京、广州、汉口、重庆及各省省城，这是反革命组织的主要巢穴"[④]，因此，对于城市的镇反运动尤加关

---

① 商业部商管司等编：《商业组织与管理文件汇编（下）》，沈阳：辽宁省商业厅机关印刷厂1983年6月印刷，第28页。

② 中共中央文献研究室编：《毛泽东年谱（1949—1976）》（第一卷），北京：中共中央文献出版社，2013年版，第304页。

③ 中共中央文献研究室编：《毛泽东年谱（1949—1976）》（第一卷），北京：中共中央文献出版社，2013年版，第437页。

④ 中共中央文献研究室编：《毛泽东年谱（1949—1976）》（第一卷），北京：中共中央文献出版社，2013年版，第306页。

注。一切的目的在于对城市的政治和社会秩序进行重构，为实现将消费型城市转变为生产型城市的目标铺平道路，以逐步过渡到社会主义。

直至"一五"计划前夕，旧中国遗留下来的城市几乎都还是消费城市。正如惠浴宇后来回忆，当他 1952 年调任南京市委书记、市长时，"每天除了一车车的垃圾以外，再也没有什么可往外运的。在这样一个消费城市当市长，我总觉得有股子说不出来的苦恼，不得已而为之。"① 字里行间透露着其对消费城市的忧虑，和一个消费城市市长的无奈。

城市的转型是随着"一五"计划的推行而快速推进的。1953 年中央发出《中共中央关于城市建设中几个问题的指示》，强调"随着国家工业建设的开展，工业城市的建设工作已日益迫切和重要"②，因此要求各地加强城市规划工作。"一五"计划期间，国家优先发展重大重工业项目，把有限的资源集中到有重大项目的工业城市中。由于工业生产的空间主要在城市，因此城市化的进程也不断加快。新兴工业城市以重大工业项目为中心进行建设和重工业项目偏向中西部的空间布局特点，使得中国城市的发展模式、空间布局发生了历史性的深刻变化。

这一变化具体体现在中国重工业比重的不断增加。"1952—1979 年，重工业产值占工农业总产值的比重从 15.3% 提高到 41.3%，平均每 10 年增加10 个百分点；重工业产值占工业产值的比重从 35.5% 提高到了 56.3%，平均每 10 年增加 8 个百分点，重工业增长指数远远高于工农业总产值增长指数"③。何一民认为，1949—1957 年，"中国工业城市的形成、建设与发展取得了有别于历史上任何时期的显著成就，同时也显出中国工业建设与城市发展的新模式"④。这种成就和变化主要在于，此一时期中国城市的主要功能是围绕重工业发展而展开的。

随着所有制问题的解决和工业化的推进，社会主义新城市的目标模式也有所变化，更加强调城市应围绕工业尤其是重工业的发展而实现有效组织和

① 冯亦同编：《名家笔下的南京》，南京：南京出版社，1995 年版，第 57 页。
② 中央档案馆、中共中央文献研究室编：《中共中央文件选集（1949 年 10 月—1966 年 5 月）》（第十三册），北京：人民出版社，2013 年版，第 258 页。
③ 新玉言：《新型城镇化理论发展与前景透析》，北京：国家行政学院出版社，2013 年版，第 114 页。
④ 何一民：《革新与再造：新中国建立初期城市发展与社会转型（上）（1949—1957）》，成都：四川大学出版社，2012 年版，第 243 页。

提高效率。以上海为例，1955 年，陈丕显曾在政协上海市第一届委员会第一次全体会议上的政治报告中认为，经过几年的努力，虽然上海的性质已经根本改变，但还存在诸多问题，如"生产过于集中，离原料产地过远，产品和国家需要有矛盾，资本主义经济的盲目性与社会主义经济的计划性有矛盾，人口过多，消费人口大大超过了和生产人口的正常比例等情况还严重存在着"①。即使在中国已经进入社会主义社会的前提下，人们依然认为"改造旧城市建设社会主义新城市的工作并没有完成"，因此要建立城市人民公社，以"进一步调动一切积极因素，在全社会范围内把人力、物力、财力全面组织起来，进行高度的协作，这就必须突破现有的生产关系的界限，使国营企业、街道工业和其他整个社会力量形成一个密不可分的统一的整体"②。把城市作为社会主义工业化的基地，是此一时期城市变迁和城市化进程的一个方向和原则，城市的组织结构、社会治理框架均围绕这一定位作相应调整。

由上不难看出社会主义新城市的目标模式、内在要求与工业化进程的相关性。这种相关性在党和国家领导人的相关论述和城市建设工作的相关要求中随处可见。如薄一波认为，"社会主义城市的大小，决定于工业的合理分布和工业摆的多少，不是可以想大就大，想小就小的"③。1956 年 2 月 24 日，时任国家城市建设总局局长的万里，在全国基本建设会议上的报告中提出，要"把主要力量使用在新建与重大扩建的工业城市上，以保证工业建设的需要"④。在 3 月的省市自治区城市建设局长会议的总结报告中，万里又要求各地城市建设部门"分清轻重缓急，统一安排，首先满足直接为工业建设、工业生产服务及其他重要工程项目和培养技术力量的需要"⑤。1956 年颁布的《城市规划编制暂行办法》，确定了"城市建设为工业、为生产和为居民服务的方针"，将城市建设为工业服务作为首位要求，凸显了社会主义建设时期的城市特质。

---

① 《中共上海市委第二书记陈丕显在政协上海市第一届委员会第一次全体会议上的政治报告（摘要）》，《文汇报》，1955 年 5 月 16 日。
② 《试论城市人民公社是改造旧城市和建设社会主义新城市的有力工具——上海经济学会纪念毛泽东主席"关于正确处理人民内部矛盾的问题"发表三周年论文集》，上海市档案馆：C43-1-491-50。
③ 薄一波：《薄一波文选（1937—1992 年）》，北京：人民出版社，1992 年版，第 221 页。
④ 万里：《万里论城市建设》，北京：中国城市出版社，1994 年版，第 3 页。
⑤ 万里：《万里论城市建设》，北京：中国城市出版社，1994 年版，第 18 页。

在社会主义时期的城市遵循了"消费城市——生产城市——工业城市"①的发展路径,城市是工业中心这一定位持续得到强化。在此过程中,被界定为属于消费性的行业和人口,如奢侈品行业、理发、沐浴、保姆、佣工、船民、人力车夫等持续得到改造,或被整合进入工人阶级,或被动员回农村,成为农业劳动者。从而实现严控城市规模、减少多余人口的政策目标,以降低城市运行成本,确保工业的发展。

综上,社会主义新城市作为城市发展的目标,其内涵也经历了历史性的变化,把城市作为工业生产的基地,并且建构符合意识形态要求的城市阶级阶层结构,是社会主义新城市的两个核心。社会主义新城市的目标定位是一个具有排他性的体系,在阶级阶层结构上,排斥工人和职工以外的其他人口,在城市职能上,不断强化了工业生产中心的职能,消费中心、金融中心、交通中心等职能均被弱化。这些特点无疑深刻影响了社会主义时期中国的城市化进程。

第三节 上海的人口规划与减少城市人口的实践历程

减少城市人口,控制城市规模,既是中华人民共和国城市发展的要求,也由上海城市定位所决定的,减少人口的实践历程也是上海城市转型的实现过程。减少人口贯穿上海社会主义建设的全过程,成为对上海城市化进程具有决定性作用的最主要的政策手段。

一、中华人民共和国成立初的上海人口状况

开埠以来,移民一直是上海城市人口的主体,是上海人口增长的主要动力。可以说,上海是一个典型的移民社会。"上海城市现代化的过程,也正是外来移民不断扩充、参与到上海人队伍中经由社会化而成为上海现代化的主力军的过程"②。抗日战争结束后,上海人口急剧增长,其中1948年增长率达

---

① 何一民:《革新与再造:新中国建立初期城市发展与社会转型(上)(1949—1957)》,成都:四川大学出版社,2012年版,第8页。

② 忻平:《从上海发现历史——现代化进程中的上海人及其社会生活1927—1937(修订版)》,上海:上海大学出版社,2009年版,第27页。

到了 20.32%，上海人口从 1945 年的 377 万人增加到 1949 年的 545.5 万人，4 年时间人口规模增长了 44.7%（表 1-8）。

表 1-8　1945—1949 年上海人口增长表

年　份	人口数（万人）	比上年增长（%）
1945	337.0	/
1946	383.0	13.65
1947	449.4	17.34
1948	540.7	20.32
1949	545.5	0.89

　　资料来源：忻平：《从上海发现历史——现代化进程中的上海人及其社会生活 1927—1937（修订版）》，上海：上海大学出版社，2009 年版，第 29 页。

　　中华人民共和国成立初中国共产党面临的上海是一个人口规模臃肿、人口结构复杂的特大城市，这是当时上海人口的主要问题。减少非生产性人口亦即消费人口的比重，提升生产人口的比重，成为上海人口工作的首要目标。

　　若以市区人口的职业结构而论，1950 年较为精确的人口统计数字表明，上海市区 4141229 人[1] 中，"一半的市区居民从事工商业，从事农业的微乎其微，从事其他职业的也不多，而学生、家庭妇女、失业和无业者倒占了市区人口的四成"[2]。尤其是存在较严重的失业现象，这是困扰上海发展的一大难题。失业人员除旧社会遗留下来的之外，上海解放后失业的主要是"二六轰炸时关厂的工人，及被淘汰的奢侈性行业的职工如私人包车司机、外国人家中西厨、咖啡屋西崽、西服裁缝等，以及因企业困难歇业而解雇的职工等"[3]。1952 年陈云在给上海市委负责同志的信中专题谈到了上海失业问题，指出"在国家经济建设尚未大规模展开以前，要彻底解决上海的失业问题，不是容易的事情"[4]。

---

　　① 按当时行政区划标准计算。建国后上海行政区划经历多次变更，本文如非特别注明，所引用数据均以当时行政区划内的人口为标准。
　　② 熊月之、周武：《上海·一座现代化都市的编年史》，上海：上海书店出版社，2007 年版，第 533 页。
　　③《关于上海市人口情况和市民经济生活资料》，上海市档案馆：B25-2-6-38。
　　④ 陈云：《陈云文选 1949—1956》，北京：人民出版社，1984 年版，第 188 页。

这种人口结构很明显与上海的城市定位相背离，无论是根据社会主义新城市、生产型城市的要求还是国防前哨的要求，上海人口都需要进行总体规模控制与结构性改造。同时，在国际封锁的前提下，维持如此大规模城市的人民日常生活要求压力也很大。于是在上海解放后不久，就立即启动了以疏散难民回乡为名的大规模人口疏散行动。但随着和平环境的到来，人口的死亡率大幅度降低，而出生率大幅提升。同时，随着工业生产发展，越来越多的农村人口被吸引进入城市，于是此一时期上海城市人口出现了较为快速的增长。

第一，20 世纪 50 年代初期是人口城市化的一个高峰期，人口迁移的主要趋势是由农村到城市的迁移。就全国而言，城市化水平"由 1949 年的 10.6% 提高到 15.4%，平均每年提高 0.65 个百分点。就当时的农业支持能力来说，是个很快的城市化速度"①。就上海而言，仅 1951 年至 1954 年就有 2347084 人迁入，其中 73.69% 是由农村迁入（表 1-9）。上海虽然同期有862000 余人迁往农村，但由农村净迁入城市的人口依然高达 867000 余人。人口的城市化速度非常迅猛。

表 1-9　1951 年至 1954 年 11 月上海市人口迁入迁出地区统计

类　别	具体地区	占比
迁入 （共计 2347084 人）	农村迁入	73.69%
	其他城市迁入	25.39%
	港、澳、台迁入	0.28%
	国外迁入	0.42%
	其他（迁来地区不明等）	0.21%
迁出 （共 1446128 人）	迁往农村	59.63%
	迁往其他城市	37.69%
	迁往港、澳、台	0.71%
	迁往国外	0.76%
	其他（迁往地区不明等）	1.21%

资料来源：《关于上海市人口情况和市民经济生活资料》，上海市档案馆：B25-2-6-38。根据原资料说明，因 1950 年无迁入迁出地区统计，所以只统计了 1951—1954 年的数据。

———————

① 路遇、翟振武主编：《新中国人口六十年》，北京：中国人口出版社，2009 年版，第 452 页。

第二，人口的自然增长速度大幅提升。从 1951 年至 1958 年，上海市区人口自然增长率除 1952 年为 29.4‰ 外，其余年份均在 30‰ 以上，其中 1954 年达到了最高值 44.5‰，1959 年之后自然增长率逐步降低 ①。从 1951 年至 1954 年，上海共出生人口 1055231 人，死亡 221659 人，自然增长 833572 人 ②，同期人口净迁入 900956 人。可见在 20 世纪 50 年代前期，人口的自然增长的重要程度与人口的机械变动基本持平。在整个"一五"计划期间，"上海市区人口增加的主要原因已经是人口自然增加率，而人口机械变动已属于无足轻重的地位了"③。

伴随着大量人口的外迁，上海的人口增长模式发生了历史性的转变，即上海人口的增长从主要依靠人口的机械变动转变为依靠人口的自然增长。这对人口政策的影响是巨大的。它导致在控制城市人口规模的思路下，不仅需要限制农村人口的迁入，而且要将本市自然增长的人口部分迁出上海以维持城市规模的稳定。于是，上海的人口政策从"调结构"为主转变为以"控规模"为主，成为贯穿社会主义建设时期的政策导向。20 世纪 50 年代前期出生的人口过多，使上海被赡养人口的比重长期较高，至"文革"初期"上山下乡"的知识青年，大多是 50 年代前期出生的人口。

二、计划性人口外迁：社会主义建设时期上海的人口规划

苏联专家伏·希马科夫于 1950 年研究了上海的市政及人口问题并提出了政策建议。希马科夫认为，斯大林的指示和 1931 年 6 月联共（布）中央全体大会的决议是莫斯科建设计划的全部基础，也是建设苏联社会主义城市的范例。联共（布）中央全体大会 1931 年的指示指出，城市发展的总体原则是"由于国家工业建设的未来发展，应依照在农业区域建立新工业区的路线，以此接近最终消除城乡对立"。以此为依据，全会建议 1932 年起在莫斯科及列宁格勒内不再建立新工厂，根据长远规划，莫斯科人口不得超过 500 万。这也与斯大林的思想密切相关。斯大林指出，"历史告诉我们，到工业区内人口分布的最经济的形式，是一个能节省下水道、水管、电灯、取暖及

---

① 上海市公安局户政处编：《上海市人口资料汇编（1949—1984）》，1984 年制，第 23 页。
② 同上。
③ 《上海人口的现状和预计——上海经济学会 1962 年年会论文集》，上海市档案馆：C43-1-460-184。

其他设备等的城市"①。

1955年6月27日，上海市紧缩问题调查研究委员会办公室把希马科夫的《关于上海市政现状及对改进市政工作的建议》摘录稿，以《工作情况简报》的形式摆上了上海市领导的案头，成为1955年乃至整个社会主义建设时期上海市进行人口规划的重要参考资料和理论依据。

从社会主义建设时期上海的人口规划历程来看，集中进行人口规划主要有4个文本，分别是1955年的《上海市民政局关于上海市人口规划的初步意见》、1957年的《关于上海市人口工作方案（草案）》、1963年的《上海市第三个五年计划期间减少城镇人口工作的初步规划》和1970年的《关于加强战备疏散城市人口的初步规划》。

（一）1955年人口规划

1955年，上海对于整个城市人口开始了有意识的设计和规划，这次规划在中央的领导之下进行，由国家建设委员会派工作组调研上海人口问题。1955年9月，工作组给时任国家建设委员会主任薄一波的报告中详细分析了上海的人口问题。报告指出，1955年上海常住人口与临时人口已达699万余人，加上流动人口与驻沪部队，全市约计在720万人左右。在正常情况下，上海每天需供应猪3000头，鱼鲜117万斤，鸡35万斤，蛋112万斤，蔬菜300万斤，为保障上海人民生活带来了很大的压力。因此，"不论从国防观点、市政管理和人民生活必需品的供应各方面看来，中央所指示的：防止上海人口的继续集中并有计划地予以内迁，确已成为当前必需考虑解决的一个重大问题"。在这个重大问题之下，"非在业人口与服务人口的过多是上海人口问题的基本关键"②。

在工作组调研的同时，上海的人口规划也开始进行。规划的直接依据来自国家建委《关于城市人口构成的初步草案》。根据该草案，城市人口的构成应当是："基本人口占百分之二四—二六，服务人口占百之一八—二〇，被赡养人口占百分之五六—五七"③。根据1955年7月底的调查，上海659万

① 上海市紧缩问题调查研究委员会办公室编印的《工作情况简报》1955年第6期，上海市档案馆：B25-2-6-130。
② 《关于上海人口、地方工业等几个主要问题的调查报告》，上海市档案馆：B5-2-20-111。
③ 《上海市民政局关于上海市人口规划的初步意见（草案）》，上海市档案馆：B168-1-870-12。

人中，"基本人口只占百分之一七点三一，服务人口只占百分之一六点五，被赡养人口和其他人口占百分之六六点一九"，与标准的要求差距很大。以此为依据，上海市民政局在"逐步紧缩上海人口并且调整上海人口构成比重"的目标下，制定了紧缩人口的3个五年计划。规划的要点集中在人口规模和人口结构两个方面（表1-10）。

1. 逐步减少人口。到1957年第一个五年计划末，要求降低到580万左右；1962年，第二个五年计划末降低到540万左右；1967年，第三个五年计划末降低到500万左右。以后尽可能经常稳定在500万左右。

2. 逐步改变人口构成比重。被赡养人口的比重，在三个五年计划末分别降低到63.5%、61.6%、60%。该规划提出要有计划地把社会上的游民、渣滓以及反革命分子等强迫遣送到外省垦荒，因此使得这种人口调整具有很强的政治和社会意义。

表1-10　上海人口规划草案（1955年）

	1955年7月份		第一个五年计划预计达到		第二个五年计划预计达到		第三个五年计划预计达到	
	人口数	比重	人口数	比重	人口数	比重	人口数	比重
全市总人口	6595640		5800000		5400000		5000000	
（一）农业人口	401353		400000		400000		400000	
（二）城市规划区内居民总数	6194287	100	5400000	100	5000000	100	4600000	100
（1）基本人口	1072135	17.31	1064894	19.72	1080000	21.60	1050000	22.83
（2）服务人口	1021920	16.50	906078	16.78	840000	16.80	790000	17.17
（3）被赡养人口及其他人口	4100232	66.19	3429028	63.50	3080000	61.60	2760000	60.00

资料来源：《上海市民政局关于上海市人口规划的初步意见（草案）》，上海市档案馆：B168-1-870-12。

1955年规划显示出，上海城市人口必须在逐渐减少总量的同时，大力减少被赡养人口及其他人口。因此，上海人口的政策是规模与结构并重，其实践指向是：上海人口必须有大规模的外迁过程。1956年上海市确定的人口工作方针是："在充分发挥本市劳动力潜力、满足生产需要和支援国家建设的基础上，合理减少非生产人口，逐步消除人口臃肿现象"①，这与 1955 年规划的思路是一致的。

（二）1957 年规划

1957 年，上海市民政局制定了《上海市人口工作方案（草案）》②，基本思路上与 1955 年规划并无二致。其主要内容在于，一是调整了人口控制规模，要求将"二五"期间常住人口的规模控制在 650 万人左右。二是进一步细化了紧缩人口的目标，提出"应该面向农村和山区，大力动员外地盲目流入本市的农民和本市的非生产人口回乡生产或居住，继续组织在业人员支援外地工农业建设，严格限制外地人口流入，并且积极开展节育工作"。

与 1955 年规划相比，1957 年规划的主要特点在于减少人口具体方式上的多管齐下：

第一，继续大规模迁出人口。计划在第二个五年计划期间动员 180 万常住人口去外地生产和居住，具体指标如下：

表 1-11　第二个五年计划期间上海外迁人口规划表

方　式	规　模	其中 1958—1959 计划完成
动员回乡生产和居住	130 万	80 万
组织无回乡条件的青年参加外地农业生产	25 万	12 万
组织机关干部下乡上山在农村安家落户	4 万 + 家属 4 万	4 万
调配在业技术职工、服务人员支援外地建设	3 万 + 家属 3 万	1 万
强制外迁劳动改造和教养对象	6 万 + 家属 6 万	4 万
总　计	181 万	101 万

资料来源：根据《上海市人口工作方案（草案）》整理，上海市档案馆：B168-1-882-27。

第二，严格控制人口增长。提出要开展节育工作，要求在第二个五年计划期间自然增长率从 3.3% 降低到 2.0%。同时规定，全市企业事业单位一般

---

① 《中共上海市委人口问题研究委员会关于上海市人口增长的情况、今后方针和处理意见的报告》，上海市档案馆：B25-1-3-59。

② 《上海市民政局关于上海市人口工作方案（草案）》，上海市档案馆：B168-1-882-27。

不得向农村和外地招用职工，加强户口管理，严格控制外地人口流入。

1957年规划的另一个鲜明的特点是在人口规划中除了"减"的措施外，还有了"散"的理念。规划提出要建立上海的卫星城市，凡是新建的工厂、学校、职工家属宿舍、文教和科学研究机构等，都应有计划地设置在本市周围的临近城镇，以避免人口过于集中。这一理念的萌生后来发展为"市区抓改造、近郊抓配套、新建到远郊"[①] 的城市建设思路，在一定程度上改善了上海工业和人口过于集中的现象，推动了上海的城镇化进程。

可以说，1957年规划初步形成了上海市人口政策的"三驾马车"，分别是积极动员迁出、适当控制迁入、大力提倡计划生育和晚婚。社会主义建设时期，上海市减少城市人口主要是通过这三种方式展开。

（三）1963年规划

1963年的规划的背景是，在三年困难时期之后，整个国家经历了两年之久的精简职工、减少城镇人口的运动，而上海的人口在1957年规划的指引下始终处于大规模外迁的状态。据统计，从1958年到1962年，上海市共动员124万5千人外迁，而同期迁入57万6千人，两者相抵减少66万9千人，减少人口的力度不可谓不大。然而即使如此，如果加上自然增长因素，1962年的市区人口规模比1957年仍然增长了1万5000人[②]，并且由于自然增长的人口主要是赡养人口，因此赡养人口的比重不减反增。上海在人口问题上依然面临着很大压力。

1963年上海市人口规划的规模控制目标是，"在今后一个比较长的时期内，本市城镇人口和职工人数都应该争取基本维持在现有水平上，力争不再增加"。为了实现这一目标，必须在严格限制人口迁入的基础上，控制人口的自然增长，同时通过外迁人口来抵消自然增长的人口数。根据规划，上海市人口的自然增长率通过5年的努力将从18.2‰逐步降低到12‰左右，因此，为实现维持现有规模的目标，在5年内上海至少需要动员70万人外迁，其具体方式计划有10种（表1-12）。

---

① 《上海市革命委员会工业交通组关于上海高速发展生产严格控制城市规模的调查报告》，上海市档案馆：B246-2-1405-19。

② 《中共上海市委精简小组办公室关于上海市第三个五年计划期间和15年内减少城镇人口的规划、设想及统计表》，上海市档案馆：A62-1-22。

表 1-12　第三个五年计划期间上海市减少城镇人口出路安排表

方　式	规　模
动员青年参加新疆生产建设兵团	22 万
动员城镇居民到安徽农村插队落户	3 万
市郊城镇居民到市郊人民公社插队落户	1 万
动员青年到安徽新办农场和本市国营农场	4 万
为外地培训工农业技术工人	2 万
高等、中等学校毕业生分配去外地工作和投考外地学校	4 万
动员退休工人、职工家属、社会闲散人口回乡和外地职工留沪家属迁往职工所在地	13.5 万
输送职工参加外地建设	2 万 + 家属 2 万
撤销市郊部分不符合国务院规定标准的小城镇	13 万
劳改、劳教、强制劳动	3 万 5 千
总　　计	70 万

资料来源:《中共上海市委精简小组办公室关于上海市第三个五年计划期间和 15 年内减少城镇人口的规划、设想及统计表》[上海市第三个五年计划期间减少城镇人口工作的初步规划（修正稿）],上海市档案馆：A62-1-22。

与 1957 年规划相比，减少人口的出路增多了，但这恰恰反映了减人难度的加大，减人的目标必须采用更多的形式才能得以实现。1963 年规划是作为第三个五年计划期间的人口工作思路，虽然第三个五年计划直到 1966 年才正式开始，但该规划规定的各项任务一直在进行之中。

（四）1970 年规划

1970 年规划是由上海市人民防空办公室作出的《关于加强战备疏散人口的初步规划》[①]。规划认为，历次帝国主义所发动的侵略战争，上海都首当其冲，因此，在未来战争中，也必定为敌人所注视，可能成为敌人突然袭击的重要目标之一。疏散城市人口，就是落实毛主席"备战、备荒、为人民"的伟大战略方针的一项重要措施，是加强战备和改造城市的一项极其重要的工作。

---

① 《上海市人民防空办公室关于加强战备疏散城市人口的初步规划》,上海市档案馆：B228-2-240-124。

1970 年规划是四份规划中最短的一份，该规划并没有长篇大论，而仅仅简单分析了上海市的人口现状，进而提出了预期疏散和临战疏散两种疏散方式的对象和规模。其中，预期疏散计划 100 万人左右，临战疏散计划 200 万至 250 万。

需要立即着手进行疏散的预期疏散人口主要包括 14 种人，分别是：临时户口、袋袋户口和倒流人员，社会闲散劳动力（指有劳动力而无正式职业的人员，如小商小贩、无证摊贩、个体户、拾垃圾等人员）及其无正式职业的家属，历届毕业生及社会青年，医务人员（除老弱病残），调往外地（包括郊区）的职工、干部（包括军队干部）在沪家属，退休、退职人员和社会救济户，长期病假、当前又不能恢复工作的人员，及其无职业的家属，设在市区的养老院、教养院、儿童福利院、精神病院等，部分工厂，一些大专院校以及可以迁离市区的单位，外地来沪就医的病人，外地一些无需设在市区的单位，如煤矿设计院等，在地区监督改造和外地流窜来沪的地、富、反、坏、右分子，在押犯人，劳改犯。

从所列对象中不难看出，1970 年的疏散人口有加强战备、防止战争的意义。在减少人口的出路方面，这次疏散城市人口"去向主要是回原籍"①。只不过回原籍的进度并不理想，规划之后的半年内上海的闲散居民和退休工人仅仅动员出去 15000 人，运动的过程一直存在"渠道不畅、进展不快"②的现象。根据 1972 年的统计数据，1970 年共迁出人口 320587 人，1971 年迁出148324 人③，两年时间仅仅完成了预期目标的一半多。

通过对以上四份人口规划文本的分析，我们可以得出如下结论：

第一，社会主义建设时期，上海人口政策的核心问题是减人的问题。

四份规划都把减少城市人口、控制城市人口规模作为人口政策的首位目标。减掉多少、减掉哪些人以及减到哪里去，是四份规划内容的主要区别所在，但减人的目标是贯穿始终的。从动员人口回乡、支援外地建设，到精简职工、减少城镇人口，再到知识青年上山下乡，虽然每一次的运动各有其背

---

① 《上海市革命委员会下乡上山办公室关于简告上海市疏散人口工作的情况报告》，上海市档案馆：B228-2-240-151。

② 《上海市革命委员会下乡上山办公室关于当前上海市人口疏散渠道不畅、进展不快的情况反映报告》，上海市档案馆：B228-2-240-115。

③ 《上海市劳动局革委会关于后三年上海市城市人口情况》，上海市档案馆：B127-4-69-6。

景和历史逻辑，然而这些运动都可以统括到减人的总体框架之内，减人不仅仅是人口工作的目标，而且在一定程度上成为各项工作的原则性要求。上海的其他各项工作，都贯穿了减人的要求，甚至不惜以降低城市的吸引力为代价。上海曾规定，"凡干部、职工和居民中的生活待遇（如计划供应、救济等），比外地农民和城镇居民相差较大的，而足以吸引外地人口的，应就其不合理的和可以取消的部分，采取适当办法，有计划有步骤的加以取消或减低"①。类似要求和举措广见于上海市的各项工作规划之中，如在工资改革之中，在第一个五年计划期间，上海市对职工工资采取的方针是"稍有增加"，因此使得上海职工平均货币工资高出全国的幅度从 1952 年的 76.7% 缩减为 1957 年的 37%②。降低上海职工收入与全国其他地区的差额，虽然主导目标是为了缩小"三大差别"，但无疑有减人的现实考量。

第二，减人的过程具有规模控制和人口改造双重使命。

从规划的角度，减少人口并不是从已有结构上均衡地分离，而是将特定群体从现有的结构中剥离出去。因此，减少人口不单单是规模意义上的，而且是结构意义上的，是一个结构调整的过程。

这种结构调整的过程可以从制定人口规划的部门变迁中看出大致轨迹。在整个 20 世纪 50 年代，上海减人的对象规模最大的部分是流入上海的外地农民和灾难民，这也就是 50 年代的人口规划是由民政局做出的原因。从人口的性质而言，流入城市的外来农民在城市中既不是从事生产的基本人口，也不是服务人口，而是属于赡养人口的角色。在动员人口回乡生产的过程中，涉及的主要问题是对回乡人员的路费、路粮和安家补助等方面进行救济，因此，政府机构减人的主角是民政部门。1956 年底上海市人委规定，"今后有关研究本市人口变化的情况、动员农民回乡生产和组织移民垦荒等项工作由民政部门统一掌握"③，从而使得民政部门在 20 世纪 50 年代充当起了人口机构的角色。

20 世纪 60 年代初的减少人口则主要是减少职工和城镇人口，因此使得减人的工作大大突破了民政部门的工作范围。1961 年上海市委成立了人口

工作领导小组，由曹荻秋担任组长，宋季文、谢邦治、王一平为副组长 ①，人口工作领导小组后来改为"市委精简小组"，成为上海人口工作的领导机构。在 60 年代初的精简工作当中，一方面要精简职工，另一方面则必须保证上海生产功能的实现，因此，被精简的对象主要是中央明确规定的 1958 年以后来自农村的职工、临时工、里弄工，并且动员一部分劳动能力不强的老弱职工退休退职，但为了完成减人指标，"不得不着重动员一部分有条件回乡的老职工退职回乡，从事农业生产" ②。而 20 世纪 70 年代的减人规划则是在备战的特殊背景下作出的，因此由上海市人民防空办公室作出规划。

在这双重使命之中，起主要作用的是控制城市人口规模，在整个上海城市的减人过程中，结构调整的使命服从于规模控制目标的实现。为了控制城市规模，自 20 世纪 60 年代起，职工甚至是一些高级技工同样被动员回乡，到"文革"期间知识青年成为外迁的主要对象，显示出外迁对象从赡养人口向基本人口转变的趋势，这种变化反映了政府在一定程度上通过牺牲人口结构改造的理想来实现人口规模控制的目标。

三、社会主义建设时期上海减少城市人口概况

上海减人的规模之大，至今看来仍是令人瞠目的。根据户籍资料统计，从 1950 年至 1976 年，上海市区共迁出人口 6318121 人，迁入人口 4912295 人，净迁出达 1405826 人（表 1-13）。仅以迁出来看，上海市在社会主义时期迁出的总人口，几乎相当于上海市区人口总数，可以说，上海几乎是以迁出一个上海的代价留下了一个新上海，也形成了"好儿女志在四方，上海人走遍全国" ③ 的局面。

表 1-13　1950—1976 年上海市区人口机械增长表

年份	迁入	迁出	机械增长	年份	迁入	迁出	机械增长
1950	501691	555444	−53753	1952	392690	326234	66456
1951	930860	516172	414688	1953	448458	237262	211196

① 《市委关于成立人口工作领导小组的通知》，宝山区档案馆：39-1-021-107。
② 《中共上海市委关于精简工作情况的报告和市委精简小组关于上海市 1962 年减少城镇人口工作方案和上海市精减职工、减少城镇人口的工作总结（关于精简工作情况的报告）》，上海市档案馆：A62-1-10。
③ 《关于上海市人口问题的情况报告》，上海市档案馆：B127-2-371-1。

（续表）

年份	迁入	迁出	机械增长	年份	迁入	迁出	机械增长
1954	417767	270008	147759	1966	31671	122456	−90785
1955	237773	779138	−541365	1967	36705	20570	16135
1956	351854	407549	−55695	1968	40096	118706	−78610
1957	379629	118563	261066	1969	22252	297780	−275528
1958	134675	461572	−326897	1970	20402	320587	−300185
1959	177827	178083	−256	1971	45494	148324	−102830
1960	134730	180910	−46180	1972	31039	96183	−65144
1961	68544	201592	−133048	1973	53307	81178	−27871
1962	50546	228052	−177506	1974	72599	77716	−5117
1963	51957	132646	−80689	1975	73601	123738	−50137
1964	71821	102901	−31080	1976	59082	105704	−46622
1965	75225	109053	33828	总计	4912295	6318121	−1405826

资料来源：上海市公安局户政处编：《上海市人口资料汇编（1949—1984）》，1984年制，第17—18页。

以上仅是户籍统计资料，在实际工作中，上海迁出的人口比户籍资料所显示的内容更为复杂，尤其是20世纪50年代。一方面，1955年以前由于"在这方面的统计制度还没有建立"①，因此在统计资料上有不完整之处；另一方面，50年代中后期上海大力动员外来人口回乡，其中不少是没有上海户籍的流动人口，因此，实际的数据比户籍统计资料应该更多。

在整个社会主义建设时期，政府有组织、有计划的外迁在外迁人口中占主要地位。上海市通过有组织的外迁活动，不断实现减人目标，为上海的城市发展保驾护航。根据从1950年到1969年的统计资料，近20年内上海通过政府组织的渠道共减少人口420余万人。

---

① 《上海市劳动局计划处关于历年来上海市劳动力支援外地参加工农业建设的统计说明》，上海市档案馆：B127-2-630。

表 1-14　1950—1969 年上海市政府组织人口外迁情况统计表

类　别	支援外地建设			动员人口回乡	知识青年上山下乡	总计
	企业内部抽调	社会招收输送	统一分配学生			
人数（万人）	50.74	67.43	19.56	241.42	43	422.12

资料来源：《综合计划统计资料（70）002 号——历年来上海支援外地建设人员情况》，上海市档案馆：B252-1-9-7。

上海发展历程伴随着大规模的减员过程，成为社会主义建设时期上海的重要特点。1975 年，国家建委派调查组来上海调查，认为上海在高速发展生产的同时，有效地控制了城市规模，"为我国大城市的合理发展，走出了一条自己的路子，这与资本主义大城市畸形发展、恶性膨胀形成鲜明的对照，充分体现了我国社会主义制度的优越性"①。减少城市人口减少了上海城市的负担，使得上海可以集中更多的精力发展生产，而且从资金、设备和人力上有力地支援了全国建设。同时，控制城市规模也保证了一旦发生战争可以尽量降低损失，这与国防前哨的要求是一致的。

上海城市定位和减少人口的实践过程，也决定了社会主义建设时期上海的城市化进程。若以人口城市化率来衡量的话，上海虽然经济增长很快，但1976 的城市化水平甚至低于 1949 年，城市化水平远远落后于工业化水平，这是此一时期上海城市化进程的基本面貌。在"先生产、后生活"和"增产不增人"的原则指引下，上海的城市建设尽量不新建、不扩建，因此形成了"骨肉关系处理不当"的局面，即城市建设"存在的主要问题是与工业生产的发展和人民生活日益提高的需要不相适应，欠账很多，缺口很大"②。这些都为改革开放以后上海城市发展造成了很大压力。

① 《上海市革命委员会工业交通组关于上海高速发展生产严格控制城市规模的调查报告》，上海市档案馆：B246-2-1405-19。
② 《上海市革命委员会工业交通组关于城市改造和城市建设工作情况的汇报提纲》，上海市档案馆：B246-2-1405-8。

第二章　上海动员人口回乡的阶段考察

　　决定上海城市人口减少主要是两个原因，一是建设社会主义新城市的理想，二是应对粮食问题及备战的现实因素。这两种原因决定了上海减少城市人口的两种方式，即规模性减人和结构性减人。所谓规模性减人，其主要目的在于将城市人口的总量减少，以降低城市运行成本，应对各种危机；所谓结构性减人，是将城市生产所不需要的特定群体从城市迁往外地和农村，将他们改造成为社会主义生产者。这两种方式往往交织在一起，在反复交替、共同作用下形成了减少城市人口的阶段性。

　　动员人口回乡作为上海减少城市人口的重要方式，随着不同时期的背景、规模和对象的不同，也呈现出明显的阶段性。在整个社会主义建设时期，动员人口回乡大致可以分为四个阶段，即 1949—1954 年，1955—1959年，1960—1965 年，1966—1976 年。

第一节　改造城市：上海解放初期的动员人口回乡（1949—1954）

　　1949 年上海解放，意味着开埠百余年的上海，迎来了一批新的管理者和新的城市管理理念。上海是近代中国最大的工商业中心和金融中心，在从农村来的、用枪杆子夺取政权的执政者的管理下能否延续昔日荣光，是考验中国共产党执政能力的一块试金石。因此，中华人民共和国成立之初的上海吸引着全世界的目光。

一、上海疏散难民回乡生产的历史过程

　　1949 年 8 月，饶漱石在上海市第一次各界代表会议上提出了"要把过去

帝国主义、买办、官僚剥削压榨中国人民的旧上海转变为真正独立自主和不依赖外国帝国主义的新上海"的目标。为实现这一目标，上海必须经历一个"后退"与"紧缩"的过程。这个过程"正如割治盲肠炎或医治其他严重病症的病人须要经过一个暂时的'体重减轻'"。饶漱石的发言归根结底即是要把上海从消费城市转变为生产城市，把消费人口转变为生产人口，而动员回乡无疑是实现这两个转变的必然要求。由此，疏散难民回乡作为六大任务 ①的重要内容，成为中国共产党改造旧上海、建设新上海的重要途径。

在上海解放后不久，疏散难民回乡即被提上日程。1949 年 7 月 24 日，中共中央华东局发布了《关于上海市疏散难民回乡生产的指示》，指出"必须采取最有效的方法，疏散大批失业及无业的市民回乡生产，以减轻城市的负担，以增加农村的生产" ②。

为了保证动员人口回乡生产目标的实现，本次动员人口回乡一是突出强调了"完全负责"的态度，正如中共中央华东局的指示中强调的，"不能采取遣散了事的不负责任态度" ③。这使得政府在动员人口回乡工作中的管理范围拓展至回乡直到参加生产的全过程。二是强调了疏散难民回乡生产与社会救济相结合，组织成立了疏散难民回乡生产救济委员会具体负责回乡生产与救济工作，将救济工作的重点放在帮助疏散回乡生产方面，对于不愿回乡生产者则减少救济或不予救济。上海市的《疏散难民回乡生产救济方案》明确物资现款使用的原则为小部分使用在难民回乡路费上，大部分使用在难民回乡补助以及调整生产资料方面。动员回乡过程中的经费能省则省，如要求尽量节省遣送路费开支，路费数额标准应只够食饭饮水之用，勉强维持即可，并且除饮食费外不在上海发给难民，以免浪费；路费发放的对象只限确实无力筹划川资的人，不是一律都发。这样，大量的资财便可以节省下来补助原籍的政府机关，有计划地使用在回乡难民安家生产方面。

然而，华东局的指示并未划定疏散的具体对象范围。8 月 5 日下午，曹

---

① 六大任务是指：一、积极支援人民解放军南下作战，迅速解放福建、台湾，并配合全国各地解放其他一切尚未解放的地区；二、有计划地有步骤地实行疏散人员和实行将部分学校工厂内迁；三、改变今后上海生产方针与发展方向；四、动员大批共产党员、干部和工人、学生到乡村去开展农村工作；五、发展内地交通，鼓励城乡物资交流；六、实行节衣缩食，克服目前困难。

② 《中共中央华东局关于上海市疏散难民回乡生产的指示》，《文汇报》，1949 年 8 月 6 日。

③ 同上。

漫之①在上海市各界代表会议上报告了《疏散难民回乡生产救济方案》②，该方案对于疏散的对象范围进行了进一步的阐释，其要点之一在于明确了难民的范围，从而使疏散难民回乡不仅局限于传统难民的范畴，而带有很强的政治性。

根据《辞海》的解释，"难民"的意思是遭受灾难而流离失所的人。然而从《疏散难民回乡生产救济方案》中不难看出，从动员人口回乡初始，作为动员对象的"难民"，其内涵超出了一般意义上的"难民"范畴。如失业工人，并不属于一般意义上的难民（表2-1）。作为被动员对象，失业工人、贫民、游民、逃亡地主恶霸富农四者之间的共性并非在于他们是难民，而在于他们都是非生产者。从这个角度而言，动员人口回乡动员的对象是城市中过多的消费人口。正如曹漫之报告中所指出的，本次疏散的目的是"为了使上海市与生产无关又无业可就的劳力（体力与脑力劳动），回到农村，增加农业生产力"；动员人口回乡的目标也并不仅是生活空间的转移，更重要的在于把这些对象"真正组织到生产中去"。对于那些长期以偷盗、抢劫、欺骗、乞讨贩卖违禁品、赌博为生的游民则要强制其离开上海，通过到农村中劳动以"教育改造他们成为劳动人民"③。这恰恰是把消费城市变为生产城市、把消费人口变为生产人口的这一宏大目标的具体展开。

表 2-1　1949 年 8 月初上海难民类别及数量统计

对　　象	数量（万人）	连同家属共计（万人）
失业工人	25	100
贫　　民	/	65
游　　民	/	17
逃亡地主恶霸富农	/	10
总　　计	/	192

资料来源：《疏散难民回乡生产救济方案　政务接管会副主任曹漫之在各界代表会议上的报告》，《文汇报》，1949 年 8 月 8 日。由于新政权刚建立不久，并没有严格的数据统计，因此此表数据只是方案中的大致估算。

---

① 曹漫之，山东荣成人，解放后先后担任上海市军事管制委员会政务接管委员会副主任，中共上海市人民政府党组成员、第一副秘书长兼民政局局长、市人民政府区政指导处处长等。1952 年后在华东政法学院教授法学 27 年，1991 年病逝。

② 《疏散难民回乡生产救济方案　政务接管会副主任曹漫之在各界代表会议上的报告》，《文汇报》，1949 年 8 月 8 日。

③ 同上。

这次疏散难民回乡生产的行动，其收效是巨大的，动员了大量的人口回乡生产，减轻了上海军管当局的压力。关于疏散难民的具体数据，则有如下三种说法：一是1949年8月3日陈毅在《关于上海市军管会和人民政府六七两月工作的报告》中指出"两个月来资助疏散难民返乡计三十万人"①；二是曹漫之在第二届代表会上所做的补充报告中的统计结果，"八月份统计，回乡人数约达四十万"②；三是时任上海市生产救灾委员会副主任委员的赵朴初在华东救灾委员会与上海市生产救灾委员会联席会议上的报告中提到，"经过动员回乡的，前后共有四十余万人"③。由上述三组数据可以看出，由于中华人民共和国成立初各项统计制度并未建立，当时的统计结果是粗糙的，但1949年7、8月份动员回乡的人数在40万人左右，应是比较可信的数据。

上海市对于疏散难民回乡生产，本来是充满雄心的。在《动员难民还乡生产工作计划草案》④中指出，根据初步情况了解，与生产无关的贫民、游民、地主恶霸还乡团有180万，疏散难民回乡生产要求这些人全部遣送还乡。第一步遣送难民与地主恶霸还乡团，第二步遣送与处理游民，第三步组织贫民还乡，计划在1949年年底前遣送100万人还乡。然而自9月下旬起，疏散工作发生了新的困难，由于苏北皖北遭受严重水灾，"因水灾来上海逃荒及目前不能还乡的难民，很多流落街头。冬令已至，如不给予适当的救济，就会因冻饿而死，或走入偷盗、破坏社会秩序。"⑤因此，不仅不能继续大规模动员回乡，反而必须对新流入和倒流回到上海的灾民给予救济，以维持社会秩序。于是，大规模的疏散难民回乡生产工作就暂停了。

在疏散难民回乡生产工作中，政府对生活困难的回乡难民进行了资助。根据上海市民政局1950年的《疏散难民回乡生产工作总结》⑥中统计，从1949年6月到8月底，疏散难民回乡约有40万人，其中由政府帮助车票路粮者计有92214人；由9月至12月底共疏散30000多人，其中经帮助路粮车票者13431人。因此，上海解放后至1949年底，上海市疏散难民回乡总

---

① 上海市档案馆编：《上海解放》，北京：档案出版社，1989年版，第151页。

② 《曹漫之关于改变消费多于生产的畸形状态、疏散难民回乡生产救济方案》，上海市档案馆：B168-1-681-6。

③ 《关于上海生产救灾工作上海市生产救灾委员会副主委赵朴初的报告》，《文汇报》，1950年3月9日。

④ 《上海市民政局关于动员难民还乡生产工作计划（草案）》，上海市档案馆：B168-1-681-9。

⑤ 《曹漫之关于改变消费多于生产的畸形状态、疏散难民回乡生产救济方案》，上海市档案馆：B168-1-681-6。

⑥ 《上海市民政局关于疏散难民回乡生产工作总结》，上海市档案馆：B168-1-683-12。

数计有 43 万，其中政府资助回乡 105645 人。市民政局计划在 1950 年春耕开始时，再进行大量疏散，同时决定对上海的 28000 左右的游民（妓女除外），连同家属在内约有 70000 人，采用强制性的收容加以教育，从思想上改造后，送入农村施行集体的劳动生产改造。

灾难民是近代上海的一大难题。上海解放后的疏散难民回乡，以将难民改造为生产者的形式进行救济，是"用一种新方法面对一个老问题"①。这一举措得到了上海各界的广泛好评，刘鸿生曾谈到，"在经济条件如此困难、难民拥集上海如此众多的情况下，救济工作有这样好的成绩，是不容易的，更使我们钦佩的，对难民游民不仅消极的予以救济，还积极的加以改造和教育，使本来浪费街头的劳动力，经过改造和教育之后能送到垦区去从事生产，这意义是远超救济工作的"②。可见，上海解放初的疏散灾难民回乡生产，对于上海城市社会稳定、巩固政权、争取民心具有重要意义。

二、以回乡为改造手段：对非生产人口的改造

中华人民共和国成立初的所谓非生产人口主要有两类，一是无业人口，主要是失业工人、灾难民及游民、流氓、乞丐等；二是在业人口但被认定为非生产性质，其主体部分是所谓的寄生阶层，如妓女，其他如摊贩、三轮车工等也被认定为非生产性质。1950 年之后，虽然大规模的疏散难民回乡并未按计划开展，但对非生产人口的改造则一直在进行之中，动员回乡成为改造非生产人口的重要手段之一。

1. 动员失业工人回乡生产

1950 年上海的失业工人人数依然众多，据统计约有二十万人③。此时，经济尚处于恢复之中，国家层面大规模的经济建设尚未启动，因此失业工人的安置渠道有限，解决失业工人问题的办法，只能是"一个移民工作"④。

1950 年 6 月 17 日政务院批准实施的《救济失业工人暂行办法》中规定：凡举办失业工人救济的城市，应在市人民政府下设立失业工人救济委员会，

① 魏斐德著，梁禾译，《红星照耀上海城：1942—1952》，北京：人民出版社，2011 年版，第 158 页。
② 《上海市工商界代表刘鸿生关于对陈毅市长的报告和冬令救济与难民回乡生产工作的报告发言》，上海市档案馆：C48-2-7-34。
③ 《上海市失业工人救济委员会救济科关于回乡生产工作情况的报告》，上海市档案馆：B129-2-73-8。
④ 同上。

计划并指导一切救济事宜①。该办法明确了救济失业工人以以工代赈为主，辅以生产自救、转业训练、回乡生产等方式。与之相应，在6月份颁布的《中华人民共和国土地改革法》中规定"经城市人民政府或工会证明其失业的工人及其家属，回乡后要求分地而又能从事农业生产者，在当地土地情况允许的条件下，应分给与农民同样的一份土地和其他生产资料"②。这两份文件从国家层面确定了鼓励失业工人回乡的政策导向。上海市9月9日颁布的《救济失业工人暂行办法执行细则》细化了对上海失业工人回乡生产的生产补助金标准，规定"失业工人本人五十斤至一百市斤，家属每人三十斤至五十市斤"③。

上海的失业工人救济委员会在6月初既已开始工作。救济委员会下设的救济科制定了《回乡生产暂行办法》，要求各级工会应经常以各种方式进行宣传动员，鼓励失业工人回乡生产，并规定已经回乡生产的失业职工，在土改以后，如上海工厂复工，或需要劳动力的时候，可以再来本市工作。可见，对于解决失业工人问题而言，回乡生产在政策设定上是一种暂时性和过渡性的办法。

由于回乡条件较好的工人大多在1949年就已经回乡，因此即使政府采取了鼓励回乡的办法，失业工人的回乡状况并不理想。8月1日，上海市失业工人救济委员会发出了《关于各级工会迅速动员失业工人回乡生产的通知》，要求更积极有效地进行动员失业工人回乡生产，"必须要使有用之劳动力投入生产岗位，暂时转入农业生产"，"只有这样才是积极的不是消极的救济办法"④。

于是，8、9月份工人回乡生产数量迅速增加（表2-2），但其总量依然是很有限的。对于回乡工人的情况亦无从考察。如一开始动员失业工人回乡发给"回乡证明书"，8月份改为"三联单"，"在没改三联单前，我们送了一批失业工人音信全无"⑤。失业工人拿了救济费离开上海后是否真正回乡，政

---

① 《救济失业工人暂行条例》，政务院一九五零年六月十七日批准，《文汇报》，1950年6月20日。

② 《中华人民共和国土地改革法》，《文汇报》，1950年6月30日。

③ 《上海市人民政府布告》，府秘三字第三一号，一九五〇年九月九日，《文汇报》，1950年9月11日。

④ 《上海市失业工人救济委员会救济科关于各级工会迅速动员失业工人回乡生产的通知》，上海市档案馆：B129-2-73-1。

⑤ 《上海市失业工人救济委员会救济科关于回乡生产工作情况的报告》，上海市档案馆：B129-2-73-8。

府并没有全程跟踪管理。这种失误在很大程度上是由于当时经验不足而造成的。

表 2-2　1950 年失业工人回乡生产统计表

（1950 年 4 月 21 日至 11 月 30 日）

月　　份	还乡生产失业工人人数	还乡生产失业工人家属人数
五月份	419	
六月份	167	154
七月份	226	233
八月份	537	529
九月份	635	656
十月份	340	393
十一月份	375	254
合　　计	2699	2219

资料来源：《上海市失业工人救济委员会救济科关于回乡生产情况表》，上海市档案馆：B129-2-73-60。其中五月份的数据取自从四月廿一日至五月底。

2. 收容遣送灾难民回乡

上海的收容遣送灾难民是 1949 年疏散难民回乡生产活动的继续，是疏散难民回乡生产的制度化形式。收容遣送制度最初的空间载体，是 1949 年冬令救济期间的 44 个避寒所，之后改组为 13 个灾难民收容所[①]，本身带有救济的性质。20 世纪 50 年代初期的收容遣送制度其主要对象是灾难民，经过清理审查，排除混杂在灾难民中的地主、恶霸、反革命分子交有关部门处理，剩余的灾难民大多以遣送回乡的形式进行处理，确实没有回乡条件的，进行安置处理。

上海的灾难民不仅给城市管理带来困难，而且给人民生活带来不便。1951 年，上海市第二届第一次各界人民代表会议上，一份署名邹剑雄的代表提案谈到，"查最近市上流民甚多，更有大批外来游民成群结队，时向商店住户索取钱财，此去彼来，循环不息，且态度强硬，非但出言不逊，甚至抛

[①] 《上海民政志》编纂委员会编：《上海民政志》，上海：上海社会科学院出版社，2000 年版，第 283 页。

掷粪秽，更有硬揿门铃赚开门户穿房入室盘踞不出，对于商业尤多妨碍，对于居民住户尤感不安。"① 加强对灾难民的收容遣送既有利于对灾民的救济，也有利于上海人民的生活，得到了人民的拥护。在1951年一次工商界集会上有人说："现在我们已看不到像解放前那样流离失所、乞讨度日的现象了，这是改革旧上海的奇迹之一，这是过去反动派不愿做、不能做、也不敢做的事"②。

　　关于遣送灾难民回乡的规模，根据《上海民政志》的记载，从1949年7月至1953年7月，收容遣送回乡的灾难民有149239人（表2-3）。1963年上海市民政局关于收容遣送管理工作的总结中的数据是："从一九四九年至一九五二年，……通过迁送站收容迁送和安置了16万人次"③。由于此时在收容人员的处理方式上，遣送占大多数，因此该数据与《上海民政志》的数据大致吻合。综合两份数据，在1949—1952年，收容遣送灾难民回乡的规模大致为14万人左右。从1953年6月，上海灾民收容所结束，一度停止收容，加强遣送，遣送的主要对象从灾难民为主转为以盲目流入城市的农民为主了。

表2-3　1949—1953年上海市收容遣送灾难民回乡统计表

时　　间	收容遣送对象	遣送回乡人数
1949年8月—1950年7月	灾难民	66762
1950年8—12月	主要是苏北、皖北灾民	43940
1951年	／	22754
1952年1月—3月	无牌照车工	2036
1953年7月	灾民	8085
总　　　计	收容总数为193838人，遣送149239人。	

　　资料来源：《上海民政志》编纂委员会编：《上海民政志》，上海：上海社会科学院出版社，2000年版，第283—284页。由于原文所述不详，各类遣送回乡人数与遣送总数之间存在一定差距。

① 《上海市工商业联合会筹备会关于上海市第二届第一次各界人民代表会议"外来流民甚多请设法消弭建议案"办理经过的函》，上海市档案馆：C48-2-130-98。
② 《上海市民政局关于收集收容遣送管理工作总结资料的提纲（草稿）》，上海市档案馆：B168-1-919-71。
③ 同上。

3. 动员游民回乡

所谓游民，"主要指的是那些没有固定职业、没有正当谋生手段、到处游荡之人"①。中华人民共和国成立后上海的游民，主要是旧上海遗留下来的，其数量约有 15 万人左右，主要类别包括扒手、小偷、贩卖毒品及聚赌、散兵游勇、娼妓、流浪儿童、拾荒等②。与全国其他城市比较，上海游民的显著特点是"数量的庞大、类型的复杂、组织的严密、活动方法的巧妙等"③。关于游民的性质，在上海解放初期一般将游民视为寄生基层，是城市社会问题的一部分，经过教育改造，绝大部分可以"由寄生者变为劳动者"④。上海市人委在 1955 年的一份文件当中则认为，游民及社会渣滓"是敌人利用的对象，也是滋生刑事犯罪的主要温床，他们实际上已经成了社会主义建设和社会主义改造的严重威胁"⑤。可见，在政府的视野中，游民问题既是社会问题，也是政治问题。

上海的游民改造在 1949 年就已开始，从 1949 年至 1952 年，上海先后进行了三次对游民的突击收容，在突击收容之后，即转为经常性的收容。在初期，收容游民主要着眼于维护社会治安和稳定，收容的对象主要为乞丐、偷窃、诈骗、娼妓、流氓阿飞等对象。1955 年之后，在社会主义改造过程中及进入社会主义社会后，收容的对象往往着眼于政治清理，尤其是刑满释放分子、国民党军政警宪、反动会道门、反动党团特、清洗开革人员、地主、还乡团分子、反革命及刑事犯罪家属等⑥。

从 1949 年至 1958 年，上海市共安置处理游民 69573 人，其中遣送回原籍的有 12012 人，占总数的 17.3%。一个明显的变化趋势是，1954 年之后在游民的处理中动员回乡的比重总体高于 1954 年以前（表 2-4）。1955 年上海市民政局关于上海市人口规划的初步意见中提出，"一五"期间上海减少城市人口要"以动员回乡生产、组织垦荒、遣送游民、渣滓三项措施

① 阮清华：《上海游民改造研究（1949—1958）》，上海：上海辞书出版社，2008 年版，第 26 页。

② 《上海民政志》编纂委员会编：《上海民政志》，上海：上海社会科学院出版社，2000 年版，第 291 页。

③ 《把旧社会的渣滓变为有用的人，本市游民改造工作获得成绩》，《文汇报》，1951 年 10 月 19 日。

④ 《政务院关于有关城市社会救济问题的情况及处理意见》，上海市档案馆：B131-1-4-19。

⑤ 《关于对游民及社会渣滓调查摸底的紧急指示》，上海市档案馆：B2-1-21-1。

⑥ 参见 "1949—1958 年上海市收容游民情况统计表"，《上海民政志》编纂委员会编：《上海民政志》，上海：上海社会科学院出版社，2000 年版，第 294 页。

为主"①，遣送游民和社会渣滓成为上海减少城市人口的三大措施之一，遣送回原籍的比重也就明显提高了。

表2-4　1949—1958年上海市遣送回原籍游民情况表

年份	处理游民总数	遣送回原籍数	占比	年份	处理游民总数	遣送回原籍数	占比
合计	69573	12012	17.3	1954	3789	1379	34.6
1949	1199	60	5.0	1955	6812	1014	14.9
1950	6091	197	3.2	1956	19084	3507	18.4
1951	13620	1308	9.6	1957	6529	1968	30.1
1952	5312	1135	21.4	1958年1—3月	3211	1155	36.0
1953	3917	289	7.4				

　　资料来源：《上海民政志》编纂委员会编：《上海民政志》，上海：上海社会科学院出版社，2000年版，第300页。

4. 动员妓女回乡

　　妓女是近代上海最严重的社会问题之一。上海解放后，妓女问题实际已大幅度减轻。1949年5月，"向警察登记的妓院由同年1月的800多家减至525家，妓女由4000余人减少为2227人"，至10月，妓女人数已减为1243人②。可见，在1949年，上海妓女几乎以半年倍减的速度在自行消失，对妓女进行改造的难度大大降低。

　　一般而言，妓女在分类上属于游民，但中国共产党对待妓女问题不同于一般的游民问题，一直对妓女报以同情态度。在接管之前，中国人民解放军第三野战军政治部编写的《城市常识》中对妓女的定义如下："在旧城市里有许多秘密或半公开开设的妓院，妓院里面有很多被迫卖淫为生的妇女，这就是妓女"③。1953年5月26日，上海市人民政府法律委员会颁布的《对于妓女的处理方针》中规定："妓女按成分系属游民，但以其在旧社会中的悲惨遭遇，收容妓女实质上即是解放妇女的初步工作。因之，在处理上便不能相

---

　　①《上海市民政局关于上海市人口规划的初步意见（草案）》，上海市档案馆：B168-1-870-12。
　　②《上海民政志》编纂委员会编：《上海民政志》，上海：上海社会科学院出版社，2000年版，第301页。
　　③ 上海市档案馆编著：《上海解放（中）》，北京：中国档案出版社，2009年版，第168页。

同于游民，但以其从轻于游民。"① 因此，经过对妓女的思想教育、医治性病、文化学习等改造环节之后，对于自愿回乡参加生产，并且家中确有生产和生活条件的，一般由政府遣送回乡生产。

上海解放后，1949 年 10 月政府重新办理妓女登记，在之后的 11、12 月份，即有 250 名妓女自发离开这一行业，其中回乡生产的计有 95 名，占总数的 38%。1953 年底，妇女教养所共处理已改造好的妓女出所 1171 人，其中"大部分农村妇女回乡参加劳动"②。未回乡生产的，政府先后组织她们支援边疆建设、遣送白茅岭农场、介绍去工厂工作，等等，使旧社会饱受压迫的底层妇女转化成为社会主义新人，并且成为社会主义劳动者的组成部分。妓女改造成为中华人民共和国社会改造具有代表性的成功范例，受到了社会各界乃至国际舆论的广泛好评。

表 2-5　1949 年改业从良回乡生产妓女人数统计表　　单位：人

1949 年	总计	11 月份	12 月份
改业	55	5	50
从良	74	7	67
回乡生产	95	10	85
其他	26	3	23

资料来源：《上海市民政局填报改业从良回乡生产妓女人数统计表》，上海市档案馆：B168-1-927-28。

经过中华人民共和国成立初的疏散难民回乡和一系列的社会改造运动，初步改变了城市面貌和社会风气。一些旧有的社会阶层逐渐退出历史舞台，原有的"吃白相饭"的人回乡后成为社会主义的生产者，"人民为主的社会，不会容许有不劳动而可以混饭吃的事，也不应该有劳动则推诿、享受则争夺的人"③，这种理念在全社会得以树立。

① 邹荣康主编、中共上海市委党史研究室编：《历史巨变 1949—1956》，上海：上海书店出版社，2001 年版，第 242 页。
② 《上海民政志》编纂委员会编：《上海民政志》，上海：上海社会科学院出版社，2000 年版，第 306 页。
③ 谢觉哉：《向剥削的思想作斗争》，《文汇报》，1953 年 12 月 31 日。

第二节　流动性的限制：20 世纪 50 年代中后期的
动员人口回乡（1955—1960）

随着过渡时期总路线的确定和"一五"计划的推行，工业的吸引力明显增加，不少农民希望成为工人和职工，因而进入城市寻找机会。据 1955 年浙江某乡干部反映，"总路线宣布后到城市找对象的特别多，工人很吃香，农村青年妇女找对象时第一是八角帽（工人），其次是圆顶帽（干部），最后没办法才是破草帽（农民）"①，可见城市和工人对一般农民的吸引力。越来越多的农民流入城市，引起了中央政府对失序的焦虑，中央人民政府政务院在 1953 年 4 月 17 日下发的《关于劝止农民盲目流入城市的指示》表明这是一个全国性的现象。政务院的指示认为，农民盲目流入城市的结果，在城市，使失业人口增加，造成处理上的困难；在农村，则又因劳动力的减少，使春耕播种大受影响，造成农业生产上的损失。因此，农民流入城市的行为是"盲目"的，这种现象是"混乱"的。

在政务院的 7 条具体指示中包含了两个解决问题的思路，一是加强政府控制，对于流出地和流入地的政府都提出了具体的要求，劝止农民盲目流入城市，对已经流入城市的农民，除施工单位所需要者外，应一律动员返乡。对于企业而言，则要求"有计划、有组织地调配和调剂劳动力"，没有政府批准，不能擅自到农村招工，更不得张贴布告乱招工。二是限制自由流动。劝止农民流入城市当然不仅是"劝"这么简单，其过程也伴随着一系列制度化举措，比如，要求县、区、乡政府对于要求进城找工作的农民，除有工矿企业或建筑公司正式文件证明其为预约工或合同工者外，均不得开给介绍证件。这种证件管控实际上将人口流动纳入了制度化的范围。超出这种制度范围的流动人口，则被称为"盲流"。这种思路归根结底一点，就是全面计划化，计划外的人口自由流动是被禁止的。整个 20 世纪 50 年代中后期，对城市流动人口的处理继续遵循了这种思路。

---

① 《浙江省农民回乡访问团戚原关于访问回乡生产农民的调查报告》，上海市档案馆：B59-1-63-377。

一、20 世纪 50 年代中后期上海人口问题及外来人口情况

"一五"计划期间是上海人口迁移的一个高峰期。1953—1957 年，上海市区共迁入人口 1835481 人，占整个社会主义建设时期上海人口迁入总数的 37.4%。迁出人口 1812520 人[①]，迁入迁出人口基本持平。1955 年之后，虽然政府开始以户籍制度、供应制度等限制外来人口，但外来人口的数量依然巨大，许多外来人口仅能以临时户口或无户口的状态生存。"1956 年年底上海市临时户口达 335702 人，1957 年 1 月下旬达 358709 人，如果再加上未报户口者 5 万人左右，最高达 43 万人；临时户口最少时为 1955 年 10 月有 6 万人光景"[②]。仅上海的临时户口人数，就几乎相当于当时一个中等城市的规模，给上海的粮食供应和交通、住宅等公共服务设施带来了巨大的压力。

于是，城市规模问题成为城市管理者考虑城市发展的核心问题之一。在苏联的影响下，当时普遍采用劳动平衡法作为推算城市规模大小的理论工具。该方法主要"以国民经济计划的基本人口数和劳动构成比例的平衡关系确定城市人口规模"[③]，考虑到上海人口的复杂性，上海市民政局对上海人口的划分分为四类，即基本人口、服务人口、被赡养人口和其他人口（表 2-6）。其中，"其他人口是一种过渡性的人口。调查现状时得列出此项人口，在远期规划的劳动平衡中不应考虑此项人口"[④]。这种划分的实践意义在于，为了实现城市人口的平衡，必须在准确计划基本人口的前提下，努力缩小被赡养人口和其他人口的比重。

当时，上海人口构成的核心问题是被赡养人口和其他人口所占比重太大。解决的思路是，一方面提高基本人口的比重，一方面降低被赡养人口和其他人口的比重，并严格控制服务人口的比重。因此，在就业政策中，"首先着重于满足工业建设的需要，对就业条件好的人，尽先调配到工业部门或地区去，以大力支援国家工业化事业，但同时也适当照顾地方工业和农业的

---

① 上海市公安局户政处编：《上海市人口资料汇编（1949—1984）》，1984 年制，第 17 页。

② 《上海市规划建筑管理局城市规划处关于上海市人口现状及今后规划的初步意见》，上海市档案馆：A54-2-158-24。

③ 左大康：《现代地理学辞典》，北京：商务印书馆，1990 年版，第 685 页。

④ 《上海市人民委员会人口办公室关于城市规划人口暂行定额的草案》，上海市档案馆：B25-2-6-115。

表 2-6　上海市基本人口、服务人口、被赡养人口、其他人口具体划分表（1955 年）

类别	内　容	具 体 说 明
基本人口	工业职工	包括国营、合营、私营、合作社工业企业之职员生产工人、学徒、警卫、勤杂等
	建筑业职工	包括建筑、涉及、营造及安装工程之全部职工
	对外交通运输职工	包括铁路管理局、民航局、海运局及江河运输企业之职工，码头、仓库、堆站、服务站等装卸部门及合营私营运输企业之职工
	非市属行政党群团体职工	指中央及各省市驻本市的机关团体之职工
	非市属经纪机构职工	指中央专业公司在上海的采购站及外贸系统之职工
	高等学校师生员工	指本市高等学校之学生及教职员工
	非市属专业学校师生员工	指中央业务系统主管之中等专业学校的学生及教职员工
	科学文艺团体工作人员	包括科学院研究所及非市属的文化事业及艺术事业工作人员
服务人口	手工业职工	即手工业生产合作社社员及个体手工业者包括流动手工业摊贩
	建筑业职工	即建筑业职工中剔除基本类建筑业职工后的数字
	市级行政党群团体职工	指市属各机关及党派团体之工作人员
	公用事业企业职工	包括自来水、煤气、污水处理厂站、消防、清洁卫生、电话等单位之职工
	市内交通运输职工	包括市内交通之公共汽车、电车、非机动车、人力三轮车职工
	市级经济机构职工	指金融机构及市属国、合营商店合作社及私营商店及摊贩行商等
	教育机构工作人员	包括市属中等专业学校及普通中小学、幼儿园等的教职员
	文化娱乐机构工作人员	包括图书馆、博物馆、文化宫、俱乐部、剧院、电影院、剧团工作人员
	医疗卫生机构工作人员	包括托儿所、医院、门诊部、防疫站、联合诊所等的工作人员
	家庭佣工及保姆	包括家庭雇佣之娘姨、奶妈、厨师、私人门房等
	其他服务人口	包括个体渔民及其他劳动者
	自由职业者	包括流动会计、家庭教师、拳师、开业建筑师及设计师、机械绘图及私人补习班的开设者

（续表）

类别	内 容	具 体 说 明
被赡养人口		指未成年之儿童、中、小学生、家庭妇女及劳动力者
其他人口	失业人员	指原有职业之职工、因解雇或辞职而未能就业不论其失业时间长短
	无业者	指十八岁以上从未就业之人员
	宗教及迷信职业者	指神父、修女、修士、牧师、和尚、道士及教堂等庙宇的管理人员以及从事算命、卜卦、相面、合婚、看风水、巫婆等迷信职业者
	其他	包括社会游离分子及拾荒者、卖血者、设康乐球弈棋为生的人员及街头艺人、未领执照之医生、大洋伞拔牙者、卖伤膏药的及未经训练的产婆
	在押犯人	
	工业资本家	指工业企业之资方及资方代理人
	商业及其他资本家	包括商业及交通运输、农业、金融、饮食服务等业之资方及资方代理人

资料来源：《上海市民政局关于上海市人口规划的初步意见（草案）》，上海市档案馆：B168-1-870-12。

需要。至于就业条件较差的，如年老的、文化低的等，可以着重动员他们回乡参加农业生产或组织他们参加垦荒①。

外来人口的不断涌入使被赡养人口的比重难以快速降低。要实现城市规模的控制目标，首先必须解决这一问题。1955年，当国务院派赴上海的工作组带着中央交给的"提出初步的、可行的将上海、天津两市人口和工商从业人员有步骤地迁往新建工业城市的方针"这一任务来上海调研后，提出的建议是"上海目前人口构成中不合理部分，主要是非在业人口和服务性行业人口过多，应该大力动员和疏散这一部分人回乡生产，回乡安插、赡养，或根据需要动员一部分支援新建城市"②。

20世纪50年代中期，上海依然面临较为严重的失业问题。1955年初的《关于上海市人口情况和市民经济生活资料》中曾估算过上海失业人口

① 《关于上海的人口和劳动就业问题（对资本主义国家外宾介绍情况的参考资料）》，上海市档案馆：B25-2-6-94。
② 《关于上海人口、地方工业等几个主要问题的调查报告》，上海市档案馆：B5-2-20-111。

的总数，按照典型调查所获得的比例数进行推算，"全市失业总数当约在三十六万六千五百人左右，未登记之失业人员总数当在十二万人左右"①。而根据1956年上海市人口办公室的调查，截至1956年3月，上海市共有失业、半失业、无业人员556515人，占上海市总人口的9.1%。其中，因残疾、年老等身体条件难以就业的有22478人，因属革命犯和刑事犯家属等政治条件而难以安排的有25916人，两者合计约占失业、半失业、无业人员的10%②。在这种情况下，上海本身就面临着非常严峻的人口问题，对于外来人口到上海就业本身是力不从心的，动员人口回乡成为解决人口问题的首选项，不仅外来人口需要动员回去，即使本市人口也有不少需要安排到外地。

50年代中后期，上海始终处于不断动员人口外迁和外来人口不断涌入城市的交替之中。1955年，上海进行了大规模的动员农民回乡生产运动，但自1956年下半年起，流入上海的外来人口和倒流人员又明显增多，上海市人口从1956年5月份的608万人增加到1957年8月的690余万人，如果加上未报户口的人数，全市实际人数已超过700万，一年多的时间上海人口增加了近百万，其中"从农村流入本市的外来人口占很大部分"③。1957、1958年，上海多次进行动员人口回乡的运动，然而，一边动员，一边却又不断流入。

与50年代初期相比，50年代中后期的外来人口构成更为复杂。在上海的外来人口当中，除50年代初期既已存在的灾难民、外来农民、职工家属等群体外，倒流人口的数量占据相当比重。根据上海市民政局1956年的调查，"在今年流入本市的外来人口中，大部分是过去曾动员回乡的（约占60%）"④。1956年底至1957年初上海市民政局进行了调研，据西郊、普陀、杨浦等9个灾民较集中的区点和面的统计，共有外来人口达9449人，内灾民共有2447人，占25.9%；外来人口中曾经动员回乡又倒流来的有3297人，占34.89%；新来的有5674人，占60.05%；倒流的江西垦民有370人，占3.92%；西北壮工回来的有15人，占0.16%；季节性来沪的有93人，占

① 《关于上海市人口情况和市民经济生活资料》，上海市档案馆：B25-2-6-38。
② 《上海市人口办公室关于上海失业、半失业、无业人员调查统计表》，上海市档案馆：B25-2-5-1。
③ 《上海市人民委员会关于进一步贯彻"处理和防止外地人口流入本市的办法"的指示》，上海市档案馆：B168-1-876-5。
④ 《上海市人民委员会关于上海市人口情况的处理意见（稿）》，上海市档案馆：B25-1-3-74。

0.98%①。根据此份调查，外来人口中各类倒流人口约占总数的40%。根据对1956年上海市临时户口中各种职业比重的统计，最大者为农民，占41.84%，其次为家务，占21.88%，再次为14周岁以下孩童及丧失劳动力者，占15.79%（图2-1），三者所占比重达80%，占据了外来人口的绝大部分。根据1957年收容遣送的对象统计，除了不应予收容者外约有40%左右是在上海无固定住址，亦无可靠亲友，做流动小贩，爆炒米花，流动皮匠，修理胶鞋，卖青菜，推桥头，磨剪刀，拾垃圾，等等。另一部分亦有40%，是外来农民和灾民②。由此可见，外来人口与个体私营经济存在着千丝万缕的联系。

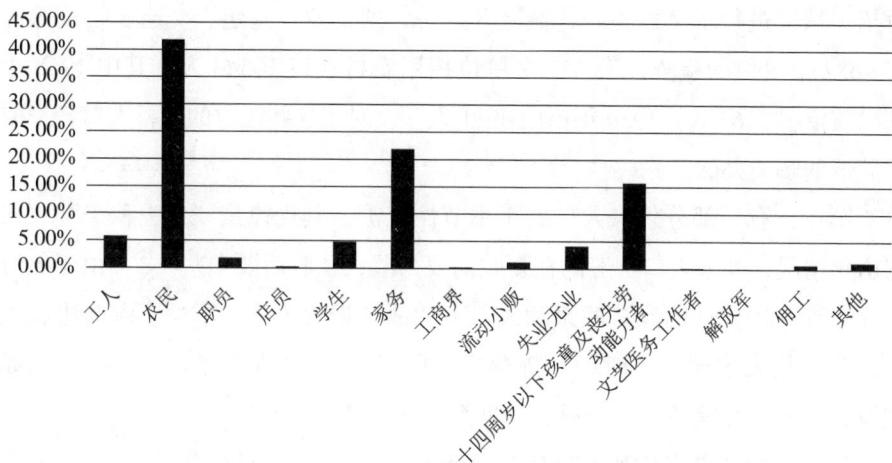

图 2-1 1956年上海市临时户口各种职业比重图

资料来源：《上海市规划建筑管理局城市规划处关于上海市人口现状及今后规划的初步意见（19570528）》，上海市档案馆：A54-2-158-24。

外来人口流入上海，主要有如下几项原因：

第一，上海生活"好混"。1955年前后，上海的油粮供应标准都明显高于外地，加之生活来源很广，吸引外地人口来沪。有的人认为在乡下种田挣钱不容易，一个劳动日只有五角三分要做上两天，在上海光两个小孩拾垃圾一天就能收入六角，讨饭也能讨到大白米，小菜场上还能拾到鱼头、菜皮，又能做做小生意、临时工，生活很可以。有的甚至说："宁可在上海做狗熊，

---

① 《上海市民政局关于外来人口情况和意见的报告》，上海市档案馆：B168-1-880-6。

② 《上海市民政局关于真如收容站和制造局路侯遣所自1957年9月16日到25日收容流浪乞讨露宿街头外来农民和贫民的情况报告》，上海市档案馆：B168-1-880-38。

不到乡下当英雄"①。虽然外来人口在上海的生活水平不高，但比之在农村则有很大差别，"外来农民的生活水平本来就很低，他们依靠社会救济便能生活，如果有其他收入（如拾荒等），可以过着比农村为好的生活。所以，他们乐于盲目流入上海待机就业。"②

第二，农民中存在重工轻农思想，加之上海的招工管理不严，在上海可以找到谋生渠道。有些工厂企业单位认为外来人口"价钱低，劳动力强"③，从而盲目招雇大批外来人口。即使政府三令五申要求企业不得私自从农村招工，但这种现象依然存在。1959年，上海各区、各部门根据市委指示精神，对招工情况进行了全面检查，截至6月份，据工业、基建、交通、财贸等部门4682个单位的检查，有437个单位招用农村人口10344人，其中1958年底以前招用5363人，1959年招用4981人④。对于这些招收的农村人口，采取了辞退的解决办法。

第三，有一部分外来人口属于季节性来沪，其规律是"春去秋来"。"根据历年情况，外来人口一般的在夏收前要少些，秋收后要多些"⑤。由于上海与周边存在历史性的经济联系和人口上的沾亲带故关系，不少上海周边农民每届年节均来上海混一时期，待春耕时再回乡，"这些人多半是有小手艺如理发、皮匠、补锅等，年节后自动回乡"⑥。

从上海的城市定位和人口控制目标而言，外来人口过多无疑与上海的发展规划背道而驰。面对纷繁复杂的外来人口现象，"上海市不仅越来越尽其所能地将新来者拒之门外，而且更采取了多种措施将上海不能容纳而又已来到上海的外来人口迁移出去"⑦。1955年，上海开展了1949年后规模最大的一次减人行动，并将动员人口回乡的政策一直贯穿到整个20世纪50年代中后

---

① 《上海市民政局关于外来人口情况和意见的报告》，上海市档案馆：B168-1-880-6。
② 《中共上海市委人口问题研究委员会关于一年来人口工作情况和今后意见的报告》，上海市档案馆：B168-1-869-22。
③ 《上海市人民委员会关于动员农民回乡生产的宣传参考材料》，上海市档案馆：B122-2-811-9。
④ 《上海市民政局制止农村劳动力盲目流入本市检查小组编印〈情况反映〉1959年第1—18期》，上海市档案馆：B168-1-896-16。
⑤ 《中共上海市民政局委员会关于动员遣送外来人口回乡生产工作的情况和请示报告》，上海市档案馆：B168-1-140-9。
⑥ 《吴淞镇培基协居委会外来沪情况报告》，宝山区档案馆：8-2-004-128。
⑦ 邱国盛：《城市化进程中上海外来人口管理的历史演进》，北京：中国社会科学出版社，2010年版，第188页。

期。不仅动员外来人口回乡，而且将上海生产不需要的一些人甚至一些职工也动员回乡，以实现城市规模的控制目标。

二、1955年的动员农民回乡生产

1955年的动员人口回乡是在上海城市紧缩的背景下展开的。在上海市民政局所制订的《关于疏散本市人口五十至一百万人的方案（草案）》①中将减人的方式归结为6种，一是组织和动员本市劳动力支援祖国各地的社会主义建设；二是动员盲目流入本市的农民及外来居民回乡生产；三是移民垦荒；四是整顿和紧缩摊贩；五是强迫收容和遣送本市游民及其他危害社会治安分子移地劳动改造；六是遣送劳改犯至外地进行劳动改造。该方案认为，动员流入本市的外地居民回原籍生产，"不仅数量大，而且具有可靠的动员条件，因而是我们的主要工作，也是疏散本市人口的最主要的办法之一"。

1955年4月至6月，上海曾动员了一批"因对粮食统购统销政策有误解而流入上海的农民"②回乡，总数近14万人。市委决定进一步加强动员，从7月起再进行一次广泛的动员，计划在一年内动员50万农民回乡生产，1955年第三季度内动员25万人③。7月21日，上海市委转发了市民政局党组《关于动员农民回乡生产工作的方案》，指出这次动员的对象是："凡原籍有生产条件（即有土地、有劳动力）或生活条件（即在原籍有依靠或有亲属汇款供养），必须和可能动员回去的农民，都应该大力动员回乡生产。"④对于本市居民和职工中有自愿要求回乡的，也应予以协助。对于动员的方法，规定应采取"先易后难"的办法，从关怀体贴群众出发，以耐心说服的态度来动员，做到合情合理，自觉自愿，防止一切强迫命令的做法。

1955年7月23日和25日，上海先后召开各区区长会议和各单位动员农民回乡生产工作干部大会，之后，动员人口回乡工作骤然启动。这次动员采

---

① 《关于疏散本市人口五十至一百万人的方案》，上海市档案馆：B168-1-870-8。
② 《上海市动员农民回乡生产第一阶段工作的总结报告（草稿）》，上海市档案馆：B168-1-862-100。
③ 《上海市动员农民回乡生产第一阶段工作的总结报告（草稿）》（B168-1-862-100）中认为4—6月动员人数近16万人，但该数据较为笼统。本文采用《上海市民政局1955年和四年来遣送回乡生产人数统计表》（B168-1-867-1）中的统计数据。
④ 《上海市民政局关于动员农民回乡生产的工作方案、情况报告及中共上海市委批示（关于动员农民回乡生产工作的方案）》，上海市档案馆：B2-2-10。

取了大规模群众运动的做法，由于外来农民大多与上海市民存在着千丝万缕的联系，因此宣传教育的对象不仅是外来农民，还包括本市居民。在政府的推动下，动员工作迅速掀起了高潮，"街头巷尾到处都在谈论回乡的事，出现了许多积极响应政府号召的生动事例，形成了一个广泛的群众运动"①。在此背景下，8月上旬回乡规模非常大，8月份回乡人数达28万余人，约占全年动员人口回乡总数的一半。

由于事起仓促，带来了工作准备不足、工作步骤过急等问题。例如，由于回乡人口突然增加带来的交通工具供应不足，当时上海"火车轮船等现代化交通设备每天最高运出量是五、六千人"②，许多人不能及时买到车票、船票；由于任务要求紧，动员的范围被扩大了，有些根据政策不该动员的对象也动员了，特别是保姆、佣工被列为主要动员对象，影响了上海职工和工人的日常生活，"这些都引起群众的不满"。此外，动员过程中也发生了不同程度的强迫命令现象，不仅群众不满，而且给江苏、浙江等省的安置工作也造成了很大的困难。上海市委决定从8月15日起暂停动员，以一个半月的时间进行干部休整、总结工作，到江、浙农村访问回乡农民和继续对外来农民调查研究，为今后继续动员做准备。

虽然市委发出了暂停动员工作的指示，但在暂停后仍有为数不少的人口主动回乡，如从8月20日至8月25日，每天回乡人数基本上都在5000人以上（表2-7）。在暂停动员之后不少群众仍然选择回乡，其原因在于回乡群众"除因对党的政策有了认识外，本身大都还有某种促使回乡的因素"③。以董家渡路办事处所辖多稼路居委会为例，该居委会在8月22日至25日回乡共14户，34人，其原因分别是：（1）感到现有职业无前途，而家乡又有生产生活条件的有6户12人，大部分是三轮车工人。（2）生意清淡，在上海生活困难的5户12人，大部分是小贩；（3）急于回乡赶上秋种的1户4人；（4）在历史上有污点在上海有顾虑的1户5人，丈夫是三轮车工人，过去曾当过小流氓，怕被惩处；（5）回乡结婚的1户1人。在社会舆论已经形成的情况下，加之不同对象存在着不同的回乡动因，即使政府不动员，仍会有一

①《上海市动员农民回乡生产第一阶段工作的总结报告（草稿）》，上海市档案馆：B168-1-862-100。
②《上海市民政局关于本市动员农民回乡工作概况》，上海市档案馆：B168-1-862-131。
③《关于暂停动员工作后农民陆续申请回乡生产的情况报告》，上海市档案馆：B168-1-862-149。

定数量的群众选择回乡,"有时干部劝阻,群众反而不满"①。

表 2-7 1955 年 8 月暂停动员工作后回乡人口数量统计表

日 期	8 月 20 至 21 日	8 月 22 日	8 月 23 日	8 月 24 日	8 月 25 日
回乡人数	11449	8824	7203	5518	6222

资料来源:《关于暂停动员工作后农民陆续申请回乡生产的情况报告》,上海市档案馆:B168-1-862-149。

当时虽然提出暂停动员,但直至 1955 年底,大规模的群众动员并未重新启动。市民政局提出,"今后动员农民回乡不拟再采取群众运动的方式,准备作为民政部门的经常工作来进行"②。同时,1955 年第四季度,人口工作的重点转为动员上海的失业、半失业人口赴江西垦荒,所以对动员人口回乡无暇顾及。直至 1956 年,动员人口回乡才重新启动。但 1956 年"随着全国社会主义建设大规模开展和社会主义改造高潮的到来,各方面对劳动力的需要也大为增加"③,因此,改造非生产人口的压力明显减小,动员人口回乡的规模也小得多。

图 2-2 1955 年水上区居民回乡生产

资料来源:《解放日报》,1955 年 8 月 3 日。

---

① 《关于暂停动员工作后农民陆续申请回乡生产的情况报告》,上海市档案馆:B168-1-862-149。

② 《上海市民政局关于上海市动员农民回乡生产工作初步总结》,上海市档案馆:B168-1-860-204。

③ 《上海市人民委员会人口办公室关于上海市对失业、无业人口将作全面安排的答新华社记者问的资料》,上海市档案馆:B25-2-6-88。

不可否认，实际动员回乡的人数与公开的统计数据存在差距。从统计资料来源而言，这一时期的统计数据主要是根据领取回乡证的数量而来的。市民政局向市委报告1955年7月25日至8月21日回乡人口规模时，也只能说"领取回乡证明书的已达二五二九四四人，其中大部已经回乡"[①]。也有小部分人在领取回乡证之后仍持观望态度，并未马上离开上海，但其数量无法统计。

也有一部分人在回乡之后又倒流回上海，根据上海市民政局对榆林区、长宁区、闸北区和14个区的58个居民委员会的调查统计，到1955年11月份，倒流人口的比重约为1%左右，比例并不高。倒流的原因主要有三种，一是过不惯农村生活，有的在上海还有生活条件，听到暂停动员就倒流回来，这种情况占多数；二是季节性来往，趁农闲到上海帮佣或做其他临时工作；三是确因乡下没有生产条件和生活条件，或生产条件有了变化（如田地已出典），或生活上有某些困难，不得不回上海，这种情况也占相当的比重[②]。1955年11月29日，水上区人民委员会下发通知，要求"从十二月一日起，一律根据实际回乡生产生活人数按时统计上报"[③]，可见，整个1955年的统计数据基本上是以民政局所发回乡证明为依据的，与实际回乡人数必然存在一定误差。当然，这并不能改变1955年动员人口回乡规模很大这一事实。

表2-8　1955年1月—12月上海市动员回乡人数统计表

时　　间	人　　数
合计	586408
第一季度	6592
第二季度	136662
七月份	43403
八月份	280660
九月份	74437

① 《上海市民政局关于动员农民回乡生产工作的情况报告》，上海市档案馆：B168-1-862-146。
② 《最近回乡农民向上海倒流与在乡农民继续盲目流入上海的情况》，上海市档案馆：B168-1-862-138。
③ 《上海市水上区人民委员会关于自1955年12月1日起不再根据上海市民政局所发的〈回乡证明〉统计回乡人数的通知》，上海市档案馆：B59-2-51-96。

（续表）

时　间	人　数
十月份	25096
十一月份	12009
十二月份	7549

资料来源：《上海市民政局 1955 年和四年来遣送回乡生产人数统计表》，上海市档案馆：B168-1-867-1。

以上表格说明：1. 第一季度尚未开展全市动员工作，6592 人系迁送站迁送人数。

2. 第二季度因为汇报制度是每周汇报，因此无法分别 4、5、6 月各多少。

3. 全年共回乡 586408 人，但其中仅 536455 人有统计材料分析，其余 49953 人无分析材料，仅有人数。

4. 全市于 8 月初开展全面宣传动员，当时每天平均回乡 10000～15000 千人，最多达每天 20000 人，但 8 月 15 日市委立下令暂停动员，以后逐步下降，因此全年以 8 月份回乡人数最多。

1955 年的动员人口回乡快速而有效地减少了上海城市运行压力，同时，摊贩、三轮车工、保姆、奶妈、沐浴、理发等行业在动员中逐步紧缩。随着社会主义改造和工业建设的发展，上海人口外迁的途径得以拓宽，人口工作的压力减小。在政府的设想中，解决外来人口流入的问题成为一项经常性的工作，运用各种制度措施来阻止外来人口的进入成为人口工作的主要方面，正如 1956 年上海市民政局在关于人口工作主要矛盾的报告中所言：

体现人口流入本市的基本原因主要关键问题是在于城乡关系问题。在目前来讲，外地人口流入本市是一种自然规律，同时在相当长时间内这种现象也是必然存在的。因此动员及控制外地人口流入是一项经常性的工作。要解决这个问题，主要关键在于逐步缩短城乡距离，使农业人口不再响往城市，安心从事生产①。

---

① 《上海市民政局关于人口工作主要矛盾的报告》，上海市档案馆：B168-1-869-81。

　　然而，缩短城乡距离并非朝夕之功，在 20 世纪 50 年代中后期社会主义工业化的狂飙中，城市对于农村的吸引力巨大，再加上政府习惯于运用运动的方式来解决问题，因此，政府虽然有把动员人口回乡作为经常性、制度化工作的设想，但也往往依赖运动式的解决办法。实际上，50 年代中后期，政府每年都要集中一段时间开展动员人口回乡的群众运动，以在控制城市规模和满足城市发展所需要的劳动力之间达成一种平衡。

三、外来人口治理的持续性

　　从 1955 年开始，对外来人口的治理遵循着制度化治理和运动式治理两条路径。制度化治理是政府通过加强各项制度建设，禁止外来人口流入城市，并限制已经流入城市的农村人口获取谋生条件；运动式治理是政府通过反复进行动员人口回乡、垦荒、支援外地建设等运动，以减少城市人口。

　　制度化治理首先表现在户籍制度的日趋严格。1956 年底关于外来人口申报上海户口的规定中明确在持有正式迁移证件和其他入户证件的前提下，以下五类人口可以登记为常住户口：

　　1. 劳动部门统一招雇或批准招雇和由临时工转为正式工的人员以及被录取或转学的学生；2. 调至本市工作的干部和复员军人及其随迁家属；3. 夫妻同居、子女依靠父母抚养，父母依靠子女赡养和因年老残疾、在乡确无生活依靠，必须来本市依靠亲属供养的。4. 过去动员不当，目前虽无正式就业或虽属动员对象，但已正式就业的。5. 因照料家务，必须从农村招来的奶妈、保姆或不从事主要农业生产的亲属①。

　　而 1957 年的规定则强化了户口准入的"负面清单"，规定对灾难民、外籍复员军人、一向从事农业生产的农民、来沪谋生、待机就业迄未正式在业的，以及外地流入的未改变成分的地主、富农、刑释分子、管制分子、游民等，虽有合法手续，也不给予登记户口，应及时配合有关部门据理动员。对其中无理取闹、屡教不改，经反复动员说服或遣返无效的，应协助有关部门

---

　　① 《关于农村人口（包括小城镇）迁来上海市申报户口的规定的报告》，上海市档案馆：B2-1-44-20。

收容送民政机关强制遣送当地政府处理①。概而言之，一切外地农民、未就业人员和政治上的斗争对象，理论上无法通过制度内渠道获得上海户口。

除户籍制度外，上海市政府还强化了对粮食供应、招工制度等方面的严格管理。1956年底，在《上海市人民委员会关于处理和防止外地人口流入上海市的办法》②中各项政策措施明显收紧。对于动员回乡的对象，"可暂登记为临时户口，经动员后仍坚决不愿回去的，仍应耐心说服继续动员，不予转为常住户口，也不给予供应粮食。"

在招工制度方面，1957年柯庆施在党代会上提出了"加强人口管理，争取将上海人口限制在700万左右"③的目标，上海市的人口规划也于1957年进行了重新修订。政府也反复向群众解释，"上海现在没有大发展，今后也不需要大发展"，"充分利用、合理发展"不是要求一切都发展，"更不是什么大发展"④。因此，市人委规定"1957年，全市不增加新的职工和工作人员，各机关、工厂、企业确需要添人，由劳动等有关部门在现有职工和工作人员中调整"⑤。这样，外来人口到上海后，基本上无法获取正当谋生条件，甚至连基本的日常生活都无法维持，对于大多数人而言，回乡就成为唯一选择。

严格的行政控制虽然在一定程度上有利于限制外来人口流入，但收效并不非常理想，"不少倒流人口和外来人口并不因为一二年内不予登记户口而自动离去，这就说明了如单纯利用户口管理使用行政手段是难以达到有效限制的目的的"⑥。因此，政府不得不多次启用大规模群众运动的办法来动员外来人口回乡。

1956年政府强调要照顾工人生活，不少工人为家庭团聚将家属接来上海，导致上海人口在1956年迁入很多，增加很快。1955年大规模的动员人口回乡迁出人口779138人，而1956年市区迁入人口351854人，1957年迁

① 《上海市公安局关于当前户口管理工作及今后改进意见的请示报告》，上海市档案馆：B168-1-876-123。
② 《上海市人民委员会关于处理和防止外地人口流入上海市的办法》，上海市档案馆：B25-1-7-1。
③ 中共上海市委党史研究室、上海市档案馆编：《上海市党代会、人代会文件选编（上）》，北京：中共党史出版社，2009年版，第168页。
④ 《关于继续动员农民回乡生产的宣传提纲（草稿）》，宝山区档案馆：8-2-004-012。
⑤ 《上海市人民委员会关于处理和防止外地人口流入上海市的办法》，上海市档案馆：B25-1-7-1。
⑥ 《上海市公安局关于当前户口管理工作及今后改进意见的请示报告》，上海市档案馆：B168-1-876-123。

人 379629 人①，几乎抵消了 1955 年的人口工作成果。1957 年，又不得不强调从生产生活等方面加强控制，以减少外来人口，改变过去片面"强调大的团圆，忽视了勤俭建国、勤俭持家的方针"②。1957 年 2 月，市民政局曾提出从 2 月 15 日至 5 月 15 日止，在全市范围内开展大规模的动员农民回乡生产工作，争取动员 10 万人回乡③，但当时并未立即启动动员工作。3 月，市人委下发了《关于开展动员农民回乡生产工作的计划》，提出从 3 月 15 日至 5 月 15 日在全市范围内开展动员农民回乡生产的工作，"大力动员去年以来盲目流入本市和在本市不能生活而又可能回乡的人回乡。"④经过几个月的努力，上半年总共动员了 8 万多农民、灾民回乡生产⑤，并未完成预期目标。1957 年 8 月，市人委决定全面开展对倒流回沪和盲目流入上海的外来人口的动员遣送工作，并将此项工作列为全市第三季度的中心工作之一⑥。但是，就 1957 年全年而言，动员的效果并不理想，市民政局后来反思，由于"对职工家属强调应予照顾不列为动员对象，而职工家属在外来人口中占 50% 以上，因此工作开展无力。"⑦因此，1957 年动员人口回乡的对象"大部分系来自安徽、江苏等地，在本市无固定居住房屋和生活来源的灾、农民"⑧。

1958 年是"二五"计划的第一年，在"大跃进"的形势下，上海的人口工作压力明显减小，对于上海而言，"不仅农村人口流入城市的现象比前大为减少，而城市人口去外地参加工农业建设的大量增加"⑨。1958 年 1—7 月，上海市共迁入常住人口 67511 人，迁出 165847 人，7 个月内净减少 107959 人。其中，迁出的人口主要是迁往外地城市或城镇，占 58.66%，迁到农村的占 39.99%，且迁到农村的人口绝对数量规模不大（表 2-9）。

---

① 上海市公安局户政处编：《上海市人口资料汇编》(1949—1984)，1984 年制，第 17 页。
② 《上海市民政局 1957 年人口工作情况报告》，上海市档案馆：B168-1-877-2。
③ 《上海市民政局关于开展动员农民回乡生产工作的计划（草案）》，上海市档案馆：B168-1-880-47。
④ 《关于开展动员农民回乡生产工作的计划》，上海市档案馆：B127-1-83-17。
⑤ 《上海市人民委员会关于动员农民回乡生产的宣传参考材料》，上海市档案馆：B122-2-811-9。
⑥ 《上海市人民委员会关于进一步贯彻"处理和防止外地人口流入本市的办法"的指示》，上海市档案馆：B168-1-876-5。
⑦ 《上海市民政局 1957 年人口工作情况报告》，上海市档案馆：B168-1-877-2。
⑧ 同上。
⑨ 《中共上海市民政局党组关于人口工作的情况报告》，上海市档案馆：B168-1-892-68。

表 2-9　1958 年 1—7 月上海市迁出人口情况统计表

类　比	人　数	占比（%）
总计	165847	100
迁到外地专辖以上城市	57511	34.67
城镇	39780	23.99
农村	66307	39.99
港澳台	2027	1.22
国外	42	0.02
失踪人口	108	0.06
服兵役	72	0.04

资料来源：中共上海市民政局党组关于人口工作的情况报告，上海市档案馆：B168-1-892-68。

在人口压力减小的情况下，政府转而将注意力集中到对外来人口中的异质力量进行强制性遣送，收容遣送制度进一步发展。"收容迁送外地盲目流入城市的农民、灾民和其他自由流动人口回乡生产工作是城市支援农业生产，维护社会治安的一项重要措施，也是城市紧缩人口的一个重要方面"①。1957 年市民政局提出为巩固社会秩序，"对于外地流入本市的地主、富农、刑释分子和有现行游民行为的，经过动员说服仍坚决不肯自愿还乡的，由本市公安部门会同民政部门一律集中收容，强制遣送还乡"②。同时要求由公安局配备 10 人、民政局配备 20 人，并由警备司令部配备一个排的武装力量，成立临时遣送站，计划年底之前遣送约 3000 人。1958 年，上海市在斜土路 474 号正式成立上海市人口遣送站，从 3 月 7 日起开始办公，统一办理露宿街头、有回乡条件而必须集中遣送的外来人口的集中遣送工作③。1958 之后，收容遣送成为疏散人口的一种重要的制度化形式，目的在于动员外来人口回乡并过滤掉外来人口中的异质分子。

---

①《上海市民政局关于收集收容遣送管理工作总结资料的提纲（草稿）》，上海市档案馆：B168-1-919-71。
②《上海市民政局关于集中遣送外来流浪人口工作方案的请示报告》，上海市档案馆：B168-1-880-40。
③《上海市民政局关于成立上海市外来人口遣送站、统一办理外来流浪人口遣送工作的通知》，上海市档案馆：B168-1-886-8。

从 1958 年开始，对于需要外迁的人口有了一个统一的制度安排，"对于应该管制的、劳动教养的、监督劳动的分子而又有乡可回的配合有关部门强制遣送回乡交由当地群众管制或监督劳动；对于不够劳动教养和监督劳动条件的分子而又有回乡条件的对象，应动员回乡；对于应该劳动教养而又丧失劳动能力的分子，不够劳动教养条件而又无家可归、无乡可回的游荡分子，应集中收容起来，迁送外地安置；对于需要遣送到劳教农场的对象，必须配合有关部门做好遣送工作"①。随着这一原则的确立，对于应否回乡、用强制的办法还是思想教育的办法，应根据不同对象而采取不同的方式。

1959 年第二季度，上海市开展了突击性的动员农村劳动力回乡生产运动，国庆节前后，又进一步加强了收容遣送流浪街头和流散小船上的外来人口回乡生产工作。至 10 月底止，全市动员迁送了 30 万人回乡生产，并清查处理了躲藏在其中的地富反坏分子②。1960 年上半年，全市总共动员迁送了247125 人回乡生产。其中由社会动员回乡的 142412 人，经过收容迁送回乡的流浪街头人员 91089 人（内包括强制迁送回乡 6877 人，提请公安部门处理 989 人）③。这样，动员回乡的群众运动与收容遣送的形式相结合，成为 20世纪 50 年代末上海市处理外来人口问题的两种主要方式。

经过不断地对外来人口加强管理，外来人口的结构得到了改变。截至1960 年底，"上海共有外来暂住人口十三万三千多人，五万二千多人在探亲、访友、治病，需要继续处理的有八万一千多人，其中干部、职工家属五万一千七百多人，保姆、奶妈七千二百多人，自流、倒流及其他非正常来往人口二万二千一百多人"④。外来人口的规模减小，且其中的异质分子比重明显降低。进入 20 世纪 60 年代，上海继续对外来人口严格控制，"1961 年，又遣送外来人口 10.8 万人。至 1965 年，上海流动人口仅为 9.36 万人"⑤。这

---

① 《中共上海市民政局党组关于民政部门积极进行社会清理工作的意见（草稿）》，上海市档案馆：B168-1-74-82。

② 《中共上海市民政局党组关于进一步加强制止农村劳动力盲目流入本市工作的报告》，上海市档案馆：B168-1-892-78。

③ 《中共上海市民政局委员会关于动员遣送外来人口回乡生产工作的情况和请示报告》，上海市档案馆：B168-1-140-9。

④ 《市委批转市委政法工作部关于处理外来暂住人口的情况和今后意见的报告》，宝山区档案馆：1-13-077-003。

⑤ 《上海人民政府志》编纂委员会编：《上海人民政府志》，上海：上海社会科学院出版社，2004 年版，第 615 页。

对加强外来人口管理具有重要意义。同时，随着城乡二元结构的固化，农民向城市流入的现象大幅减少，在三年困难时期，虽然城市的外来人口增加，但灾民中"更多的不是流向城市，而是流向非灾区和生活安排比较好的农村"①。动员城市的剩余劳动力去外地和农村，"不但使本市人口增长的速度有了一定缓和，减轻了城市劳动就业、住房、交通和副食品供应等方面的紧张情况，同时也支援了国家建设，使大量消费人口变为生产人口，化消极因素为积极因素"②。在政府的视野中，动员人口回乡无论对上海城市发展，还是对人的改造，都是有很大成绩的。

第三节　危机与应对：20 世纪 60 年代初的动员人口回乡（1961—1965）

三年困难时期，全国的国民经济发生严重困难。从根源上来讲，是由于工业发展与农业发展之间的矛盾激化，而自然灾害则是激化这一矛盾的增幅器。为应对这次全国性的重大危机，1960 年中央提出了"调整、巩固、充实、提高"的八字方针，但"大跃进"狂飙的热潮未能立即退却。直至 1961 年在北戴河召开的全国计划会议上，才提出了"必须坚决、认真地执行'调整、巩固、充实、提高'的方针，并且以调整为中心"，制定了完整的调整策略③。

基于困难的严重程度，在 1960 年部分的调整工作既已开始，在减少城市人口问题上，中共中央成立了中央精简干部和安排劳动力五人小组开始进行精简职工的工作。中央精简五人小组制定了从 1960 年 9 月至 1961 年底下放职工 528 万人的方案，1961 年 4 月又调整为 800 人左右④。1962 年 2 月，中共中央又成立了中央精简小组，"负责处理有关全国精减职工和城镇人口

---

① 《国务院关于转发内务部"大力防止灾区农民外流和做好收容遣送安置外流农民工作的报告"的通知》，上海市档案馆：A72-2-999-1。
② 《上海市民政局关于准备总结几年来本市人口工作的材料》，上海市档案馆：B168-1-891-14。
③ 本段参考罗平汉：《大迁徙：1961—1963 年的城镇人口精简》，南宁：广西人民出版社，2003 年版，第 122—123 页、第 128—129 页。
④ 于建嵘主编：《中国农民问题研究资料汇编·第 2 卷·1949—2007（下）》，北京：中国农业出版社，2007 年版，第 2026—2032 页。

的日常事务"①，中央精简五人小组随即撤销。从中央精简五人小组到中央精简小组的转变及实践来看，意味着减人的面的拓宽，从主要精简职工变为精简职工与减少城镇人口并重。至1963年7月，全国的精简任务基本结束。从1960年至1963年，全国性的精简职工、减少城镇人口的运动持续了3年之久。

一、精简工作中的动员人口回乡

从政策设定的主观意图而言，精简职工和减少城镇人口的主要安置方式是将职工和其他城镇人口迁往农村，以加强农业生产。将被精简的职工和城镇居民动员回乡，是安置渠道的优先选项。曹荻秋在动员报告中指出，"凡能回农村的职工，不论中央企业或地方企业，不论减人或不减人的企业，除重点矿山现有的井下工人暂时不动外，一律先动员回农村，减后如有不足时，再进行调整。"②1962年国务院在《关于精减职工安置办法的若干规定》中也提出，"精减下来的职工，主要地应当安置到农村。凡是来自农村，能够回乡的，都应当说服他们回到本乡的生产队中去参加农业生产；如果本乡是灾区或者因为回乡职工过多而无法安置的时候，可以由省、自治区、直辖市和专、县三级统筹，将他们安置到非灾区和回乡职工较少的生产队中去。"③

因此，无论在计划安排还是实际工作中，动员人口回乡都是各级政府努力的主要方向。虽然曹荻秋在减人目标计划中支援农业生产的比重占48%，但当动员工作开始后的4个月内，支援农业生产所占比重已达65.7%（表2-10），表明了支援农业在减人方式中的优先性。由于优先进行回乡工作，在1961年10月份，"回乡生产的人员已经显著减少"④，至11月份，支援各地建设、学生去各地求学、将职工家属迁往职工所在地的增幅大大高于支援农业生产的增幅，表明政府的注意力转向了动员回乡以外的其他方式。

---

①　张晋藩、海威、初尊贤：《国史大辞典》，哈尔滨：黑龙江人民出版社，1992年版，第455页。
②　《减少城镇人口，大力支援农业生产——曹荻秋同志在全市党员干部大会上的动员报告》，宝山区档案馆：1-13-077-005。
③　《国务院关于精减职工安置办法的若干规定》，宝山区档案馆：21-1-041-034。
④　中共上海市委人口工作小组办公室编：《人口工作简报》（第16—20期）（18期），上海市档案馆：A62-2-14。

表 2-10　上海市 1961 年 7—11 月减人安置情况表

安置方式	7月1日至10月底	7月1日至11月底	增加（%）
支援农业生产	106567	113488	6.5
支援各地建设	7236	9773	35.1
学生去各地求学	9614	11758	29.6
将职工家属迁往职工所在地	6169	7355	19.2
服兵役	32663	32663	0
总　　计	162249	175037	7.9

资料来源：中共上海市委人口工作小组办公室编写的《人口工作简报》（第16—20期）（18期、20期），上海市档案馆：A62-2-14。

1962 年的精简工作继续坚持把回乡作为"本市减人的主要出路"，要求力争动员 16 万人回乡[①]，而全年计划减少的人数约在 40 万人，动员人口回乡所占比重为 40%。从实际执行情况看，动员回乡的情况差强人意。根据市劳动局局长王克在 1962 年一次会议上的报告，"去年全市精简职工十四万八千人，减少城镇人口十六万六千人（指迁出迁入相抵后减少数，不包括自然增长人数，下同），其中回乡参加农业生产的十三万二千人。今年一月到六月，又继续精减职工近二十万人，减少城镇人口十三万九千人。其中回乡参加农业生产的十三万三千人"[②]。若据此测算，1962 年动员人口回乡的比重为 39.2%，勉强完成预期目标；若以 1961、1962 两年的数据来测算，动员回乡占精简人口的比重为 41.9%。因此可以推论，1962 年比 1961 年动员人口回乡的工作更为艰难，以两年的数据来看，距离曹荻秋报告中所期望达到的 48% 的目标有较大差距，证明上海精简职工和减少城市人口工作超额完成，但动员回乡的比例并未达到预期要求。

经过两年的精简工作，几乎在最大程度上挖掘了动员回乡的潜力。在精简工作中，不少部门本来就采用了"调整劳动组织，从内部挖掘潜力，把有

---

① 《中共上海市委关于精简工作情况的报告和市委精简小组关于上海市 1962 年减少城镇人口工作方案和上海市精减职工、减少城镇人口的工作总结（上海市一九六二年减少城镇人口工作方案）》，上海市档案馆：A62-1-10。

② 《中共上海市委关于精简工作情况的报告和市委精简小组关于上海市 1962 年减少城镇人口工作方案和上海市精减职工、减少城镇人口的工作总结（关于精简职工减少城镇人口的发言）》，上海市档案馆：A62-1-10。

条件回乡人员的工作顶替下来，动员批准回乡"①的做法，能动员回去的几乎全部动员回乡。虽然上海相关部门多次强调动员回乡生产仍有相当潜力，如1962年初据南市、普陀、徐汇区对露香园路、东新村、斜土路三个街道地区参加里弄生产、生活服务组织的10438人的调查，有回乡条件的有622人，其中已经动员回乡的147人，将可动员回乡的有400人，一时难以动员的75人②。但是到1963年以压缩城镇人口为主要目标的减人工作中，社会人口虽然仍有不小的潜力，但"动员对象条件差、出路差，在动员和安置工作上，必然存在若干具体困难"③。据1963年底徐汇区委精简小组办公室在该区裕德、长安两个里委的调查，"从今后的动员潜力看来，对象还很好，但思想问题和实际问题不少"④，许多回乡条件很好的人因为种种原因不愿回去而不能动员。总之，无论是条件好还是条件差，1963年的动员人口回乡工作都极为艰巨。

　　1963年动员人口回乡的主要难度在于，这次动员的对象主要是职工家属。王克多次在讲话中督促各地完成动员家属回乡的任务。4月份，王克要求全市在4月10日左右，掀起一个回乡和下乡的高潮，5月初基本完成。在动员对象的具体要求上，为完成数字要求，"家属不受年限的约束，不分1958年前后，但动员时先动员来沪时间短的"。他要求各级干部"不能因职工有点困难就不动员。要从全局出发"⑤。但上半年的动员家属回乡工作的进度不尽人意，于是在8月份的各部委、各区委精简办公室主任会议上，王克在讲话中运用了更为严厉的措辞，指出"想走就走，不想走就算，这是不行的，这些单位职工家属今年不动员回乡，明年还是要加上去的"，他告诫各级干部，"减人工作是长期的任务，工作要有个是非，不能愿做就做，要积极地干。"⑥

----

① 《中共上海市对外贸易局委员会关于压缩城市人口、支援农业生产的工作总结》，上海市档案馆：B170-2-1184-12。

② 中共上海市委人口工作小组办公室编：《人口工作简报》(第21—25期)(23期)，上海市档案馆：A62-2-15。

③ 《中共上海市金山县委员会关于转发"关于1963年减少城镇人口及安置工作的方案"的通知》，上海市档案馆：A69-2-165-7。

④ 中共上海市委精简小组办公室编：《精简工作简报》(第16—20期)(20期)，上海市档案馆：A62-2-22。

⑤ 《中共上海市委交通工作部办公室关于市委精简小组会议情况的汇报》，上海市档案馆：A58-2-244-1。

⑥ 《中共上海市委交通工作部办公室关于王克同志在各部委、各区委精简办公室主任会议上的讲话纪要》，上海市档案馆：A58-2-244-118。

　　为了完成减人任务，在安置渠道有限的情况下，下乡安置的重要性越来越突出。"对下乡插队工作原来中央没有计划，华东二年搞了 20 万人"①，尤其是嘉兴下乡插队的经验，在华东和全国都具有普遍意义。嘉兴县 1962 年共动员职工及城镇人口 9735 人回乡、下乡，占城镇常住人口的 7%，其中回乡 4428 人，下乡 5307 人，下乡人员占回乡、下乡总人数的 54.5%②。1963 年 4 月华东局精简小组在嘉兴召开各省市精简小组办公室主任会议介绍了嘉兴的经验，5 月 13 日至 17 日，上海市委农村政治部组织了上海、嘉定、宝山、川沙、南汇、松江、青浦等七个县的精简小组办公室主任，到浙江省嘉兴县参观访问，学习嘉兴经验③，使上海的干部认识到下乡是一条可行的道路。周恩来指出，"如果都像嘉兴这样安置，全国的城市人口和闲散劳动力安置问题就可解决。这条道路是长期的，有前途的、最宽广的出路"。因此，1963 年周恩来和谭震林对城市人口和城市劳动力的安排所作的指示中明确提出，"今后城市社会青年、闲散劳动力到农村人民公社插队落户是主要方向，是长期的任务"，同时，还决定"退休人员提倡回乡养老。原来在城市的供应标准等等可以带下乡去，劳保也带下乡去。"④ 在上海市 1964 年减少城镇人口的规划中，下乡的比重已经明显多于回乡了（表 2-11），而到了 1965 年，回乡与下乡的难度均大幅增加，所占比重在减人总指标中已经微不足道了。

表 2-11　1964 年减少城市人口规划表

序号	减人方式	人　数
1	动员青年去新疆生产建设兵团所属农场	50000
2	动员去安徽农村插队、插场	13000
3	安置到市郊农村	7000
4	动员退休工人、职工家属、社会居民回乡，和外地职工留沪家属去职工所在地	35000
5	划出市郊各县小城镇	100000

---

　　① 《中共上海市委交通工作部办公室关于劳动局于副局长传达有关中央和华东局对精简工作的指示》，上海市档案馆：A58-2-244-173。

　　② 《中共上海市委农村政治部关于组织七个县干部到嘉兴县参观学习（动员职工和城镇人口下乡插队）的报告》，上海市档案馆：A69-2-168。

　　③ 同上。

　　④ 《中共上海市委交通工作部办公室关于劳动局于副局长传达有关中央和华东局对精简工作的指示》，上海市档案馆：A58-2-244-173。

（续表）

序号	减人方式	人　数
6	大中专毕业生去外地工作和高中生投考外地大学	8000
7	动员职工支援外地建设	3000
8	公安部门迁送到外地劳改、劳教、强制劳动	7000
9	总　　　计	183000

资料来源：《中共上海市委精简小组办公室关于上海市第三个五年计划期间和15年内减少城镇人口的规划、设想及统计表》，上海市档案馆：A62-1-22。

表 2-12　上海市 1965 年减少城市人口规划表

具体任务和出路	主要对象	计划人数
参加新疆军垦	社会青年	15000
到安徽农村单独建队	社会青年	1000
本市国营农场安置	社会青年	5000
到外地职工所在地	外地职工在沪家属	10000
支援内地建设	迁厂职工、随带部分家属	20000
支援各地建设	职工和代训学徒	5000
参加内地建筑工程	社会青年和闲散劳动力	1000
回乡下乡	职工家属和其他闲散劳动力	5000
分配去外地工作和征兵	大专、中专学生	15000
到农场安置就业、强制劳动	社会青年和闲散劳动力中少数品质不好、屡教不改的分子	3000
迁往劳改农场及其他	劳改期满人员家属	8000
总　　　计		88000

资料来源：《上海市六五年减少城镇人口工作方案》，松江档案馆：0005-19-0059-0005。

　　除了由回乡为主到下乡为主的转变，上海对计划生育的作用更为重视。1962 年，上海市劳动局局长兼市精简办公室主任王克曾指出，"积极动员人口迁出是减少城镇人口的关键"，但提倡计划生育和晚婚则"是控制人口增长的一个最有效的措施"①。中央和国务院 1962 年 12 月 18 日《关于认真提

―――――――――

　　①《中共上海市委精简小组办公室关于上海市第二个五年计划期间和 1962 年 1 至 7 月减少城镇人口的工作总结、情况和意见》，上海市档案馆：A62-1-21。

倡计划生育的指示》下达之后，上海在市、区（县）两级，成立了计划生育委员会，向广大职工和里弄居民广泛地进行了计划生育和提倡晚婚的宣传教育，上海人口的自然增长率进一步降低，对缓解城市人口压力意义重大。

从1964年起，动员人口回乡对于减少城镇人口的重要性相对降低，主要有如下几个因素：第一，最为直接的原因是动员人口回乡的潜力几乎挖掘殆尽，"回乡下乡对象已经不多，留下来的大都比较难动员"[①]。在处理本市职工和城镇人口的过程中，动员回乡绝大多数属于人民内部矛盾，因此虽然仍有不少对象符合回乡条件。在被动员对象不自愿的情况下，必须用处理人民内部矛盾的办法来解决，而不能运用强制手段。第二，从政策工具上，政府对于下乡和计划生育的依赖程度提高，作为减少人口手段的动员人口回乡，有了替代性的政策工具。在1964年之后的各类文件中，一般回乡和下乡并用，不再作严格区分，甚至以下乡来涵盖回乡。第三，农村的安置也存在很大的问题。上海精简回乡的对象主要安排在江苏、浙江、安徽以及本市郊县农村，这些地区大多地少人多，精简工作给这些地区带来了劳动力资源的同时，也带来了安置上的压力。无论是回乡还是下乡，速度都不得不放缓了。

这次大精简源于三年困难时期的严重困难，中国共产党对这一教训不敢忘却。李先念在1964年曾谈道："'大跃进'时，盲目地增加了很多职工，这是一个教训。人总是要吃饭的，问题是在农村吃还是在城市吃。我看在粮食和副食品并不宽裕的条件下，该在农村吃饭的，还是在农村吃好，因为在农村吃比在城市吃要省得多。"[②]1965年1月，毛泽东在听取薄一波汇报全国工业会议的准备情况时曾说，"减人措施很好，减下的人以不回农村为好，农村的劳动力现在也多嘛。我们还要办新的企业，而且减下来的人，多是技术工人，再回农村也不好。"[③]李先念强调的是尽量不从农村招工，而毛泽东强调的是城市里减下来的人尽量不要再动员去农村。于是，城乡之间的人口流动大为减少。

---

① 《上海市六五年减少城镇人口工作方案》，松江区档案馆：0005-19-0059-0005。
② 李先念：《李先念文选（1935—1988）》，北京：人民出版社，1989年版，第285—286页。
③ 中共中央文献研究室编：《毛泽东年谱（1949—1976）》（第五卷），北京：中共中央文献出版社，2013年版，第463页。

二、解决城市社会问题视角下的动员人口回乡

所谓城市社会问题，是指城市在发展过程中存在的"严重失调或冲突现象"，是"城市社会的弊病或病态"①。无论在任何时期，城市社会矛盾总是存在的，并不因社会主义制度的建立而消失。在此一时期城市人口问题中，外来人口的成分更为复杂，维护社会秩序的压力增大，而精简工作所带来的社会闲散劳动力问题，也成为严重的城市社会问题。对于这两个问题，政府采用了不同的方式加以解决。

1. 20 世纪 60 年代初的收容迁送 ② 工作

1960 年 5 月，14 个市区和郊区的 4 个县先后设立了迁送站，负责一般"盲流"人员的收容迁送工作，而市迁送站则专门负责强迁对象的收容迁送和处理工作③。迁送站成为管理外来人口问题的常设机构，其主管机构是民政部门和公安部门。

从 1961 年 8 月份起，随着精简工作的开展，收容对象开始发生显著变化：一是收容人员中有黑市贩卖行为的人，比前有所增加，这些人大多数是农民和城镇居民、小商贩，少数是刑释分子等；二是各地紧缩城镇人口，动员回乡生产外流的职工，也比以前多。如黄浦区 7 月中旬收容外流回乡职工只有 3 人，而 8 月中旬收容了 9 人，占收容总数 282 人的 3%；三是收容外地释放回乡的刑释分子和解除劳教的分子也较多④。收容对象的主要发展趋势是外来农民的比例下降和城镇人口、动员回乡后不安心农业生产外流的职工增多。

中央公安部、内务部于 1961 年召开制止人口自由流动工作会议，1961年 11 月 7 日，中央批转了公安部《关于制止人口自由流动的报告》，确立了对外来人口从严管理的方针⑤。自此以后，收容迁送的规模总体上处于不断

---

① 何一民：《革新与再造：新中国建立初期城市发展与社会转型（下）（1949—1957）》，成都：四川大学出版社，2012 年版，第 621 页。

② 政府对待外来人口的态度，在 20 世纪 60 年代前期与 50 年代中后期有显著变化，50 年代中后期一般强调外来人口的盲目性，定性为盲目流入城市的人口。60 年代前期则强调这些人口的非组织性和非单位化，定性为自由流动人口。因此，50 年代中后期一般用"遣送"一词，60 年代前期一般用"迁送"一词。本文遵从当时的一般概念，在 60 年代初期也采用迁送一词。

③ 《上海市民政局关于收集收容遣送管理工作总结资料的提纲（草稿）》，上海市档案馆：B168-1-919-71。

④ 《上海市民政局 1961 年 1—12 月收容迁送工作情况简报及上半年工作情况和下半年打算（报送 8月份收容迁送工作情况简报）》，上海市档案馆：B168-1-910。

⑤ 《上海市民政局 1961 年 1—12 月收容迁送工作情况简报及上半年工作情况和下半年打算（11 月份收容迁送工作情况汇报）》，上海市档案馆：B168-1-910。

减少的过程之中，但对象更为复杂。据 1962 年 5 月份的收容人员情况，与 4 月份相比，城镇闲散人口、精简下放擅自离职的职工、四类分子和刑满释放、解除劳教的分子、假报情况不愿回乡的人、犯有偷窃扒拿和强夺食物行为的人都有所增多①。根据 1962 年 6 月份的调查，虽然来自农村的收容对象仍占多数，但城镇居民、各类敌对分子已经占有相当比重（表 2-13）。

表 2-13　上海市 1962 年 6 月份收容迁送典型调查统计表

	类　别	人数	占 %		类　别	人数	占 %
	合　计	2679			合　计	2679	
外流人员的职业分类	农　民	1113	41.5	外流原因	不安心农业生产	1024	38.2
	在职职工	101	3.8		家属遗弃外流	18	0.7
	退职离职职工	63	2.3		家庭纠纷	54	2.1
	下放职工	179	6.7		被骗外出	52	1.9
	小手工业者	39	1.4		犯了错误出来	167	6.2
	农村落户及未升学的青年	87	3.2		有实际困难	538	20.1
	在学学生	88	3.3		受灾	2	0.07
	儿童	293	10.9		投机贩卖	135	5.03
	小商贩小业主	15	0.6		逃避监督改造	14	0.5
	二流子懒汉	157	5.8		探亲访友	207	7.7
	敌伪军政警宪人员	4	0.1		其他	468	17.4
	收容教养逃跑分子	6	0.2				
	清洗开革分子	9	0.3				
	刑释撤管分子	67	2.5				
	解除劳教分子	37	1.4				
	右派分子						
	四类分子	12	0.4				
	劳改劳教管制、现行逃犯	4	0.1	其中	农村	1898	70.8
	其他城镇闲散人口	405	15.1		城镇	781	29.2

资料来源：《上海市民政局 1962 年 1—12 月收容迁送工作情况简报及收容迁送工作情况反映、统计表》，上海市档案馆：B168-1-915。

——————

① 《上海市民政局 1962 年 1—12 月收容迁送工作情况简报及收容迁送工作情况反映、统计表（五月份收容迁送工作情况简报）》，上海市档案馆：B168-1-915。

此后，收容迁送对象继续遵循上述变化趋势，但1963年收容迁送工作的重点转移到处理屡迁不归的对象。当时认为，屡迁不归的主要原因在于这些人"好吃懒做，沾染了比较严重的游惰习气"①，不仅严重危害社会，而且在群众中影响很坏。如松江县惯流人员方勤达，一贯好吃懒做，群众公认为"二流子"，经常在外流浪，从1961年以来，已被收容迁送过30多次，每次回家见物便偷，大至羊、鸡、鸭、兔，小至锅、碗、瓢、勺样样都偷。周围社员听到"二流子"回来了，出工也不安心，怕家里东西被偷，群众对这些人很有意见。上海改进了对长期流浪人员的遣送处理办法，采取"边劳动、边审查、边教育、边处理"的工作方法②，建立和健全了对长期流浪人员的各项工作制度。

纵观20世纪60年代前期收容迁送工作，其收容迁送规模呈不断减少趋势。"一九六〇年全市收容十四万二千多人次，一九六一年减少为四万三千多人次，一九六二年又减少为二万五千多人次"③。与之相应，遣送回乡的人数也不断减少。但收容对象更为复杂，尤其是受精简工作的影响较大，不安于农业生产的下放职工和城镇人口增多。

2. 社会闲散劳动力问题的处理

从上海解放初期开始，动员人口回乡不仅是处理外来人口问题的重要方式，而且是解决上海失业问题的一种重要方式。在20世纪50年代，解决上海人口的就业问题的主要原则是"面向重点建设，面向农村"，并且"参加农业生产，这是解决就业人数最多的一条出路"④。然而，由于工业化的挫折，在降低工业发展预期的条件下，"面向重点建设"的原则不再被强调。1963年7月27日，上海市委批转市劳动局党组《关于上海市闲散劳动力的情况和安置管理工作的意见》，指出当时上海需要安置的闲散劳动力约有15万人，今后不能升学而到达劳动年龄的青年，每年约有六七万人，"安置这些劳动力的主要方向，应该是面向农村，面向外地。各部门、各单位都应当

---

① 《上海市民政局1963年收容迁送工作（1—12月）每月情况简报（四月份收容迁送工作情况简报）》，上海市档案馆：B168-1-918。

② 同上。

③ 《上海市民政局关于上海市收容处理屡迁屡返长期流浪人员情况和今后意见》，上海市档案馆：B168-1-921-29。

④ 《关于上海的人口和劳动就业问题（对资本主义国家外宾介绍情况的参考资料）》，上海市档案馆：B25-2-6-94。

在广大群众中，特别是青年一代中，持久地、深入地加强服从国家建设的需要，支援农村、面向外地的宣传教育，并且要做到家喻户晓，深入人心，造成舆论，形成风气。"①此后，安置社会闲散劳动力、解决上海就业问题的指导方针就转变为"面向农村、面向外地"。实际上，这一指导方针的执行往往并非是面向外地和农村，而是面向外地的农村，"凡是有回乡条件的人员，积极动员他们回乡生产。对家居城市无乡可回的人员，身体健康，无家务拖累的尽可能动员去外地农村人民公社或国营农场参加农业生产。"②

从政府管理的角度看，社会闲散劳动力有明确的界线和范围。1963上海市制定的《闲散劳动力管理办法（草案）》③，将社会闲散劳动力的范围确定为如下五类：

甲类：具有技术专长的人员，指年在16—55岁（女性16—45岁）有三年以上专业工龄的各种技术工人和技术人员（技术工人包括车钳铇铣等五金技工，泥木竹漆等建筑技工，以及起重安装、内燃机修理等各种技工，不包括轻纺工业的熟练工）；大中专业学校的毕业生；其他具有各种专业知识和技术专长并有实际工作经验的人员（包括汽车、轮船驾驶员，中西厨师，钟表、无线电修理人员，中西医生以及有特殊专业知识的商业人员等）。

乙类：社会青年：是指16—25岁，所有非在职、在学的青年（已婚青年妇女不包括在内）。

丙类：男性普通劳动力：是指26—55岁，有一定劳动能力，但无技术专长的男性劳动力。

丁类：长期从事社会劳动的妇女：是指1958年以来在工厂企业和街道里弄的集体事业参加工作连续在一年以上，年龄在45岁以下，生活困难（家庭人口平均消费水平在10元以下），身体健康，无家务拖累，要求工作的人员。

戊类：倒流人员：是指历年来由本市动员去外地参加工农业建设或去外地就学，因精简、离职、退学、开革清洗等返回上海，还未报进常住户口的

---

① 《中共上海市委关于批转上海市劳动局党组"关于上海市闲散劳动力的情况和安置管理工作的意见"的通知》，上海市档案馆：B76-3-1121-49。

② 《关于上海市社会闲散劳动力的情况汇报》，上海市档案馆：B127-1-845-4。

③ 《上海市劳动局关于闲散劳动力管理办法》，上海市档案馆：B127-1-357-37。

人员（男性在55岁以下，女性在45岁以下）。

1965年，市劳动局对上述分类稍作调整，将"社会闲散劳动力"改称为"社会劳动力"，并将其分类由原来的五类变为四类，将戊类的倒流人员删掉，"倒流人员在报进户口以前不属分类管理范围，但要造具名册，掌握情况进行工作"①。从中不难看出，社会闲散劳动力虽然从本质上属于失业现象，但并非所有的失业人员都可以算作社会闲散劳动力。社会闲散劳动力不仅有明确的范围界定标准，而且有明确的年龄限制，所有超出此范围的，在政府管理的视角下都不属于社会闲散劳动力的范围。上海市劳动局通过街道办事处对所有社会闲散劳动力进行内部登记立卡，定期核查和统计上报，以加强对社会闲散劳动力的管理。

解决社会闲散劳动力问题从1963年就已经开始。1963年上海市安排了2万余人到安徽农村插队落户，其主要对象就是社会闲散劳动力，他们的共同点是"有劳动力，现在生活比较困难，有谋求生产、生活出路的愿望，但在城市不能就业，又没有回乡条件"②。

虽然政府将"面向外地、面向农村"作为解决社会闲散劳动力问题的指导方针，但在实际执行中，社会闲散劳动力的构成决定了相当数量的社会闲散劳动力仍需在本市就业。1964年上海市计划安排社会闲散劳动力22万人，其中安排去外地7万余人，安排在本市的15万余人。在22万人中计划动员回乡下乡1万人，占比很小，即使如此，截至10月底仅完成了3000多人的任务，其主要原因在于"经过近两年的动员回乡、下乡，留下来符合回乡、下乡条件的人员减少，而这些人的思想工作又很艰巨，往往经多次动员还不肯回乡、下乡"③。在市内的安排则坚持了"低工资、多用人"④的原则，尽可能地多安排人，结果此项指标超额完成。1964年市内原本计划安排八九万人，实际安排约93000人⑤。"低工资、多用人"的原则虽然有助于暂时缓解社会

---

① 《上海市劳动局关于上海市市区社会闲散劳动力资源管理试行办法和家庭妇女就业问题意见的通知》，上海市档案馆：B127-1-881。

② 《中共上海市委精简小组办公室关于上海市动员城镇居民去安徽农村插队落户的工作总结》，上海市档案馆：A69-2-165-25。

③ 《关于今年市区社会闲散劳动力安排情况的简报》，上海市档案馆：B127-2-236-1。

④ 《中共上海市委批转上海市劳动局党组关于1964年市区社会闲散劳动力安排意见》，上海市档案馆：B127-1-370-1。

⑤ 《关于今年市区社会闲散劳动力安排情况的简报》，上海市档案馆：B127-2-236-1。

闲散劳动力的就业问题，但亦造成了新的问题。根据 1966 年上海市环境卫生局的一份报告，闲散劳动工几年来一直要求"改变性质，取消'社会闲散劳动力'的名称，改'生活津贴'为'工资'，参加工会"[①]。可见，在这些闲散劳动工中，一直存在着"不平等"的焦虑和经济、政治上的要求。

安置社会闲散人员往往使政府陷入越来越难的境地，因为能够安排的永远是容易安排的。经过 1964 年的安排，"社会青年的条件和需要之间的矛盾越来越突出了"，留下来的社会青年，女青年的占比高达到 80%，男青年中家庭和本人政治上基本没有问题、本人身体健康的只占 18%。除社会青年外，其他留下来的闲散劳动力中严重病残难以参加劳动的约占 44%，本人表现一般或不好的四类分子子女约占 20%，本人政治品德恶劣的约占 18%。由于"各地区、各部门招收人员大都要男的，少要和不要女的，要成份好的，不要成份差的"[②]，安排的难度越来越大。

经过几年的努力，上海市安排社会闲散劳动力取得了较大的成就。从 1963 年到 1965 年，上海需要安排的闲散劳动力共 57.8 万人，共安排了 45.6 万人，占需要安排数的 78.9%（表 2-14）。在实际安排的人当中，去外地的一共 12 万人，仅占安排总人数的 1/4，其中大部安排去新疆农垦区。关于回乡人员占多大比重并无明确的数字，若根据 1964 年安排情况进行推算的话，回乡总数当不超过 1 万人。

表 2-14　1963—1965 年上海需要安排的闲散劳动力及实际安排数字

（单位：万人）

	需要安排人数	实际安排人数				
		小计	去外地	补充本市职工	半工半读职业学校	街道生产服务组织等
合　计	57.8	45.6	12	10.5	7.9	15.2
1963 年	40	10.7				
1964 年	33	19.6				
1965 年	27.5	15.3				

资料来源：《上海市工商行政管理局关于安置社会闲散人员稳定市场秩序情况的报告》，上海市档案馆：B182-1-1325-3。

---

① 《上海市环境卫生局关于改变社会闲散劳动力为临时工的请示报告》，上海市档案馆：B256-2-241-21。

② 《关于今年市区社会闲散劳动力安排情况的简报》，上海市档案馆：B127-2-236-1。

在经济发展有限的情况下，闲散劳动力的问题始终是政府需要解决的一个重大问题。虽然政府付出了巨大努力，1963—1965年闲散劳动力的规模越来越小，但动员人口回乡的潜力被耗尽，城市就业的余地也被进一步压缩。由于20世纪50年代初是城市人口自然增长的高峰期，到60年代中后期，劳动适龄人口越来越多，社会闲散劳动力的规模不断扩大，就业问题再次成为城市社会的突出问题。

第四节 "文革"期间的动员人口回乡（1966—1976）

从上海市委精简小组办公室所制定的《本市一九六六年控制与减少城市人口工作方案》[①]来看，1966年的减人工作与之前几年并无大的区别。该方案首先强调了减少城镇人口的意义，指出"控制与减少城市人口是社会主义革命与社会主义建设中的一个重大问题，它是不断协调城乡关系、工农关系的必要措施，是关系国民经济发展的一件大事，也是加强备战的迫切需要。上海这样地处国防前哨，人口又很臃肿的大城市，尤其需要控制与减少城市人口，这是一项长期的战略性任务。"在减人指标的安排上，依然遵循了维持既有人口规模的要求，计划1966年外迁市区人口10万人左右，人口自然增长4万人以内，人口迁入力争控制在55000人左右。按此目标，1966年底基本维持原有人口水平并略有减少。在10万人的指标之内，计划动员人口回乡15000人左右，主要对象是"有回乡条件的职工家属、退休职工和其他闲散人口"[②]。

1966年减少城镇人口的方案其执行的具体情况并没有详细资料。根据户籍统计资料，1965年末市区人口为6430699人，而1966年末市区人口为6362363人，净减少人口68336人，实际迁出人口122456人，超额完成了"维持原有人口水平"的目标，外迁的人口略多于原计划[③]。在当时安排人口外迁渠道有限的情况下，多减2万余人并不是一个小数目。从现有资料来

---

① 《中共上海市委精简小组办公室关于上海市1966年控制与减少城市人口和上海市1966年动员青年参加军垦的工作方案》，上海市档案馆：A62-1-36。

② 同上。

③ 上海市公安局户政处编：《上海市人口资料汇编（1949—1984）》，1984年制，第7、第12页。

看，超出计划的部分主要应是"文革"开始后红卫兵遣返"黑六类"（即"地富反坏右资"）回乡。

从总体而言，"文革"期间依然延续了动员外来人口回乡的政策，但其规模与 20 世纪 50 年代已不可同日而语。除外来人口外，动员上海本市人口回乡、下乡成为缩小城市规模的主要手段。从动员的原因、对象等方面综合考虑，"文革"期间的动员人口回乡主要有如下三类：

一、上山下乡运动中的回乡知青

知识青年上山下乡是中华人民共和国历史上的一件大事，"文革"期间的城市人口向农村的迁移，知识青年上山下乡颇具代表性。金大陆将上海"文革"前与"文革"期间的人口外迁进行比较，认为"前者为了合理的城市定位，后者为了非常的革命号召；前者强调顾全大局的行动，后者强调脱胎换骨的改造；前者以退为进，求得矛盾的解决，后者积重难返，造成困难的拖累"，因此，知识青年上山下乡"属于恶性的人口变动"[①]。实际上，若从中华人民共和国成立以来上海对城市人口规模调控的历史和动员人口回乡的过程来看，知识青年上山下乡与 20 世纪 60 年代以来安排城市闲散劳动力的思路具有一致性，是历史逻辑的自然发展。

知识青年上山下乡是从 1968 年开始的。在上山下乡运动中，实际上一直有回乡知青与下乡知青之别，一般而言，"当时有城镇户口的称为下乡知青，农村户口的称为回乡知青。两者之间的区别在于，城镇知青是离城下乡，没有在城镇就业的机会，而农村知青是回家返乡（包括有城镇户口，但家住农村）"[②]。可见，决定知青回乡还是下乡的基础条件是由户籍决定的。下乡知青"一般会被集中安排在条件好一点的生产队"，回乡知青则"必须从哪个生产队来，回哪个生产队去"[③]。

由于直至目前为止，学界大多将知识青年作为一个整体进行研究，把回乡知青作为一个单独的对象群体进行研究成果较少。关于回乡知青与下乡知

① 金大陆：《非常与正常：上海"文革"时期的社会生活（上）》，上海：上海辞书出版社，2011年版，第 14 页。
② 《关于下乡知青与回乡知青的工龄计算及高级专家退休待遇等问题的政策解答》，《中国老年》，2008 年第 7 期。
③ 方家印：《一个回乡知青的三年经历》，《文史天地》，2012 年第 8 期。

青的规模，至今难以有确切的统计。定宜庄把知识青年划分为城市知识青年与回乡知青，并且认为回乡知青"人数始终多于城市青年"①。

但定宜庄的这一结论未必适应于上海。上海早在 20 世纪 50 年代就开始了动员知识青年回乡，"文革"期间，回乡的潜力太小。据统计，1966 届上海初中毕业生共计 159358 人，其中农村学生 16518 人，农村学生所占比重仅为 10.4%，这些农村学生全部被安排回农村②。对于数量更大的城市知识青年，则存在着无乡可回的困境，因此，在城市知识青年中采取了"投亲插队"的安置形式。一位上海市的知青曾经写到，"那时毕业分配的六处去向，都是黑龙江、云南等边远地区。父亲为我安排了投亲插队的路，回宜兴父亲的老家。那里并没有直系亲属，只有叔伯堂兄在"③。

知青当中回乡知青所占比重，根据金大陆的统计，1968—1975 年上海市共安排知识青年上山下乡 947024 人，其中回原籍投亲和零星去外地插队，以及在本市投亲插队的人数总数才 87430 人，占知识青年总数的 9.2%（表 2-15）。

表 2-15　上海市 1968—1975 年（上半年）知识青年上山下乡情况表

总计	插队落户	兵团	农林场	回原籍投亲和零星去外地插队
947024	381627	150429	327538	87430

外	地			
小计	插队落户	兵团	农林场	回原籍投亲和零星去外地插队
600981	305623	150429	68076	76853

本	市		
小计	插队落户	农场	投亲插队
346043	76004	259462	10577

资料来源：金大陆：《非常与正常：上海"文革"时期的社会生活（上）》，上海：上海辞书出版社，2011 年版，第 395 页。

另据《上海劳动志》的资料，从 1968 年至 1978 年上海市共动员知识

---

① 定宜庄：《回乡知青的处境》，见金大陆、金光耀主编：中国知识青年上山下乡研究文集（上），上海：上海社会科学院出版社，2009 年版，第 231 页。
② 金大陆：《非常与正常：上海"文革"时期的社会生活（上）》，上海：上海辞书出版社，2011 年版，第 357 页、第 361 页。
③ 李敬泽、王兆胜编：《中国散文年选》，南京：江苏文艺出版社，2012 年版，第 565 页。

青年上山下乡 1112952 人，其中迁往市外的为 615517 人，上海郊县安排的 497435 人。另有 15.6 万（其中 1968 年 9.3 万，1969 年 6.3 万）名农村户口的初、高中毕业生，回所在社、队务农，未计入上山下乡人数 ①。可见，上海市明确属于回乡知青的为 15.6 万人，上山下乡知青总数若把此 15.6 万人也计算在内约为 127 万人，则回乡知青所占比例为 12.3%。但实际应高于此，因为在 1112952 人中也有部分被安排回原籍的知青。

综合上述两份资料，上海回乡知青的比重约在 10%～15% 之间。农村的学生少和城市知识青年的无乡可回，导致上海回乡知青所占比例远远达不到全国的平均水平。

二、以备战的名义疏散回乡

在"提高警惕、保卫祖国"和"要准备打仗"的指示下，动员下乡的对象并不只是知识青年。1969 年 7 月 6 日，在"我们也有一双手，不在城里吃闲饭"的口号下，上海市首批里弄居民被动员去农村插队落户 ②。1969 年 12 月 16 日，市革委会下乡上山办公室下发了《关于脱离劳动的城市居民回原籍参加农业生产补助问题的请示报告》指出，除动员知识青年下乡上山外，下乡上山办公室还动员了部分脱离劳动的城市居民去安徽插队落户，并且有少数脱离劳动的居民，提出要回原籍农村参加生产。对于居民的这种自发要求，下乡上山办公室提出"应该予以积极支持和鼓励"，在布票、棉花券、蚊帐券、经济困难补助、回乡路费等问题上制定了具体标准 ③。

1969 年 12 月 20 日，中国人民解放军上海市公检法军管会、上海市革命委员会下乡上山办公室、市人民防空办公室、市劳动局革委会、市民政局革委会、市财政局税务局革委会、市粮食局革委会、市公用事业局革委会 8 个部门联合下发了《关于疏散城市人口几个问题的解决办法》，制定了对国营企事业单位和国家机关的退休职工、城市居民中的职工家属、不在职的革命残废军人、长病假职工、脱离劳动的城市居民、老弱残退职的三轮车工人等

---

① 《上海劳动志》编纂委员会编：《上海劳动志》，上海：上海社会科学院出版社，1998 年版，第 113 页。

② 当代上海研究所编：《当代上海大事记》，上海辞书出版社，2007 年版，第 451 页。

③ 《上海市革命委员会下乡上山办公室关于下发上海市革命委员会"关于脱离劳动的城市居民回原籍参加农业生产补助问题的请示报告"的通知》，上海市档案馆：B103-4-115-1。

6 类人员的经费解决办法和具体发放标准 ①。

在动员知识青年上山下乡取得阶段性成果之后，上海市革委会下乡上山办公室在 1970 年 4 月提出要"兴起一个更大规模的动员里弄闲散居民、退休人员和知识青年下乡上山运动高潮"，并要求"用战备的姿态做好动员工作"②。上海市革命委员会郊区组、上海市革命委员会下乡上山办公室于 1970 年 7 月 6 日发给各县革委会的通知表明，当时市区闲散居民、退休人员和知识青年符合回郊区农村原籍插队落户或居住条件的有 2 万名左右 ③，但截至 1970 年底究竟动员了多少人口回乡并无详细数据。至于迁往外地的，则各省之间有明显差异，安徽省比较欢迎，表示"凡原籍是安徽的都接收"，并且原籍不是安徽的亦同意接收 2 万名；浙江也同意都接收，但"要等本省开始疏散人口时一起接收安置，不同意条件成熟一个一个地零星接收"；江苏省则表示"只肯接收有住房、有直系亲属的退休人员和配偶在当地农村的上海居民"，其余的不予接收 ④。因此，由于在安置方面的困难，上海市疏散人口的压力很大。

据统计，"文革"期间从 1969 年至 1974 年，上海共计疏散人口 857526 人 ⑤。疏散分为长期疏散和临时疏散两种，其中长期疏散是指动员回乡及投亲靠友并且迁出户口。根据市人防办 1969 年的疏散试点工作，全市 10 个区的试点街道共疏散人口 10461 人，其中长期疏散亦即动员回乡和投亲靠友的为 3733 人。按此计算，回乡所占比重为 35.7%。1969—1974 年疏散人口按此比例推算，则动员回乡和投亲靠友的人口数量约为 306137 人。粗略估计，"文革"期间城市居民回乡数量在 30 万左右。1975 年以后，全市人口疏散工作基本停止。

---

① 《上海市人民防空办公室关于疏散城市人口几个问题解决办法的请示报告》，上海市档案馆：B228-2-240-121。

② 《上海市革命委员会下乡上山办公室关于疏散人口动员工作的报告》，上海市档案馆：B228-2-240-159。

③ 《上海市革命委员会郊区组、上海市革命委员会下乡上山办公室关于做好接收二万余名市区闲散居民、退休人员、知识青年回郊区原籍插队落户的通知》，上海市档案馆：B228-2-240-59。

④ 《上海市革命委员会下乡上山办公室关于当前上海市人口疏散渠道不畅、进展不快的情况反应报告》，上海市档案馆：B228-2-240-115。

⑤ 《上海民防志》编纂委员会编：《上海民防志》，上海：上海社会科学院出版社，2001 年版，第 149 页。

三、"文革"中的动员外来人口回乡

"文革"期间，流入上海的灾难民和待机就业的外来人口依然存在。1967年4至6月，安徽、河南等地灾民大量流入上海，市革委会共收容遣送了34786人（次）回乡生产①。

为解决外来人口问题，上海市进一步强化了各项限制外来人口的政策。一是在城市严格控制人口迁入。根据1971年11月的人口统计，当月上海共迁入1450人，其中迁入市区的主要有六类人，即复员退伍军人118人、外省调来的干部和职工14人、从郊县本系统单位调入市区的干部和职工10人、从郊县国营农场和郊县插队落户的知识青年中招来上海铁路局职工302人、商业二局职工208人、培训教师257人，下乡上山知识青年因故、因病等原因和迁出未落实退回的147人，逮捕释放的25人②。可见，迁入人口基本上是处在政府的计划和组织之下，个体的、零星的人口迁入几乎绝迹。外来人口的规模非常小，据1973年全国计划会议的材料显示，全国城镇共有100多万从农村来的无户口人员，这些人"大多是和城镇居民结婚的农村妇女和他们的子女"，并且"大部分是农村社、队强调地少人多，不给登记户口、分配口粮造成的"③。二是在郊县加强农村劳动力外出管理。在国民经济以农业为基础的原则下，农村劳动力被规定要求"立足务农，以农为主"，农闲时可以适当安排一些外出工，但农忙时应回队参加农业劳动，并且农村劳动力的外出"必须有组织安排，任何单位和个人不准随意抽调生产队劳动力，严禁自行挂钩、擅自外流"④。

从制度设计而言，政府将农村劳动力的外出置于严格的组织和计划之中，然而，农村对于城市的向往始终蠢蠢欲动。根据宝山县1974年的资料，在部分生产队中出现了"三自三高"的现象，即"自找门路、自找单位、自找生活；外出人员报酬高、工分高、补贴高"⑤。在城市中，少数工厂"私招

---

① 《上海市革命委员会转发上海市革命委员会收容遣送领导小组〈关于收容工作情况和意见的报告〉的通知》，上海市档案馆：B168-3-136-1。

② 《中国人民解放军上海市公检法军事管制委员会关于送上1971年11月份上海市人口变动情况统计表的报告》，上海市档案馆：B250-1-310-21。

③ 全国计划会议秘书处《全国计划会议简报》第六十一期（关于当前压缩和控制城镇人口的几点意见）（19730327），上海市档案馆：B246-2-837-303。

④ 《关于加强农村劳动力外出的管理通知》（19730813），宝山区档案馆：1-25-050-001。

⑤ 《关于进一步落实以农业为基础的方针加强农村劳动力外出管理的若干意见（试行方案）》（19740329），宝山区档案馆：133-1-098-033。

乱用"农村劳动力，如上海玻璃瓶十一厂，从松江县佘山公社招用 14 个农民到厂内搞运输，以"运输费"名义每月付给报酬 2000 元，平均每人每月 140 元。上海溶剂厂 8 月份进行溶盐炉大修，市劳动局已批准招用临时工 50 人，但该厂又从川沙县和江苏武进、丹徒、镇江等地，招用农村劳动力 127 人，有的工资高达每天 9 元 6 角①。在农村，根据复旦大学历史系工农兵学员和部分教师在宝山县月浦公社的调查，部分大队、生产队的劳动力外出过多，如"新生一大队共有土地一千六百六十五亩，劳动力六百七十个，而外出劳动力达二百二十一个，占了百分之三十三"②。1975 年，宝山县革委会财政局对彭浦公社地区的外来地下包工队进行了处理。据调查，一个 30 多人组成的、以复员军人（自称共产党员）为首的地下包工队，在公社内为集体单位建造仓库、棚舍和给私人建房，1974 年以来的"非法收入"达 7500 余元③。可见在"文革"期间，农村流入城市、赚取高额收入的欲望仍在不断发酵之中。

　　动员人口回乡的四个阶段，反映了在社会主义建设时期，上海市从未停止动员人口回乡的相关工作。在不同的阶段，动员的规模有大有小，动员的原因各有侧重，但共同点在于：四个阶段的动员人口回乡都是由一次或几次大规模的群众运动和一系列规模较小的、制度化的、带有政治清理性质的回乡活动组成。运动式与制度化的交替，构成了阶段性特征明显的历史周期性。

---

　　① 上海市革命委员会工业交通组秘书组《工交情况》第 392 期（少数工厂擅自自招用农村劳动力）（19741016），上海市档案馆：B246-2-1032-164。
　　②《月浦公社农村劳动力外出过多影响农业生产》（19740426），宝山区档案馆：1-26-038-043。
　　③《关于彭浦公社地区外来地下包工队情况的调查报告》（19751210），宝山区档案馆：29-2-289-104。

第三章　动员人口回乡的规模和结构分析

　　动员人口回乡贯穿于整个社会主义建设时期，既是减少城市人口的重要手段，甚至在初期是主要手段，同时也暗含着城市改造的要求。如果把动员人口回乡作为一项既定政策的话，那么，减少多少以及减少哪些人则是一个政治决定。本章着重分析动员人口回乡的规模和结构特征，从动员对象变迁的视角考察动员人口回乡的历史演变。

第一节　动员人口回乡的规模分析

　　动员人口回乡在上海减少城市人口中的重要地位，首先缘于其庞大的规模。为分析动员人口回乡的规模，我们首先对政府主导下的上海市减少城市人口的规模进行了考察。

一、动员人口回乡在上海减少城市人口中的比重

　　城市人口的减少，包括自然减少以及政府有计划的动员外迁两个过程。人口的自然减少包括因工作调动、征兵、结婚、死亡等原因引起的城市人口减少，是一种自发的人口减少过程；政府有计划的动员外迁则包括政府动员职工支援外地建设、动员人口回乡、支边支疆支农等，是在政府主导下的城市人口外迁过程。

　　在社会主义建设时期，人口的减少是以政府有组织、有计划的动员人口外迁为主的，本章也主要以政府主导下的减人过程作为研究对象。就主管的政府机构而言，由于中华人民共和国成立初期并没有成立专门的人口工作部门，减少城市人口涉及很多部门，但主要是劳动部门、民政部门和

公安部门三大机构。在减人的过程中，劳动部门主要负责本市劳动力的外迁，民政部门主要是外来人口的动员回乡，公安部门则主要将专政对象迁往外地改造。从历史演进过程来看，20世纪50年代主要是解决外来人口问题，减少人口规模是以民政部门为主的。但1961年精简职工、减少城市人口以后，减少城市人口的主要问题在于将本市职工及闲散劳动力安排到外地就业，因此以劳动部门为主。三个部门互相配合，共同完成了上海市的减人过程。

三个部门共同进行减少城市人口的工作，使得对于减少城市人口的数据统计相对分散。支援外地建设的规模统计往往以劳动部门为主，一般不包括民政部门和公安部门的减人数据；动员人口回乡的统计以民政部门为主，但其中往往并不包括劳动部门动员人口回乡的数据。因此，减少人口的数据往往需要对几个部门的数据进行综合。由于公安部门减人的规模较小，且公安部门的数据一般属于强制外迁而非动员性质，本章主要对民政部门和劳动部门的数据进行综合分析。

由于1955年以前相关统计制度不完善，因此，1961年上海市劳动局对上海市劳动力支援外地建设的相关数据进行了重新整理与核实。劳动局关于统计数据的说明中指出，1959年上半年，曹荻秋在市人代会上作报告中以及在工业生产展览会上，曾用过本市10年来组织和动员参加外地建设的人数共150万人这一数据。当时是指自1949年起算至1958年底的数字，主要包括市劳动局输送参加工农业建设48.5万人，市民政局动员回乡参加农业生产101.5万人。1959年11月，市委要求劳动局提出一个比较完整的外调劳动力统计人数，上海市劳动局最终核实了1950年至1960年上海市动员和组织参加外地工农业建设的总人数为206万人，其中动员人口回乡的数据为139万人（表3-1）。

后来的支援外地建设的数据均以1961年劳动局核实的数据为准。但这次核实的数据并未把1949年动员人口回乡的数据计算在内。仅1949年，上海市动员回乡人口约有43万人①。因此，若以档案资料中支援外地建设的规模统计数据，必须加上1949年的43万人，才是动员人口回乡和减少城市人口的实际规模。

---

① 《上海市民政局关于疏散难民回乡生产工作总结》，上海市档案馆：B168-1-683-12。

表 3-1 上海市 1950—1960 年动员和组织参加外地工农业建设人数统计表

（单位：万人）

	合计	1950—1952 年	1953—1957 年	1958—1960 年
总人数	206	23.2	103.1	79.7
一、按调往部门分				
1. 去工矿企业、事业单位	54	8.2	24.1	21.7
2. 去外地从事农业林业生产	13	1	6.2	5.8
3. 动员回乡从事农副业	139	14	72.8	52.2
二、按人员来源分				
1. 企业内部抽调	28.4	6.4	14.8	7.2
2. 社会上动员	31.5	2.5	10.9	18.1
其中：社会青年	11.4	/	1.9	9.5
3. 毕业生统一分配	7.1	0.3	4.6	2.2
4. 动员回乡参加农副业生产	139	14	72.8	52.2

注：本市登记失业和求职人员共有 67.2 万人，其中，动员去外地就业的有 9.3 万人（包括到工矿企业就业的 4.9 万人，参加农业生产的有 4.4 万人）。

资料来源：《上海市劳动局计划处关于历年来上海市劳动力支援外地参加工农业建设的统计说明》，上海市档案馆：B127-2-630。

由于资料的原因，关于减少城市人口、动员人口回乡的数据只局限于 1949—1969 年，1970—1976 年政府动员下的城市人口减少未有完整详细的统计数据，因此，本章的分析也只局限于 1949—1969 年。1970 年的《综合计划统计资料》对 1950—1969 年的支援外地建设人数进行了详细统计，表明 20 年间上海市共动员了 137 万余人支援外地建设（表 3-2）。1950—1969 年，"全市遣散回乡的各类人员有二百四十一万四千二百人"[1]。从疏散城市人口的要求来看，由于支援外地建设和动员人口回乡，这两部分 20 年共减少上海城市人口 3791500 人。此外，从 1964 年至 1969 年共动员知识青年上山下乡达 43 万余人，也并未列入表 3-2 之中。

---

[1] 《综合计划统计资料（70）002 号——历年来上海支援外地建设人员情况》，上海市档案馆：B252-1-9-7。

表 3-2　1950—1969 年上海支援外地建设人数

单位：万人

年　份	合　计	支援工矿企事业					支援农业
		小计	其　中				
			技术工人	技术干部	干部		
	137.73	76.21					61.52
1950 年	5.00	4.65	0.07	0.09	4.44		0.35
1951 年	2.24	1.84	0.6	0.17	0.98		0.40
1952 年	1.92	1.69	0.83	0.17	0.6		0.23
1953 年	2.74	2.69	1.38	0.41	0.78		0.05
1954 年	3.91	3.84	2.25	0.5	0.33		0.07
1955 年	8.64	5.96	2.97	0.72	0.92		2.68
1956 年	11.95	9.64	2.42	0.75	3.04		2.31
1957 年	3.04	1.95	0.33	0.60	0.52		1.09
1958 年	16.26	12.60	2.75	0.61	1.63		3.66
1959 年	4.01	4.01	0.79	0.42	0.29		/
1960 年	5.03	5.03	1.56	0.94	/		/
1961 年	6.72	1.93	0.46	0.87	0.22		4.79
1962 年	8.86	1.57	0.24	0.94	0.11		7.29
1963 年	3.95	1.54	0.21	1.07	0.07		2.40
1964 年	5.58	2.35	0.59	0.90	0.19		3.23
1965 年	6.24	4.62	2.6	1.26	0.16		1.62
1966 年	4.89	3.14	/	/	/		1.75
1967 年	0.65	0.65	/	/	/		/
1968 年	8.34	4.31	/	/	/		4.02
1969 年	27.76	2.19	/	/	0.51		25.57

　　资料来源：《综合计划统计资料（70）002 号——历年来上海支援外地建设人员情况》，上海市档案馆：B252-1-9-7。

　　单独计算动员人口回乡的数据，属于由民政局动员人口回乡的总数为284.42万人，但上海市支援外地建设、知识青年上山下乡中也有一部分属于回乡。在劳动部门支援外地建设的137.73万人中，支援外地工矿企事业单位的人数为 76.21 万人，支援农业建设总数达 61.52 万人，可见，在劳动局安排上海城市人口赴外地就业中，有近半数被纳入农业生产的就业渠道。从事农业生产有回乡和下乡两种方式，其具体比例难以衡量。根据《上海市劳动志》的资料，1952—1954 年，失业人员回乡参加农业生产有 2500 余人，1955—1956 年劳动局动员失业人员回乡参加农业生产有 31130 人 ①，则 1952—1956 年上海市劳动局共动员失业人口回乡为 33630 人。而同期上海市支援外地农业建设总人口为 5.34 万人。由此可见，在劳动局支援外地农业建设的人数中，属于动员回乡的仍占有超过半数的比重。由于 1963 年之后下乡的规模逐渐超过回乡的，因此回乡的比重有所降低，若以保守比例计算，在支援外地农业建设中动员回乡按 40% 计算，则 20 年间劳动部门动员回乡的人数仍有 24 万人之多。

　　综上统计结果，从 1949—1969 年，上海市政府主导下的动员人口外迁总数为支援外地建设的人数、动员回乡人数、1949 年动员人口回乡人数、1964—1969 年知识青年上山下乡人数四个数据的总和，其最终计算结果为 465.15 万人。这是一个十分惊人的数字，超过了中华人民共和国成立初上海市区的人口总量。其中，动员人口回乡的规模保守估计约为 308.42 万人（1949 年动员人口回乡人数、1950—1969 年动员回乡人数、支援外地农业建设中动员人口回乡人数三者之和），动员人口回乡在上海减少城市人口中所占比重高达 66.3% 左右。抛开各项数据计算当中的误差，则动员人口回乡占上海组织人口外迁中的比例在 60%～70% 之间。由此可以得出如下结论：在社会主义建设时期，从规模上看，动员人口回乡是上海市减少城市人口的主要方式。

二、动员人口回乡规模的历时性分析

　　如以年度动员人口回乡的规模来测算动员人口回乡占减少城市人口的比重，那么动员人口回乡呈现较大的波动性，如 1949 年、1955 年等年份动员人口回乡占据绝对规模。但若以阶段来进行统计，则动员人口回乡所占比重逐步降低。

---

　　① 《上海劳动志》编纂委员会编：《上海劳动志》，上海：上海社会科学院出版社，1998 年版，第 105 页。

1949—1954 年，仅 1949 年就有 43 万人回乡，1950 年因"二六"轰炸后疏散人口，动员人口回乡 11.8 万人 [①]，而 1950—1954 年劳动局系统动员支援外地建设的只有 15.81 万人，因此，即使不包括 1951—1954 年的动员人口回乡数据，动员人口回乡所占比重也高达 77.6%。第二个五年计划期间，上海市支援外地建设人数共计 402003 人，同期动员人口回乡 1089083 人（表3-3），动员人口回乡所占比重达 73%。可见在整个 20 世纪 50 年代，政府主导下的动员人口回乡人数在减少城市人口总数中所占的比重均在 70% 以上。

表 3-3 "二五"期间上海市劳动力支援外地建设人数统计表

	合计	1958 年	1959 年	1960 年	1961 年	1962 年 1—9 月
总计	402003	162619	40052	50284	67188	81860
一、按人员来源分						
1. 企业内部抽调的职工	192963	22744	15392	33613	56766	64448
2. 社会招收输送	169006	130173	18524	9868	2174	8267
其中：社会青年	95543	76238	17598	1133	574	/
3. 统一分配学生	40034	9702	6136	6803	8248	9145
二、按调往部门分						
1. 去工矿企业、事业单位	249119	125984	40052	50284	19330	13469
其中：技术工人	56720	27501	7896	15604	4602	1118
技术人员	28868	6143	4169	938	8705	8913
干部	16420	16322	2948	/	2201	845
2. 去参加农林业生产	152884	36635		/	47858	68391
此外，动员遣送回乡人口	1089083	162116	362416	290252	177856	96443

* 说明：1. 总计中不包括民政部门安置去外地就业的 21602 人。
2. 表列 1962 年 1—9 月总数，统一分配学生人数是根据高教局的高等中专毕业学生计划分配数填列；社会输送当时无法列出社会青年人数。
资料来源：《上海市劳动局计划处关于上海市 1958—1962 年人口、职工人数统计资料》，上海市档案馆：B127-1-752。

根据上海市委精简小组办公室的统计材料，从 1961 年至 1964 年，市区

---

① 《关于劳动力输送外地的材料》，上海市档案馆：B127-2-364-1。

人口迁往农村的共计407649人，其中属于回乡的295863人，回乡人数占下农村人数的72.6%（表3-4），因此，回乡人数占减少城镇人口总数的比重应低于72.6%。在下农村的人口中，市区常住人口占到了97.8%，因此在动员人口回乡的人员中，市区常住人口已占有相当比重。赴国营农林牧渔场等方式更趋多样化，但明显可见这些具体方式与回乡相比，缺乏持续性。除回乡外，没有任何一种下农村的方式是持续不断的。下乡与安置到国营农林牧渔场所占比重并没有明显的规律，反映了这些方式的运动式特征更为突出，而具体到每一种具体方式中，所能安置的人口总数较为有限。

表3-4　1961—1964年上海市市区人口下农村统计表

类　别	合计	1961年	1962年	1963年	1964年
下农村总人数	407649	100730	173250	88124	45545
其中：常住人口	398475	100730	169545	83977	44223
一、回乡	295863	90040	151941	43566	10316
占下农村总数的%	72.6	89.4	87.7	49.4	22.7
二、下乡	29483	1237	9780	13713	3753
占下农村总数的%	7.2	1.2	5.6	15.7	7.8
建队：青年去嘉善单独建队	209	168	—	—	41
插队：社会人口去安徽插队	24392	—	8103	12577	3712
社会人口去市郊农村	3882	1069	1677	1136	—
三、安置到国营农林牧渔场	72173	9453	8175	25409	29136
占下农村总数的%	17.7	9.4	4.7	28.8	64
青年去新疆建设兵团农场	42224	—	458	17293	24473
青年去崇明国营农场	19741	—	7320	8116	4305
青年去江西"共大"	9453	9453	—	—	—
青年农业建设队	755	—	397	—	358
四、劳改犯去农村	11130	—	3354	5436	2340
占下农村总数的%	2.7				

　*注：四项下农村方式的数据与总数间存在1000人的误差，原档案如此。该表仍遵从原档案数据。

　资料来源：《中共上海市委精简小组办公室编制的上海市减少城镇人口、精简职工、历年安置经费使用情况统计表和上海市1963—1977年减少城镇人口、农村安置城镇人口规划表》，上海市档案馆：A62-1-35。

与另两种方式相比，回乡的规律性非常明显，从 1961 年至 1964 年回乡人数占下农村人数的比重逐年迅速下降，最低的 1964 年，回乡人数占下农村人数的比重仅占 22.7%。从 1962 年至 1964 年，回乡人口所占比重几乎呈"倍减"的发展态势。从 1963 年开始，回乡在上海减少城市人口中的比重开始大幅下降。

从历时性的变化来看，上海动员人口回乡的高潮阶段是从 1955 年至 1962 年。仅 1955 年 1 月至 1956 年 6 月，上海市动员人口回乡的人数即达 687208 人 ①，1957 年上半年动员 8 万人，"二五"期间动员人口回乡的达 1089083 人，三项合计为 1856291 人。此三项数据均为民政局动员人口回乡的数据，若以 1949—1969 年民政系统动员人口回乡的总数计算，则 1955—1962 的八年间动员人口回乡的规模占总数 284.42 万人的 65%。亦即，动员人口回乡的规模占总数的 2/3 左右。

"文革"期间，上海市减少城市人口的主要方式为知识青年上山下乡和备战疏散，由于持续不断地动员人口回乡运动，回乡的潜力已经不大，回乡群众在减少城市人口中的比重必然进一步降低。

在社会主义建设时期，动员人口回乡是减少城市人口的主要方式，而就动员人口回乡自身的历史演变而言，1955—1962 年是动员人口回乡最集中、规模最大的历史时期。其与重大历史事件之间的关联是清晰的——动员人口回乡是伴随着计划经济的开展而进行的减少城市人口、抑制农村人口向城市流动的社会运动。随着 1953 年"一五"计划的开展，国家主导下的以重工业为中心的工业化进程启动，工业化的迅速发展及其带来的需要资金过大、吸纳就业能力有限的特点，决定了为了确保工业化进程，城市作为工业生产空间将不能容纳太多的消费人口。加之随着当时对工业化发展速度的片面追求，工业的摊子铺得过大，一旦遭遇重大自然灾害，农业的掣肘效应就会显现出来，政府就必须反过来保障农业的发展，主要是保障农业所需要的劳动力。因此，20 世纪 50 年代中后期，因工业化所导致的农村人口大规模向城市流入和政府主导下的城市人口大规模向农村迁入交织在一起，相互博弈，最终使政府不断采取政策对农村人口向城市的流动进行抑制，从而推动了城乡二元结构的形成。

---

① 《上海市民政局 1955 年和四年来遣送回乡生产人数统计表》，上海市档案馆：B168-1-867-1。

第二节　动员对象职业构成的历时性分析

上海的动员人口回乡是从调结构的思路开始的。为了把消费城市变为生产性城市，"就必须疏散在上海与生产无关的劳力，回到农村，增加农业生产力。"① 因此，一言以蔽之，上海动员回乡就是疏散上海生产不需要的人口，这是贯穿动员人口回乡全过程的一项核心要求。要疏散与上海生产无关的劳动力，首要的是动员无业人员，其次是动员非生产性行业和上海不需要的行业和职工。亦即，从动员回乡对象的职业构成上讲，首先是动员无业人员，其次是动员上海生产不需要的在业人员。

由于统计资料的不全面，对1954年之前被动员回乡的人口职业结构难以有精确分析。但人口构成主要应该是无业人口，如灾民、难民、游民、失业工人等等。在行业改造的过程中，一些被定位为非生产性行业的人口被动员出城市，但在比重上，由于1949年灾难民基数庞大，此一时期的动员人口回乡应是无业人口占据绝对地位。从1955年开始，动员回乡的人口有了较为详细的统计资料，我们可以对动员回乡人口的职业构成情况进行较为详尽的分析。

一、1955 年动员回乡人口的职业构成

1955年确立的紧缩上海的政策包括很多方面，并非单是人口问题。根据上海市计划委员会的要求，紧缩主要包括人口、工业、商业、文教、交通5个方面，由相关部门分头进行调研和制定紧缩方案②。第一商业局经过调研认为，"上海私营商业的根本问题是行业过剩、人员太多，必须贯彻紧缩与加强的方针，输送外埠"③。因此，上海市第一商业局提出了规模极为庞大的紧缩方案，计划从1955年起至第三个五年计划末期，共计"输送商业人员

---

① 《关于上海生产救灾工作上海市生产救灾委员会副主委赵朴初的报告》，《文汇报》1950年3月9日。

② 《上海市计划委员会关于上海市紧缩问题调查研究工作的初步意见》，上海市档案馆：B9-2-12-1。

③ 《上海市第一商业局关于上海市第一个五年计划期内私营商业紧缩的计划（二稿）》，上海市档案馆：B123-2-1307-45。

三二六九四九人，连同赡养人口约九十五万人"①。其中在第一个五年计划期间，计划向外地输送人员119205人，其中动员回乡从事农业生产的27237人（表3-5）。从对各类对象的安排来看，动员回乡的对象是"一般性商业人员"，在商业系统中既非骨干力量，也不是政治清洗对象。商业中的骨干力量和技术力量采取整套输送和技术输送的方式，较差的对象则采取清洗反革命或淘汰的办法，而动员回乡的对象介于两者之间。

表3-5 "一五"计划期内私营商业紧缩向外输送人员计划人数表

类　别	总　计	1955年末	1956年末	1957年末
总　计	119205	45494	53946	19765
整套输送	16377	4966	7929	3482
技术输送	13839	4098	5647	4094
劳动输送	17636	4237	6839	6560
青工培养	5960	1984	2285	1691
还乡生产	27237	8115	15891	3231
游民收容	13047	13047		
清洗反革命	3101	3101		
淘　汰	22008	5946	15355	707

　*注：整套输送指抽调一定骨干组成若干商业机构和专业公司，并动员一批多余资金和社会游资向外输送；技术输送指将有一定技术或专门业务人员介绍至新建城市录用；劳动输送指从事一般体力劳动，无专长人员作为一般劳动力向外输送。还乡生产对象则规定为一般性商业人员、原籍有土地者。
　资料来源：《上海市第一个五年计划期内私营商业紧缩计划（二稿）》，上海市档案馆：B123-2-1307-45。

上海市民政局制定了"一五"期间动员72万余人外迁的人口工作计划，其中计划动员人口回乡272250人（表3-6）。在此计划中共确定了12类动员对象，大致可以分为三类：一是外来农民；二是无业人口，如游民、失业工人等；三是非生产性行业从业人员的外迁，如批发商、各类摊贩、即将淘汰的民间运具和交通设施等运输行业从业人员。从这三类对象可以大致看出上海市人口外迁的一般思路，随着动员人口回乡工作的开展，动员的规模迅速

　① 《上海市第一商业局关于上海市紧缩商业的初步意见》，上海市档案馆：B123-2-1307-59。

超过了原有的预期，但将外来人口、无业人口及非生产性行业的人口迁出去的思路则是一贯的。

表 3-6　上海市第一个五年计划动员外迁人口计划表

	动员对象	动员人数	动员外迁人口的出路							
			回原籍生产	中央解决	出国	东北或西北	治淮	垦荒	地点未明者	其他
总　计		721083	272250	78313	15500	18000	10000	262175	61295	3550
民政局		320000	200000	5000		8000	10000	47000	50000	
	外来农民	200000	200000							
	游民及老残者	120000		5000		8000	10000	47000	50000	
商业一局	批发商	7000		4000		3000				
商业二局	饮食服务业及摊贩	43000	30000			7000		6000		
上海运输公司		38045	16000					10545	9000	2500
	民营卡车及码头仓库	7241								
	民间运具	30804								
交通局	三轮车、人力车	42038	6250	1313	500			30630	2295	1050
青年团	十七岁以上失业青年摊贩及家属	40000						40000		
公安局	劳动改造	123000	20000					103000		
劳动局		108000		68000	15000			25000		
	迁厂	28000		28000						
	失业工人	70000		30000	15000			25000		
	初中毕业者	10000		10000						

资料来源：《上海市民政局关于上海市人口规划的初步意见（草案）》，上海市档案馆：B168-1-870-12。

随着动员回乡运动的开展，外来人口因其规模和潜力巨大而成为动员的重点，也成为"紧缩本市人口的最主要的任务"①。由于外来人口所从事的行业与上海市需要改造或限制、淘汰的行业之间存在一致性，动员外来人口回乡同时也包含了行业改造的意义在内。政府反复强调，动员外来人口回乡是一件利国同时也对外来人口自身有利的举措。"为了紧缩本市人口，以便将上海建设和改造成为既合乎社会主义要求，又能担负起捍卫国防前哨的城市，也是为了帮助外来人口中的消费人口和没有就业机会的谋生活动者，回到原籍或外移，从事可能的生产来解决他们的前途问题"②。在当时，并未把所有外来人口确定为动员对象，动员对象具体是指"解放以来流入本市无正当职业、原籍有生产条件可以回原籍生产的农民和其他居民"③，而少数已经在本市有"正当"职业的外来人口则不属于动员对象。

从 1955 年 8 月起，动员回乡人口的情况有了较为详尽的统计资料。据统计，1955 年 8 月 1 日至 10 月 31 日共动员回乡 380193 人（表 3-7）。其中，依靠家属亲友、社会救济和失工救济的人口可视为无职业的人，占总数

表 3-7　1955 年 8 月 1 日至 10 月 31 日回乡人员在沪生活来源分析

合计	依靠家属亲友	依靠社会救济	依靠失工救济	小贩	独立劳动者及其家属				
					三轮车	裁缝	流动理发	修旧补旧	其他
380193	165884	6751	13483	42104	46403	3201	2889	5427	30328
百分比	43.6	1.8	3.5	11.1	12.2	0.8	0.8	1.4	8.0

佣工（保姆）	奶妈	临时工	拾荒	困难行业人员		其他	不详
				工业	商业		
18603	1737	17953	4441	2688	4890	12858	553
4.9	0.5	4.7	1.2	0.7	1.3	3.4	0.1

資料来源：《上海市人民委员会人口办公室关于上海市动员农民回乡生产工作综合报告》，上海市档案馆：B168-1-862-172。

---

① 《中共上海市委宣传部关于逐步紧缩上海人口的宣传提纲》，上海市档案馆：B168-1-870-33。

② 《上海市民政局关于动员外来农民及其他城镇居民回籍生产工作的初步方案（草案）》，上海市档案馆：B168-1-871-23。

③ 《上海市民政局关于疏散本市人口五十至一百万人的方案（草案）》，上海市档案馆：B168-1-870-8。

的 48.9%，而有职业的则占 51%，有 0.1% 的人口职业不详。在有职业的动员对象中，动员规模在前三位的分别是三轮车工、小贩和佣工（保姆），共107190 人，占动员人口回乡总数的 28.17%，占有职业动员对象的 55.19%。这无疑反映了减少城市人口思路，反映了动员人口回乡具有规模控制与人口结构调整的双重使命。

二、1961—1962 年动员回乡对象的职业构成

1961—1962 年的动员人口回乡是以动员职工回乡为中心的。在 1961 年8 月 20 日的《关于 1961—1963 年本市减少城镇人口的初步规划》中就认为，为了完成精简任务，需要辞退一部分临时工、里弄工，并且需要处理一部分退休、退职人员，但这些人"绝大部分还是留在本市"[①]，动员回乡只能以职工为中心。就社会人口而言，只要能够动员职工回乡，那么职工家属跟随职工回乡，亦可完成减少城镇人口的任务。因此，在精简职工、减少城镇人口的过程中，动员回乡首先是以动员职工回乡为主要着力点，从而导致后来职工精简任务完成，而减少城镇人口的任务相对滞后。与精简职工相比，减少城镇人口的工作进度是不平衡的，"职工回乡带走家属较多，而动员在职职工家属回乡不多，尤以干部家属减得更少"[②]。

从主观意图上看，动员回乡的职工应是上海生产不太需要的职工，虽然曹荻秋在报告中提出要采取"强弱配搭"[③]的办法，但在实践过程中，各单位去弱留强的意图是很普遍的。1961 年 7 月上海市仪表电讯工业局就反映，"有些厂干部中存在着'丢包袱'思想，特别对生产上不起多大作用的人员，乘此机会可以清理出去，以便去弱留强。"[④]上海市第一商业局的基层干部也在讨论中谈到，"留强去弱不符合政策要求，留弱去强又怕业务顶不起来，现在我们排出来的都是年轻力壮的小伙子，拿出去实在有点心痛"[⑤]。但为了精

---

① 《关于 1961—1963 年上海市减少城镇人口的初步规划》，上海市档案馆：B127-2-365-8。

② 《中共上海市委农村工作委员会精简小组办公室关于郊区精简工作的情况汇报》，上海市档案馆：A72-2-956-115。

③ 《减少城镇人口，大力支援农业生产——曹荻秋同志在全市党员干部大会上的动员报告》，宝山区档案馆：1-13-077-005。

④ 上海市仪表电讯工业局人口办公室编印的《人口工作情况简报》1961 年第 1 期，上海市档案馆：B103-3-119-1。

⑤ 中共上海市第一商业局委员会人口办公室编印的《人口工作的情况汇报》1961 年第 2 期，上海市档案馆：B123-5-5-4。

简任务的完成，又不得不精简一批表现好的职工。精简职工属于人民内部矛
盾，如果只动员"弱"者，群众情绪会出现反弹，精简任务根本不可能顺利
完成。在精简的过程中，往往存在着"群众看干部，干部看党员，党员看领
导，而领导又担心放掉了一批基层公方和业务骨干，怕影响业务"①的现象，
不发挥党员、干部等骨干的带头作用，精简工作无法完成。因此，"为了推
动减人工作的开展，在运动初期，还批准了一定数量的自动要求回乡的技术
工人回乡生产。"②

　　精简职工回乡的难度远高于动员外来人口回乡，"要动员工人当农民，
哪有这么容易？"③"群众要离开干了七八年的工厂，叫他们不拿榔头拿锄头，
怎么会没有思想斗争呢？"④ 在工作中，除了要费尽心力做好职工本人的工作，
往往还需要做好职工家属或恋爱对象的工作，同时要与职工家乡的公社或大
队联系，解决职工的口粮、住房和工作安排问题，在对方同意接收的条件下
才有可能实现。

　　上海市劳动局局长王克强调，上海精简职工、减少城镇人口的主要出
路，"是动员原籍农村有生产、生活条件的职工和城镇居民回乡生产和生
活"⑤。据粗略统计，1962 年精简职工 267000 余人，其中回乡参加农业生产
的 110000 人左右，到外地城镇的 6600 人左右，支援外地建设的 4000 人左
右，精简后仍留在本市城镇的 140000 人左右⑥。从这一比重来看，1962 年精
简回乡的职工占精简职工的总数的 41.2%。根据较为精确的统计数据，1961
年、1962 年两年共减少职工 510382 人，其中减回农村的为 194772 人，占
38.2%。虽然就绝对数量而言，精简的职工安置方式中动员职工回乡占比重

---

　　①《中国交通电工器材公司上海市公司人事科关于 1962 年区零售店精简工作情况的汇报》，上海市
档案馆：B123-5-736-31。
　　② 中共上海市委人口工作小组办公室编写的《人口工作简报》(第 21—25 期)(24 期)，上海市档案
馆：A62-2-15。
　　③《中共上海市委工业工作部关于上海市工业系统贯彻压缩城市人口的进展和职工回乡后的反映情
况简报》(40 期)，上海市档案馆：A36-2-480。
　　④《中共上海市委工业工作部关于转发中国纺织机械厂关于在精简工作中进行群众思想教育工作几
点经验的情况报告的通知》，上海市档案馆：A72-2-978-28。
　　⑤《中共上海市委关于精简工作情况的报告和市委精简小组关于上海市 1962 年减少城镇人口工作方
案和上海市精减职工、减少城镇人口的工作总结（关于精简职工减少城镇人口的发言）》，上海市档
案馆：A62-1-10。
　　⑥《中共上海市委关于精简工作情况的报告》和《市委精简小组关于上海市 1962 年减少城镇人口
工作方案和上海市精减职工、减少城镇人口的工作总结（关于精简工作情况的报告）》，上海市档案
馆：A62-1-10。

最大，但离王克所说的"主要出路"是有一定距离的。

表 3-8　上海市 1961 年、1962 年精简职工统计表

	净减数	减 少 数					
		合计	其　　　　　中				
			减回农村	辞退新职工	退休	归还和转入集体所有制	调出市外人数
合计	356254	510382	194772	156554	62635	38234	20983
1961 年	148181	228403	78502	48000	24542	23002	14966
1962 年	208073	281979	116270	108554	38093	15232	6017

资料来源：《中共上海市委精简小组办公室编制的上海市减少城镇人口、精简职工、历年安置经费使用情况统计表》和《上海市 1963—1977 年减少城镇人口、农村安置城镇人口规划表》，上海市档案馆：A62-1-35。

　　总体上看，1961—1962 年动员职工回乡切实贯彻了"支援农业生产"的要求，精简回乡的职工队伍是非常优秀的。据对 1962 年 1—8 月 50 个工厂精简职工人数的分析，共精简职工 8761 人，其中回乡 3402 人，占精简职工总数的 38.8%。从表 3-9 可以看出，在回乡职工中，男性、26—45 岁、一般工龄和连续工龄在 10 年以上的以及技术力量较强的职工所占比重均明显高于相应指标在精简职工总数中的比重。在政治面貌上，回乡职工中共产党员占 13%；共青团员占 7%[1]。这证明，上海精简职工回乡的实践结果是将许多条件较好的职工动员回乡，甚至精简职工中动员回乡的比留在上海的总体上条件要好。

　　从被精简职工的所属行业来看，按照当时分重工业、轻工业、纺织工业三个类别划分，减人数量最多的是重工业，其次是纺织工业，最后是轻工业。重工业净减职工的数量占全市工业企业职工净减数量的 61.3%，这反映了这次精简职工与重工业布局的调整紧密相关。纺织工业与农业发展的关系非常密切，农业有困难，纺织工业的调整顺理成章，而与人民生活密切相关的轻工业调整幅度最小。

───────────

① 《中共上海市委关于精简工作情况的报告》和《市委精简小组关于上海市 1962 年减少城镇人口工作方案和上海市精减职工、减少城镇人口的工作总结（关于精简工作情况的报告）》，上海市档案馆：A62-1-10。

表 3-9 50 个工厂 1962 年 1—8 月精减职工的情况分析

	精减职工人数	性 别		年 龄			工龄在十年以上的		四级以上和相当于四级以上的技工
		男	女	25 岁以上	26—45 岁	46 岁以上	一般工龄	连续工龄	
总计	8761	3917	4844	869	5715	2177	4391	3805	796
比重（%）	100	44.7	55.3	9.9	65.2	24.9	50.1	43.4	9.1
1. 回乡	3402	2597	805	196	2770	436	2479	2046	587
比重（%）	100	76.3	23.7	5.8	81.4	12.8	72.9	60.1	17.3
2. 退休	1660	806	854	/	83	1577	1618	1530	150
3. 退职	172	47	125	7	137	28	108	97	5
4. 辞退临时工、里弄工	2892	99	2793	481	2324	87	23	/	19
5. 辞退学徒	222	14	208	106	116	/	/	/	/
6. 支援外地	48	40	8	5	41	2	30	19	10
7. 其他	365	314	51	74	244	47	133	113	25

*说明："其他"包括死亡、政治清理、自动离职、转为集体所有制单位的人员，不包括本市单位之间调剂。

资料来源：《上海市劳动局计划处关于上海市 1958—1962 年人口、职工人数统计资料》，上海市档案馆：B127-1-752。

表 3-10 工业企业按重、轻、纺划分的职工年末人数统计

	1962 年 9 月	1961 年	1960 年	1962 年比 1960 年净减	
				数量	比重 %
全市工业企业人数	1080653	1233170	1327893	247240	18.6
重工业	504547	606835	656063	151516	23.1
轻工业	277198	284629	301992	24794	8.2
纺织工业	298908	341706	369838	70930	19.2
比重（%）	100	100	100		
重工业	46.7	49.2	49.4	2.7	
轻工业	25.6	23.1	22.7	-2.9	
纺织工业	27.7	27.7	27.9	-0.2	

资料来源：《上海市劳动局计划处关于上海市 1958—1962 年人口、职工人数统计资料》，上海市档案馆：B127-1-752。

1961—1962 年的精简工作是劳动平衡法在中国运用过程中的一次大撤退。中华人民共和国成立以来，尤其是 1955 年以来，劳动平衡法成为指导中国城市规模、城市人口构成的指导性理论。在此理论指导下，20 世纪 50 年代中后期的上海人口构成一直朝理想的方向发展，表现在基本人口或生产人口比重的不断提升，服务人口和赡养人口比重的不断下降。从市区人口统计结果来看，1958—1960 年的上海城市人口构成达到了最理想的状态（表 3-11），生产人口的比重较大，服务人口、赡养人口的比重较小。但恰恰这是最理想的状态，也是经济社会发展问题最为集中的时候。虽然很重要的原因之一在于"大跃进"受挫的影响，却也证明，用苏联的劳动平衡法来指导中国的城市规模设计和城市人口构成，存在着"水土不服"的现象。经过 1961 年、1962 年的精简工作，城市的人口构成得以重新调整，调整的幅度相当于将城市人口构成恢复到"一五"计划期间的水平。

1962 年之后，由于 50 年代的出生人口数量巨大，就业问题的解决能力有限，虽然生产人口有所增长，服务人口比重持续下降，但赡养人口长期处于尾大不掉的状况。劳动平衡的目标遥不可及，劳动平衡法对于中国的实践也失去了指导意义，在各类文件中，1962 年之后关于生产人口、服务人口、赡养人口的划分已经很少见了。

表 3-11　市区生产人口、服务人口与赡养人口比重

	1952 年	1957 年	1958 年	1959 年	1960 年	1961 年	1962 年
生产人口	20.6	20.7	28.2	28.4	28.9	25.8	23.2
服务人口	13.0	14.2	13.7	13.6	12.6	12.6	12.0
赡养人口	66.4	65.1	58.1	58.0	58.5	61.6	64.8

*说明：该表中生产人口包括四类：工业、基本建设、农林水气、交通和运输；服务人口包括六类：商业饮食业服务业、城市公用事业、科学文教卫生、金融部门、机关团体、其他；赡养人口包括家务及无业、在校学生两类。
资料来源：《上海市统计局关于 1949 年至 1962 年上海市国民经济的统计资料（人口、劳动工资）》，上海市档案馆：B123-5-981-107。

1962 年之后的动员人口回乡对象较 50 年代中后期更为单纯。据上海市委人口工作领导小组 1962 年 4 月份的统计资料，市区十二条里弄居民中动

员居民回乡或外迁的对象主要分为职工家属、社会青年、有劳动能力的居民和其他赡养抚养人口四类。其中社会青年可动员回乡或外迁的人数占社会青年总数的近 60%，具有最大的潜力（表 3-12）。从职业特征上看，1963 年之后所动员回乡或外迁的人口，其职业特征统而言之，主要是无业人口。无论是社会闲散劳动力、知识青年、一般城市居民，还是退休人员、外来人口，其共同特征在于他们均属无业人员，在城市的生产职能中不发挥作用。1949 年动员回乡的灾民、难民、游民，大多亦为无业人口。这样，社会主义建设时期动员人口回乡对象的职业特征经历了从无业人员到无业人员的一个轮回。

表 3-12　市区十二条里弄居民中动员居民回乡或外迁的排队情况（1962 年一季度）

	合计	职工家属	社会青年	有劳动能力的居民	其他赡养抚养人口
动员对象数	1499	890	202	221	186
占人口总数的 %	4.53	2.69	0.61	0.67	0.56
占居民数的 %	6.46	3.84	0.87	0.95	0.80
占各类对象总数的 %		4.98	59.76	15.67	5.19

　*说明：这十二条里弄分别是：杨浦区昆明里、虹口区安丘里、南市区保安里、黄浦区贵州街、普陀区大兴里、闸北区中兴里、静安区太兴里、卢湾区局门后里、徐汇区乌鲁木齐里、长宁区凡四里、闵行区后东街、吴淞区淞市里。

　资料来源：中共上海市委人口工作小组办公室编写的《人口工作简报》（第 21—25 期）（第 25 期），上海市档案馆：A62-2-15。

　　1955—1962 年是社会主义建设时期动员人口回乡最为集中的阶段。因此，这一时期动员回乡人口的职业特征在整个社会主义建设时期具有决定性作用。从此时动员回乡对象的职业演变来看，1955 年动员人口回乡的职业较为分散、多样。随着对私营经济和个体劳动的不断改造，国有和集体企业的职工工人占据了上海在业人口的绝大多数，动员的对象也更为集中，以职工为主带动社会人口的回乡进程。这一过程可以概括为：上海动员回乡对象的职业特征是从无业人口到服务性或淘汰行业人口到基本人口再到无业人口的一个循环过程，是以上海的生产定位为核心，将与上海生产无关的职业和人口逐层剥离出上海的过程。

第三节 动员回乡运动中的籍贯与性别分析

在动员人口回乡的过程中，籍贯、性别结构同样也是理解动员回乡历史进程的重要分析要素。所谓回乡，是指从哪里来回哪里去，回乡对象的籍贯分布与动员回乡的经济和人力成本直接相关。而动员对象的性别结构与动员工作的难易程度也有密切的关系。在社会主义建设时期，上海市的性别结构有了很大变化，从男多于女变为女多于男，动员人口回乡是否在这一转变中发挥了重要作用呢？本节将从籍贯与性别两个视角，对动员对象进一步展开分析。

一、动员对象的籍贯分布及其对动员工作的影响

江浙皖尤其是江苏省的苏北地区，由于地缘关系，一直是上海外来人口的主要来源地，来自这些地区的外来人口也是动员人口回乡中规模最大的群体。

1955 年动员人口回乡的籍贯分布有非常精确的统计资料。根据统计，1955 年 4 月 15 日至 5 月 26 日动员回乡的人口中江苏省占 82.5%，江苏、浙江、安徽三省所占比例达 92.3%。除去这三省，最多的山东省仅占 0.6%（表 3-13）。1955 年 8 月至 10 月动员回乡的人口中，江苏占 81.08%，江浙皖三省所占比例高达 96.09%（表 3-14）。若分析 1955 年 1 月至 1956 年 6 月较长时段的统计数据，动员回江苏省所占比例为 73.8%，动员回江浙皖三省的总比例为 87%（表 3-15）。

表 3-13 上海动员人口回乡籍贯分布表（1955 年 4 月 15 日—5 月 26 日）

合计	江苏	安徽	浙江	山东	福建	中南	华北	东北	其他	不详
78250	64578	3780	3879	498	7	161	73	9	926	4339
100%	82.5%	4.8%	5.0%	0.6%	/	0.2%	/	/	1.2%	5.6%

资料来源：《上海市民政局关于 1955 年 4 月至 5 月份农民回乡生产情况的初步分析报告》，上海市档案馆：B59-2-51-43。

表 3-14　上海市回乡生产人数籍贯分析表（1955 年 8 月至 10 月）

省份	江苏	浙江	安徽	山东	其他
占比	81.08%	12.48%	2.53%	1.50%	2.41%

资料来源：《上海市人民委员会人口问题委员会宋日昌关于动员农民回乡生产情况和今后工作意见报告》，上海市档案馆：B168-1-862-206。

表 3-15　上海市回乡生产人数籍贯分析表（1955.1—1956.6）

合　计	其　中		
	江苏省	浙江省	安徽省
687208	507101	71953	18744
100%	73.8%	10.5%	2.7%

资料来源：《上海市民政局 1955 年和四年来遣送回乡生产人数统计表》，上海市档案馆：B168-1-867-1。

表 3-16　上海动员人口回江苏省主要县份分析（1955 年 4 月 15 日—5 月 26 日）

合计	江都	兴化	盐城	海安	高邮	泰兴	淮安	南通	海门
	4451	3025	2814	2710	2899	2622	1979	1906	1903
	泰县	建湖	泰州	东台	阜宁	扬中	无锡	宝应	扬州
	1850	1775	1758	1744	1488	1369	1292	1220	1138
	江阴	苏州	常熟	常州	丹阳	崇明	如皋	如东	镇江
64578	1009	915	884	846	778	624	596	593	432
	淮阴	靖江	丹徒	启东	宿迁	泗阳	武进	昆山	南京
	368	333	333	314	232	213	149	142	138
	仪征	南江	六合	奉贤	其他				
	111	106	95	51	17574				

资料来源：《上海市民政局关于 1955 年 4 月至 5 月份农民回乡生产情况的初步分析报告》，上海市档案馆：B59-2-51-43。

在动员回江苏的人口中，苏北籍的又占大多数。一般而言，今天所用行政意义上的苏北概念是指"徐州、淮阴、连云港、盐城和扬州 5 个所辖的地区"[1]，但在民国以来上海所用的苏北概念是广义上的地理概念，泛指江苏省

---

[1]　中华人民共和国年鉴编辑部编辑：《中华人民共和国年鉴 2000（总第 20 期，下卷）》，中华人民共和国年鉴社 2001 年版，第 1495 页。

辖长江以北的地区。据 1955 年 4 月 15 日至 28 日两周的统计，"在回乡的二〇七七二人中，百分之八十四是一九五四年七月以后来的，百分之七十九是江苏籍，其中苏北占百分之八十五（江都一四四五人，高邮九六一人，兴化九五〇人，宝应八七五人，盐城八二〇人，淮安六一三人）"①。根据当时的苏北概念，动员回苏北的人口占动员回江苏人口的绝大部分。

20 世纪 50 年代中后期依然延续了江苏人口占比重最大这一趋势。1956 年来自各省的临时户口占比中，来自江苏省的占 65.94%，浙江省占 15.30%，安徽省占 2.6%，山东省占 1.44%，福建省占 0.24%，为最少，市内变迁者占 9.26%，其他地区占 5.22%②。在可动员回乡的 391016 人中，江苏省占 71%，江浙皖共计 95.3%（表 3-17）。这些数字反映出，1956 年上海市临时户口中和可动员回乡人口中来自附近各省者占绝大多数，尤其是来自江苏省者占比最大。据上海市公安局 1957 年 1 月中旬的统计，在从农村流入的 32 万余临时人口中，来自江苏农村的占总数的 80%（苏北占 56%，苏南占 24%），浙江农村的占 14%③。而到 1959 年 11 月上旬，"在盲目流入的人口中，来自江苏的约占 70%，安徽的约占 20%，其余来自浙江、山东等地。"④

表 3-17　上海解放后来沪可动员回乡人口分省统计表（1956）

省　名	人　数	占总人数百分比
江　苏	276349	71
浙　江	82543	21
安　徽	13009	3.3
山　东	8474	2
其他省市	10641	2.7
总　计	391016	100%

资料来源：《上海市人口办公室填报的解放后来沪可动员回乡人口分县统计表》，上海市档案馆：B25-2-5-13。

---

① 《上海市民政局关于动员外来农民回乡生产工作的情况报告》，上海市档案馆：B168-1-860-141。
② 《上海市规划建筑管理局城市规划处关于上海市人口现状及今后规划的初步意见》，上海市档案馆：A54-2-158-24。
③ 《中共中央上海局关于劝阻农民盲目流入城市和协助上海动员农民回乡生产给江苏、浙江省委的信（代拟稿）》，上海市档案馆：B168-1-876-126。
④ 《中共上海市民政局党组关于进一步加强制止农村劳动力盲目流入本市工作的报告》，上海市档案馆：B168-1-892-78。

在 20 世纪 60 年代初精简职工、减少城镇人口的过程中，江苏省所占比例明显下降。下降的一个主要原因是流入上海人口较多的，原属江苏的嘉定、宝山、上海、川沙、青浦、南汇、松江、奉贤、金山、崇明等十个县划归上海市，使得上海市的郊县范围得以扩大，由此在 60 年代初动员回江苏省所占比例减小，动员回上海郊县的人口成为上海动员人口回乡、下乡的重要目的地。在 1962 年第四季度收容遣送的人口中，"本市的约占 30%，外省的约占 70%，以江苏最多，为 50% 左右，浙江、安徽约 10%，其他地区约占 10%"①。而在精简的职工中，以上海市第一建筑材料工业公司为例，60 年代初共精简 2363 人，其中上海市区、郊区 1073 人，江苏省 844 人，浙江省 222 人，其他各省 224 人②。按此计算，动员回上海郊县的占 45.4%，动员回江苏的占总数的 35.7%，占除去上海郊县外回乡总数的 65.4%。在 1970 年的疏散方案中，计划长期疏散 100 万人，其中除知识青年外剩余 70 万人，"这些人原籍在浙江的占 25% 约 18 万人，在江苏的占 40% 约 28 万人，在安徽的占 15% 约 10 万人，本市郊县约占 15%，其他省约占 5%。"③ 在此方案中，动员回江苏的人口占总数的 40%，占除去上海郊县外总数的 47%。在动员回外省的人当中，江苏所占比例仍然接近半数，江浙皖三省占动员回乡总数的 75%，占动员回外省总数的比例仍高达 93.3%。

根据上述分析，整个社会主义建设时期，上海动员人口回乡中，占比重最大的是动员回江浙皖的人口，尤以动员回江苏的人口比重最大。如果进行总体计算的话，动员回江苏的人口约占动员回乡总人口的 60%~70% 之间，动员回江浙皖的人口应占到动员回乡总人数的 80% 以上，占动员回外省总人数的 90% 以上。

在动员人口回乡中，动员回江苏的人口占最大比例，符合上海外来人口的特点，体现上海动员人口回乡的自然规律。然而在数据整理时会发现，动员回江苏的人所占比例明显偏大。根据 1955 年 7 月上海市民政局制定的

①《上海市民政局关于上海市收容处理屡迁屡返长期流浪人员情况和今后意见》，上海市档案馆：B168-1-921-29。
②《中共上海市第一建筑材料工业公司政治处关于江苏省地区的回乡职工访问情况的报告》，上海市档案馆：B84-2-399-1。
③《上海市人民防空办公室、上海市革命委员会下乡上山办公室关于上海市向江苏、浙江、安徽三省疏散人口几个具体问题的汇报》，上海市档案馆：B228-2-240-1。

《关于动员农民回乡生产工作的方案》，1955 年 6 月底的调查结果显示，全市在原籍有生产资料或生活条件，必须和可能回乡生产的农民共约 50 万人，"其中来自江苏省的占百分之七一，浙江百分之二一，安徽百分之三．二，山东百分之二，其他地区百分之二．七"①。因此，如果各个省份按平均比例进行动员的话，1955 年动员回乡人口江苏所占比例应为 71%，但 1955 年实际动员回江苏的人口在 80% 以上。虽然按 1955—1956 年的统计，动员回江苏的人口比重降为 73.8%，但仍略高于上海外来人口中江苏籍人口的比重。这证明，虽然政府在各类文件中并未过于强调动员江苏籍外来人口，但在客观实践中，对江苏籍回乡人员动员的力度更大。由于 1955 年动员江苏的人口比重过大，因此在动员期间不得不采取暂停动员的办法，"如不暂停动员，江苏省在安置上就要发生很大的困难"②。

在外来人口中，同乡是最为重要的社会关系之一。在做群众工作的过程中，利用同乡动员同乡，往往是进行动员的有效方法。籍贯的集中程度很高，使得以同乡动员同乡的办法具有更大的可能性。为了节约动员的人力和经济成本，1955 年水上区在动员农民回乡中"把回乡农民按籍贯编组，以便集体动身"③，这一做法反映了籍贯分布在动员人口回乡中的作用。在 20 世纪 60 年代初的精简职工工作中，以同乡动员同乡的办法也广为运用，并为政府所大力提倡。如 1962 年上钢一厂高炉车间有几个工人是 1959 年松江小高炉集体转到厂里来的，车间党总支在对其中 9 个人的情况排队摸底时，了解到他们在抗美援朝、部队复员、大炼钢铁中都是一起参加的，其中有个共产党员王保明，在这几次运动中又都是第一个报名响应党的号召。党总支就重点做王保明的工作，在王保明表示要报名回乡支援农业生产时，党总支要求他在 8 个同乡中做深入的个别宣传解释工作，最终 9 个人一同回乡④。先锋电机厂也采用了同样的做法，该厂第九车间有很多工人家在浦东，在这些工人中，共产党员杨龙根有一定威信。杨龙根经过骨干学习，思想已经搞通，

---

① 《上海市民政局关于动员农民回乡生产的工作方案、情况报告及中共上海市委批示（中共上海市委批发上海市民政局党组"关于动员农民回乡生产工作的方案"）》，上海市档案馆：B2-2-10。

② 《上海市民政局关于本市动员农民回乡工作概况》，上海市档案馆：B168-1-862-131。

③ 上海市人民委员会人口办公室编印的《工作简报》1955 年第 2 期，上海市档案馆：B59-2-27-4。

④ 《中共上海市委工业工作部关于动员职工回乡一定要有负责到底的精神与细致深入工作方法的通知》，上海市档案馆：A72-2-978-18。

决定报名回乡，在车间里就有另外 4 个浦东人跟着报了名。这 5 个人报名以后，不但主动做其他几个同乡的工作，而且很多同乡也去找他们商量。这样，又有 8 个工人解除了思想顾虑，报名回乡，并且也变成了说服别的有条件职工回乡的骨干力量①。通过做好一个人的工作，可以带动八九个乃至更多的同乡回乡，可见籍贯要素在精简职工中发挥了重要作用。

让动员回乡人口较为集中的地区派干部来上海帮助动员，也是动员人口回乡的重要方法。在 1955 年的动员工作中，上海市政府"联系江苏、安徽、浙江三省在江苏的姚港、镇江、安徽的芜湖、蚌埠、固镇和浙江的宁波、杭州、金华等地，会同当地政府设立转送站"②，在江浙皖政府的帮助下协助办理动员农民回乡事宜。1959 年，江苏的灾民特别多，尤其是来自扬州地区的，因此江苏省派来工作组协助上海动员农民回乡。江苏省委"派该省民政厅陶付厅长及由江都、泰兴、靖江、海门、海安、高邮、兴化等县 20 多个干部组成的工作组，来沪协助动员江苏省各地盲目流入本市的农民回乡生产，工作组由扬州专署陈超科长负责，现已分五个小组下区协助进行动员工作"③。

总体而言，上海动员人口回乡得到了籍贯地政府的大力支持，这是动员人口回乡得以推进的必要条件。上海市相关部门在工作总结中坦言，20 世纪 60 年代初"在安置回乡职工及职工家属方面，我们得到各地特别是江苏、浙江两省的大力支持；安置社会闲散劳动力下乡插队落户方面，得到了安徽省的热情帮助；江西省、新疆自治区也为本市安排了大批的知识青年"④。在收容遣送工作中，1963 年上海市与江苏省双方商定："今后 1. 凡是上海收容江苏流入的长期流浪人员，由上海集中到一定数量，再送回江苏安置。2. 凡是上海流往江苏各地的长期流浪人员，属于上海市区的，除了儿童仍迁回本市安置处理外，其余人员由江苏就地安置；属于上海郊县的，除在上海有家有亲可靠，有生产生活条件，迁回后可以落实的与上海联系后，迁回安置

---

① 《中共上海市委工业工作部关于依靠骨干做好思想教育工作的通知》，上海市档案馆：A72-2-978-22。
② 《关于动员农民回乡生产工作几个具体问题的处理意见》，上海市档案馆：B168-1-862-6。
③ 上海市民政局制止农村劳动力盲目流入本市检查小组编印《情况反映》1959 年第 1—18 期（4 期），上海市档案馆：B168-1-896-16。
④ 《中共上海市委精简小组办公室关于上海市第二个五年计划期间和 1962 年 1 至 7 月减少城镇人口的工作总结、情况和意见（上海市第二个五年计划期间减少城市人口、控制人口增长的工作情况）》，上海市档案馆：A62-1-21。

外，其余人员也由江苏就地安置"①。亦即收容迁送中无论是上海人还是江苏人，无论是上海收容还是江苏收容，最终大多都在江苏省安置。在 1970 年的备战疏散中，上海市"拟请安徽省革委会安排 5 个县，浙江 3 个县，江苏 2 个县"，作为上海市的临战疏散基地②。虽然最终战争没有到来，但相关省市亦做了充分准备。归根结底，各原籍政府采取了各种措施，保障了上海动员人口回乡的顺利推进，体现了在人口问题上"全国支援上海"的社会主义原则。

二、动员回乡中的性别

在动员人口回乡过程中，政府并未对性别结构进行有意识的规划，性别从未被纳入动员人口回乡的政策视野，也从未成为上海减少城市人口的考虑维度。性别与动员人口回乡的关联性是一个自然过程，动员女性回乡的比例由于不同时期动员回乡的具体对象不同而有所差别。动员人口回乡无论对于上海本地还是外地的女性造成的生活和情感上的影响都成为一个重要问题。

1955 年 4 月 15 日至 5 月 26 日，共动员回乡 78250 人，其中女性为 37806 人，男性为 31323 人，有 8621 人性别不详③。抛开性别不详的人口，女性占 54.7%。在 1955 年 7、8 月份动员回乡的人口中，妇女也占有相当的比重，有的动员对象直接就是女性。有三类群体绝大部分为女性："第一类为职工家属及一般居民家属；第二类为佣工保姆奶妈，以上对象绝大多数是妇女或完全是妇女；第三类为在沪依靠亲戚生活或帮做家务的妇女"④。根据徐汇区的统计资料，在 8 月 1 日至 25 日内动员回乡 4338 人，其中妇女 2054 人，内计佣工保姆 206 人，奶妈 26 人，依靠家属亲友者 1822 人，共占回乡总人数 47.3%⑤。再根据江苏省访问团的典型调查，江都县樊川区东汇乡一个乡共有

---

① 《上海市民政局 1963 年收容迁送工作（1—12 月）每月情况简报（五月份收容迁送工作情况简报）》，上海市档案馆：B168-1-918。
② 《上海市人民防空办公室、上海市革命委员会下乡上山办公室关于上海市向江苏、浙江、安徽三省疏散人口几个具体问题的汇报》，上海市档案馆：B228-2-240-1。
③ 《上海市民政局关于 1955 年 4 月至 5 月份农民回乡生产情况的初步分析报告》，上海市档案馆：B59-2-51-43。
④ 《上海市团市委、妇联关于动员知识青年与妇女参加国家建设工作方案及移民垦荒、回乡生产工作的计划、报告（本市动员农民回乡工作中动员妇女回乡的情况与今后工作意见）》，上海市档案馆：B25-2-11。
⑤ 同上。

208人回乡，其中男的115人，女的93人，女性占总数的44.7%①。综合来看，1955年动员人口回乡中男女比例基本上是均衡的，但男性略多于女性。

在重工业为主的产业结构之下，女性本身的生理特点即决定女性在重工业中发挥作用的领域较男性更少。根据1956年上海市人口办公室对失业、半失业和无业人员的调查统计，截至1956年3月共有556515人，其中女性307098人，占55.2%；符合外调条件、培养条件的失业、半失业、无业人员，即在失业、半失业、无业人员中条件较好的一批人，共计163177人，其中女性仅有66350人②，占40.7%，远低于总规模中的女性比重。以其中有一定熟练技术条件的而论，虽然女性占比52.4%，略高于男性，但女性技术结构与就业需求之间的差距巨大，仅具有纺织技术的女工就占到有技术条件女性总数的76.3%，在重工业需求较大的五金技工、工程技术人员、汽车司机、建筑技工等工种，女性均远低于男性，汽车司机与建筑技工中的女性比重几乎可以忽略不计（表3-18）。可见，一方面，女性的失业、半失业、无业人员的比重比男性大；另一方面，女性的就业条件在当时的需求结构下与男性相比更差。这使得应该动员回乡的人口与实际动员回乡的人口性别结构是不平衡的。

表3-18　上海市失业、半失业、无业人员中有一定熟练技术符合调配条件的人数统计

	有一定熟练技术符合调配条件的									
	合计	五金技工	工程技术人员	纺织熟练工	汽车司机	建筑技工	会计统计人员	医学卫生人员	商业专门知识人员	有其他专门特长为国家需要的人员
总计	62635	8156	1051	27005	2468	7501	5857	2263	866	7468
其中女性	32798	1000	156	25009	48	76	2025	1555	88	2841
女性占比	52.4%	12.3%	14.8%	92.6%	1.9%	1%	34.6%	68.7%	10.2%	38%

资料来源：《上海市人口办公室关于上海失业、半失业、无业人员调查统计表》，上海市档案馆：B25-2-5-1。

---

① 《上海市团市委、妇联关于动员知识青年与妇女参加国家建设工作方案及移民垦荒、回乡生产工作的计划、报告（本市动员农民回乡工作中动员妇女回乡的情况与今后工作意见）》，上海市档案馆：B25-2-11。

② 《上海市人口办公室关于上海失业、半失业、无业人员调查统计表》，上海市档案馆：B25-2-5-1。

20 世纪 50 年代处于人口生育的高峰阶段，生育问题也影响了妇女的就业。根据 1955 年国棉上海一厂运转部对 4 个工厂的统计，已婚女工占女工总数的 85%，而据振中布厂、经昌染织厂、工足袜厂等统计，已婚女工占女工总数的 90% 左右。纺织女工中已婚女工所占比重过高，加上中华人民共和国成立后人口死亡率的降低，必然带来女工中婴儿出生率的相对提高。据 32 个国营厂的统计，共有 38200 个女工，仅 1955 年内就生育了 10420 个孩子，平均在 4 个女工中就有 1 名女工生孩子，"妈妈女工"的比例非常高①。虽然 50 年代中期开始上海实行了计划生育政策，但当时的政策并不非常严格，直至 60 年代初，育龄妇女生育过多、过密的现象依然非常普遍。卢湾区 1963 年第一季度对全区出生婴儿按胎次进行了调查，结果显示产妇中生第四胎及四胎以上的占 44.3%，而生育第一胎和第二胎的只占 39.5%（表 3-19）。

表 3-19　1963 年第一季度长宁区出生婴儿按胎次统计表

胎次	1	2	3	4	5	6	7	8	9	10	11	不明	合计
人数	600	478	441	396	294	190	121	74	49	25	14	44	2726
占比	22	17.5	16.2	14.6	10.8	7.0	4.4	2.7	1.8	0.9	0.5	1.6	100

资料来源：中共上海市委精简小组办公室编写的《精简工作简报》（第 16—20 期）（17 期），上海市档案馆：A62-2-22。

20 世纪 50 年代中期，上海的家庭妇女数量巨大。所谓家庭妇女，并不单纯是一个社会性别概念，同时是一种职业特征，家庭妇女具体指只从事于家务劳动的无职业妇女。根据 1955 年的统计，"上海的家庭妇女共有九八九五八六人"②。将这部分妇女从家务劳动中解放出来，转变为社会主义的生产者和劳动力，既可以解决妇女就业问题，满足生产发展对劳动力的需求，又可以提高人口结构中基本人口的比重，因此加强妇女的就业成为政策的重要导向。尤其是在动员人口回乡的过程中，政策上不允许外来人口盲目流入上海，因此，生产发展所需要的劳动力，以及原来由外来人口所承担的各类社会服务工作，很大程度上需要发挥本市妇女劳动力的作用来替代和补充。

---

① 《关于上海纺织工厂女工中由于雇佣不到奶妈、保姆而产生一些疾苦的情况反映》，上海市档案馆：A38-2-502-15。

② 《上海市人民委员会人口办公室关于上海市规划局、上海市统计局等负责同志漫谈人口规划问题的意见的报告》，上海市档案馆：B25-1-1-40。

　　由于许多企业和单位"认为妇女多企业缺勤率高、麻烦多"①，各企业单位在招用人员中自发形成了对于女性就业的排斥。"各单位在招用人员时，对年龄、文化、性别、身体等条件往往要求偏高，使一部分人的就业受到了限制，一律都要求青年（不超过 25 岁）、男性和有文化的，而对中年人、女性、文化低的则拒绝录用"②。1956 年北郊区对知识青年的调查表明，"剩下的知识青年中男的少，女的多（其中部分乡女性约占 70%～80% 左右），而根据市局要求当前在输送任务中男女的比例方面是女性人员不能超过 20%"③。为解决上海妇女的就业问题，上海市劳动部门及相关部门多次要求各企业在招工时要特别重视女性职工的招用。上海市人民委员会明确指出"对于妇女可以担任的工作而以各种借口拒绝或不愿录用的思想和行为都是不对的"，规定各单位"招收人员时，凡女性能够担任的工作，即应录用妇女，在文教部门及轻纺工业中招收徒工，一般均须多用女性；重工业部门招收徒工及工人技术学校、技工训练班招收学员，也应尽可能地录用女性"④。

　　随着"大跃进"和人民公社的推进，更多的妇女劳动力被解放出来从事各项社会劳动。在政府"解放妇女劳动力，孩子、篮子、炉子都甩掉"⑤的号召下，上海的大批家庭妇女走出家庭，进入企业。中国共产党认为，妇女大量地、大规模地参加生产，就是妇女走向彻底解放的标志，"城市人民公社化运动，把广大的家庭妇女组织起来，参加公社和里弄的各项生产建设事业，就使消费者变成生产者，并使广大妇女走上了彻底解放的道路"⑥。在"大跃进"期间，上海职工和工人队伍中妇女的比重明显提高，仅 1958 年上海市"进入企业工作的家庭妇女十一万人"，"招收的新工人，绝大部分系市区的社会青年、家庭妇女和其他失业、无业人员。新工人中比重最大的家庭

---

　　①《上海市团市委、妇联关于动员知识青年与妇女参加国家建设工作方案及移民垦荒、回乡生产工作的计划、报告（关于目前知识青年调配工作的基本情况及今后意见的报告）》，上海市档案馆：B25-2-11。

　　②《上海市人民委员会关于劳动力调配问题的通知》，上海市档案馆：A54-2-8-57。

　　③《关于抽调农村剩余劳动力支援工业生产的初步打算》，宝山区档案馆：8-1-136-081。

　　④《上海市人民委员会关于劳动力调配问题的通知》，上海市档案馆：A54-2-8-57。

　　⑤ 上海市仪表电讯工业局人口办公室编印的《人口工作情况简报》1961 年第 6 期，上海市档案馆：B103-3-119-26。

　　⑥《试论城市人民公社是改造旧城市和建设社会主义新城市的有力工具——上海经济学会纪念毛泽东主席"关于正确处理人民内部矛盾的问题"发表三周年论文集》，上海市档案馆：C43-1-491-50。

妇女，大多是职工家属"①。在不得从农村和外来人口中招工的政策下，家庭妇女一度成为上海生产发展所需劳动力的主要来源。据 1959 年的统计，"大跃进以来，有二十五万多家庭妇女从家务劳动中解放出来，参加各项社会劳动"②。如 1959 年长宁区组织和培养了一些有条件的妇女劳动力从事为居民日常生活服务的工作，"如泥、木工，修补套鞋、旧伞、袜子、磨剪刀等等，深入里弄，巡回服务，以代替一部分过去为外来人口所从事的工作，有利于动员农民回乡"③。在此过程中，不少女性承担了本来应由男性承担的重体力劳动，据 1961 年的统计，上海市市区共有塌车、拖车、劳动车等人力货运车 12746 辆，车工 26458 人。其中，男性 6029 人，占 22.8%；女性 20429 人，占 77.2%④。

上海将家庭妇女解放出来，意图之一在于用本市的妇女劳动力代替部分外来人口的工作，以利于动员外来人口回乡。但从实践效果来看，妇女参加社会劳动一方面代替了外来人口的部分工作，另一方面又吸引了新的外来人口。由于妇女参加社会劳动，不少职工和里弄妇女的家务无人管理，小孩无人照顾，"有的就把在乡的父母、配偶甚至旁系亲属接来上海，帮助料理家务，有些保姆乘机串连在乡亲友进城找工作"⑤，在一定程度上促使了部分外地农村劳动力流入上海。1959 年，中央指示上海"应严加控制，将转为固定工的人数压缩到最低限度"，于是上海规定"季节工、流动工、外包工和企业招用的里弄妇女（包括职工家属），不论其工作时间长短，一律不得转为固定工人"⑥，断绝了"大跃进"以来参加工作的家庭妇女成为正式工人的机会。在 20 世纪 60 年代初的大精简中，家庭妇女比重很高的家属工、里弄工、临时工被精简下来，使得这一批妇女又成为社会闲散劳动力的组成部分。

① 《中共上海市委批转中共上海市委劳动工资委员会"关于整顿劳动组织、克服劳动力浪费，从企业中精简一部分人员的报告"的通知》，上海市档案馆：A11-1-29-21。

② 《上海市劳动局上报 1959 年上海市劳动力输送外地的统计材料》，上海市档案馆：B127-2-749。

③ 上海市民政局制止农村劳动力盲目流入本市检查小组编印《情况反映》1959 年第 1—18 期（10 期），上海市档案馆：B168-1-896-16。

④ 中共上海市委人口工作小组办公室编写的《人口工作简报》（第 16—20 期）（17 期），上海市档案馆：A62-2-14。

⑤ 《上海市人民委员会关于制止农村劳动力盲目流入城市的工作情况的报告（代拟稿）》，上海市档案馆：B168-1-892-11。

⑥ 《中共上海市委劳动工资委员会关于处理现有临时工的通知》，上海市档案馆：A20-1-87-37。

在精简职工回乡的过程中，精简职工的性别比中女性多于男性，但回乡职工中的男性比例则远高于女性。1962年对50个工厂的典型调查显示，1962年1—8月精减的职工中男性占44.7%，女性占55.3%，可见精简的女性多于男性（表3-20）。不少女工对这一做法心怀不满，如国营二机某被精简女工曾说，"国营二机是垃圾桶，把我们妇女当作垃圾，用不到时扫出来"①。

表 3-20　50 个工厂精简前后职工队伍的变化

	人数	性别		年　龄			工龄在10年以上的	
		男	女	25岁以下	26—45岁	46岁以上	一般工龄	连续工龄
一、人数								
原有职工	65337	39297	26040	6104	49477	9766	44411	35988
1962年8月末职工	56576	35380	21196	5235	43762	7579	40020	32183
1962年1—8月已精减的职工	8761	3917	4844	869	5715	2177	4391	3805
二、比重								
原有职工	100	60.1	39.9	9.4	75.7	14.9	68.0	55.1
1962年8月末职工	100	62.5	37.5	9.3	77.3	13.4	70.7	56.9
1962年1—8月已精减的职工	100	44.7	55.3	9.9	65.3	24.8	50.1	43.4

*说明：一、"原有职工"等于"1962年8月末职工"加"1962年1—8月已精减的职工"，不等于"1961年末的职工"。
　　　二、本资料是由市人口办公室于1962年9月20日50个厂的典型调查。
资料来源：《上海市劳动局计划处关于上海市1958—1962年人口、职工人数统计资料》，上海市档案馆：B127-1-752。

虽然被精简职工中女性比例较高，但在回乡的职工中，则明显男性高于女性所占比例。1961年8月以来，上海电子管厂共精简了回乡人员158人（艺徒18人），男135人，女23人②。杨行公社各大队统计六二年回乡总人数为498人，带回家属118人，总计616人，在498人当中男362人，女136

① 《关于对江湾镇接待安置精简回来人员落实情况的检查汇报》，宝山区档案馆：24-2-005-189。
② 《中共上海市上海电子管厂委员会关于访问回乡职工情况的汇报》，上海市档案馆：B103-3-487-110。

人①。砲台大队是现有数据当中回乡女性比例较高的，该大队 1961 年以来，共接受安置回乡职工 79 人，其中从国棉八厂回乡的 35 人。回乡职工中，男的 43 人，女的 36 人②。该大队女性比例较高的原因在于靠近国棉八厂，不少纺织女工被动员回乡，即使如此，男性仍多于女性。根据较为宏观的统计资料，宝山县 1962 年 1 至 9 月底，全县共接收安置回乡、下乡人员 9301 人，其中男 7267 人，女 2034 人③，女性在回乡、下乡职工中所占比例仅为 21.9%。

公私合营上海铜材厂在 1962 年 1 至 10 月，共精减家属工、里弄工、临时工 13 人，"其中男的 1 人，女的 12 人。工龄在 5 年以下的 12 人，5 年以上的 1 人"，而同期动员回乡职工共 24 人，其中"男的 23 人，女的 1 人。……连续工龄在 5 年以下的 2 人，5—10 年的 8 人，10—15 年的 10 人，15 年以上的 4 人。"④ 从本组数据可以看出，在精简的家属工、里弄工、临时工中，女性占绝大多数，且多为 1958 年后参加工作的新职工；而动员回乡的职工中男性占绝大多数，且多为 1958 年前参加工作的老职工。精简之后的社会闲散劳动力的安排困难等问题，均与精简工作的这一特点紧密相关。

这次精简工作使社会性别比例与就业需求之间的矛盾再次激发出来。"社会青年女多于男（女百分之六十，男百分之四十），而招收单位要的都是男性多于女性"⑤，这一问题再次困扰了劳动主管部门。女性劳动力不仅在客观上难以安排，而且在主观上亦难于做工作。1963 年 4 月 27、28 日，江湾镇人口工作领导小组曾经召开两次女青年座谈会，她们的共同要求是迫切需要安排工作，有些青年已停学在家二三年了，但她们对工作的要求是："农业不去，工业想不到，商业马马虎虎"⑥。在当时的产业结构下，她们的就业理想是不可能实现的。

在整个动员人口回乡工作中，女难于男是重要特点之一。无论是作为动员对象，还是动员对象的家属，女性比男性都面临更多的犹豫、顾虑与反

---

①《杨行公社各大队回乡队员安排情况表》，宝山区档案馆：54-2-015-119。

②《关于对吴淞公社砲台大队回乡职工进行重点安置检查的报告》，宝山区档案馆：21-2-025-001。

③《关于安置回乡人员的情况和当前工作意见》，宝山区档案馆：54-2-009-001。

④《公私合营上海铜材厂关于精简职工中检查安置落实情况的材料》，上海市档案馆：B146-2-114-237。

⑤《吴淞区一九六一年以来社会青年上山下乡的情况和今后安置意见》，宝山区档案馆：39-1-244-016。

⑥《关于对市委四月二十三日召开郊区城镇人口工作会议后的贯彻执行情况汇报》，宝山区档案馆：54-2-015-006。

复。在1955年动员职工家属回乡时这一特点就较为突出，以上海宰牲厂为例，屠宰部翁良宝说：我动员妻子回乡生产，她说除非上海一个女人没有我才回去。整理部刘生和说：我妻子讲假使要回乡就自杀。南厂左桂鸿说：妻子拿刀放在我面前说，你要我回乡去就把我杀了。宰牛部陈有来说：我妻子来沪前曾与公公争吵时说过死也不回乡，因此这次动员她回乡她不肯回去①。对夫妻关系的忧虑、与公婆之间的关系、照顾子女的责任，均成为女性回乡过程中必须经历的思想斗争。

在精简职工的过程中，为了逃避回乡，部分女工可说用尽一切办法，"有些女职工认为怀孕、有小孩能得到照顾不被外调，因而不再避孕了，有的将寄养在别处的小孩领回自己带领，说有家务拖累"②。抛开自身的思想顾虑，女职工回乡也往往受到较大的家庭阻力。在1961年上海无线电二厂的动员职工回乡过程中，女工章小花过去在农村种田的，这次提出要回农村乡下去，认为回去合算，但她与爱人商量，她爱人说："侬要去去好了，三个孩子不要带去，要去回到娘家去"。该厂又一女工潘全美家在上海郊区，提出要求回去，回家去一商量，婆婆和姑娘说她"寿头"（傻瓜），说人家没回来你做啥要回来。该厂六车间女工沈妙弟和爱人商量回农村去，她说她爱人要与她离婚③。

纺织行业作为女工较为集中的单位，在精简职工中往往进度更慢，阻力更大。以统益袜厂为例，该厂2/3以上的职工都是女工，在有条件回乡的职工中女工占一半以上。但从1961年至1962年中，全厂1240个职工，回乡的职工只有70多人，而且全部都是男工，没有一个女工。在该厂的党委会议上，许多同志认为，"动员女工回乡，确实有比男工多得多的困难条件"。例如，女工家务拖累重，一下工就要赶回家去，参加会议，身在会上，心早就飞到了家里，"你讲千句，她听不进一句"。而且女工不爽气，思想变化多，今天讲通了，明天同小姊妹一串连，思想又变了，"肚肠就比男人多几根"。总之一句话，"女工落后，思想工作难做"。同时，大多数女工的丈夫都是职工，

---

① 《中共中国食品公司华东区公司上海宰牲厂委员会关于逐步紧缩上海人口的宣传动员情况汇报》，上海市档案馆：B122-2-37-64。
② 中共上海市委精简小组办公室编写的《精简工作简报》（第1—10期）（2期），上海市档案馆：A62-2-17。
③ 《上海市仪表电讯工业局关于人口工作中几点思想情况的汇报》，上海市档案馆：B103-3-119-32。

男工不走，单动员女工也是"白搭"，因此，先要靠男工单位做工作①。为了动员女工回乡，该厂结合女工特点改变动员方法，如针对女工不习惯开会、不习惯在会上讲话的特点，采取少开会、多做个别工作的办法，强调一个人一个人地做工作；针对女工往往不愿向男干部反映具体困难的特点，发挥工会女工委员会作用，组织妇女干部进行动员工作；针对女工考虑问题"琐碎麻烦"的特点，组织专门力量为回乡女工缝补蚊帐、被头，组织另外一些人为回乡女工捆打行李，准备回乡旅程中的干粮，解决女工回乡细小琐碎的具体困难。在采取了这些措施以后，动员职工回乡才取得了突破和一定的进展。

　　如前所述，政府在制定动员回乡的政策时几乎未把性别作为考虑的要素，在动员过程中对女性唯一的"优待"措施是在整个动员过程中一般规定对于怀孕或分娩不久的妇女不作为动员对象。在 1955 年一度不重视这一问题，因而造成了一些事故和不良影响。1955 年以后，在历次动员人口回乡的运动中，均明确规定不把孕妇和产妇作为动员对象，即使是作为动员对象，亦须避开产期，并在补助上给予优待。如 1962 上海市劳动工资委员会规定"需要辞退的女职工中，怀孕临产的一般应在产后辞退。临近产期在一个月左右，如果本人自愿离职回家的，可以批准，并按劳动保险条例有关规定，提前发给产假工资和生育补助费，予以辞退"②。

表 3-21　1953—1962 年上海市 26—45 岁女性居民变化情况

	1953 年 6 月	1955 年 7 月	1957 年末	1960 年末	1961 年末	1962 年末
26—45 岁人口（万人）	186.98	188.41	198.05	183.51	182.44	175.68
其中：女性（万人）	84.38	89.40	94.71	87.54	88.54	87.49
占 %	45.13	47.45	47.82	47.70	48.53	49.80

　　资料来源：《中共上海市委精简小组办公室编制的上海市减少城镇人口、精简职工、历年安置经费使用情况统计表》和《上海市 1963—1977 年减少城镇人口、农村安置城镇人口规划表》，上海市档案馆：A62-1-35。

　　①《中共上海市委工业工作部关于帮助回乡职工人数少的单位做好精简工作的通报》，上海市档案馆：B76-3-855-82。
　　②《中共上海市委劳动工资委员会关于工厂企业精简辞退一部分临时工、里弄工的意见》，上海市档案馆：A11-1-69-1。

上海减少城市人口的过程极大地影响了上海人口的性别结构。由于在动员过程中女难于男，实际回乡的群众则往往男多于女。因此，从1953年至1962年，上海适龄劳动力中的女性比例逐渐上升，26—45岁的女性居民所占比例从1953年6月的45.13%提高到1962年末的49.80%，男女性别比例逐渐平衡（表3-21）。1973年的统计资料将上海解放以来人口的性别结构演变特征概括为"人口中女性比重逐年上升，男性比重逐年下降"。1949年，全市人口中，男性占54.7%，女性占45.3%。到一九五八年男性比重已下降到51.1%，女性比重上升为48.9%（以上不包括10个县）。1959年，（包括10个县）全市人口中，男性比重占50.5%，女性比重占49.5%，到1972年男性比重下降为49.4%，女性比重上升为50.6%[①]。当然，如前文所述，这并非政策有意识的对性别结构进行调整的过程，而是动员人口回乡所衍生的自然结果。

---

① 《统计分析资料之十四——解放以来上海人口的变化（19730628）》，上海市档案馆：B252-1-52-93。

第四章　党政主导：动员人口回乡的工作机制

动员人口回乡的"动员"二字，体现了社会主义时期人口由城至乡的迁移过程是在党委政府的主导之下进行的。对于党委和政府而言，动员人口回乡是一个有计划、有目的逐步推进的过程。而对于被动员对象来说，进入城市，变为职工是一个自然欲求，回乡则是被动的。即使所谓主动和自愿的回乡，也是在党委政府反复动员和大量思想工作之下的一种选择。这注定了无论是对于党委政府还是回乡群众，动员人口回乡都是一个艰难的过程。

第一节　以临时机构为领导机构

中华人民共和国成立后，为加强某些突击性、临时性的重点工作，国家和各地区均成立了许多非常设机构。改革开放之后，随着经济建设任务的加强和新旧管理体制的转换，原有常设机构及其职能不能完全适应社会和经济发展需要，因此又设立了许多非常设机构。1986 年国务院下发了《关于清理非常设机构的通知》，要求"认真清理非常设机构，清理的重点是设有工作实体的非常设机构"①。"1993 年机构改革时将非常设机构改称为议事协调机构和临时机构，是国务院为解决跨部门跨地区的综合性、协调性的问题，研究、拟定某些重大方针、政策或改革方案，处理某些临时性事件、非常事件或加强某一方面的工作而设立的机构"②。但在实践中，对议事协调机构和临时机构并未严格区分，议事协调机构往往具有临时性质，临时机构也往往带

---

① 国务院法制局编：《中华人民共和国法规汇编（1986 年 1—12 月）》，北京：法律出版社，1987年版，第 794 页。

② 王春英：《当代中国政府》，郑州：河南人民出版社，2004 年版，第 140 页。

有议事协调的职能。行政管理学中将行政组织类型分为领导机关、职能机关、办公机关、派出机关和临时机构五类，所谓的临时机构，是指"领导机关为完成某一特定的任务或处理某一特殊事件，而组成的临时性组织"①。因此，本书也沿袭行政管理学的这一定义，采用"临时机构"这一称谓。

一、动员人口回乡中的临时机构

无论是上海解放之初成立的军管会，还是后来的上海市人民政府、上海市人民委员会，都没有专设人口工作职能机关。面对动员人口回乡、疏散人口这样大规模的、突击性和临时性的重点工作，在各个时期都采用了临时机构这一形式来推动运动的开展。本节仅就其中全市性的、存在时间较长、在动员人口回乡中作用较大的几个临时机构进行分析。

1. 疏散难民回乡生产救济委员会（简称"疏救会"）

1949年7月24日中共中央华东局在《关于上海市疏散难民回乡生产的指示》中提出，为了疏散城市过多的消费人口与难民回乡生产，决定在上海市委之下，设立专门委员会，并"联络上海各群众团体、各社会慈善救济团体共同建立上海市疏散难民回乡生产救济委员会作为广泛动员组织执行疏散难民回乡生产的机关"②。8月份的上海市第一届各界人民代表会议上再次决定要建立疏救会，但直至9月初，疏救会的各项组织机构才得以健全。疏救会办公处设在新新公司十楼，"其组织机构，由委员三十一人组成。委员中推选十一人组成常务委员会，设主任一人，副主任四人，具体领导执行处理日常事宜"，"设正副秘书长各一人，并设秘书、组宣、生教、交通四处；人事，调研二室，以便执行日常工作"③。疏救会成立之后，被定位为"在人民市政府领导下，作为指导的统一行政机构"④。曹漫之指出，疏救会疏散人口的基本方针是回乡生产，"使本市担负减轻，增加农村生产力"⑤。

由于中华人民共和国成立初期政府主要精力在于巩固政权，农村的剿

① 刘耀棋等编著：《行政管理》，北京：中国环境科学出版社，1994年版，第15页。
② 《中共中央华东局关于上海市疏散难民回乡生产的指示》，上海市档案馆：B168-1-680-2。
③ 《疏救会组织确定　从卅一位委员中推出十一人组常委会设四个专门委会》，《文汇报》，1949年9月9日。
④ 《乡村迅速准备土改　都市调查组织难民　曹漫之昨在疏救会和区接管人员联席会议上传达疏散难民计划纲要草案》，《文汇报》，1949年9月8日。
⑤ 同上。

匪、土改尚未完成，加之上海周边地区自然灾害仍较多，因此，疏救会成立后除零星遣散外，将主要精力放在宣传教育上，从而为1950年大力动员人口回乡做好准备。根据1949年9月20日《文汇报》的报导，截至9月20日疏救会在"市区里已有六处工作站，不外便要扩展到二十处"①。疏救会所需要的干部和工作人员，"除动员一部份学生参加外，应尽量从现在城市工作的农村工作干部中抽调作为骨干"②。这些工作站在动员灾难民回乡中发挥了重要作用。1950年1月份，疏救会秘书长樊玉琳③在疏救会联席会议上指出，由于灾情严重，大规模资助难民回乡不大可能，因此他要求各工作站分出足够的人力到棚户区做好难民组织工作和宣教工作，为将来的疏遣工作打下基础，创造有利条件④。

疏救会在疏散灾难民回乡的动员工作和宣教工作中做了大量具体工作。疏救会的工作人员普遍深入棚户等外来灾难民集中的地区做访问和调查研究工作，了解灾难民的生活情况，给他们描绘农村的美好发展前景，动员他们回乡生产。"南区有一位工作同志，曾经在棚户里住上几个月，难民们把她看作自己人一样"。疏救会的工作人员还帮助灾难民解决日常生活问题，如免费诊疗给药，为灾难民建立茅厕，教灾难民中的儿童唱歌识字，甚至排难解纷⑤。经过努力，工作人员得到了灾难民的认同和拥护，许多灾难民在疏救会工作人员的动员下回乡生产了。

疏救会在短短的一年时间之内，针对灾难民做了大量思想教育和宣传工作，为动员人口回乡积累了工作经验，其所建立的避寒所和工作站，以后逐渐转变为收容遣送的工作机构。1950年3月7日，上海市成立了生产救灾委员会（简称"生救会"），其工作重点在疏救会原有任务的基础上，"根据形势的需要，将原先的组织收容、遣送，扩大为收容、遣送、教育、改造相结合，对难民问题进行综合治理"⑥。生救会成立后，疏救会亦随之解散。

---

　　①　《争取难民同乡转进生产的队伍》，《文汇报》，1949年9月20日。

　　②　《中共中央华东局关于上海市疏散难民回乡生产的指示》，《文汇报》，1949年8月6日。

　　③　樊玉琳（1900—1977），江苏句容人，1927年参加国民党，新四军时期经陈毅亲自争取投身革命，1939年成为中国共产党特别党员。1949年上海解放后，曾任上海市军事管制委员会福利接管组专员、上海市民政局社会福利处处长等职。见叶绪昌主编《江苏革命史词典》，南京：南京大学出版社，1993年版，第729页。

　　④　《疏救会联席会议　说明目前工作方针》，《文汇报》，1950年1月29日。

　　⑤　《争取难民同乡转进生产的队伍》，《文汇报》，1949年9月20日。

　　⑥　熊月之：《上海通史》（第13卷），上海：上海人民出版社，1999年版，第17页。

2. 市委人口问题研究委员会和市人口办公室

在确定了"积极改造、逐步紧缩"的发展方针之后，"紧缩上海"成为上海市各项工作的中心议题。1955 年 4 月 26 日，上海市委决定成立上海市紧缩问题调查研究委员会，并在该委员会下设立"人口问题研究小组"，"以宋日昌、马万杰、屈成仁、王克、洪天寿等五同志组成之，宋日昌同志为组长"①。无论是紧缩问题调查研究委员会，还是人口问题研究小组，均属于调查研究机构的性质。经过近一个月的调查研究，1955 年 5 月 23 日，人口问题研究小组制定了《关于初步拟定 1955 年下半年度上海紧缩人口的计划》，并提出"有计划的输送人口除责成有关部门具体负责外，建议成立一个专门机构负责领导此项工作"②。

7 月 14 日，副市长宋日昌向市委汇报了改组人口问题研究小组为人口问题研究委员会的建议，指出"属于人口问题研究小组的工作，方面较广，情况复杂，任务繁重，时间紧迫"，因此为了加强对人口工作的领导，将人口问题研究小组扩大为人口问题研究委员会，在人口问题研究委员会下设户口管理、劳动力调配、农民回乡、移民垦荒、整理摊贩等服务性行业和遣送劳改犯等六个小组，"各小组以各有关业务局的兼任基础上调集公安、民政、劳动、商业、农业等局部分力量进行调查研究，掌握政策，督促检查工作，其业务领导仍由各该业务部门负责。"③在市委人口问题研究委员会成立之后，原有的市人民委员会人口办公室④亦成为政府方面动员农民回乡的主要领导机构，"市人口办公室又作为市人民委员会下设的一个办公机构（未正式公布），统一指导民政、公安、劳动、交通、商业等部门有关人口的工作"⑤。

市委人口问题研究委员会成立后，动员农民回乡生产即"在市委统一领导下，由市人口问题研究委员会统一负责，掌握情况，掌握政策，交流经

---

① 《关于成立上海市紧缩问题调查研究委员会的通知》，上海市档案馆：B168-1-36-1。宋日昌（1903—1995），解放初，宋日昌任华东军政委员会民政部部长，1954 年至 1966 年，任上海市副市长。1979 年后任上海市第五、第六届政协副主席。

② 《上海市人口问题研究小组关于初步拟定 1955 年下半年度上海紧缩人口的计划》，上海市档案馆：B25-1-3-89。

③ 《宋日昌关于人口问题研究小组组织机构问题的意见》，上海市档案馆：B25-1-3-1。

④ 市人口办公室具体成立时间不详，应是 1954 年，上海市档案馆档案中可见《上海市人口办公室关于上海市人口情况的分析报告》（B25-2-6-1）等文件。

⑤ 《中共上海市委人口问题研究委员会关于一年来人口工作情况和今后意见的报告》，上海市档案馆：B168-1-869-22。

验，进行督促检查；具体工作由民政局负责。"① 因此，1955—1956 年的动员
农民回乡生产运动，即是在市委人口问题研究委员会的领导下进行的。当
然，人口问题研究委员会所领导的工作不单是动员农民回乡，还包括移民垦
荒、外调壮工技工和知识青年、收容遣送、犯人劳改外迁等。总之，1955—
1956 年的所有人口工作，其最高的领导机构都是市委人口问题研究委员会，
但实际工作中，具体负责的领导机构是市人口办公室。1955—1956 年动员农
民回乡的相关工作简报、政策等大多以市人口办公室的名义编制和公布。

　　经过一年多的人口紧缩工作，市委人口问题研究委员会总结了工作的经
验和教训，认为"对本市人口问题应从本市经济发展的情况作全面考虑，应
该根据经济发展的近期计划和远景，实事求是地决定全市的人口数目，不应
主观上定出一个框子，进行紧缩工作"②。应该根据上海工业发展的需要，对
于劳动后备力量、服务人口和被赡养人口都应该有新的合理的估算，"一般
应放宽一些，把人口工作更好地和经济改造、生产需要、劳动政策结合起
来，这样才能够做到有计划地、稳妥地紧缩本市过剩的非生产人口，同时保
证生产发展所需要的劳动力供应，防止产生急躁和盲目性。"③ 亦即说，市委
人口问题研究委员会从工作实践中体会到，预设一个目标进行人口的精简而
不从实际出发，这种做法是应该反思的。

　　市委人口问题研究委员会在 1956 年 9 月 28 日的报告中向市委建议，
"市人口问题研究委员会和市、区人口办公室即应撤销，今后有关人口的政
策方针和检查执行情况是否由政法办公室或计划委员会等有关部门负责；其
具体业务仍划归民政、公安、劳动等部门作为日常任务进行"，实际上，当
时市、区人口办公室的工作人员"大部分已陆续调回"④，但该建议并未马上
实行。11 月中旬，市委人口问题研究委员会制定了《关于本市人口增长的情
况、今后方针和处理意见的报告》，反映了市委人口问题研究委员会仍在运
行之中，主要对人口问题进行调查研究。在该报告中，市委人口问题研究委

① 《上海市民政局关于动员农民回乡生产的工作方案、情况报告及中共上海市委批示（关于动员农
民回乡生产工作的方案）》，上海市档案馆：B2-2-10。
② 《中共上海市委人口问题研究委员会关于一年来人口工作情况和今后意见的报告》，上海市档案
馆：B168-1-869-22。
③ 同上。
④ 同上。

员会再次建议市人口问题研究委员会和市、区人口办公室应立即撤销，"今后有关人口的政策方针和检查执行情况由民政部门（动员农民回乡、垦荒等）、公安部门（户口管理等）和劳动部门（劳动就业、调配等）作为日常业务进行。"①

在不断建议之下，市人委在 1956 年 11 月 30 日的《关于本市人口情况和今后方针的报告（稿）》中决定，"今后制订有关人口的政策方针和检查执行情况由政法办公室和计划委员会等有关部门负责，并以政法办公室为主要负责"②。但在 12 月 5 日的《关于本市人口情况和处理意见（稿）》中又改变了以政法办公室为主负责人口工作的做法，提出"今后人口工作在政策方针上必须由市人民委员会统一掌握，在各项具体工作上应转由各有关部门作为经常工作进行。"③ 至此，市委人口问题研究委员会正式撤销。

市人口办公室则未立即随之撤销，并且不久之后又得以进一步壮大。1957 年 1 月 5 日，随着外来人口进入上海又逐渐增多，市人口办公室下发了《关于继续动员农民回乡生产的宣传提纲（草稿）》④，可见此时市人口办公室并未撤销。为应对外来人口流入增多这一问题，市人民委员会成立人口工作组，由副市长直接领导，"人口工作组设临时办公室，以民政局为主，并由劳动局、公安局、公用局、服务局、交通运输局、上海市工会联合会、共青团市委等有关单位各抽调 1—2 个能力较强的干部参加工作"，临时办公室的主要任务是"汇集全市人口变动情况，及时分析研究综合向领导上和有关部门反映；并负责对本市各单位人口工作的进展情况进行检查督促和对外地建立联系"⑤。临时办公室在动员人口回乡和疏散城市剩余劳动力支援农村中发挥了重要作用。随着"大跃进"运动的开展，大部分职工家属已经投入生产建设，动员回乡的任务减轻，而劳动力的外移工作一般由市委劳动工资委员会统一掌握，因此 1959 年，市民政局建议"将市人口办公室合并到市委劳

①《中共上海市委人口问题研究委员会关于本市人口增长的情况、今后方针和处理意见的报告》，上海市档案馆：B168-1-869-42。
②《上海市人民委员会关于本市人口情况和今后方针的报告（草稿）》，上海市档案馆：B168-1-869-50。
③《上海市人民委员会关于上海市人口情况的处理意见（稿）》，上海市档案馆：B25-1-3-74。
④《关于继续动员农民回乡生产的宣传提纲（草稿）》，宝山区档案馆：8-2-004-012。
⑤《上海市人民委员会关于进一步贯彻"处理和防止外地人口流入本市的办法"的指示》，上海市档案馆：B168-1-876-5。

动工资委员会去……今后有关人口工作统一由劳动工资委员会领导"①。而此时，市人口办公室的干部也不过仅剩 6 人而已②。1960 年 8 月，市民政局在报告中再一次提出，"建议撤销市人口办公室，今后如因工作需要可再组织力量，设立临时机构"③，可见市人口办公室在 20 世纪 50 年代中后期一直存在。实际上，每一次大规模的动员人口回乡运动之后，市民政局都提出了撤销市人口办公室的建议，但最终均没有实现。反复提出撤销的建议与市人口办公室长期未曾撤销的现实，表明 50 年代中后期对外来人口的处理始终处于较为紧张的态势之中。

3. 市委人口工作领导小组

1961 年 6 月 19 日，市委正式成立了人口工作领导小组，由曹荻秋担任组长，宋季文、谢邦治、王一平担任副组长。共有组员 14 人，其中办公室主任为朱辉，副主任为屈成仁、王克④。在上海市人口工作机构史上，市委人口工作领导小组具有两个鲜明的特点：第一，自中华人民共和国建立以来，上海市所成立的人口工作临时机构当中，市委人口工作领导小组成员的级别是最高的。市委人口工作领导小组成立时，组长曹荻秋的职务为常务副市长，三位副组长中，宋季文时任上海市副市长⑤；谢邦治时任上海市委常委兼中共上海交通大学党委书记、校长，并兼任中共上海市委秘书长⑥；王一平1956 年 8 月起任上海市委常委，1962 年 5 月起任中共上海市委秘书长⑦。四位组长、副组长均为上海市级领导，可见对人口工作的重视。第二，人口工作成员的构成，首次从以民政局为主转为以劳动局为主。市劳动局局长王克成为市委人口工作领导小组办公室副主任，劳动局在精简职工、减少城镇人口的具体工作中发挥了主要作用。劳动局于 1961 年 7—9 月编制了 8 期"减

---

① 《中共上海市民政局党组关于进一步加强人口工作的意见（草稿）》，上海市档案馆：B168-1-105-28。

② 《中共上海市民政局党组关于结束上海市人民委员会人口办公室的报告》，上海市档案馆：B168-1-105-49。

③ 《中共上海市民政局委员会关于动员遣送外来人口回乡生产工作的情况和请示报告》，上海市档案馆：B168-1-140-9。

④ 《市委关于成立人口工作领导小组的通知》，宝山区档案馆：39-1-021-107。

⑤ 《上海人民政府志》编纂委员会编：《上海人民政府志》，上海：上海社会科学院出版社，2004 年版，第 856 页。

⑥ 中共上海市委党史研究室：《中共上海党史大典》，上海：上海教育出版社，2001 年版，第 347 页。

⑦ 李维民主编：《中国人物年鉴 2008（总第 20 卷）》，北京：中国人物年鉴社，2008 年版，第 501 页。

少城镇人口，支援农业生产"的简报①，表明全市的减少城镇人口、支援农业生产的情况是汇总于市劳动局的。

市委人口工作领导小组甫一成立，即将制定减少城镇人口的规划作为工作的中心，先后编制了《关于减少城镇人口的初步规划（草稿）》（1961年7月6日）、《关于1961—1963年本市减少城镇人口的初步规划》（1961年8月20日）②，初步拟定了上海减少城市人口的工作计划。8月16日，市委人口工作领导小组下发了《关于精减职工、减少城镇人口若干具体问题的意见》，明确规定了动员外迁的对象、精简职工的对象和各项政策措施③。在制定规划和政策的同时，精简职工、减少城镇人口的工作也在推进。10月7日，市委人口工作领导小组举行扩大会议，要求在7—10月已经减少城镇人口162249人的基础上，年内再减少三万人，以完成全年减少城镇人口二十万人的任务。同时，要求深入检查回乡人员的安置情况，为制定1962年减人规划深入开展调查研究工作④。12月15日，市委人口工作领导小组再次召开扩大会议，着重讨论了1962年继续减人的初步计划⑤。1962年3月份，解放日报社华东新闻组从市委人口工作领导小组办公室了解到，"今年上海将继续压缩城市人口二十万到三十万人（具体数字尚未确定）"⑥。可见精简职工、减少城镇人口工作是在市委人口工作领导小组的直接领导下开展的。

在精简职工、减少城镇人口的过程中，市委人口工作领导小组于1961年10月14日成立了上海市知识青年参加外地建设工作办公室，由市教育局、劳动局、公安局、民政局、团市委、市妇联等部门抽调干部组成临时办

---

① 上海市劳动局党委办公室关于"减少城镇人口，支援农业生产"《情况简报》（1—8期），上海市档案馆：B127-2-407。

② 《关于1961—1963年上海市减少城镇人口的初步规划》，上海市档案馆：B127-2-365-8。

③ 《中共上海市委人口工作小组办公室关于精简职工减少城镇人口若干具体问题和核实城镇人口粮食定量的意见和实施办法（关于精减职工、减少城镇人口若干具体问题的意见）》，上海市档案馆：A62-1-1。

④ 中共上海市委人口工作小组办公室编写的《人口工作简报》（第16—20期）（18期），上海市档案馆：A62-2-14。

⑤ 中共上海市委人口工作小组办公室编写的《人口工作简报》（第21—25期）（21期），上海市档案馆：A62-2-15。

⑥ 《解放日报社华东新闻组关于进一步压缩城市人口工作的初步报道计划》，上海市档案馆：A73-1-475-34。

公机构。上海市知识青年参加外地建设工作办公室成立后的第一项任务是"动员一万五千名知识青年投考江西半耕半读的共产主义劳动大学"①。这也是上海第一个专门管理知识青年上山下乡的机构。

4. 市委精简小组

1962年3月29日，市委人口工作领导小组改组为市委精简小组，组长仍由曹荻秋担任，副组长为马天水、王一平和杨士法，王克为办公室主任②。4月3日，市委精简小组办公室通知各单位，将原市委领导小组办公室编印的《人口工作简报》停刊，由市委精简小组办公室编印《精简工作简报》，发中央、华东局、市委有关负责同志和各部门、各区县参阅③。

与市委人口工作领导小组办公室比较，市委精简小组更换的两位副主任分别是马天水和杨士法。马天水，"1954年10月起任中共上海市委常委、副书记、书记处书记。1959年2月—1963年2月，兼任上海市工业生产委员会主任"④；杨士法，1961年6月5日起任市委劳动工资委员会主任⑤。可见，从市委人口工作领导小组到市委精简小组，在成员安排上加强了工业部门和劳动部门的力量，有利于1962年精简职工工作的顺利推进。

市委精简小组存在的时间较长，从1962年成立到1966年撤销，存在了四年多时间。在此期间，市委精简小组一直作为全市人口工作的领导机构而存在，人口规划、减少人口的出路、社会闲散劳动力的安排、各项政策措施的制定和督促落实等各项工作，都是在市委精简小组领导下进行的。单从动员人口回乡这一角度而言，市委精简小组的主要工作有如下几项：

第一，制定全市年度减少城市人口的具体规划。市委精简小组成立后，首先制定了《上海市一九六二年减少城镇人口工作方案（稿）》，规定了减

① 上海市劳动局编印《简报》第一至第七期：本市知识青年参加外地建设工作办公室已正式成立，开始办公等（1期），上海市档案馆：B127-2-391-57。

② 《中共上海市委员会关于决定成立市委精简小组和整编委员会的通知》，上海市档案馆：B243-1-206-29。关于市委精简小组的名称，在档案材料以及现在的某些著作中，也经常被称为"市委精简领导小组"。根据该份档案材料，市委正式下文成立该机构时名称为"市委精简小组"，被称为"市委精简领导小组"并不规范。

③ 中共上海市委精简小组办公室编写的《精简工作简报》（第1—10期）（1期），上海市档案馆：A62-2-17。

④ 中共上海市委党史研究室编：《中共上海党史大典》，上海：上海教育出版社，2001年版，第249页。

⑤ 《上海劳动志》编纂委员会编：《上海劳动志》，上海：上海社会科学院出版社，1998年版，第561页。

少人口的具体对象和需要保留、照顾的对象①。1963年2月19日，市委精简小组制定了《上海市一九六三年精简工作方案》，要求1963年减少城镇人口必成指标为13万人，争取指标为15.5万人，该方案强调压缩城镇社会人口不仅是街道里弄的任务，也是全党各个部门的共同任务②。1963年8月31日，又制定了《上海市第三个五年计划期间减少城镇人口工作的初步规划（修正稿）》，提出为实现将上海人口维持在现有水平上的目标，"三五"期间需动员外迁七十万人的目标③。1964年12月8日，市委精简小组制定了《关于1965年上海市安置社会青年和闲散劳动力下乡计划的修订计划》，计划1965年共安置27500人至29500人④。1966年编制了《本市一九六六年控制与减少城市人口工作方案》，计划1966年市区人口外迁10万，提出本市人口外迁应"以支援农业、支援外地建设，安排多余劳动力（首先是青年）为主，同时，对于赡养抚养人口也要根据条件积极动员"⑤。从以上规划可见，市委精简小组成立后，是作为上海市的人口工作的决策机构而存在。

　　第二，领导开展精简职工、减少城镇人口运动，力图把动员回乡作为精简职工、减少城镇人口的主要出路。在1962—1963年的精简职工、减少城市人口工作中，市委精简小组是主要的决策者和政策制定者，并统筹全市精简职工、减少城市人口运动，跟踪各地区、各部门精简人口的动态，督促各项工作的落实。1963年3月11日市委精简小组下发《关于回乡、下乡人员口粮、车旅费和安家补助费等几个具体问题的通知》⑥，对回乡、下乡人员的各项补助标准进行了明确规定。在精简工作完成之后，上海市依然面临着减少城镇人口、控制城市人口增长的艰巨任务，因此，1963年"华东局安置工

---

　　①《中共上海市委关于精简工作情况的报告和市委精简小组关于上海市1962年减少城镇人口工作方案和上海市精减职工、减少城镇人口的工作总结（上海市一九六二年减少城镇人口工作方案）》，上海市档案馆：A62-1-10。

　　②《上海市一九六三年精简工作方案》，宝山区档案馆：54-2-013-001。

　　③《中共上海市委精简小组办公室关于上海市第三个五年计划期间和15年内减少城镇人口的规划、设想及统计表（上海市第三个五年计划期间减少城镇人口工作的初步规划（修正稿））》，上海市档案馆：A62-1-22。

　　④《中共上海市委精简小组办公室关于1965年上海市安置社会青年和闲散劳动力下乡计划的修订计划》，上海市档案馆：A62-1-27-36。

　　⑤《中共上海市委精简小组办公室关于上海市1966年控制与减少城市人口和上海市1966年动员青年参加军垦的工作方案（本市一九六六年控制与减少城市人口工作方案）》，上海市档案馆：A62-1-36。

　　⑥《关于回乡、下乡人员口粮、车旅费和安家补助费等几个具体问题的通知》，宝山区档案馆：21-2-023-001。

作会议指出，这项工作要有经常的专门机构，要有干部去抓，现有的班子不但不能散掉，而且应该加强。"① 本应随着精简工作的结束而撤销的市委精简小组作为全市人口工作的领导机构，再次得以加强。

第三，努力做好回乡职工的安置巩固工作。精简工作还在进行之中，市委精简小组就已经强调要做好精简职工的安置巩固工作。1962 年 9 月 27 日市委精简小组下发《关于被精减职工安置巩固工作中几个问题的处理意见》，指出要根据妥善安排、负责到底的精神，对于已经精减的职工，认真做好安置巩固工作，使被精减的人员，各得其所。有回乡、下乡条件的，坚决巩固在农业战线上，使其安心劳动；在城市有劳动能力愿意参加劳动的，积极进行安排，使其生活过得去；少数精减不够妥当的，应采取多种办法，分别予以安置②。1964 年 7 月市委精简小组制定了《对于市郊农村安置城镇回乡、下乡人员工作中若干问题的处理意见》，重点提出了对生活困难的回乡、下乡职工进行帮助和救济的各项办法③。1965 年 11 月 27—28 日，市委精简小组办公室会同市委农村政治部召开了郊区精简安置工作会议，出席会议的有各县县长和县委精简小组办公室主任，共 20 人。会议部署了在春节前对郊区农村回乡、下乡人员全面进行一次检查访问工作，并传达了中央安置工作会议精神④。1966 年 5 月 27 日，市委批转了市委精简小组办公室《关于本市精减安置巩固工作情况和意见的报告》，要求在 1966 年再狠抓一年，力争基本上解决回乡、下乡职工的安置巩固问题⑤。但随着"文化大革命"的开展，市委精简小组很快被撤销，"狠抓一年"的目标并未实现。

5. 上海市革命委员会下乡上山办公室

上海市革命委员会下乡上山办公室成立于 1968 年 6 月 11 日。当时，全市 1966—1968 年三年初高中毕业生共有 67 万人，其中家在农村可回原地生

---

① 《于永实同志在中共上海市第三届党代表大会上的发言稿：关于精减职工、减少城镇人口工作的发言（稿）》，上海市档案馆：B127-1-364-23。

② 《中共上海市委精简小组关于被精减职工安置巩固工作中几个问题的处理意见》，上海市档案馆：B112-4-663-58。

③ 市委批转市委精简小组《对于市郊农村安置城镇回乡、下乡人员工作中若干问题的处理意见》，宝山区档案馆：54-2-018-004。

④ 《郊区农村精简安置工作会议情况（农村情况反映第 51 期）》，宝山区档案馆：54-2-018-146。

⑤ 市委批转市委精简小组办公室《关于本市精减安置巩固工作情况和意见的报告》，宝山区档案馆：1-18-036-013。

产劳动的有 7 万人 ①。无论是回乡还是下乡，最后都统一采用"上山下乡"一词来统括。"1974 年 2 月，上海市革命委员会下乡上山办公室，改名为上海市革命委员会上山下乡办公室。1979 年 12 月，市革命委员会知识青年上山下乡办公室又更名为上海市人民政府知识青年上山下乡办公室。"②1981 年 1月 1 日，上海市知识青年上山下乡办公室正式撤销，有关职能并入市劳动局，在劳动局内设立知青处。

市革委会下乡上山办公室除动员知识青年上山下乡外，在城市居民回乡、下乡中亦起一定的作用。主要体现在对城市居民回乡、下乡的具体补助标准，都是由市革委会下乡上山办公室制定的。如 1970 年市革委会下乡上山办公室与市劳动局、财税局、民政局和市粮食局革命委员会等有关部门讨论了疏散人口中的具体政策问题，并征求了江浙皖三省有关部门的意见，对安置费、退休金、社会救济费的发放及粮油供应等问题作了具体规定。如规定对工厂企业的在职职工不动员疏散回乡，"但如有个别职工坚决要求随同家属一起回乡，又不影响生产和支内工作的，经企业上一级主管部门审批，可予同意，但不带工资，也不发给退职费，可由企业大体参照居民标准酌情发给车旅费和生活困难补助费"③。

二、临时机构变迁的趋势与特征

本节仅列举了在全市性的动员人口回乡工作中起主导作用的临时机构。若将全市所有动员人口回乡的临时机构列出，则临时机构是一个非常庞大的机构群体。首先，上列所有临时机构，在各区、县、部门、城镇、公社几乎都有对应的临时机构；其次，还有一些与动员人口回乡相关的短期存在的临时机构未专门介绍，如 1959 年 3 月 26 日成立制止农村劳动力盲目流入本市检查小组，王克任组长 ④，1962 年各、县公社建立的安置领导小组、安置委员会，"文革"初期成立了收容迁送领导小组等，这些组织均在完成短期任务

---

① 当代上海研究所编：《当代上海大事记》，上海辞书出版社，2007 年版，第 436 页。

② 《上海劳动志》编纂委员会编：《上海劳动志》，上海：上海社会科学院出版社，1998 年版，第552 页。

③ 《上海市革命委员会下乡上山办公室关于动员里弄闲散居民、退休人员若干具体政策问题的请示报告》，上海市档案馆：B228-2-240-169。

④ 《中共上海市委关于同意在上海市人民委员会下成立制止农村劳动力盲目流入城市的检查小组及组成人员通知》，上海市档案馆：A11-1-34-1。

后立即撤销。

纵观上海动员人口回乡中的机构设置，成立临时机构作为动员人口回乡的领导机构，从而充分发挥临时机构集中力量办大事、完成突击性任务的优势，对推动具体工作的力度是很大的。各个临时机构的共同特点是都处于上海市委或市革委会的直接领导之下，是党委的临时机构，政府部门一般也会成立相应的临时机构，与党委设立的临时机构或为一套班子，或为下属的执行机构，但人员也大多重合。这种设置方式体现了这些临时机构的级别较高，可以集中力量从事减人工作。临时机构的变迁，亦反映了不同时期动员人口回乡的不同特点。

第一，临时机构的设置集中反映了动员人口回乡运动式的特点。从临时机构成立的时间节点来看，全市性的人口工作临时机构都是在迫切需要大规模减少人口的背景下成立的。疏救会是在中华人民共和国成立初期迫切需要减少城市人口、减轻供应压力的背景下成立的；市委人口问题研究委员会是在上海城市紧缩战略确立之后立即成立的；市委人口工作领导小组是在三年困难时期之后迫切需要国民经济调整的背景下成立的，改组之后的市委精简小组则加强了对精简职工工作的领导力量；市革委会下乡上山办公室则是在1966—1968年连续三年没有对毕业生进行分配的背景下成立的，过多的知识青年集中在城市之中，已经极大地影响了社会稳定。在不同的背景之下，减少人口的任务是一致的，都是需要在一个比较短的时间内突击性地解决上海城市的人口问题。

建立临时机构来推动动员人口回乡，是由动员人口回乡的自身特点决定的。一方面，动员人口回乡涉及民政救济、劳动政策、交通安排、财政支持等多方面的问题，没有任何一个常设机构可以独立完成。另一方面，动员人口回乡一定是在全市范围内开展才能得以推动，尤其是在外来人口处理上，仅靠一个地区动员则外来人口往往会转而流入其他地区；同时由于不少外来人口本身即为上海职工和工人的家属，仅靠地区动员而单位不做思想工作无法进行。如1955年中共上海市人委机关委员会曾要求所属单位，"现在动员农民回乡工作各地区已经全面开展，如果各单位不抓紧这一工作，不但要给地区动员工作以很大的阻力，而且自己工作也要陷入被动"①。1957年北郊区

---

① 《关于动员机关员工家属回乡生产的意见和情况简报（关于动员机关员工家属保姆回乡生产的情况简报第一号）》，上海市档案馆：B12-2-133-95。

在动员外来农民回乡生产工作中发现，"有些单位是受市级机关领导，区里去不理会你这一套。我们通知东奔西跑得不到要领，其他群众藉口看榜样，因之以上问题在得不到统一解决前对当前工作只会逐步冻结，对今后转入经常更为不利"①。可见如果不是全市范围内的大规模的群众运动，单独某个地区或某些单位进行，其效果必然大打折扣。鉴于这些经验，20 世纪 60 年代的市委精简小组特别重视群众运动，强调减人工作"每年都应该经过调查研究，充分准备，在一定时间以内，全党上下一齐动手，用群众运动的形式集中地搞一个时期。特别是动员青年上山下乡从事农业生产和动员职工家属及其他居民回乡、下乡，不搞群众运动是不行的"②。

第二，临时机构的成员结构反映了动员对象的历史变迁。从这些临时机构的组成人员来看，恰可以 1960 年的市委人口工作领导小组为界，将动员人口回乡分为两段，20 世纪 50 年代的疏救会和市委人口问题研究委员会基本上是以民政局的干部为主，六七十年代的临时机构以市委劳动工资委员会或市劳动局的力量为主。这一变化反映了动员回乡对象的历史性变迁，50 年代动员回乡的主体是外来人口，动员回乡带有资助和救济性质；60 年代以后动员回乡以本市人口为主，实质上是本市劳动力安排问题的延伸，因此转而以劳动局为动员回乡的主要力量，民政局则属于从属地位，负责对困难职工的有关救济工作。

第三，临时机构的存在时间反映了动员人口回乡的难度越来越大。顾名思义，临时机构是临时性的，只要所从事的工作结束，临时机构亦应随之撤销。然而，从以上列举的临时机构来看，其存在的时间越来越长。疏救会存在近一年的时间，由于外地的灾荒，虽然也动员了大量人口回乡，但实际上动员人口回乡一直未曾达到理想目标。市委人口问题研究委员会存在了近两年的时间，在 1955 年至 1956 年的大动员结束后虽然很快得以撤销，但由于外来人口的不断流入，市人口办公室则存在了较长的时间。三年困难时期之后，虽然外来人口仍有不小的数量，但人口工作的重点已经转为精简职工和减少城镇人口，以

---

① 《上海市北郊区人民委员会关于动员外来农民还乡生产工作的情况报告》，宝山区档案馆：8-2-004-086。
② 《中共上海市委精简小组办公室关于上海市第三个五年计划期间和 15 年内减少城镇人口的规划、设想及统计表（上海市第三个五年计划期间减少城镇人口工作的初步规划）》，上海市档案馆：A62-1-22。

尽快缓解国家财政压力，不得不成立新的机构来解决这一问题，市委人口工作领导小组和市委精简小组承担了这一任务。由于精简职工的安置巩固工作难度非常大，遗留问题很多，因此在精简工作完成之后，市委精简小组仍然存在了三四年时间。市革委会下乡上山办公室本是为了解决城市未就业的知识青年问题而成立的临时机构，由于经济发展缓慢，知识青年就业问题长期得不到解决，下乡上山办公室存在了十几年的时间，几乎转变成为常设机构了。随着改革开放新时代的到来，上山下乡运动结束，才最终得以撤销。

临时机构存在时间的长短取决于运动式动员的效果及解决其遗留问题所需要的时间。从临时机构的历史变迁来看，临时机构存在的时间越来越长，反映了动员人口回乡及处理其遗留问题所需要的时间越来越长，难度也越来越大。实际上，每一个临时机构所需要达到的目标和需要解决的问题都没有完全实现，就仓促地被新的问题和新的机构所取代。

第二节　政策的制定与调适——以 1955 年动员对象的纠偏为例

在动员人口回乡的过程中，动员对象亦即动员哪些人回乡是工作的首要问题。不同的动员对象决定了动员机构的设置、动员工作的方法、救济和补助的标准等问题。在历次动员中，1955 年的动员回乡由于社会主义改造前夕社会的职业结构仍然复杂，加之经验缺乏，在动员对象问题上经历了一个不断调整和纠偏的过程。

1959 年上海市民政局在总结 1955 年以来上海市人口工作时，反思了工作上的缺点和错误，主要是：第一，对紧缩人口的复杂性估计不足，工作中缺乏预见性和计划性；第二，缺乏高度负责、积极钻研坚忍不拔和大胆革新的精神，工作顺利时盲目自满，如 1955 年大动员后，看到人口下降的情况就盲目乐观，麻痹自满，放松了动员和控制；三是群众路线贯彻不够，1955年大动员时，由于缺乏经验，准备工作不充分，政治思想教育不够，一度曾发生过比较严重的强迫命令现象；四是审查工作不严，动员了一部分不符合条件，或者应该另作处理的对象，如"四类分子"等①。这些缺点在 1955 年

---

① 《上海市民政局关于准备总结几年来本市人口工作的材料》，上海市档案馆：B168-1-891-14。

动员工作中客观存在。这些缺点的产生，与动员对象的设定或多或少存在着一定关系。

一、动员回乡对象的确定

1955年4、5月份，上海在全市范围内进行了动员外来农民回乡的运动。但此时的资料并未展示出上海动员人口回乡的庞大计划。这次运动基本结束之后，在5月24日的《上海市紧缩粮食销量的初步方案（草稿）》中，根据紧缩粮食销量的目标，要求上海市"大规模的动员工作要求六月份做好准备，七月份正式开始行动，五五年底以前500000人"①。上海市民政局的一份报告中谈到"今后动员工作将作新的布置"②，可见下半年大规模的动员回乡运动是在6月份才开始筹备的。

《关于疏散本市人口五十至一百万人的方案（草案）》应是规划1955年下半年上海市动员人口回乡的第一份正式文件，这份文件制定的减少人口目标留有较大余地，但无疑超过了紧缩粮食销量的要求。由于当时的档案材料一般并不标注时间，所以这份档案的具体时间并不明确，该草案中提到"为了加紧进行此项工作，各地区应在七月份全面调查流入本市的农民、游民和危害社会治安分子等情况"③，据此推断，该草案的正式公布时间应为6月下旬，最迟不过7月上旬。该方案要求各地区对可以回乡的对象进行摸底调查，主要范围是"解放以来盲目流入本市的无正当职业的农民、临时户口、漏户漏口，凡属目前仍无正当固定职业，家乡又有生产条件和生活出路者"。

这种对于对象范围的表述在一定程度上沿袭了4、5月份动员人口回乡对象的设定条件。在上海市民政局1955年4月19日制定的《关于动员外来农民回乡生产工作的几项规定》中确定的动员对象是"动员对象以家有土地，从事主要或辅助的农业劳动，来沪后无固定职业，立足未稳的农民为主。对小城镇居民在宣传动员影响下，自动要求返回原籍者，也应予以鼓励并帮助其解决困难。"④在同时期的《关于动员外来居民回籍生产工作的几项

---

① 《上海市紧缩粮食销量的初步方案（草稿）》，宝山区档案馆：10-7-073-030。
② 《上海市民政局关于1955年4月份至5月份农民回乡生产情况的初步分析报告》，上海市档案馆：B59-2-51-43。
③ 《关于疏散本市人口五十至一百万人的方案》，上海市档案馆：B168-1-870-8。
④ 《上海市人口办公室、民政局等关于动员农民回乡生产工作计划（1956、1957年）和1955年工作总结（关于动员外来农民回乡生产工作的几项规定）》，上海市档案馆：B25-1-5。

问题的报告》中对"无固定的正当职业"进行了具体阐述，所谓正当与否，"系指符合人民的需要与否来确定，如收旧货、流动小贩、拾垃圾、撑皮鞋、铲刀、磨剪刀、爆炒米花以及修洋伞、修套鞋、修旧补旧、流动理发、以摆康乐球摊为生者都不符合人民真正的需要"，所谓固定，"指职业营业收入是否固定和可靠，如临时工依靠借贷，依靠亲友帮助，依靠变卖等，其收入和生活均无保障，这属于非固定职业之类。如有组织有执照开店或有照摊贩等暂为固定职业，如果只有缴纳税收证而无执照者不算固定职业，现下工厂商店暂不动员而将由工商部门另行处理"①。

上海市民政局颁布的《关于动员外来农民及其他城镇居民回籍生产工作的初步方案（草案）》确定的动员对象"原则上以在本市解放以后来到上海的外来人口，在本市无正当的固定职业者为主，结合考虑他们回籍后是否有生产资料或生活条件。"②与《关于疏散本市人口五十至一百万人的方案（草案）》相比，动员对象的核心部分并无不同，但增加了动员本市无正当固定职业的城镇居民的要求，《关于动员外来农民及其他城镇居民回籍生产工作的初步方案（草案）》规定凡在本市无正当的固定职业的农民和其他城镇居民，凡是原籍有生产资料可以回籍生产的一律动员他们回籍。对在本市无正当的固定职业，原籍又缺乏生产条件的，应先联系其原籍地政府，能作适当安置的，也应动员其回籍，否则另作外移安置的适当处理。这样，动员对象的范围就有所扩大，只要原籍能给予安置，无论是回乡后有无生产生活条件，均作为动员对象。

在初步方案确定以后，各地区和单位首先根据要求进行了调查摸底工作。如第一轻工业党委在7月初即以宣传部为主，成立了专门机构，向各单位布置了工作，并确定以"烟五"（国营上海卷烟五厂）等四个厂为重点。各厂党委都随即成立了工作组进行调查摸底工作。在调查摸底中通过各方面的渠道了解真实情况，如上海锅炉厂向派出所了解本厂户口情况，只有临时户口80户，经再深入调查即发现共有101户。烟五厂发现仅靠群众座谈来了解并不可靠，该厂在座谈中有50户，大家共隐瞒了25个保姆，国营二机初

---

① 《上海市民政局关于动员外来居民回籍生产工作的几项问题的报告》，上海市档案馆：B168-1-871-36。

② 《上海市民政局关于动员外来农民及其他城镇居民回籍生产工作的初步方案（草案）》，上海市档案馆：B168-1-871-23。

步摸底有 80 个动员对象，核实后增至 450 人①。在调查摸底中，一般在各单位党委领导下，由工会或其他群众组织通过发放统计表，采用旁敲侧击的方式进行。国营上海第二纺织厂由车间主席发动小组长或劳保干部进行统计，车间主席说，"工会过去掌握的家属情况，几年来已经有了很大的变化，为了正确掌握职工家属情况，因此要搞一次职工家属情况统计表"②。公私合营永新电工器材厂则由工会出面，"向职工群众以核实粮食计划供应为名的印制统计职工家属在沪人数、称呼及解放前后来沪居住的时间和生活依靠等，这些内容要求每一职工都要填写"③。

表 4-1　中共上海水泥厂总支委员会填报外籍职工家属来沪人数调查表

（单位：人）

	来沪日期							合计
	上海解放前	1950 年	1951 年	1952 年	1953 年	1954 年	1955 年	
在乡有土地者	214	29	12	24	28	24	19	350
在乡无土地者	869	72	51	58	27	34	31	1142
合计	1083	101	63	82	55	58	50	1492

说明：

1. 以上人数不包括本市职工家属。

2. 本厂有运输工人 216 名。因流动性很大，此次约有 4/5 的人数未能统计在内。

3. 这次调查工作，由于期限紧迫，没有充分时间做好思想动员工作，因此使一部分职工的思想有顾虑，有的乡间有土地而没有填入，有的家属何时来沪同居，没有填入，因此使本次统计很难正确。

资料来源：《中共上海水泥厂总支委员会填报外籍职工家属来沪人数调查表》，上海市档案馆：A45-1-169-23。

可以看出，这些调查摸底是仓促而且粗糙的。国营上海第二纺织厂有的车间仅仅利用一个中午的时间就完成了调查。而且，调查的对象不仅仅是上

---

① 《上海市人民委员会人口办公室编印的〈工作简报〉1955 年第 2 期》，上海市档案馆：B59-2-27-4。

② 《中共国营上海第二纺织机械厂委员会关于动员职工家属回乡生产初步摸底排队工作小结》，上海市档案馆：A43-1-35-11。

③ 《中共公私合营永新电工器材厂支部委员会关于逐步紧缩上海人口、动员回乡工作计划》，上海市档案馆：A45-1-169-12。

海解放后的，连大多之前来上海的职工家属亦统计在内。在回乡条件上，回乡之后有土地还是无土地大多只是通过职工本人的诉说，来不及进行详细核实。在个人申报中，存在少部分人谎报、瞒报的现象，如公私合营中瓷电厂发现"有少部分不愿回乡隐瞒家乡无田房，回乡没依靠"[①]。由于7月初调查摸底工作的仓促和粗糙，在动员工作开始后，必然造成实际动员对象与原定目标有所偏差，于是又不得不再次开展全市性的调查摸底工作。

地区也开展了典型调查。根据长宁区法华镇办事处所辖地区的调查，在外来农民中有条件回乡的占到85.9%（表4-2）。而在闸北区两个居委会1313个外来居民中，家有土地房屋的达1161人，占88.4%[②]。根据市民政局的统计，全市在原籍有生产资料或生活条件，必须和可能回乡生产的农民共约50万人（机关、部队、部分企业的员工家属以及游民和社会渣滓等尚不包括在内）[③]。

表 4-2　长宁区法华镇办事处外来农民回乡条件调查统计表

类　别	家有土地房屋	无土地但有亲属可依靠	其他	总计
数　量	1725	139	307	2171
占比（%）	79.5	6.4	14.1	100

资料来源：《上海市民政局关于动员农民回乡生产的工作方案、情况报告及中共上海市委批示（关于动员农民回乡生产工作的方案）》，上海市档案馆：B2-2-10。

因此，外来农民中绝大多数可以回乡，貌似是经过调查得出的确切结论。1955年7月21日，上海市委批发了市民政局党组《关于动员农民回乡生产工作的方案》[④]，作为动员工作开始之前的最终文件，该方案对动员的对象和范围规定如下：

凡原籍有生产条件（即有土地、有劳动力）或生活条件（即在原籍有依靠或有亲属汇款供养），必须和可能动员回去的农民，都应该大力动员回乡

---

① 《公私合营益中瓷电厂关于讨论紧缩人口问题的情况汇报》，上海市档案馆：A45-1-169-34。
② 《中共上海市委宣传部关于逐步紧缩上海人口的宣传提纲》，上海市档案馆：B168-1-870-33。
③ 《上海市民政局关于动员农民回乡生产的工作方案、情况报告及中共上海市委批示（关于动员农民回乡生产工作的方案）》，上海市档案馆：B2-2-10。
④ 同上。

生产。根据这一原则，主要对象是：

（一）在本市等待就业和无正当职业或固定职业的；

（二）机关、部队、企业、学校员工和居民的家属、保姆、佣工等；

（三）工厂企业的临时工；

（四）在现有困难行业应行解雇的职工中，原是来自农村的农民。

此外，在动员影响下，如有在职员工和一般居民自愿回原籍（农村或其他城镇）的，也可协助他们回原籍生产。（在职员工离职回乡应经主管部门审查批准。）

这种对象范围的划定看似清晰，但在实际执行过程中则较为模糊。模糊的焦点在于，何为必须和可能动员回去，无正当职业或固定职业到底是哪些行业。后来动员工作之所以出现问题，"最主要的原因是干部未很好了解市委指示的精神，把动员农民回乡生产方案中动员范围和对象所提的总原则（原籍有生产生活条件，必须和可能回乡的）和四种对象分割开来解释，因而产生了：凡是家里有田地的，或在上海无正当固定职业的，干部、职工和居民的所有家属、保姆、佣工、做临时工的和困难行业的职工以及解放后来上海的和临时户口都应立即回去的错觉"①。

二、动员工作的开展与工作中的偏差

由于动员对象主要是外来农民，因此，动员工作主要以地区为主，各单位的动员主要是动员住在职工集体宿舍的职工家属，以及配合地区动员做好职工的思想工作。市人口办公室主要是通过抓住地区领导来推动工作，大规模的动员其过程可以从四次区长会议上得到大致体现。7月23日的区长会议主要是对如何开展动员回乡工作进行部署②。8月6日的区长会议主要是讨论动员农民回乡工作中的各项重要问题，宋日昌副市长作指示，指出动员工作中存在地区之间不平衡、宣传动员工作不够深入、掌握动员范围太宽等三大问题③。8月16日，市委再次召开各区区长会议，传达关于暂停动员农民回

① 上海市人民委员会人口办公室编印的《工作简报》1955年第5期，上海市档案馆：B59-2-27-21。
② 上海市人民委员会人口办公室编印的《工作简报》1955年第1期，上海市档案馆：B59-2-27-1。
③ 上海市人民委员会人口办公室编印的《工作简报》1955年第6期，上海市档案馆：B59-2-27-30。

乡的指示①。8 月 17 日，市人口办公室召开各区区长、各党委及人口办公室主任会议，市委书记陈丕显作重要指示，副市长宋日昌对进一步动员农民回乡工作作了布置。宋日昌指出，动员运动实际上从 7 月 25 日开始，到 8 月中旬仅 20 天，动员人数已经达到了 17 万人。在运动中存在着开展很快、步骤太急；工作很紧张；准备不够充分等问题。因此，"为了今后进一步更深入细致地做好这项工作，现在有必要暂时停止进行动员，全体工作干部以大约一个半月的时间进行一次休整，为下一步的动员工作作好准备。"②之所以暂时停止动员人口回乡运动，从决策者的角度而言，受到了来自市内和市外的双重压力。

1. 内部压力：对象的模糊与动员中的强迫命令现象

在动员过程中，市人民委员会人口办公室在编印的《工作简报》中，从一开始就采取了"催促"的办法来推动动员工作的开展。1955 年 8 月 2 日的《工作简报》即批评有些单位对市委精神领会不足，采取所谓"细水长流"的办法，进度太慢，要求这些区"大胆放手发动群众开展广泛的向群众展开宣传教育"③。第二期的《工作简报》再次要求各党委必须抓紧动员农民回乡生产的工作④。领导机构的催促，和动员对象的较为模糊，造成了一些群众的紧张，"新城区曾发现某里弄一些劳动大姊（即家庭保姆、佣工）为此暗地集会。某单位一干部听了动员后立即动员保姆回乡，自己去工作，把孩子关在房里听其哭闹"⑤。

群众的这种紧张心态与动员对象确定及宣传中的模糊不清有直接关系。"长宁区某工厂宣传中交代政策不清，使群众思想引起很大波动，以为凡职工家属都得回乡。该区周家桥办事处地区一共只有二万多人口，内部掌握动员对象即达五千人。某裁缝店职工，仅仅因没有工会会员证，也被列为动员对象"⑥。有的单位如中国食品公司上海供应站坦承"究竟那些人须动员返乡，

---

① 《上海市人民委员会郊区工作办事处关于上海市郊真如区在暂停动员农民回乡工作期间发生工人家属自杀事件的通报》，上海市档案馆：B46-1-132-103。
② 上海市人民委员会人口办公室编印的《工作简报》1955 年第 11 期，上海市档案馆：B59-2-27-60。
③ 上海市人民委员会人口办公室编印的《工作简报》1955 年第 1 期，上海市档案馆：B59-2-27-1。
④ 上海市人民委员会人口办公室编印的《工作简报》1955 年第 2 期，上海市档案馆：B59-2-27-4。
⑤ 同上。
⑥ 上海市人民委员会人口办公室编印的《工作简报》1955 年第 3 期，上海市档案馆：B59-2-27-11。

那些人不须动员返乡不清楚"①。社会上亦有不少关于动员回乡的种种谣言，如"疏散人口分五批走，第一批失工，第二批反革命家属，第三批摊贩，第四批保姆，第五批老婆"，"解放后来上海的都要走"②等等。可以说，由于动员对象的模糊而使谣言有了传播的空间，谣言的传播又更进一步模糊了动员对象的具体条件。甚至有的干部在宣传中也说"家属都要回去"，"保姆都要回去"③，更加引起人民群众思想的混乱。

在当时减少人口的出路上，有支援外地建设、回乡、垦荒等多种途径。在个人出路的选择上，广大人民群众也有很强的思想斗争。群众中流传着"有技术去东北，无技术去西北，有田地回苏北"④的说法，甚至有的干部在动员时也说"有田的回乡，没有田可以去开荒"，有些群众为了怕开荒，只好谎报有田，争取回乡⑤。因此，在实际的动员过程中，动员对象的范围被扩大了。上海市国营仓储公司政治处宣教科在工作小结中将动员对象范围扩大的表现归纳为以下几类："1.保姆奶妈一律回乡，可在上海另找；2.职工家属只要有田有屋不问多少不管自愿不愿一律回乡；3.失业应回乡，中学生小学生也可回乡读书；4.夫家无田无屋，可回娘家生产等；5.除了单身汉，原籍上海人有工作的夫妇以外都是动员对象。"⑥

在动员对象扩大的同时，还存在着较为严重的强迫命令现象。一些单位的干部在动员工作中抱有不正确的态度，"不管职工家属是否属于动员对象，认为只要动员回去，成绩就很大"⑦。据浙江访问团访问农民时反映，上海有的动员工作的干部在进行个别动员时第一次讲道理，第二次就说"不走要到西北开荒"，第三次就要收购粮证，第四次就说"再不走，就是抗拒，抗拒政策就是反革命"。有的限期回乡，有的则说："迟走不如早走，盘费有上海负责，乡下我们已去信联系好了"，"工作可以安排的"，"没有田和农具找农

---

① 《中国食品公司上海供应站人事科关于动员职工家属返乡工作简报》，上海市档案馆：B122-2-37-52。
② 上海市人民委员会人口办公室编印的《工作简报》1955年第5期，上海市档案馆：B59-2-27-21。
③ 上海市人民委员会人口办公室编印的《工作简报》1955年第6期，上海市档案馆：B59-2-27-30。
④ 《上海市民政局关于本市动员农民回乡工作概况》，上海市档案馆：B168-1-862-131。
⑤ 《上海市动员农民回乡生产第一阶段工作的总结报告（草稿）》，上海市档案馆：B168-1-862-100。
⑥ 《上海市国营仓储公司政治处宣教科关于动员职工家属回乡生产的工作小结》，上海市档案馆：B122-2-37-103。
⑦ 《中国医药公司上海采购供应站政治处宣教科关于动员农民回乡生产工作总结》，上海市档案馆：B122-2-37-113。

会主任"，"生活有困难一样救济"，"没有房子和村干部商量住地主房子"，"不相信你回来枪毙我"，有的在回乡证上注明"希你处安排工作"，造成地方被动，所以有的人回来后，见上海诺言无法兑现，大叫上当①。而根据上海市民政局的总结材料，在动员工作中有些干部采用催逼的方法去动员，见了群众就问："思想通了吗？""几时走？"有的一天几次上门访问，吓得群众不敢见面。有的干部用注销户口、收回购粮证来威胁群众；有些干部看到群众愿意考虑回乡，立即代为报出户口，门上贴上红纸条，里弄贴出光荣榜，使他们不能变卦；有些干部在座谈会上点名发言，要人人订回乡计划，不发言不订计划就不散会，有的地区甚至指名动员限期回去②。

　　在被动员的各类对象当中，保姆、奶妈引起的问题较为集中，在动员工作初期，发生在保姆奶妈身上的强迫命令现象较为严重。"掌握动员范围稍有缺点就容易引起各个阶层的不满。如在这次工作中，动员家属、保姆、奶妈回乡，就曾引起了部分干部、职工的不满和资本家、民主人士等的叫嚣"③。一开始，一些地区将保姆、奶妈、佣工列为主要动员对象，"甚至连跟随周信芳多年的为周化妆的佣工也动员了"④。尤其是保姆、奶妈对上海市民的日常生活影响很大，不少上海市民也对动员保姆奶妈回乡很有看法。在动员工作开始时，有的单位"把保姆、奶妈都统计在容易动员范围内，工作开展后，部分有孩子、夫妻二人工作的职工及家属有恐慌现象"⑤，虽然后来得以纠正，但对工作的影响不小。中国交通电工器材公司反映，"较多的人对使用奶妈保姆问题上存在着顾虑，因为一般认为乡下保姆老实可靠，劳动好价格便宜，动员回乡后会感到不方便"⑥。上海市妇联也反映有些职工"对本市找保姆不放心，怕上海人情况复杂、不可靠，不好掌握，怕上海人不会带小孩，或者过去的保姆已熟悉了，孩子也习惯了，换一个人怕弄

①《浙江省农民回乡访问团戚原关于访问回乡生产农民的调查报告》，上海市档案馆：B59-1-63-377。

②《上海市动员农民回乡生产第一阶段工作的总结报告（草稿）》，上海市档案馆：B168-1-862-100。

③《上海市民政局关于上海市动员农民回乡生产工作初步总结（四稿）》，上海市档案馆：B168-1-864-13。

④ 上海市人民委员会人口办公室编印的《工作简报》1955年第9期，上海市档案馆：B59-2-27-46。周信芳，中国京剧表演艺术家，是麟派艺术的创始人。

⑤《中国第一机械工会沪东造船厂委员会关于紧缩上海人口动员职工家属回乡生产工作总结》，上海市档案馆：A43-1-35-59。

⑥《中国交通电工器材公司关于动员职工家属回乡的思想反映》，上海市档案馆：B122-2-37-94。

不好"①。

政治协商会议上海市委员会政法小组于8月29日下午召开座谈会，座谈本市动员农民回乡生产问题，会上共有12名委员发表了意见，对于保姆问题的反映尤其集中。"十二人中八人发言都提到保姆问题，而且多联系到自己家里的保姆、佣工，主要的意见是应当区别不同的情况，分别对待，对家庭确有需要雇用保姆、佣工的最好不要勉强动员，但对非必需雇用的或雇用过多的仍主张动员"②。如彭文应反映，有一个里弄干部在开会后，就问劳动大姐明天走还是后天走，劳动大姐说年纪大，干部说三五天内要走，几次来催后劳动大姐就哭了，说她放在铺子里的钱还没有收回怎么走呢？干部就帮助佣工去派出所要账，后来是解决了，听说佣工在20日走，是否走不知道。彭文应认为"这是急躁的做法，而不是稳健的"。

由于保姆、奶妈、佣工问题的影响较大，因此，市人口办公室纠正了有关地区的做法，指出保姆、奶妈、佣工是适应目前社会需要而存在的职业，"今后动员他们回乡生产应当遵循：过去从宽，今后从严，在业从宽，待业从严的政策"③。具体政策是：

1. 凡在业即正在雇主家庭中工作的奶妈、保姆、佣工一律不去动员。这些奶妈、保姆、佣工如无户口或仅是临时户口，得根据申报户口有关规定，办理转为正式户口的手续。

2. 凡雇主不愿继续雇用，或保姆、奶妈、佣工本人不愿受雇，自愿回乡生产并提出请求的，应协助他们回乡。

3. 凡目前尚未找到工作而正在待机就业中的保姆、奶妈、佣工，如符合动员条件的，应动员和说服他们回乡生产。

4. 凡户主需要雇用奶妈、保姆、佣工，正在物色雇用中，不应加以干涉，但可说服劝阻他们不应再向农村中雇用。雇用后得按规定申请办理户口

---

① 《上海市团市委、妇联关于动员知识青年与妇女参加国家建设工作方案及移民垦荒、回乡生产工作的计划、报告，1955—1956（市妇联机关和妇联保育院关于动员家属、保姆回乡参加农业生产的工作计划）》，上海市档案馆：B25-2-11。

② 《上海市人民委员会人口办公室关于召开本市动员农民回乡生产座谈会的报告》，上海市档案馆：B168-1-862-87。

③ 《关于动员机关员工家属回乡生产的意见和情况简报（关于动员机关员工家属保姆回乡生产的情况简报第二号）》，上海市档案馆：B12-2-133-95。

迁移手续。

新的规定纠正了部分地区和单位将保姆作为主要动员对象的错误做法，保姆、奶妈、佣工回乡就相对平稳了。

此外，由于准备工作不足，交通等方面的压力很大。再加上在动员高潮时由于强迫命令等原因，造成了几起自杀事件，这些都给动员工作主管部门带来很大压力，不得不暂停动员工作。

2. 外部压力：江苏安置的困难与江苏省相关干部的意见

由于这次动员人口回乡大多数是动员回江苏，并且时间较为集中，给江苏省的安置工作带来很大困难。8月8日和10日，上海市副市长宋日昌、民政局长洪天寿、社会福利处处长樊玉琳等与江苏省委就动员农民回乡问题举行座谈和洽商。8月17日至18日召开了由副市长宋日昌亲自主持的，包括江苏省的建湖、高邮、江都、兴化、盐城等县干部代表共同参加的动员农民回乡生产工作的汇报会。通过几次座谈，了解了江苏省委和部分地方干部对上海动员回乡的意见，为改进动员工作打下了基础。

从与江苏省委座谈的内容来看，虽然在许多问题上江苏和上海略有分歧，如补助和救济标准、经费问题、动员方法等，但这些并非主要问题，正如江苏省委书记江渭清所说，"这笔钱是由江苏出，还是由上海负担，都是一样，反正是国家出钱，只要中央决定即可"①。江苏省开始提出要求先将动员回乡的名单交县区乡核对后才能动员，但最后江苏民政厅副厅长张志强表示，只要动员对象明确规定，严格加以控制，也可以不要名单。座谈的焦点问题主要是动员对象问题，现围绕该问题将江苏省委领导和地方干部的意见作简要介绍。

8月8日的座谈时间从下午3点开始，参加座谈的江苏省相关领导分别是江渭清、刘顺元、陈光和惠浴宇②四位书记，以及政法办公室副主任章维仁、民政厅副厅长张志强等，江苏省参加这次座谈规格很高。在宋日昌介绍上海动员人口回乡的方案之后，江苏省民政厅副厅长张志强首先发言，指出

---

① 《上海市副市长宋日昌关于和江苏省委会报和洽商安置动员回乡生产的农民的报告》，上海市档案馆：B168-1-865-1。关于江苏省委的意见均出自此份报告，本节在引用时涉及此份报告的不再注释。

② 江渭清，时任江苏省委书记；刘顺元，1954年起任江苏省委副书记、省委书记处书记；陈光时任江苏省委副书记，省政协第一副主席；惠浴宇，时任江苏省委副书记、省长。

有些地区难以安置，如江都、无锡等地，本来就是因地少人多才流入城市寻找出路，现在回来后土地缺乏；原籍必须有一定土地的对象才能安置从事农业生产，有的离乡5年、10年以上，回乡后生活生产资料一无所有，难以安置；许多机关家属本就依靠亲属供养，本身无劳动力，回来后也不能从事生产；妓女游民回乡即使有土地也不会耕种。

江渭清首先表示支持上海的紧缩方针，但也指出上海市动员农民回乡生产的方案与具体对象发生了矛盾，名义上是动员农民回乡，实际上包括很广。一年二年以内去上海的农民仅约三四万人，现在大部分已经回来。在上海已经三年五年十年以上的，其生活习惯、社会关系，各方面已在上海生了根，和农村的关系淡薄。很大一部分，原籍虽是江苏，但是无家可归，虽有土地亦发生变化，家虽为江苏，目前已不能送回江苏。动员几十万人回江苏安置的问题，江渭清认为数量很大，牵涉面广，具体的对象不同，时间匆促，困难重重。这些人在上海是上海的困难，但回江苏，使江苏背几十万人的包袱，供养起来，也是国家的困难。应从根本上解决问题，根据党的方针，采取负责到底的态度处理他们。

宋日昌回答：上海市委绝不是让江苏背包袱，而是有条件可以动员回来的才动员的。江渭清则说：你们不叫我们背包袱，这种精神是好的；但是我们要准备背包袱，可是不希望背大包袱。

在关于动员对象问题上，江渭清最后表示，"我们采取负责到底的态度处理，不因为困难而不照顾上海的疏散问题"。在具体对象上，江渭清指出，基本上没有问题的，可以动员回去，我们负责安置。所谓基本上没有问题包括三个条件：1. 家有相对的土地。2. 有劳动力。3. 有家可归。至于回乡后缺乏生产生活资料，生产工具的，须适当予以救济和协助解决。但基本上困难的，即1. 家无土地，2. 无劳动力，3. 家无直系亲属可靠的，不能动员回去，希望上海另行设法解决。在动员对象的来沪时间问题上，一年二年以内流入上海的一定动员回乡，江苏负责安置；三年五年以上流入上海的，其本人虽原系农民，但因来沪已久，生活习惯，社会关系等已与上海有密切的联系，本人已改变成分，因此回去难以安置。对工人家属、临时工采取按行业归口办法处理。如不根据其具体情况安置处理，势必安不下去，往返流荡，影响社会治安秩序，影响不好。游民、反革命分子，请由上海就地处理，不要送回来。此外，江渭清还指出由于江苏尚未做充分准备和布置，建议上海缓一下进行动员，以免难以安置，造成被动。

10 日上午，宋日昌等又再次和江苏省委座谈，江渭清、刘顺元、章维仁等参加。江渭清再次表达了江苏省委的意见，指出上海城市紧缩是肯定的，但须逐步疏散，牵涉城市规划建设的方针，城市建设应与生产和供应相适应。疏散城市人口的方针不能动摇，但须采取逐步地有计划地分批地进行。不能因为是江苏人，就一定遣散到江苏安置。必须看要动员回乡的是什么样的人，回来是不是能有生产条件和生活保证。有些人已经变质，不能说是农民。在具体对象上，江渭清提出了三条标准：

一、动员回来的人必须是有土地的，确实有土地，即按当地土改分地习惯，分有一定的土地，说原来有土地的，但土地已有变化，有的出租，有的出卖，有的已送给合作社。工人家属不愿要土地，自己不能种，雇人请人种不够付工资、交公粮的，所以很多人家已将土地献给合作社。

二、农村有家的。

三、劳动力是相对的，靠一定的生产，靠汇款生活是可以的。控制要严，分别对象，分别处理。部分对象，动员回来难以处理。各行业的人，可按行业归口，分口处理。

最后，江渭清表示，已经动员回来的，便不再回上海，一定要一笔钱，需要救济。上海遣散人口是肯定的，要经过一些步骤，请上海局和上海市委体贴江苏的困难，10 月开始搞统购统销，以后征兵、水利、安置复员军人、发展合作社、推销公债、镇反，实在太忙。上海动员回乡的面很广，影响到江苏 76 个县市。江苏尽量克服困难，安置上海动员回来的农民，江苏支援上海，上海也要支援江苏，这是一个问题的两方面。对无法安置的，在动员时控制要严些。不应动员回来的，不要动员回来。总而言之，五四年五五年到上海的，不问是自己流入的，或是被招雇去的立即动员回来，江苏负责安置。五二年五四年即土改以后来上海的，基本上可以回来，可作第二批回来；五二年以前的，即四九年、五○年、五一年来上海的，则请考虑作整个处理。凡江苏 12 个城市的居民，请上海不要动员回来。

宋日昌就这两次座谈向上海市委提出了意见建议。宋日昌认为，"我们从谈话中，体会到江苏省委同志虽未明白表示，上海市委动员农民回乡生产的方案，既未经中央批准，又未经上海局转发，所以他们有意见，而且相当坚持他们的意见"。"关于动员的对象，他们认为规定得太宽容易出偏差，我们应同意他们的意见，结合检查我们的动员工作中已发生的偏差加以较具体细致的规定，严格掌握，经常检查，加强和各省县区的联系，如发现动员回去的人，不易安置，我们即应注意不动员回去，如保姆、临时工、困难行业中应行解雇的职工等。我们现在已经规定不动员回去或加以限制，他们已表示同意"。

在 8 月 17、18 日的座谈中，主要座谈的对象为江苏部分县的地方干部，各地干部在发言中，均强调由于动员对象的问题，各县在安置上有很大困难。如根据建湖县干部的发言，建湖县芦沟区新新乡 1955 年 7、8 月份共迁回 29 户、39 人，这些人中仅有 5 个劳动力，其余 24 人全是老弱妇孺；据新新乡的乡干部讲，在已经写信要回来的 40 多户（约 200 人）中，大部分在乡下没土地、没房子，不少的人在找亲戚，安置上存在着一定的困难。根据建湖县委的统计，从 1955 年春至 8 月上旬已回乡的人口总数为 5105 户、17376 人，截至 8 月份仍有 592 户、2327 人没有得到安置，占总户数的 11.6% 和总人数的 13.4%[①]。

从几次座谈中，上海市了解到外地尤其是江苏省对于动员对象问题上的具体意见，由于动员工作必须考虑安置的可能性，因此也不得不根据江苏等地的意见，对上海动员人口回乡的对象进行重新考虑。

三、动员对象的调整与纠偏

在动员工作暂停之后，上海市通过重新进行调查摸底、组织江苏、浙江农民回乡访问团等方式加强了调查研究，调查的重点在于摸清到底哪些人可以回乡、哪些人不应动员回乡。各区都进行了动员工作的总结，之后便开展了调查摸底工作。市人口办公室在 9 月 6 日的《工作简报》中规定调查对象的范围是，"原籍有土地或有生活依靠，在上海又无正当固定职业 1. 无业、失业的人（包括职工、干部、居民家属中无业的人）；2. 小贩；3. 临时工；4. 三轮车工人"[②]。这样，与动员开始之前的动员对象相比，调查摸底的对象就极为具体了。

9 月初，江苏访问团和浙江访问团分别由洪天寿、戚原担任团长，团员

---

① 《关于动员农民回乡生产工作的汇报会》，上海市档案馆：B168-1-862-154。
② 上海市人民委员会人口办公室编印的《工作简报》1955 年第 13 期，上海市档案馆：B59-2-27-69。

和工作人员共有 70 人，分别赴江苏、浙江进行调研和访问工作。访问团的任务是"了解回乡农民在农村中的生产、生活情况，以便检查总结本市前一阶段的动员工作，并进一步继续贯彻动员农民回乡生产的工作"[①]。洪天寿，江苏句容人，时任上海市民政局局长；戚原，浙江余姚人，时任上海邑庙区委副书记、区长。访问团团长的人选既考虑了工作岗位，又考虑到籍贯因素，可见上海市委和市人委对本次访问的重视。

以浙江访问团为例，访问团调查了从上海动员回浙江的群众回乡后的土地房屋情况，根据调查，原籍有土地有房屋生活无困难的只有 44%，其他在土地和房屋问题上或多或少存在一定问题，原籍无土地无房屋的比例达 14.5%（表 4-3）。可见动员回乡中确实存在较严重的控制不严，扩大动员范围的问题，并且在动员前没有对农民回乡后的生产生活条件进行认真调查与核实。浙江访问团在给市委的报告中提出了对以下五类对象不宜进行动员，分别是：1. 原籍有屋有田或有屋无田的农业人口，本人或家属都缺乏劳动力，不能从事农业生产，回乡后无法维持生活的；2. 职工、机关干部家属，回乡后无依靠或系夫妻关系，虽能定期汇款供养维持生活，一般不宜动员；3. 佣工保姆中，原籍生活无其他依靠或生活困难，以此维持本人及家庭生活者，不宜动员；4. 摊贩、失业人员、手工业独立劳动者等，原籍无生产生活条件，

表 4-3　浙江访问团关于回乡后农民生产生活条件调查情况统计表

	总计	土 地 房 屋 情 况				
		有相当地一般农民同等数量的土地房屋，目前无困难	虽有土地房屋，但地少人多，维生有困难的	有屋无地	有地无屋	无地无屋
户　数	413	213	42	95	15	48
人　数	730	321	68	188	47	106
百分比（以人数计算）	100%	44%	9.3%	25.7%	6.5%	14.5%

资料来源：《上海市人民委员会人口办公室关于上海市动员农民回乡生产工作综合报告》，上海市档案馆：B168-1-862-172。

[①] 《上海组成两个访问团分赴江苏浙江　访问回乡农民生产生活情况》，《文汇报》，1955 年 9 月 4 日。

一般不宜作为动员对象；5.一贯居住小城镇的居民，原籍无生产、生活条件，也无亲戚依靠，一般不宜动员①。

根据长宁、闸北、榆林三个区及 58 个居委会关于倒流情况的统计，11月份共有倒流人口 594 人，其中原籍有田有屋的只占 52.4%（表4-4）。这一数据与浙江访问团到浙江调查的数据较为接近，同样证明动员人口回乡中过多地考虑了在上海无固定正当职业这一条件，而对回乡后的生产生活条件考虑不足。

表4-4　长宁、闸北、榆林三区及 58 个居委会倒流情况统计表（1955 年 11 月）

	合计	原籍生产生活条件				倒流原因								
		有田有屋	有田无屋	无田有屋	无田无屋	无生产生活条件	田地情况变化	盲目回乡	帮佣	季节性流动	怕劳动	粮食不供应	上海不动员	其他
人数	594	311	54	63	161	102	7	26	28	10	130	2	16	55
百分比	100	52.4	9.1	10.6	27.1	18.2	1.2	4.4	4.7	1.7	21.8	0.3	2.7	9.3

资料来源：《最近回乡农民向上海倒流与在乡农民继续盲目流入上海的情况》，上海市档案馆：B168-1-862-138。

动员工作暂停之后，在干部和群众中也产生了许多不正确的认识。如普陀区的干部反映，区里一共三次报告都不一样。第一次是：越多越好；第二次要合情合理，第三次是停下来。里弄干部说，过去叫动员也是你们（指区），我们正积极动员，现在又叫停下来，政府做好人，叫我们做坏人。也有的群众说，政府体贴人民，就是里弄干部不好。有的甚至抓住里弄干部责问：你为什么动员我。当然，也有群众认为回乡停止了，今后可能都要去开荒了，于是更加积极地要求回乡②。总之，暂停之后出现的这些问题，与对动员对象范围的不断变化有直接关系。

根据这些情况，宋日昌在给市委的报告中再次就动员对象范围提出了建议，认为"规定动员范围应当掌握同时有利于城市和乡村两方面的社会主义

---

① 《浙江省农民回乡访问团戚原关于访问回乡生产农民的调查报告》，上海市档案馆：B59-1-63-377。

② 《上海市人民委员会人口办公室关于贯彻中共上海市委关于暂停动员农民回乡工作指示的情况报告》，上海市档案馆：B168-1-862-229。

建设和改造的原则，并做到合情合理。动员对象应当是在农村确有生产条件或生活条件，回乡后能够生活，在城市没有固定职业，也没有必要在城市居住，必须和可能动员回乡的人，原为农业人口的人。"① 这个范围与动员工作开始之前确定的范围相比就大大缩小了。原规定为在原籍有生产或生活条件，宋日昌在这一规定中加了一个"确"字，强调必须对动员对象回乡后的生产或生活条件切实掌握；舍弃了无正当职业这一较为模糊的表述；此外，强调动员对象必须是原为农业人口的人，原非农业人口的人将不进行动员。

1955 年 11 月 7 日，市人口办公室在《关于上海市动员农民回乡生产工作综合报告》② 中用大段篇幅反思和重新谋划了动员农民回乡生产的范围问题，指出"动员农民回乡生产应当明确规定动员范围，使工作干部和居民都知道什么人应当回乡。"在动员对象范围的描述上，与上述宋日昌的表述完全一致。尤其是指出了对于以下几种情况复杂的人，动员时要特别慎重，有的就不应动员：（1）有政治历史问题的人；（2）有家庭纠纷的人；（3）某些长期失业以及其他生活贫困、对前途失去信心的人；（4）坚决不愿回乡的人；（5）听了宣传后思想斗争十分尖锐，情绪不正常的人。这几种"情况复杂的人"都是在 1955 年大动员期间使动员工作出现问题的人，这种规定的意图在于避免动员过程中自杀等消极现象的发生。

由于这些教训和反思，在 1956 年重启动员人口回乡工作时，对动员对象的要求极为细致、具体。具体规定如下：

凡在农村中有生产生活条件，回乡后能维持最低生活，在城市没有固定职业，也没有必要居住城市的农业人口都属动员对象。在衡量原籍生产、生活条件时，可按下列几方面研究决定：

（1）除江苏、浙江部分地区，如江都、无锡、苏州、南通、宁波等县，由于地少人多必须每人平均有一亩以上的土地才可以进行动员外，一般需要劳动力的地区，虽每人不足一亩，但有较强劳动力也可进行动员。

---

① 《上海市人民委员会人口问题委员会宋日昌关于动员农民回乡生产情况和今后工作意见报告》，上海市档案馆：B168-1-862-206。

② 《上海市人民委员会人口办公室关于上海市动员农民回乡生产工作综合报告》，上海市档案馆：B168-1-862-172。

（2）一九五四年以后流入本市的农民，不论土地多少，都应进行动员。

（3）过去动员回乡，原籍确有生产生活条件而倒流和新近盲目流入本市的都应积极动员。

（4）逃避劳动流入本市的地主、富农，应随时动员或送遣送站集中遣送。

（5）对原籍确有人供养或外地确有人汇款供养，又无必要居住城市的对象可进行动员。

但在动员中应注意掌握下列几种对象：

（1）对离家多年，土地情况不明，或原籍虽有社会关系，但不一定可以依靠为生的，暂不动员，待进一步了解后再决定是否动员。

（2）在职保姆、奶妈和雇工不进行动员。

（3）职工和一般居民的直系亲属虽符合动员条件也应根据必要和可能的原则慎重处理，夫妻关系不进行动员。

（4）在职职工一律不动员，但某些过剩行业如三轮车、拖沓车、流动摊贩等可在行业改造方案确定后，依方案进行动员。

（5）属各城市集镇的非农业人口不进行动员。

这一规定与1955年大动员时的动员范围相比，已经将范围压缩了很多。明确规定了衡量原籍生产生活条件的方法和五种不宜动员的对象。这使得1956年尽管动员人口回乡的规模比不上1955年，但动员的过程非常平稳，也基本没有出现1955年动员时严重的强迫命令和自杀等现象。

1955年关于动员工作政策的相关调整，主要是围绕动员对象问题而展开的。在此过程中，市人口办公室及其直接领导副市长宋日昌在其中发挥了主导作用。通过不断地加强调研，加强与外地的沟通衔接，不断地使动员对象回归到现实和可能的道路上来。这次对象的调整过程为今后的动员人口回乡积累了经验，此后，历次动员人口回乡工作中都对动员范围进行明确规定，有力地避免干部和群众中的猜测和思想恐慌，为动员人口回乡工作的顺利推进打下了基础。

第三节　艰难的说服：动员过程中的思想教育
——以 1962 年的精简职工为例

之所以以 1962 年的精简职工为例，是因为 1962 年的精简职工尤为艰难。

一是 1961 年已经精减了一批职工，"家在农村有生产、生活条件的比较容易动员的职工和城镇居民大部分已在前两年动员回乡"[①]，因此从动员对象的角度而言，1962 年精简的难度较大。

二是 1962 年精简职工的数量依然巨大，比 1961 年犹有过之。1961 年实际精简 105700 人[②]，1962 年年初计划精简职工 100000 人[③]，3 月底马天水在党员负责干部会议上提出要"使减人工作力争在四月份内做出显著成绩"[④]，仅 4 月份，全市就净减 99072 人[⑤]。5 月 27 日，中共中央、国务院下发了《关于进一步精减职工和减少城镇人口的决定》，要求"全国职工人数应当在一九六一年年末的四千一百七十万人的基础上，再减少一千零五十六万人至一千零七十二万人"[⑥]，于是上海的精简计划也随之调整，确定 1962 年内精简职工 238000 人，净减 200000 人（表 4-5），比年初的计划翻了接近一倍。在精简职工的去向安排上，将有 70000 人回到农村，也将有 70000 人留在上海市，成为闲散劳动力（表 4-6），安置工作的压力也很大。

---

① 《中共松江县委关于 1962 年精简职工、减少城镇人口工作的打算》，松江区档案馆：0005-14-0046-0001。

② 《中共上海市委关于精简工作情况的报告和市委精简小组关于上海市 1962 年减少城镇人口工作方案和上海市精减职工、减少城镇人口的工作总结（关于本市减少城镇人口、支援农业生产工作的汇报）》，上海市档案馆：A62-1-10。

③ 《中共上海市委关于精简工作情况的报告和市委精简小组关于上海市 1962 年减少城镇人口工作方案和上海市精减职工、减少城镇人口的工作总结（上海市一九六二年减少城镇人口工作方案）》，上海市档案馆：A62-1-10。

④ 中共上海市委精简小组办公室编写的《精简工作简报》（第 1—10 期）（1 期），上海市档案馆：A62-2-17。

⑤ 中共上海市委精简小组办公室编写的《精简工作简报》（第 1—10 期）（8 期），上海市档案馆：A62-2-17。

⑥ 中央档案馆、中共中央文献研究室编：《中共中央文件选集（1949 年 10 月—1966 年 5 月）》（第四十册），北京：人民出版社，2013 年版，第 211 页。

表 4-5　上海市劳动局关于上海市 1962 年国民经济各部门精简职工规划

	1961 年底实际到达职工人数	1962 年计划净增净减人数	1962 年计划净增净减人数占 1961 年底人数 %
总　　计	2061448	−200000	−9.69
一、工业	1233170	−150000	−12.16
二、基本建设	74562	−35000	−46.94
三、农林水气	35655	+15000	+42.07
四、交通运输和邮电	128194	−7000	−5.46
五、商业、粮食和外贸	246859	−10000	−4.05
六、城市公用事业	51231	−1000	−1.95
七、科学文教和卫生	203245	−4000	−1.97
八、金融保险	9879	+200	+2.02
九、国家机关和人民团体	78653	−8200	−10.43

　　资料来源：《上海市劳动局关于上海市 1962 年国民经济各部门精简职工规划》，上海市档案馆：B127-1-721-44。

表 4-6　上海市劳动局关于上海市 1962 年精简职工的去向安排计划表

1962 年计划净减人数	200000
一、减少人员的去向	238000
1. 支援农业生产	70000
2. 支援外地建设	10000
3. 辞退临时工、里弄工	70000
4. 退职退休	40000
5. 转入集体所有制	20000
6. 农垦	20000
7. 其他自然减员	8000
二、增加人员的来源	38000
1. 统一分配的各类毕业学生	30000
2. 国家分配的复员军人、退伍兵	3000
3. 外地职工调入	5000

　　资料来源：《上海市劳动局关于上海市 1962 年精简职工的去向安排》，上海市档案馆：B127-1-721-45。

三是在政策上，上半年回乡职工的生产补助费标准降低。1962 年 3 月 29 日，上海市劳动局下发了《关于精减职工中有关生产补助费等问题的规定》①，细化了生产补助费的各项标准，并规定不再发给退职补助费。5 月 11 日，上海市劳动局又下发通知，要求对被精简的 1957 年年底以前参加工作的职工发给退职补助费，但为了节约财政开支和减少市场购买力，应采取分期付款的发放办法②。根据 1962 年 4 月份闸北区工业、基建、交通企业 11 个单位 134 名回乡职工的分析，共发放生产补助费 65281 元，平均每人 487 元。与去年政策规定的退职金相比，减少的 118 人，不增不减的 15 人，稍有增加的 1 人③。大多数人的补助标准都比 1961 年降低了。

因此，不少干部中出现了对精简职工工作的畏难情绪，如上海丝绸公司部分中层干部认为"好走的去年都走了，现在留下来的都是困难户了"。也有的想"这些人去年的生产补助费可领二三十个月都不愿去，而今年又比去年少，要完成这个任务很难说"④。该公司具体做精简工作的严德哉甚至收到了一封恐吓信，内容是："严德哉并告（原文如此，应为警告）你，不要在运动中耀武扬威，乱搞名单，你不叫别人吃饭，难饶你的狗命"⑤。可见精简工作中的紧张态势。1962 年的精简工作就是在任务重、难度高、对抗情绪严重的形势下展开的。由于精简职工必须在职工自愿的前提下，如何通过大力开展思想教育促成职工自愿回乡，成为 1962 年精简工作中的最重要的问题之一，在动员人口回乡的历程中也非常具有典型性。

一、思想教育的内容

从目前所能见到的宣传资料来看，1962 年精简工作中主要宣传的内容是

---

① 《上海市劳动局关于精减职工中有关生产补助费等问题的规定和动员职工回乡工作中若干具体问题的处理意见（上海市劳动局关于精减职工中有关生产补助费等问题的规定）》，上海市档案馆：B127-1-130。

② 《上海市第一商业局关于转发上海市劳动局关于被精简职工改按退职办法发给退职补助费的通知及关于动员职工回乡中若干具体问题的解答的通知》，上海市档案馆：B123-5-583-8。

③ 中共上海市委精简小组办公室编写的《精简工作简报》（第 1—10 期）（5 期），上海市档案馆：A62-2-17。

④ 《上海丝绸公司关于支援农业生产、精兵简政工作的汇报、小结（关于动员职工支援农业生产的小结）》，上海市档案馆：G35-2-240。

⑤ 《上海丝绸公司关于支援农业生产、精兵简政工作的汇报、小结（关于精兵简政工作的情况汇报）》，上海市档案馆：G35-2-240。

围绕当时形势展开的。形势教育是中国共产党思想教育和群众工作的优良传统和重要组成部分。从 1962 年全国精简职工的决策过程来看，也与对形势的判断直接相关。在 5 月 7 日至 11 日的中共中央工作会议（即"五月会议"）上，刘少奇认为"现在的主要危险还是对困难估计不够"，于是进一步加大了压缩城镇人口、精简职工、缩短工业战线的力度。

　　5 月 21 日，中央下发了《关于减少职工和城镇人口的宣传要点》[①]的党内秘密文件，宣传要点共分为当前的国内经济形势、用什么办法来克服困难、对减下来的职工的安置办法、团结一致共同努力克服困难四大部分。中央要求各地根据这个宣传要点，向广大职工、干部及其家属进行宣传教育，讲清当前经济生活的实际状况，使他们了解缩短工业战线、减少职工和城镇人口的重要意义，从而体谅国家的困难，发扬工人阶级艰苦奋斗的优良传统，自觉地服从国家的调动和分配。无论宣传要点的宣传话语如何具有策略性，所要宣传的内容归根结底在于强调目前财政经济的困难是严重的，"我国农业生产提供的农副产品，无论如何也供养不起这么多的职工和城镇人口。这种局面决不能再拖下去了"。

　　上海关于形势教育的内容则在与中央保持一致的前提下，更加强调上海的困难。3 月 24 日，曹荻秋做了关于形势任务的报告[②]，从各单位传达曹荻秋报告后的反映来看，主要强调困难形势。如上海市对外贸易局的干部在听了曹荻秋报告精神的传达后，认识到"作为一个党员和干部，现在重要的是要认清目前的形势和任务，进一步树雄心、立大志，发愤图强，努力克服当前的困难"[③]。

　　7 月 23 日，曹荻秋在上海市第四届人民代表大会第一次会议上的闭幕讲话中指出，全国最困难的时期已经基本上过去，但"目前上海最困难的时期还没有过去"，因为"目前全国广大农村许多地方农业生产虽然开始回升，但反映到大城市来，还需要有一个过程"，全国形势的好转可能的趋势是

---

　　① 汝信主编：《中国工人阶级大百科》，北京：中国国际广播出版社，1992 年版，第 1221—1226 页。

　　② 《中共上海市委直属机关委员会关于 1962 年精简职工、动员人口回乡工作的总结（草稿）》，上海市档案馆：A77-1-437-19。

　　③ 《中共上海市对外贸易局委员会编印的〈精兵简政情况简报〉1962 年第一期》，上海市档案馆：B170-2-1183-1。

"首先是农村，然后才是城市"①。强调上海的困难成为上海精简职工宣传教育中的重要导向，与之相匹配，许多工厂在宣传中也强调企业自身的困难，从而使形势的宣教更具说服力。

就社会上的宣传而言，3 月 5 日《解放日报》华东新闻组确定为配合精简职工减少城镇人口运动，遵循两个原则进行宣传，一是以回到家乡参加农业生产为主，兼顾其他几个方面；二是不作正面宣传，而从侧面宣传回乡后的情况。宣传的要点是：一是继续实事求是地宣传当前农村的有利形势，同时说明农村社会主义建设需要劳动力支援的具体情况；二是宣传工人回乡后在政治上、思想上所起的作用，以及他们给农民群众的良好影响；三是宣传公社各级组织对回乡工人的关怀和照顾，以及工人回乡后生活上各得其所、技术上发挥所长的情况②。《解放日报》在宣传中并不强调国家的困难，转而强调农村的大好形势，对于形势的宣传上一直坚持正面为主的导向。

从郊县来看，以宝山区为例，宝山县委宣传部在宣传中提请各单位注意四点，首先要讲清楚几年来全国人民在党中央和毛泽东同志的领导下，取得的成就是伟大的，前途是光明的，同时指出三年自然灾害的严重影响，实事求是地承认领导工作中的缺点错误，讲清困难。其次是必须有力地讲清加强农业战线的重要意义，讲清政府对于精简职工的安置与国民党对待人民的态度是根本不同的。再次，号召干部职工自觉响应党的号召，服从政府调配。最后，宣传一定要联系上海及本县的具体情况，防止泛泛而谈。县委宣传部同时强调，宣传内容必须根据中央宣传要点进行，不可信口开河；宣传中有关全国经济情况的一些主要数字，除宣传要点中所引用的外，不要再多向群众宣布，防止泄密；中央的宣传要点可供口头上宣传参考，不可翻印、广播，不得遗失③。

在统一安排之下，4 月份各单位均对广大职工群众开展了全面深入的形势教育，"特别是讲清克服困难的办法和前途，以及支援农业生产的重要意义，并进一步说明回乡、精简的有关政策，和实事求是、区别对待、妥善安

---

① 中共上海市委党史研究室、上海市档案馆编：《上海市党代会、人代会文件选编（下）》，北京：中共党史出版社，2009 年版，第 582 页。

② 《解放日报社华东新闻组关于进一步压缩城市人口工作的初步报道计划》，上海市档案馆：A73-1-475-34。

③ 《关于宣传"进一步精减职工和减少城镇人口"的计划（草稿）》，宝山区档案馆：1-14-129-001。

排、负责到底的精神"①。重点通过讲清困难和克服困难的办法，动员广大职工自觉自愿退职回乡。由于1962年的精简工作强调"以动员职工、职工家属和其他城镇居民回乡生产为中心"②，因此虽然减人的形式多元，但在宣传中重点强调回乡生产。

随着精简工作的推进，形势报告的次数增多，有的职工对于形势报告有所厌烦。如文汇报社有职工反映，"现在群众对一般形势报告不欢迎，认为公式化，一、二、三、六、九、一（一穷二白，三面红旗，六亿人口，九个指头的成绩与一个指头的缺点）"③。随着精简职工计划数目的增多，如何更加有效地加强形势教育，成为精简工作的一个难点。6月5日上海市仪表电讯工业局的一份动员报告的讲话稿，为我们展示了精简职工的动员中到底传达了哪些信息。

6月5日，上海市仪表电讯工业局召开全局干部大会，由时任局长的苏展作动员报告。据统计，全局1213名干部职工，直接听局长报告的有767名，听传达的446名④。听过报告后，有职工认为，"这次报告与过去的不同，开门见山，谈困难，交底交得很具体，不隐瞒真相，有什么讲什么，这是共产党的伟大"。组织部的同志说："听了过瘾，使我们心中有数，摸到了底，认清了困难的严重程度"。计划处同志讲：这次报告有四个清："困难清、数字清、原因清、措施清"⑤。从干部职工的反映来看，这是一次成功的形势报告。从报告的框架上，该报告与中央《关于减少职工和城镇人口的宣传要点》完全一致，也分为四个部分，与中央宣传要点相比，该报告在细节上比较具体，分析也比较多，并且紧密结合了上海的特点⑥。主要内容如下：

首先是讲当前国内经济形势，重点强调了存在着严重的困难。紧密结合

---

① 《中共上海市委关于精简工作情况的报告和市委精简小组关于上海市1962年减少城镇人口工作方案和上海市精简职工、减少城镇人口的工作总结（关于精简职工、减少城镇人口、加强农业战线工作的情况汇报）》，上海市档案馆：A62-1-10。

② 《中共上海市委关于精简工作情况的报告和市委精简小组关于上海市1962年减少城镇人口工作方案和上海市精减职工、减少城镇人口的工作总结（上海市一九六二年减少城镇人口工作方案）》，上海市档案馆：A62-1-10。

③ 《文汇报社关于动员精简职工的报告》，上海市档案馆：G20-1-218-6。

④ 《上海市仪表电讯工业局党委宣传部关于精简职工、减少城镇人口宣传教育情况的简报》，上海市档案馆：B103-3-171-35。

⑤ 同上。

⑥ 《上海市仪表电讯工业局关于精减机构、压缩城镇人口的动员报告》，上海市档案馆：B103-3-171-11。

干部职工生活实际，强调城市居民的生活水平降低了。"粮食消费量以 1957 年为标准和 1961 年比较，每人每年减少了 62 斤，食油、肉类和其他副食品也降低了。棉布、针织品 1957 年每人折合为 30 市尺，61 年为 9 尺，减少 20 尺多"。

其次分析了产生困难的原因。第一是由于三年自然灾害的影响，造成了农业的减产。第二是由于基本建设规模过大，工业发展过快，文教事业发展过急，城市人口增加过多。三是工业发展中多个行业不平衡，有长线，有短线。如 1961 年比 1959 年，钢的冶炼能力增加了 1.6 倍，但煤炭只增长了 80%。归根结底，一是由于自然灾害，二是由于工作上的缺点和错误。对于工作中产生缺点和错误的原因，报告强调主要是由于"没有按照毛主席的指示：以农业为基础的方针和以农、轻、重的次序来安排国民经济"。就上海而言，主要错误在于工业指标高，"我们只看到为全国服务的一方面，没有看到加重全国负担的一方面"。而错误的主要性质在于好心人办了坏事，"绝大多数的干部，人是好人，心是好心，几年来工作很辛苦。但是做错了很多事情"。

第三，关于克服困难的办法。报告指出，争取财政经济状况的基本好转，最根本的办法是增加农业生产。但是，由于农业生产的恢复和发展需要一个较长的时期，仅仅恢复农业生产，"估计需要五年左右的时间"。要增加农业生产，最重要的措施是进一步减少职工和城镇人口，"在目前，国民经济严重困难的情况下，恢复农业主要的是要减下职工和城镇人口，这是最有效的办法，在当前情况下，也是最积极的措施"。正如报告中所言：

能不能采取其他的办法来克服当前的困难？回答是没有。

譬如说，能不能叫农民再增产一些粮食和其他农副产品，回答是不能。

能不能再进一步压缩城市居民的供应标准，回答是有限度。

能不能再多进口一些粮食，回答是不允许。

从工业本身说，不缩短战线，不减人，打消耗仗，也没有办法。

在论述完精简职工的必要性之后，苏展还详细阐述了精简职工的安置办法，并强调：减少职工是我们在困难情况下不得不采取的办法，使我们更好地调整国民经济，克服当前困难，争取财政经济状况的基本好转，从根本上说，这是符合工人阶级与广大人民利益的。

最后一部分内容标题是"团结一致，共同努力，克服困难"，号召广大职工识大体、顾大局，模范地执行党的各项政策，服从国家的调配，强调共产党员、共青团员和干部要以身作则，起带头作用。

从总的情况来看，该报告与中央的宣传要点是一致的，但是在论述中报告人作了许多阐发，尤其是更为贴近上海的实际和广大职工干部的生活，从而让广大干部职工感觉亲切，起到了很好的教育效果。

综上所述，精简职工中的宣传教育主要是形势教育，形势教育主要是强调当前国民经济的困难，这是精简职工中思想教育的核心。重视形势教育，其目的在于"强调对群众进行充分的形势教育，提高多数人的觉悟，在群众自觉自愿的基础上，自己报名，领导批准"[①]，以推动精简职工工作的顺利开展。

二、丰富多样的思想教育形式

1962 年精简工作中，各单位一般都"站在群众之中，以小型座谈、个别串连为主，针对群众的思想动态，坚持先务虚、后务实；先谈形势，后讲精简；先弄通意义，后交待政策，从而加强对干部和群众的全面的形势教育和政策教育，树立了克服困难的信心，消除了顾虑，自觉的响应回乡生产的号召，为国家分担困难"[②]。亦即说，精简的一般过程是坚持教育先导，从而达到促成自愿的意图。为了实现教育的目的，从整体来看，精简工作中构建了全方位、立体式的思想教育形式，从而构成一个较为庞大的思想教育体系。现就各种思想教育的形式分别进行论述。

1. 报告会

就精简职工工作举行报告会，由主要或分管领导进行动员报告，以对尽可能多的职工进行集中教育。报告会是主题集中、覆盖面广的一种思想教育形式。由于召开目的的不同，报告会大致分为两种，一种是以传达上级动员

---

① 《中共上海市委关于精简工作情况的报告和市委精简小组关于上海市 1962 年减少城镇人口工作方案和上海市精减职工、减少城镇人口的工作总结（关于精简工作情况的报告）》，上海市档案馆：A62-1-10。

② 《中共上海市委农村工作委员会精简办公室关于 1962 年 4 月中旬郊区各县精简工作的情况汇报》，上海市档案馆：A72-2-956-62。

报告精神为主，同时结合自身单位实际做好全体干部职工的思想工作。这种报告会的召开往往标志着一个地区、一个单位乃至一个车间精简工作的正式开始，职工的思想斗争、心理博弈亦随之而起。就全市而言，精简工作也是从全市性的干部大会开始的，曹荻秋的动员报告标志着全市性精简工作的正式启动。第二种是在精简工作中间进行的，目的是在发现精简工作中的思想和实际问题后，对精简工作进行纠偏和澄清思想认识，以使精简工作健康发展。报告会的前后一般伴随着讨论，一方面有利于职工群众领会报告精神，另一方面也可以暴露职工思想，发现问题，从而增强动员工作的针对性。

以上海对外贸易局为例，3月24日曹荻秋的报告之后，局党委在26日组织公司与基层两个小组进行讨论，29日下午召开外贸系统党员干部大会，传达中央和市委有关指示精神，20日、31日两天再次进行讨论①。文汇报社党总支则是先在党员和部分群众中进行讨论，搜集群众意见，不断修改动员报告，待成熟后再召开报告会。文汇报社党总支的第一步召开总支大会，把当前财经困难的底向全体党员讲清，要求党员敞开思想，发表自己对形势的看法和分析造成严重困难的原因，应该采取何种态度对待精简，同时鼓励党员同志提问题，并估计向群众交了底以后，可能会提出哪些疑问，党内应如何进行宣传解释工作。第二步是召集少数平时敢于暴露思想、敢于提问题的党外同志，举行小型时事座谈会，透露困难的底，听取党外反映。第三步是听取和集中分析了党内外的初步反应后，结合讨论中反映出来的思想情况，向编辑部管理部全体干部作报告（包括工厂部干部）。第四步是在工厂部车间干部以上举行座谈会，听取工人的反应，然后再向全体工人作报告②。

精简工作中总是伴随着各种思想斗争和谣言、讹传。杨浦区国棉九厂的800人参加的职工大会就是针对群众中的一些讹传，以阐明政策为主要目的召开的。会上由党委书记作报告，一面进一步讲形势、讲支援农业的意义，一面详细地阐明政策，说明党的政策是实事求是、负责到底的，对多余人员要分别具体情况，采取不同的办法加以安置，最低的生活是有保障的。这

① 中共上海市对外贸易局委员会编印的《精兵简政情况简报》1962年第一期，上海市档案馆：B170-2-1183-1。
② 《文汇报社关于动员精简职工的报告》，上海市档案馆：G20-1-218-6。

样，多数群众就消除了惶惑心理，感到"对精简工作有底了"①。

也有少数单位因动员报告未做好而影响了精简工作的进程。无线电技校"把困难讲得很严重，但缺乏分析和指出前途，因而引起思想波动"。支书在报告中大意说："现在我校很困难，每月须三万元开支，一年须 20 多万。可是现在：一、银行不贷款，二、局里不拨款，三、没有生产任务，因此只能回乡生产"②。上海市工业展览会原打算动员回乡 16 人，领导上虽然作了形势动员报告，组织了学习讨论，但事前缺乏作深入的摸底调查，对每个人的情况掌握不透，思想工作不能做到有的放矢，群众情绪不安，动员工作简单化，一度出现了"顶牛"，没有达到预期的效果③。可见，动员报告做得好坏，对精简工作至关重要。

2. 座谈会

与报告会相比，座谈会是运用更为广泛、形式更为灵活多样的思想教育形式。鉴于 1961 年精简工作中运用座谈会的成功经验，1962 年，市委精简小组大力提倡采用座谈会的形式进行思想教育。"根据去年的经验，应当做到灵活自然，一般的可采取小型座谈会的形式，组织群众进行自我教育"④。

座谈会由于规模较小，召开方便，主题多样，并且群众在发言中容易暴露真实想法，发挥主动性，因此各单位经常采用座谈会的形式以实现促使工人回乡的意图。江南造船厂的某些干部在座谈会上急于要群众报名回乡，有的工人将这种座谈会称为"三套头会"（第一套讲形势好，第二套讲困难多，第三套讲回乡光荣，要大家表态报名），于是，群众在会上也就来个"三个不开口，神仙难下手"。车间党支部通过检查总结工作，认为应该克服这种错误做法，并决定在今后召开的座谈会上，真正依靠群众自觉，启发群众敞开思想，提倡"有什么问题想不通，就讲什么问题"，同时，干部站在群众之中，与群众一起议论，进行启发、诱导。采取了这个办法以后，座谈会立即变得生动活泼起来，这样，群众思想敞开来了，也就易于澄清认识，提高

①　中共上海市委精简小组办公室编写的《精简工作简报》（第 1—10 期）（6 期），上海市档案馆：A62-2-17。

②　《上海市仪表电讯工业局党委组织部关于人口工作情况的简报》，上海市档案馆：B103-3-171-1。

③　《中共上海市委直属机关委员会关于 1962 年精简职工、动员人口回乡工作的总结（草稿）》，上海市档案馆：A77-1-437-19。

④　中共上海市委精简小组办公室编写的《精简工作简报》（第 1—10 期）（第 1 期第 5 页），上海市档案馆：A62-2-17。

觉悟 ①。

在座谈会对象的选择上，成功的经验是一般使座谈会的对象多元化，并将各种骨干和榜样力量吸取进座谈会当中。市建二公司 203 工区九大队，第一次召开座谈会时群众冷场不发言，经过培养运用骨干以后，第二次、第三次座谈会就开得生动活泼起来，干群之间敞开思想，摆问题，谈看法，提高了认识。至四月底全大队 27 个回乡对象中已有 14 人自动要求回乡支援农业生产 ②。卢湾区建筑材料公司召开了一个大型座谈会，组织培养了两个去年回乡的人：一个成熟的回乡对象和一个没有条件的对象分别在会上发言，给了职工群众很大启发教育，获得了显著的效果，会后两天就有 24 个人报了名，占全公司回乡对象 40% 以上 ③。

长阳路电话分局依靠老工人做回乡对象的动员工作，其做法是召开同动员对象有关的老工人座谈会。会上，干部首先讲心里话，说明自己也舍不得放走这些对象，但是现在要克服困难，加强农业战线，只有小局服从大局，下决心忍痛割爱；并且全面交代了党对回乡人员妥善安排、负责到底的政策。老工人也谈了现在要上下一条心，支援农业是为了克服困难、大办农业出力，我们自己虽没有条件回乡，也应该在动员回乡的工作中出一点力。在座谈会上，有的老工人还积极提供了哪些人有条件回乡，目前需要帮助解决那些思想问题和实际困难，研究了如何做好这些工作 ④。

上海汽轮机厂反复运用座谈会的方法对广大职工进行思想教育。工厂党委采取上级帮下级、干部帮群众的办法，先由党委书记、厂长等几个主要领导干部分别约请几个党委委员开小型座谈会，针对几个为大家所普遍关心的问题，一起议论形势，漫谈体会。在这几个主要骨干的思想已经搞通了以后，依靠他们分头下车间、下科室，约请几个党支部书记、车间主任、科长等进行小型座谈。中层干部思想真正搞通了，再依靠他们通过党团员座谈会、老工人座谈会……广泛议论形势，漫谈体会。他们称这种方式为"滚雪

---

① 《中共上海市委工业工作部关于既要进一步做好精简工作、又要稳定多数人的情绪、坚持搞好当前生产的通知》，上海市档案馆：A72-2-978-25。

② 《中共上海市委基本建设委员会精简小组办公室编印的〈精简工作简报〉1962 年第 2 期》，上海市档案馆：A54-2-1457-16。

③ 同上。

④ 《中共上海市委精简小组办公室编写的〈精简工作简报〉(第 1—10 期)(4 期)》，上海市档案馆：A62-2-17。

球"，"雪球"从小到大，越滚越快，越滚越深，在短短二三星期之内，全厂所有党员和干部以及三分之一以上职工都参加了这种座谈会，议论了形势，提高了认识，解决了许多思想问题 ①。

3. 个别谈话

个别谈话是针对精简回乡对象而采取的一对一的思想教育形式，个别谈话运用非常广泛，但其效果则因人而异。有不少精简对象回乡条件并不非常好，经过个别谈话后同意回乡。个别谈话有利于发现精简对象个体存在的特殊问题和特殊困难，从而采取相应对策，以达到"一把钥匙开一把锁"的效果。

上海耐酸搪瓷厂磨光工倪柳村，45 岁，生活负担重，劳动力少，经过四次个别谈话后写了回乡报告，表示愿意参加农业第一线，但有三个困难要求领导帮助解决。第一，妻子有腰病，不能经常参加劳动；第二，孩子多（三个）、年龄小（最大的 8 岁）、负担重；第三，负债 55 元。随报告还附了一张当票（当去一件毛衣，5 元钱）②。虽然提出了不少要求，并且这些要求基本上没有得到满足，但最终也走上了回乡之路。再如裕康袜厂保全工人蒋寅松，工资每月 70 多元，有 17 年工龄。如果按 1961 年标准发退职金，可领一千五六百元；但按 1962 年新标准，则只有 700 多元。支部书记和厂长在同他谈话时，单刀直入地讲清今年回乡生产补助金少了，抓住他的思想情况，承认"因为他迟走了几天，补助金拿少了，吃亏了"，然后反复启发和教育他"个人虽然在眼前吃了亏，但少拿几百元钱，就是为国家减轻几百元钱的负担，吃这样的亏是光荣的"。"回乡参加农业生产，减轻国家粮食供应的困难，少拿补助金，减轻国家财政负担；这样，国家困难更快地克服过去，我们改善生活的日子也会来得快"。这个工人经过激烈的思想斗争，开始意识到这次回乡和少拿补助金，确实是为国家克服困难多作出一分贡献。第二次，支部再找他谈话时，他不但接受了，还感谢支部对他的热情帮助③。

① 《中共上海市委工业工作部关于把当前形势和任务的教育工作做深做透的通报》，上海市档案馆：B76-3-855-43。

② 中共上海市委精简小组办公室编写的《精简工作简报》（第 1—10 期）（4 期），上海市档案馆：A62-2-17。

③ 《中共上海市委工业工作部关于动员职工回乡一定要有负责到底的精神与细致深入工作方法的通知》，上海市档案馆：A72-2-978-18。

个别谈话中往往能够找到动员职工回乡的切入点。上钢一厂高炉车间上料工张某某，妻子小孩都在常熟乡下，打算长期在上海生活。动员了几次，他都表示宁愿回里弄，怎么也不到乡下去，还说："农村条件差，从小没种过田"。但从谈话中，了解了他父亲是新光内衣厂的党员干部，于是车间就和他父亲联系，要求他父亲协助动员，一谈之后，就说："由我来做工作，自己的儿子工作做不好，怎能动员别人呢？"当日回家对张某某商量说："我们两人在上海，总要回去一个的，你看，你回去还是我回去？"他说："你年纪老了，我还年轻，劳动力强，当然我回去"。第二天他就向车间干部表示了态度 ①。

然而，由于个别谈话往往是针对思想斗争比较激烈，或实际问题较多的精简对象，总体而言，关于个别谈话的相关资料中，教育不成功的案例亦有不少。上海市外贸局个别单位由于进度较慢，于是对几个大学毕业生和一个思想不通的人事干部，一而再再而三地进行谈话，开小组会动员，使他们不满抵触 ②。德兴锁厂在动员职工回乡工作中，一开始就单刀直入地召开回乡对象座谈会，并由领导干部分工找对象个别谈话，工作始终局限在少数动员对象身上，由此形成顶牛的局面，引起动员对象的反感。有的动员对象提出责问："国家有困难应当大家分担，靠我们一二十个人回乡就能克服了吗？"有的回避参加座谈会，有的当面拒绝同领导干部个别谈话 ③。

在个别谈话中往往暴露出许多基层干部政策水平不高、作风简单草率的问题。如无线电技校一个车间负责人和人保组负责人将一个1953年进厂、家庭全部在沪的职工当作回乡对象，进行简单的个别谈话，引起了很大波动。车间负责人对他说："你是聪明人，在运动中你要放聪明一点，跑在前面"，之后即叫他去人保组，人保组负责人对他说："当前国家困难，你身体蛮好，明天将证件拿来，把手续办好"。这工人返回车间后对工人诉说此事，引起群众思想很大波动，说"党的政策变了，他不是三种人也动员了，我们都要回去了"。这工人回家后与母亲二人大哭了一夜 ④。

---

① 《上钢一厂个别动员职工回乡的几点做法》，宝山区档案馆：39-2-029-091。

② 中共上海市对外贸易局委员会编印的《精兵简政情况简报》1962年第七期，上海市档案馆：B170-2-1183-34。

③ 中共上海市委精简小组办公室编写的《精简工作简报》(第1—10期)(10期)，上海市档案馆：A62-2-17。

④ 《上海市仪表电讯工业局党委组织部关于人口工作情况的简报》，上海市档案馆：B103-3-171-1。

4. 欢送会

欢送会是欢送被精简职工回乡的大会，各单位都普遍重视欢送会的举办，以"通过欢送会，感染影响更多的居民回乡"①。欢送会"通过欢送对象的活榜样，更突出了支农职工是出于自愿，党对支农职工负责到底的精神，所以欢送会本身是一个教育会，体现政策的会，扩大战果的会"②。欢送会的目的远不止是欢送职工和工人回乡，而主要是进一步加强对广大职工的思想教育。

欢送会非常重视欢送对象的典型性和代表性。卢湾区丽园路街道苏北里委会，在欢送会事先物色培养了四个有代表性人物，在会上作了发言：一名是退工回来的家庭妇女，表示不仅退工回家为国家分担困难，而且要进一步响应党的号召回乡生产，支援农业战线；一名是最近从农村探亲回来的里弄居民，介绍了自己回乡亲眼看到农村贯彻六十条后的新情况，说明了回乡对国家有利，对自己也有利，表示全家都要回乡；一名是过去曾经表示"情愿在沪跟丈夫喝青菜汤，死也不离上海"的对象，谈自己由不愿回乡到愿意回乡的思想演变过程；一名是68岁的老太太，从"树高千丈，叶落归根"谈起，表示要和她的老伴回乡度晚年。由于代表人物的发言准备充分，切合实际，因而会议开得生动活泼，群众情绪热烈，被欢送回乡的对象也心情舒畅，对与会居民启发教育很大，对动员对象也有触动，普遍反映："句句话打动了我们的心坎"③。

上钢一厂党委在研究欢送会上就由谁讲话、讲些什么等问题时，决定培养这样几个典型人物：一个是参加革命工作已经有十八年的科室党支部书记；一个是经过一番思想斗争，终于确立了以克服国家困难为重，不计较农村定量低、生活艰苦的炉长；一个是经过很好安排，解决了小孩多、家庭负担重等实际困难，愉快地回乡参加农业生产的总工长；还有一个是原来想在退休后在上海享几年清福现在回乡的退休老工人。欢送会上，由这些同志讲述他们"为什么要报名回乡"的思想情况，在群众中起了很大的作用。这样，做发言的回乡对象覆盖了老革命、退休老工人、思想不通以及家庭困难

---

① 中共上海市委精简小组办公室编写的《精简工作简报》(第1—10期)(9期)，上海市档案馆：A62-2-17。

② 《中共上海市汽车运输第五场委员会关于减少城镇人口支援农业生产的工作小结》，上海市档案馆：B154-5-177-35。

③ 中共上海市委精简小组办公室编写的《精简工作简报》(第1—10期)(9期)，上海市档案馆：A62-2-17。

群体等多种对象，非常具有典型性。通过欢送会的教育，一些群众认识到"回乡支援农业，确实是党下决心要做的重要事情，是和抗美援朝一样重要、一样光荣的任务"。有一个 1958 年从农村来的临时工，在干部同他讲到回乡时，就用"厂里只剩我一个人时再走也不晚""干部跑我也跑"等话来堵干部的口，在参加了欢送会以后，就回家去同老婆盘算商量，第二天主动找车间党支部书记说："现在我才明白了你们不是因为多我这个木匠才来动员我，我也要学干部的样，回乡生产，为国家分担一点困难"①。

欢送会对于推动精简对象下定回乡决心，作用是很大的，许多精简回乡对象就是在欢送会的感染下下定了回乡的决心。各单位在欢送会之后，如果欢送会开得很成功，往往会形成一个报名申请回乡的小高潮。建委五公司铁器加工厂回乡对象吴亚昌的母亲在欢送会上介绍了农村情况后，该厂 21 个无锡工人中，就有 18 人作了回乡打算，纷纷写信到原籍挂钩或了解情况②。上钢一厂在欢送会后，报名回乡的职工人数有了增加，到欢送会后的第六天，全厂有近 200 人报了名，而且很多工人都说走就走，表示要："赶上春耕，争取参加夏收分配"③。上海铁合金厂在第三批欢送回乡职工大会之后，"报名回农村的职工有 122 人，这些人中间极大部分是前一、二批动员时思想不同或半通的对象，这次大会后，本人完全落实了"④。

上钢一厂机电部基建科五级木工赵桂时回乡的个案，证明了欢送会在促进职工心理转变过程中所起的巨大作用。赵桂时是宝山乡下人，1958 年进厂。自认为有技术，不愿务农。1961 年动员回乡时，曾让他买了一辆脚踏车，当时因另一个人积极要回乡，也要脚踏车，车间干部考虑赵的技术较好，把他留了下来，将车子转给了另一人，并向他许愿说：如果以后你走车子是可以解决的。这次动员他回乡，首次谈话他就表示愿意走，但照例提出要让买一辆新脚踏车。后由该科副科长吕志祥向他说明没有脚踏车。他就要求说：没有新的，旧的也可以。吕说：旧的也没有。他又要求用钢管搭个架

---

① 《中共上海市委工业工作部关于动员职工回乡一定要有负责到底的精神与细致深入工作方法的通知》，上海市档案馆：A72-2-978-18。

② 中共上海市委基本建设委员会精简小组办公室编印的《精简工作简报》1962 年第 2 期，上海市档案馆：A54-2-1457-16。

③ 《中共上海市委工作部关于动员职工回乡一定要负责到底的精神与细致深入工作方法的通知》，上海市档案馆：A72-2-978-18。

④ 《上海铁合金厂许多职工对恢复退职补助金等问题的反映》，宝山区档案馆：39-2-029-132。

子也行，自己到外面去配零件。吕说：这样是领不到照会的。他说：实在没有，我要求把户口迁到吴淞镇哥哥那里去。问他为什么？他说：这样，可以做做流动工，实在不行的话，可以用脚踏车在吴淞到宝山之间踏踏人。不把户口迁到吴淞，我是坚决不走的。后来吕又与他谈话，劝他说：支援农业是去搞农业生产的，把户口留在吴淞镇那算什么？他看领导的决心很大，就退一步说：既然不能把户口转到吴淞镇，那么就转到公社吧，在公社里还可以修修配配做木工哩！在欢送大会上，他听了许多同志自愿到农业生产第一线的发言，提高了务农的光荣感。之后，他就主动找领导说：我不要把户口转到公社里去了，请把户口转到生产小队去吧！既然要支援农业就该到农业生产第一线去，别的什么要求我都不要了①。反复进行个别谈话未能做通其思想工作，但在欢送会的感染下，赵桂时放弃了任何要求，自觉自愿回乡了。

三、思想教育的效果

"千计万计群众路线第一计"②。在动员数量大、补助标准低、强迫命令的办法不能采用的条件下，加强思想教育几乎是精简工作的唯一选项。在精简工作中，各地区、各单位往往综合运用多种思想教育形式，以达到思想教育的最佳效果。如松江县在精简工作中"按系统和地区召开党员大会，进行教育。然后，各单位分头召开群众大会、小型座谈会，以及个别谈心等，进行充分的思想动员工作"③。从1962年的整个精简过程而言，思想教育的运用无疑是成功的，"政治思想工作做得较透，干部的决心大，群众的自觉性高，安排落实工作较好，因而整个工作的发展是迅速的、正常的"④。从思想教育的效果而言，主要有以下三个方面：

第一，通过形势教育，使广大职工对精简工作形成了自觉认同。

不断运用各种形式，反复进行形势教育，使广大职工认识到国家的困难局面，也通过不断讨论，认识到精简是不得已而为之的唯一办法。轻工业

---

① 《上钢一厂个别动员职工回乡的几点做法》，宝山区档案馆：39-2-029-091。

② 《上海丝绸公司关于支援农业生产、精兵简政工作的汇报、小结（关于动员职工支援农业生产的小结）》，上海市档案馆：G35-2-240。

③ 《中共松江县委关于1962年精简职工、减少城镇人口工作的打算》，松江区档案馆：0005-14-0046-0001。

④ 《中共上海市对外贸易局委员会精简办公室关于"精兵简政"工作情况的小结》，上海市档案馆：B170-2-1183-58。

局、第一机电局的干部说："再不下决心快刀转乱麻，为国家放下包袱，就要挖社会主义建设的墙角了"。纺织局的干部还算了一笔账：去年全市纺织行业亏损的有 64 户，每月亏损金额 50 万元，今年 1 月上升到 100 万元，2 月份亏损户上升到 95 户，207 万元。他们说："这样亏损下去，国家怎么负担得了。"有的说："从人员、工资、粮食三个方面算算账，算来算去出路只有一条，即坚决减人，否则真是坐吃山空了"①。先锋电机厂通过组织职工座谈，使大家认识到：农村有家的同志，"回去就可以下田劳动"，个人生产生活条件容易解决，国家花费也不多，农村则很快就多了一个生产粮食的劳动力。"说来说去，还是有条件的回乡生产的办法最现实，最经济"②。这样，就形成了对精简政策的高度认同，精简工作是正确的，回乡是光荣的这一认识深入人心，为精简工作打下了良好的舆论基础。

第二，通过政策教育和安排生产，安定了广大职工的思想情绪。

从 1955 年开始经过反复不断地动员人口回乡，1962 年的精简工作在工作方式上已经较为成熟，表现在对动员对象一直有非常清晰明确的界定，避免了 1955 年所发生的一些错误。但精简工作到底是涉及职工前途命运的大事，在精简工作中，职工的情绪也必然发生波动。上海市基本建设委员会反映，"许多同志由于在考虑自己的去留问题，生产不安心，情绪不高，劲头不大。有些同志认为迟早要走，抱着做一天和尚撞一天钟的态度。因此，影响生产计划的完成，劳动定额达不到，劳动生产率下降，忽视质量安全的现象又重新抬头。个别的工人公开说：反正人都要走，死二个有啥关系"③。职工当中的对立情绪也经常出现。

江南造船厂反映，"动员职工回乡与解放前的资本家一脚踢开工人有什么不同？"这是工人普遍关心的问题。许多小组在议论时，那些上海解放前就开始做工的工人情绪立即激动起来。他们说："解放前是翻了工牌，工人就得马上滚蛋"，"工人失业以后，死活老板不管"。而现在怎么样呢？"工人回乡，先要看有没有回乡生产、生活条件，还要本人自愿；工人报名以后，

---

① 中共上海市委精简小组办公室编写的《精简工作简报》(第 1—10 期)(1 期)，上海市档案馆：A62-2-17。

② 《中共上海市委工业工作部关于依靠骨干做好思想教育工作的通知》，上海市档案馆：A72-2-978-22。

③ 中共上海市委基本建设委员会精简小组办公室编印的《精简工作简报》1962 年第 6 期，上海市档案馆：A54-2-1457-50。

领导上还要帮你到农村去联系，人还没有回到乡下，就要为你安排好工作，安排好口粮，还给你自留地，这不过是把你的工作岗位从工业调到了农业，怎么可以同资本家的一脚踢开相比？"①这样，在讨论中宣传了党的政策，消除了职工和工人的错误认识。城建局所属各基层组织，普遍地召开以"稳定情绪"为中心的小型座谈会，房地局生产供应处在加强形势教育的同时，通过安排生产任务来稳定群众思想，据分析了解约有70%～80%的职工思想稳定了，生产也比较安心。如静安区房屋修建队，曾经迟到早退劳动纪律松懈，经过教育后和安排生产任务后情绪安定，没有人随便离开工地，生产正常起来了②。加强思想教育保证了在精简工作的同时做到精简生产两不误，总体来看，虽然1962年精简了大量职工，但生产任务依然能够按计划完成。

第三，促使许多职工自觉自愿地申请回乡。

在1962年的精简工作中，必须经过职工递交申请书这一关。也就是说，职工回乡必须建立在自觉自愿的基础之上。通过加强思想教育，许多工人热烈响应党的号召，主动要求回乡或回家为国家分担困难。第二建筑工程公司二〇二工区竹工朱明良，接连写了六份申请书要求领导尽早批准其回乡生产。装卸三区一个搬运工表示："我全家九口，靠我一个人工作，回乡有困难，但我不能光要国家为我担困难；我自己不能回乡，也要保证动员家属回乡。"在讨论中，不少双职工提出了双职工中有一人离厂回家的建议。统益袜厂女工张秀凤说："国家有困难，千斤担子应当大家挑。我们夫妻俩都在工作，每月工资200多元，家里只有一个儿子，也在读大学，像我这样的情况就可以回家，既减轻国家工资开支，又不影响个人的经济生活。"③

在精简职工的过程中，各级党组织、各单位都做了大量的工作，尤其是不断加强思想教育，推动了这一进程。通过大量的思想教育工作，推动了许多本不愿回乡的职工走上回乡的道路，保障了精简职工工作的顺利开展。这进一步反映了在动员职工退职回乡的过程中，党委和政府发挥了主导作用。

---

① 《中共上海市委工业工作部关于既要进一步做好精简工作、又要稳定多数人的情绪、坚持搞好当前生产的通知》，上海市档案馆：A72-2-978-25。

② 中共上海市委基本建设委员会精简小组办公室编印的《精简工作简报》1962年第3期，上海市档案馆：A54-2-1457-20。

③ 中共上海市委精简小组办公室编写的《精简工作简报》（第1—10期）（2期），上海市档案馆：A62-2-17。

第四节　负责到底：20 世纪 60 年代上海郊县回乡下乡人员的安置巩固工作

负责到底一直是上海减少城市人口过程中的重要原则，从 1955 年开始，就已经有负责到底这一要求。当时所谓的负责到底，其意义在于要求动员单位不仅要动员人口回乡，而且要负责将动员人口安置在生产岗位上。这种负责根据对象的不同，或者是由原单位直接联系接收单位解决好回乡后的问题，或者将动员对象直接交还给原籍政府，由原籍政府负责安置。1961 年曹荻秋在《减少城镇人口、大力支援农业生产》的报告中，要求各级政府和单位负责到底。其具体要求包括"（1）按规定发给补助费和旅费，（2）协助他们转移户口和粮食关系，（3）妥善处理他们在本市的房屋、财产，（4）联系有关地区，研究安置问题"①等四项内容。根据这四项内容来理解，"负责到底"的主要意思是政府为回乡群众提供从事农业生产所需要的一系列条件。

1961—1962 年的精简职工运动，其特殊性在于上海本身不仅是动员的主体，同时也是安置的主体。尤其是 1958 年上海郊县范围扩大以后，上海郊县成为安置上海城市人口的重要空间。凡是到郊县的回乡下乡人口，上海市政府不仅需要动员，而且必须同时做好安置工作。鉴于精简职工问题的复杂性，所谓的负责到底是指在回乡职工从事农业生产之后产生的问题依然需要政府处理，且对回乡职工的救济补助工作甚至延续至今。本节以上海郊县为例，重点分析政府对 1961 年、1962 年下放回乡、下乡职工的政策变迁历程。对于郊县的安置工作而言，由于回乡、下乡人员并无政策上的明显差异，所以本节也对回乡、下乡人员统而论之。

一、上海郊县回乡下乡职工概况

据统计，1961—1962 年全市动员回乡的职工共有 19 万人，其中去外地

---

① 《减少城镇人口，大力支援农业生产——曹荻秋同志在全市党员干部大会上的动员报告》，宝山区档案馆：1-13-077-005。

农村约 11 万人，本市郊区农村约 8 万人①。而郊区农村两年多来"共接受安置回乡、下乡人员十七余万人"，其中来自外省市的 26500 余人，本市市区 58500 余人，郊区各县自己下放 85000 余人②。

关于下放回乡、下乡职工的构成并没有全面的分析。根据松江县委精简办公室的统计，自 1961 年开始精减工作至 1963 年 7 月，松江 17 个人民公社共接收安置回乡下乡人员 14344 人。其中有党员 922 人，团员 1061 人。人员的来源，松江精减下去的 10710 人，郊县来的 371 人，上海市区来的 2184 人，外省来的 1076 人。上述人员中有劳动力的 11182 人，占接收总数的 78%，安置在农业上的劳动力有 8296 人，占劳动力总数的 74.2%③。根据上海市委精简办公室宝山县检查工作组的调查，1962 年 1—9 月底，宝山县共接收安置回乡、下乡人员 9301 人，其中男 7267 人，女 2034 人，党员 734 人，团员 650 人。人员来源：外省市来 1599 人，市区来 5151 人，市郊县来 395 人，本县来 2156 人。人员类型：退职 6980 人，退休 372 人，学生（不包括正常回乡学生）673 人，家属 1162 人，其他 114 人。在回乡、下乡人员中有劳动力的 8063 人，劳动力安排在农业上 7477 人，畜牧业 107 人，副业 172 人，渔业 13 人，其他方面 170 人，因外出尚未编入劳动组 124 人④。

通过这两组数据可以看出，精简回乡、下乡的人员队伍结构是比较好的。精简下放人员中有劳动力的松江县占 78%，宝山县占 86.7%；党团员所占比重松江县为 13.8%，宝山县为 14.9%。因此，精简下放职工对于增强各地劳动力，加强地方基层组织是有积极作用的。

安置工作是随着精简工作的开始而开始的。从 1961 年开始，许多地区和单位就已经组织对精简下放职工进行访问。如南汇县组织了 44 个县办工厂的党政工团和科室干部 251 人分赴本县 20 个公社，上海、川沙、奉贤、青浦等有关公社访问了解南汇县回乡生产的 2524 个职工的生产生活情况。经调研，回乡生产职工中生产、生活已基本上安排落实，本人思想稳定，积极参加农业生产，干部和社员反映良好，而且，少数人已当了干部的，共有

①　中共上海市委精简小组办公室编写的《精简工作简报》（第 16—20 期）（18 期），上海市档案馆：A62-2-22。
②　《关于郊区回乡人员安置、检查和处理遗留问题的意见（稿）》，宝山区档案馆：54-2-013-021。
③　《关于安置工作检查情况汇报》，松江区档案馆：0005-19-0040-0075。
④　《关于安置回乡人员的情况和当前工作意见》，宝山区档案馆：54-2-009-001。

2140 人，占 84.1%；生产、生活已基本上安排落实，本人思想稳定，安心于农业生产，但由于当前农活较少或由于料理家务，因而出工不多的有 280 人，占 11.2%；本人思想不通，不安心于农业生产，或串亲闲荡或去上海，少数人还从事投机贩卖的有 35 人，占 4.7%①。可见，虽然存在着一些问题，但当时绝大多数回乡职工生产生活问题都得以解决。

　　1962 年 6 月 1 日，国务院下发了《关于精减职工安置办法的若干规定》，要求"回乡、下乡的职工及其随行的亲属到达安置点后，当地必须准其落户，分给他们每人一分自留地，切实安排好他们所需的口粮，负责解决他们在住房、必要的生活用具（如卧具、炊具）和生产用具（如自用小农具）方面的实际困难，以便他们能够迅速地安居下来，参加生产。"②并要求县、公社两级应当成立安置委员会，务必做到对每一个回乡、下乡人员都能安置落实。如 1962 年 7 月底，宝山县设立回乡、下乡职工安置委员会，由县长范钦山任主任委员，以加强对安置工作的领导③。这些举措有力地推动了精简职工的安置落实工作，上海市委在 1962 年 9 月份的报告中认为，回乡职工中"安置落实或基本落实的约占百分之九十五左右，安置未落实或基本未落实的约占百分之五左右"④，1962 年 12 月份的报告中认为"回乡职工中，目前约有百分之三左右、共三千人安置还不够落实。"⑤可见经过几个月的工作，又有一定数量的职工得到了安置，但在已经安置落实的人当中，还有少数人对支援农业的思想不牢固，不安心农业生产和农村生活，很少参加劳动，根据上海郊区四个县的检查，这种人大约占 12%，回乡后生活困难的也占 12% 左右⑥。要将这些人巩固在农村，还需要做大量工作。

　　应该说，至 1962 年底，大多数回乡职工已经得到了安置。1963 年之后的安置工作之所以长期成为县和公社的重要工作，与党的政策及回乡、下乡

---

　　① 《郊区人口工作情况》，宝山区档案馆：54-2-011-048。

　　② 《国务院关于精减职工安置办法的若干规定》，宝山区档案馆：21-1-041-034。

　　③ 从实践来看，在安置工作中发挥主导作用的依然是宝山县委精简小组办公室。回乡、下乡职工安置委员会是一个临时机构，实际工作似乎并不多。

　　④ 《中共上海市委关于精简工作情况的报告和市委精简小组关于上海市 1962 年减少城镇人口工作方案和上海市精简职工、减少城镇人口的工作总结（关于精简工作情况的报告）》，上海市档案馆：A62-1-10。

　　⑤ 《中共上海市委关于精简工作情况的报告和市委精简小组关于上海市 1962 年减少城镇人口工作方案和上海市精简职工、减少城镇人口的工作总结（上海市精简职工、减少城镇人口的情况）》，上海市档案馆：A62-1-10。

　　⑥ 同上。

职工中出现的新问题紧密相关。一方面，党的政策指向是将这些人长期巩固在农村，松江县1964年的一份报告中曾经谈到，"根据华东局、市委指示，把十七余万回乡、下乡人员安置好，教育好，团结好使他们长期巩固在农村和继续接待安置好回乡、下乡人员是我们郊区各级组织今后几年内一项艰巨的、复杂的重要任务"①。另一方面，由于种种原因，回乡职工中产生了各种各样的新问题，这些问题也亟待解决。

二、安置工作中出现的问题

土地与劳动力之间的矛盾是政府安置工作中面临的首要问题，这一问题还在精简过程当中就已经非常明显。大量人口来到郊县农村，从各级政府的角度需要对土地、房屋等资源进行重新安排，回乡下乡人员的安置在一定程度上也是基层资源的再分配。

对于上海的郊县而言，本身就是地少人多的地区，这些地少人多的地区同时又是外出人员较多的地区，因此当大量外出人员回乡后，土地与劳动力之间的矛盾愈加突出。宝山县反映，"越是地少劳多的公社任务越重，地少劳力较少的公社任务较轻"②。据统计，截至1962年11月，郊区27909个生产队当中，没有回乡人员的7201个，占25.8%，而有1424个生产队回乡人员在11个以上，可见各县社队回乡下乡人员的分布是不平衡的。

表4-7　上海郊区生产队安置回乡下乡人员情况统计表

类　　别	生产队数量（个）	占比（%）
总　　计	27909	100
无回乡人员	7201	25.8
1—3个回乡下乡人员	10892	39
4—5个回乡下乡人员	4654	16.7
6—10个回乡下乡人员	3738	13.4
11—20个回乡下乡人员	1297	4.6
21个以上	127	0.5

资料来源：《关于安置回乡人员的情况和意见（19621119）》，宝山区档案馆：54-2-012-016。

---

① 《六四年做好回下乡人员安置巩固工作、减少城镇人口工作规划》，松江区档案馆，0005-19-0048-0020。
② 《关于安置回乡职工的情况报告》，宝山区档案馆：24-2-005-135。

再以川沙县为例，该县是一个典型的地少人多的地区，1962年初可耕土地436115亩，农村人口417096人，其中有劳动力的158905人，平均每人1.05亩，每个劳动力2.74亩，在外的职工比较多。据匡计，当时尚有在外人口67000人，占全县农村人口总数的16%，最多的江镇公社有7200人，最少的花木公社也有600多人。因此一部分干部和社员抵触情绪很大，认为国家精简职工时"丢包袱""增加农村负担"，说"这是救了田鸡饿死蛇""三个人的饭五个人来吃""多来一个人，白种一亩稻"，提出回乡人员要"自带口粮、烧草"①。这固然是有所谓的"思想问题"，但其根源在于当时人地矛盾的突出。

这种矛盾必然影响到社员收入。如回乡下乡人数较多的宝山县彭浦公社大侯家宅生产队，共有田151亩，1961年有劳动力62个，1962年又增加41个，每个劳动力平均负担1.47亩，由于地少人多，有些生产队单位，1962年虽然增产，但每个劳动力的平均收入不但不增加，相反要减少②。彭浦公社有的社员说，"回乡工人是白虎星"，"多柴不多火"，"支农是蛀虫"，剥削我们，有时候在田里劳动时吵起来。淞南公社联合大队有的社员说："本来到年夜赤豆糕、糯米饭、超产粮笃定有得吃，现在都被回乡工人吃掉了"③。杨行公社对回乡职工影响社员经济收入的情况进行了调查，据桂家木大队两个生产队按照1962年大包干任务试算，第十一生产队共36户，176人，89个劳动力，其中回乡职工有4人，今年社员分配金额预计较去年增长3%。由于增加了4个回乡职工，每个劳力就要减少收入10.5元，减少了4.3%。另一个第十五生产队共40户，184人，97个劳动力，其中回乡职工13人。按照今年的大包干收入计算，由于增加了13个回乡职工，每个劳力就要减少收入25.1元，减少了13.4%。这两个队的试算表明："每增加回乡职工一人，平均每个劳动力就要减少收入1%左右"④。再根据彭浦、杨行公社社员收入与机关收入的比较，工人回乡后，其收入降低一般在一半左右（表4-8）。由于农村开支较省，加上自留地、副业等增产因素，实际下降比例不会这么多，但收入降低是一个确定的事实。当然，对于月收入不满30元的职工而言，其收入应该不会有大的影响。

---

① 《中共上海市川沙县委关于城市人口下放后农村中出现几个新问题的报告》，上海市档案馆：A72-2-1006-17。

② 《安置检查工作情况反映（二）》，宝山区档案馆：24-2-003-020。

③ 同上。

④ 《关于杨行公社解决回乡职工口粮问题的情况调查》，宝山区档案馆：1-14-019-247。

表 4-8 彭浦、杨行公社社员收入与机关干部、工人收入比较表

项目	1961 年分配每劳力		县级机关干部				杨行寺前生产队在外工人平均工资	比 较		
			老北郊		老宝山			老北郊与彭浦比较	老宝山与杨行	工人与杨行比
	彭浦	杨行	每月	每年	每月	每年		减少	减少	减少
每个劳力	358 元	272 元	58	696	48	576	632	338（48%）	304（52%）	360（56%）

资料来源：《关于安置回乡职工的情况报告（19620505）》，宝山区档案馆：24-2-005-135。

以蔬菜为主的地区收入则更为紧张。彭浦公社的徐家角、李家宅二个生产队，1962 年上半年平均每人土地仅 0.502 亩，预计有 76 人回来，占劳动力的 53%，经干部、老农在座谈会上说，增产 10%～20% 是有可能的，以增产 20% 测算，1962 年的收入每个劳动力比 1961 年下降 8.24%①。彭浦公社彭浦大队支书骆桂根说："最好的增加收入的办法是每个队减少 20 个人"，"工人回乡是把我侬的蟹脚"，"一个柴堆二头拔，越拔越少了"，"今后只好喝薄粥汤了"。中心公社洪东大队支部正、副书记说："今年估计回来 20 个人，如果增产 10%，收入还要减少 9.3%"。因此，对于许多公社而言，在精简过程中普遍的心理是："不想再接受安置"，"越少越好"②。

政府通过各种规定，几乎是强制性要求各地对回乡下乡人员必须给予安置，市委农工部在 1963 年 4 月 23 日的会议上要求，"为了保证精简职工和减少城镇人口工作比较顺利的开展，郊区各县去年不开放的社、队，今年也要开放，要求安排生活，不强调安排生产，目的在于缩小市区人口，郊区农村外出家属都要作接受安置的准备"③。这保障了减少城市人口目标的实现，但人地矛盾也积累了下来，随着精简工作的完成，这一矛盾更加凸显。同时，由于资源有限，安置工作存在很多困难。直到 1963 年底，松江县依然在生产生活安置上有不少遗留问题，如在回乡下乡人员中还有 294 个劳动力

---

① 《关于安置回乡职工的情况报告》，宝山区档案馆：24-2-005-135。
② 《关于当前回乡职工安置工作情况和今后工作意见的报告》，宝山区档案馆：24-2-005-140。
③ 《关于压缩城镇人口与回乡安置工作情况和今后工作安排意见的报告》，宝山区档案馆：54-2-014-111。

未参加劳动；有 17 户 36 人迄今尚未落实户口；在 1963 年回乡下乡人员中有 86 户 185 人未分到自留地，有 39 户 136 人未分到与当地社员同等数量的自留地；有 356 户回乡下乡人员在住房方面存在问题；在口粮方面尚未安排的 6 户 15 人，安排得不够合理的 9 户 28 人①。

回乡下乡人员到农村后由于不适应农村生产生活，也出现了不少问题，使安置巩固工作面临着新的挑战。其中最突出的问题是思想问题，即不安心农业生产，希望能够再回到工人岗位上来。这一问题在精简过程中就显得较为严重，根据 1962 年宝山县对吴淞、中心等公社摸底，约有 50%～60% 的回乡工人情绪不安定，认为"吃亏了"，懊悔当时回乡。如吴淞公社陈巷大队回乡职工 92 人，大部分是国棉八厂回来的，8 月初有 20 人集中区厂要求复工，经多方面做工作后，才初步平静，事态没有扩大。还有少数回乡职工不从事农业生产，搞贩卖活动，据罗泾一个公社回乡职工搞贩卖活动的就有 82 人，占回乡总数的 9.5%。少数回乡职工不愿报进农业户口，人虽到农村，户口口粮不肯转移，仅中心公社就有 18 人。而根据同期江湾镇的调查，回乡后思想情绪不够安定的占了多数，达 87%②。当然，这些个案可能较为极端，根据中共上海市委精简办公室宝山县检查工作组的调查统计，至 1962 年 11 月份，全县回乡的 8063 个劳动力中思想劳动表现，分析排队：第一，劳动积极，思想安定的有 3205 人，占 39.89%；第二，劳动较好，思想不够稳定的有 3588 人，占 44.43%；第三，参加劳动很少，思想很不稳定的有 872 人，占 10.83%；第四，有劳动力而不愿参加农业劳动的有 398 人占 4.94%③。也就是说，从宝山全县来看，思想情绪上或多或少存在问题的也高达 60% 左右，可见回乡下乡后思想上出现波动和不稳定的现象是较为普遍的。

同时，回乡后职工的家庭关系也出现了不少问题，最集中的是夫妻关系，其次是婆媳关系。如截至 1962 年 10 月罗店公社回乡职工中有 12 对夫妻向法院提出离婚，杨行公社回乡职工中有 37 户争吵，有 17 户已经打过架。庙行公社野猫墩生产队张阿金回乡以后，妻子把退职金全部拿去，并且天天与他吵，使他患上了精神病。月浦公社泮桥大队王彩英回乡后，丈夫对

---

① 《中共松江县委精简办公室关于安置接受工作检查访问的情况报告》，松江区档案馆：0005-19-0024-0112。

② 《关于对江湾镇接待安置精简回来人员落实情况的检查汇报》，宝山区档案馆：24-2-005-189。

③ 《关于安置回乡人员的情况和当前工作意见》，宝山区档案馆：54-2-009-001。

她说："你回来自讨苦吃，别人家双职工不回来，你为啥回来，你积极，今后有得苦啦"，经常争吵。该大队顾美珍回乡后，每月贴家里40元钱停止了，婆婆与姑娘骂她，经常争吵，闹得分了家，现在还要把户口也拆开。宝山县委精简小组办公室反映，"此类事情在回乡、下乡职工家中较为普遍"①。

随着国民经济的逐步好转，同时也随着时间的延长，不少回乡下乡职工退职费也所剩无几，要求重新安排工作和生活困难等问题并未减少，旧的困难解决了，新的困难又随之产生。复工的要求可能存在着地域文化的差异，如根据上海市高等教育局的报告，"从地区看，江苏、浙江生活水平比山东、安徽高，但思想觉悟、生产表现不如安徽、山东，有的平均口粮在500～600斤，也不安心生产，仍要求复职、补助。山东某地区，连年受灾，每天口粮在六两左右，生活很艰苦，但充满信心，相信集体经济，定能战胜困难，要求复职的很少"②。但是，由于江苏是回乡群众的主要目的地，因此这种地域差异并不重要。1964年初，吴淞区对上钢一厂、上钢三厂和铁合金厂等三个单位的回乡职工从1月1日至14日的来信来访情况进行了调查摸底，共来信来访129人次，比1963年12月同期增长了47.77%（表4-9）。其中，来信来访的原因最多的分别是不安心农业生产、人口多劳动力少生活困难、家庭关系不和三项（表4-10）。而职工的诉求中要求给予补助的达68人次，占52.7%，要求重新回厂工作的49人次，占总数的38.0%（表4-11）。可见，职工的思想不安定和生活困难，成为安置巩固工作中的主要问题。

表4-9　上钢一厂、上钢三厂和铁合金厂回乡职工来信来访的情况

	1964年1月1日至14日来信来访的情况				
	来信来访数			平均每日来信来访数	与去年十二月同时期相比增加%
	小计	其中			
		来信	来访		
上钢一厂	37	23	14	2.64件	15.60%
上钢三厂	43	34	9	3.07件	65.37%
铁合金厂	49	35	14	3.50件	53.12%
合　计	129	92	37	9.21件	47.77%

① 《宝山县关于回乡职工安置落实情况检查工作的总结（草稿）》，宝山区档案馆：21-1-041-044。
② 《上海市高等教育局关于访问回乡职工情况的报告》，上海市档案馆：B243-2-599-1。

表 4-10　来信来访的原因分析

	来信来访的原因									
	回乡后生病			回乡后安置不落实	人口多劳动力少生活困难	当地地少人多生活困难	因发生意外灾害生活困难	生活一般还可，但因欠债生活困难	因家庭关系不和	不安心农业生产
	小计	其中								
		本人	家属							
上钢一厂	8	3	5	/	3	/	1	4	3	18
上钢三厂	10	5	5	1	11	2	/	8	6	5
铁合金厂	9	3	6	/	19	/	2	/	4	15
合　计	27	11	16	1	33	2	3	12	13	38

表 4-11　来信来访所提的要求

	要求回厂工作	要求给予补助	要求提前支付退职金	要求来厂看病
上钢一厂	20	13	2	2
上钢三厂	15	25	2	1
铁合金厂	14	30	5	/
合　计	49	68	9	3

资料来源：《关于回乡职工来信来访情况汇报》，宝山区档案馆：39-1-246-045。

由于上述问题的存在，因此，当精简工作基本完成后，各级党组织不得不对安置工作给予更多的关注，以将精简职工巩固在农村。

三、安置巩固工作的主要措施

在精简职工中存在的上述种种问题，在当时的政策文件中以"遗留问题"统称之。1963 年 10 月 15 日市委精简小组办公室曾经下发《关于本市两年来动员回乡职工中一些遗留问题的情况和处理意见（稿）》，11 月 19 日的《精简工作简报》把回乡职工的遗留问题概括为六类，分别是：有的由于家庭人口多、劳力少、负担重，虽然积极劳动，但不能维持全家生活；有的回乡以前就患有严重慢性疾病，或者负过工伤，回乡参加劳动以后，旧病旧伤复发，生活严重困难；有的回乡以后本人或家属患病、死亡，以及遇到其他各种特殊情况，造成生活严重困难；有的回乡以后，当地农村不予接受，至今还未安置落实；有的回乡职工的家属思想落后，家庭关系恶化，甚至逼迫离婚，赶出家门；有的回乡职工有严重思想问题，不愿回乡，或者回乡以后又倒流回来，无理取闹，甚至影响社会治安①。这些遗留问题概括来讲，主要是思想问题和生活困难问题。对回乡职工的安置巩固工作，也主要围绕这两个问题展开。

1. 加强思想教育

在政策导向上，加强思想教育是处理精简职工遗留问题的首位政策。1963年11月9日的《精简工作简报》认为，处理精简职工遗留问题"总的精神应该是：首先加强思想教育，提高回乡职工及其家属的阶级觉悟，充分认识支援农业生产的重要意义，继续发扬艰苦奋斗，克服困难的精神，鼓励安心搞好农业生产"②。党委政府希望通过思想教育，尽可能把精简职工安置巩固在农村。对于有些回乡职工生活困难，要首先教育他们积极劳动，勤俭持家，依靠自力更生，争取社、队帮助，加以解决。至于少数回乡职工确实存在较大的实际困难，本人、家庭和当地社、队又确实无法解决的，要求各原精简单位，应该继续贯彻负责到底的精神，适当地帮助他们解决。

1964年初，为了鼓励回乡、下乡人员在农村安心、扎根，积极参加农业生产，市委、市人民委员会决定在春节之前，给回乡、下乡人员发出一封慰问信。该慰问信全文如下：

中共上海市委员会、上海市人民委员会
给回乡、下乡支援农业生产同志们的慰问信③

亲爱的回乡、下乡支援农业生产的同志们：

一九六四年春节到了，我们代表上海人民，特向你和你的家属，致以节日的祝贺和亲切的慰问。

你们积极响应党的号召，在党和国家需要的时刻，支援农业生产第一线，显示了有觉悟的中国人民的崇高风格。你们到农村以后，在党的领导下，积

---

① 中共上海市委精简小组办公室编写的《精简工作简报》(第16—20期)(18期)，上海市档案馆：A62-2-22。

② 同上。

③ 《中共上海市委精简小组办公室关于动员城镇人口回乡下乡的宣传要点和关于新疆情况的宣传资料（中共上海市委员会、上海市人民委员会给回乡、下乡支援农业生产同志们的慰问信）》，上海市档案馆：A62-2-2。

极参加集体劳动, 维护集体经济, 团结周围群众, 为发展农业生产、建设社会主义新农村作出了积极的贡献。我国国民经济状况的迅速好转, 就有你们大家的一份功劳在里面。你们这种模范行动, 博得了社员群众的赞扬和信任。许多同志被选为公社、生产队的干部, 许多同志成为"六好"社员。你们到农村的时间还不长, 家底比较薄, 一时还不能完全熟悉农业生产, 因此, 在生产上生活上可能会遇到一些暂时的困难。但是, 我们相信, 在党的领导下, 一方面, 发扬你们自力更生、奋发图强的革命精神, 一方面, 依靠人民公社集体力量的帮助, 一切困难, 都是可以逐步克服的。我们农村人民公社制度是无比优越的, 我们党的一系列的方针政策是完全正确的。只要你们同当地干部、社员团结一心, 努力发展公社集体经济, 坚决贯彻党的方针政策, 社会主义新农村的面貌将会日新月异, 你们的前途一定是无限光明的。

上海城市的工业生产去年已经取得了很大成绩, 今年将要继续发展和提高。上海今后工业生产的发展, 主要依靠不断挖掘生产潜力, 坚持增产不增人、少增人, 不断提高劳动生产率的方针。我们还要进一步贯彻执行以农业为基础、以工业为主导的发展国民经济的总方针, 大力支援农村, 进一步壮大农村人民公社集体经济的力量, 把农林牧副渔的生产, 提高到新的水平。因此, 在一九六四年, 我们仍将继续动员城市人口下乡参加农业生产。希望你们用自己的模范行动和生动经验, 为即将下乡的城市居民们树立一个良好的学习榜样。

亲爱的同志们, 你们的岗位的光荣的, 你们的责任是重大的。你们虽然到农村去了, 但是我们都是经常怀念你们, 支持你们, 并且从你们在农村取得的新成就中得到鼓舞。我们热烈希望你们继续发扬工人阶级自力更生、奋发图强、艰苦奋斗、勤俭建国的光荣传统, 在公社党委领导下, 紧密地团结周围群众, 同他们一道苦干、巧干, 用大跃进的劲头迎接农业生产的新高潮, 夺取一九六四年的新胜利。

　　祝

　　春节愉快

中共上海市委员会

上海市人民委员会

一九六四年二月一日

这封慰问信表明, 在总体的思想教育中, 政府所强调的是上海市经济发展将不依靠劳动力的增加，而主要依靠劳动生产率的提高，同时今后上海依然将采取将城市人口迁移至农村的方式来减少城市人口。思想教育的主要目标是教育回乡下乡职工安心农村，继续从事农业生产。在具体的思想教育中，则往往采用阶级分析的方法，如上海县龙华公社根据回乡职工的家庭出身情况，对贫苦家庭出身的回乡职工采取忆苦思甜，对比新旧社会，端正对待农业生产态度和困难的认识。对富裕家庭出身的青年艺徒，多从正面引导，谈政治翻身，谈社会主义新农村的光明前途。在个别访问和座谈会上，让回乡人员畅所欲言，听取意见，并充分暴露思想后，再加以引导，肯定回乡人员成绩和作用，表扬好人好事，谈农业潜力和远景①。直至"文革"前夕，在解决回乡职工遗留问题上依然坚持"政治第一、物质第二"②的原则，强调要突出政治，注重抓好干部、群众和工作对象的政治思想教育。

2. 生活困难救济

在加强思想教育的同时，对精简职工中确实存在生活困难的给予救济，也是稳定精简职工情绪、将他们巩固在农村的重要措施。回乡职工的生活困难救济有着明确的范围和标准。1963年10月17日，上海市民政局所发《关于回乡职工生活困难救济工作中几个具体问题的意见》③中，规定生活困难救济的范围是"安置在本市郊区农村的回乡职工，其中属于全民所有制单位，一九五七年底以前参加工作，在一九六一年精简工作开始以来精减回乡的老职工"。在回乡职工中，如果不属全民所有制单位，或在一九五七年底以后参加工作，或是一九六一年精简工作开始以前退职回乡的职工，生活发生困难时，即按照一般社员生活困难处理，不属回乡职工的救济范围。生活困难救济的标准是"应该使他们能够维持当地农民的一般生活水平，平均每人每月可按五元左右计算"。同时，对于享受生活困难救济的条件亦有明确和严格的规定，"政府救济的只能是少数困难严重，集体和个人已尽了最大努力仍然不能克服困难的对象"④，而造成生活困难的原因多种多样，更多的需要

---

① 《中共宝委精办关于一九六二年回乡人员安置情况和一九六三年安置工作意见（上海县龙华公社对回乡人员安置教育试点工作的总结）》，宝山区档案馆：54-2-017-001。

② 《关于精减退职职工和回乡下乡人员生活困难救济工作的报告》，宝山区档案馆：21-2-013-001。

③ 《关于回乡职工困难救济、医疗辅助、劳动分工工作要点优抚工作等情况报告（关于回乡职工生活困难救济工作中几个具体问题的意见）》，宝山区档案馆：7-15-060-084。

④ 《关于回乡职工困难救济、医疗辅助、劳动分工工作要点优抚工作等情况报告（关于川沙县蔡路、江镇公社回乡职工生活困难救济工作的情况报告）》，宝山区档案馆：7-15-060-084。

通过安排生产、增加收入来加以解决。1963 年 12 月 18 日宝山县委精简小组办公室又规定，"对回乡职工的困难补助救济，凡是回到本县或市郊各县的已由当地精简办公室和民政科统一办理。各原精简单位主要负责做好回到外地农村去的困难补助救济工作。"①

除生活困难救济外，政府还着重对老、弱、残职工退职后发放救济费。1963 年 4 月 2 日，上海市人民委员会批转了市民政局、劳动局《关于处理老、弱、残职工退职后发放救济费问题的请示报告》，要求对符合条件的老弱残退职职工按月发本人原工资 30% 救济费②。与回乡、下乡人员生活困难救济不同的是，按月发给救济费的主要对象是老弱残职工，既包括回乡下乡人员中的老弱残职工，也包括留在城市中的老弱残职工。1964 年 11 月 11 日，上海市民政局下发了《关于市郊农村安置的回乡、下乡人员生活困难救济的试行办法》③，将这两类救济方式以文件的形式固定下来，成为对精简职工生活困难救济的重要政策依据。

1965 年 6 月，国务院下发了《关于精减退职的老职工生活困难救济问题的通知》，规定"对于从一九六一年到本通知下达之日期间精减退职的一九五七年年底以前参加工作并发给了一次性退职补助金的职工，凡是现在全部或者大部丧失劳动能力，或者年老体弱，或者长期患病影响劳动较大，而家庭生活无依靠的，由当地民政部门按月发给本人原标准工资百分之四十的救济费"④。由此，救济费的标准进一步提高了。为贯彻国务院的文件精神，上海市人委规定对于不符合享受原工资 40% 救济费的退职职工，根据不同居住地区、困难大小和工龄长短等予以救济。对 1958 年后参加工作被精简的全民所有制单位职工，生活确有困难的，由县民政部门给予救济，救济的标准，"根据当地生活水平的高低，酌情掌握，全家收入平均每人每月低于五元到六元的，可以补足到每人每月五元到六元；对于生活无依靠的孤老，凡是符合五保户条件的，可以作五保户处理；不符合五保户条件的，可以给予八元到九元的救济"⑤。这样，救济的范围也得以扩大。

---

① 《关于妥善处理回乡职工遗留问题的意见的通知》，宝山区档案馆：48-2-232-089。

② 《关于回乡职工困难救济、医疗辅助、劳动分工工作要点优抚工作等情况报告（关于川沙县蔡路、江镇公社回乡职工生活困难救济工作的情况报告）》，宝山区档案馆：7-15-060-084。

③ 《关于回乡下乡人员生活困难救济和回乡下乡职工疾病医疗补助问题的通知》，松江区档案馆：0005-19-0048-0039。

④ 《关于精减退职的老职工生活困难救济问题的通知》，宝山区档案馆：48-2-282-016。

⑤ 《上海市人民委员会关于贯彻国务院关于精减退职的老职工生活困难救济问题的通知》，宝山区档案馆：48-2-282-024。

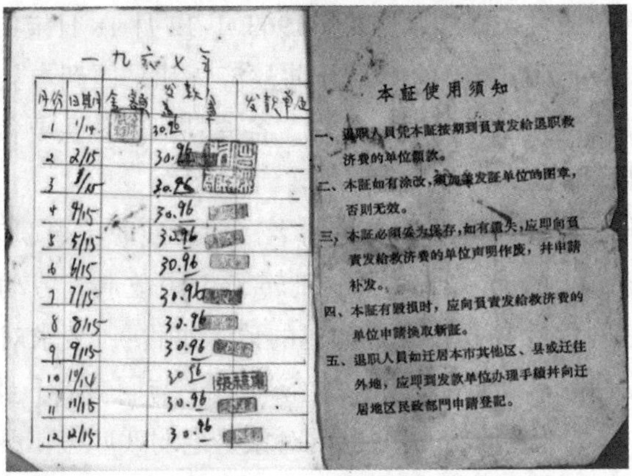

一九六七年

月份	日期	金额	发款人盖章	发款单位
1	1/14	30.96		
2	2/15	30.96		
3	3/15	30.96		
4	4/15	30.96		
5	5/15	30.96		
6	6/15	30.96		
7	7/15	30.96		
8	8/15	30.96		
9	9/15	30.96		
10	10/14	30.96		
11	11/15	30.96		
12	12/15	30.96		

本証使用須知

一、退职人員凭本証按期到負責发給退职救济费的单位領款。

二、本証如有涂改，須加盖发証单位的图章，否則无效。

三、本証必須妥为保存，如有遺失，应即向負責发給救济费的单位声明作废，并申請补发。

四、本証有毁損时，应向負責发給救济费的单位申請換取新証。

五、退职人員如迁居本市其他区、县或迁往外地，应即到发款单位办理手續并向迁居地区民政部門申請登記。

图 4-1　原华东棉纺一厂许金娣的退职职工救济证

资料来源：《1963—1964 年领取救济费退职职工登记表》，宝山区档案馆：21-2-008-001。

“文革”期间，对回乡老职工的生活困难救济，主要政策依据是 1965 年国务院发布的《关于精简退职的老职工生活困难救济问题的通知》和中共中央、国务院一九六六年第九十一号文件《五省精简安置工作座谈会纪要》。但是由于“文革”期间没有退职老弱残职工救济费的专款，因此对回乡老职工的救济工作存在不落实的现象。并且时间限制在 1965 年国务院文件下达之前，文件下达后回乡的老职工则没有解决①。1977 年 10 月 6 日，上海市委领导对回乡老职工访问补助工作进行批示，指出“同意对这批回乡老职工继续进行补助。今年仍要派干部下去访问，并要比往年搞得更好”②。1978 年 7 月，上海市革委会批复了市劳动局革委会《关于做好回乡老职工生活困难补助工作的批复》，同意了劳动局关于“适当扩大按月定期补助的范围和提高补助金额”的建议③。实际上，随着时间的推迟和回乡职工年龄的增大，退职回乡老职工大多已经被覆盖在救济范围之内。根据宝山县革委会交通建设局 1980 年初的统计，该单位共有回乡职工 112 人，1979 年享受定期补助 62 人，1980 年增加至 83 人，享受临时补助 26 人，待查 3 人，救济范围几乎达到了

① 《上海市劳动局关于访问回乡支农老职工的情况和今后意见的请示报告（关于访问回乡支农老职工的情况和今后意见的请示报告）》，上海市档案馆：B127-3-141。

② 《中共上海市委办公室、上海市革命委员会办公室对上海市劳动局革委会关于继续对回乡老职工进行访问补助工作的请示报告的抄告单》，上海市档案馆：B246-3-223-24。

③ 《上海市革命委员会关于做好回乡老职工生活困难补助工作的批复》，上海市档案馆：B246-3-551-25。

全覆盖①。

除以上救济项目外，还有访问救济、子女顶替、住房补助、医疗救济等多种救济形式。这些主要是针对个别对象或特殊问题的一些救济，本节不再一一介绍。

3. 重新安排工作

复工或重新安排工作是回乡职工的主要诉求之一，虽然政府从未承认把重新安排工作作为解决回乡职工问题遗留问题的主要手段，但实践表明，对1961、1962年精简回乡、下乡职工，重新安排工作的比重约在半数以上。

早在1962年9月，市委精简小组在《关于被精减职工安置巩固工作中几个问题的处理意见》中就规定，对于已被精减的大专毕业生，凡身体健康能够坚持工作的，除个别情况外，"都应重新安排工作"②。1963年9月，上海市安排了上海、宝山、川沙、南汇、崇明等五县地少人多地区共500名难以安置的回乡职工进上海国营农牧场，运用"物色对象、个别动员、自愿报名"的方法确定安置对象，其中党团员要求占20%～30%③。10月份，上海市劳动局又从郊区农村的精简职工中选调320名五金技工进市第二机电工业局做临时工，要求尽量从地少人多的公社中选调以及从符合条件而安排不落实的人员中选调④。1964年8月，又规定对三类对象可由原单位提出名单，报上级主管局审查，取得有关县、社同意后，转报市劳动局审查批准，在本市或外地、工厂或农场重新安排其工作⑤。1965年，劳动部办公厅发布的《关于处理安置工作和精减遗留问题的若干政策界限》中规定，企业按计划增加职工并且从社会上招工时，对于家居城市有劳动能力的精简职工应当优先录用，对于"一九五八年以前入厂的技术工人，在精减时曾许过'企业增人优先录用'的诺言，现在本人要求工作而原单位又需要的，经过省、自治区、

———————————

① 《访问回乡职工及经济补助情况》，宝山区档案馆：57-1-096-039。

② 《中共上海市委精简小组关于被精减职工安置巩固工作中几个问题的处理意见》，上海市档案馆：B112-4-663-58。

③ 《关于本市国营农牧场安置五百名回乡职工的具体办法（草稿）》，宝山区档案馆：54-2-013-078。

④ 《请协助选调部分精减回乡的五金技工》，宝山区档案馆：7-15-045-070。

⑤ 市委批转市委精简小组《对于市郊农村安置城镇回乡、下乡人员工作中若干问题的处理意见》，宝山区档案馆：54-2-018-004。这三类对象分别是：1. 技术等级在三级或相当三级以上而连续工龄又在10年以上的退职回乡职工（包括技术员以上的各类技术人员、科级干部、车间主任）；2. 一家有几个职工同时被精简回乡和久居城镇全家回乡的职工；3. 退职后回到岳父母家，家庭关系严重恶化，难以继续生活下去而又无家可归的退职职工。

直辖市人民委员会批准，可以重新录用"①。在精简工作完成后，几乎每一年都有重新安排回乡职工工作的政策或行为，据统计，至1966年5月，郊县的回乡职工中已经"重新安排了一万七千多名回乡技工参加各地建设，安排了三万多名回乡工人从事亦工亦农的劳动"②。

以宝山县为例，回乡下乡人员总数为11322人，至1966年3月底，已经重新安排正式工1600人，亦工亦农5500人（表4-12），仅此两项数据，完全从事农业生产的已经不足半数。至1970年，根据上海、川沙两个县六个公社的典型调查，已经有相当比重的回乡职工通过各种形式回到工业生产的岗位上来，仍然从事农业生产的仅占回乡、下乡职工总数的47.6%（表4-13）。

表4-12   1966年宝山县回乡下乡人员基本概貌

回乡下乡人员总数		政治身份		迁出死亡			现在实有人员	其 中	
户数	人数	党员	团员	小计	已安排正式工	死亡	小计	亦工亦农	现任队干部
6838	11322	941	723	1606	1600	6	9716	5500	996

资料来源：《1966年回乡下乡人员概况表》，宝山区档案馆：21-1-044-080。

表4-13   上海、川沙两个县六个公社1961—1962年精简回乡职工变化去向表

（1970年11月8日）

公社 去向	花木	江镇	七一	华漕	虹桥	新泾	总计	百分比（%）
合计	668人	2171人	298人	382人	122人	208人	3849人	100
支内建设	81	344	22	34	7	14	502	13
市县企业	35	/	7	/	5	7	54	1.4
社队企业	173	237	107	57	12	36	622	16.2
亦工亦农	110	432	18	65	3	14	642	16.7

---

① 《中华人民共和国劳动部办公厅印发"关于处理安置工作和精减遗留问题的若干政策界限"的函》，宝山区档案馆：54-2-018-014。

② 市委批转市委精简小组办公室《关于本市精减安置巩固工作情况和意见的报告》，宝山区档案馆：1-18-036-013。

（续表）

公社 去向	花木	江镇	七一	华漕	虹桥	新泾	总计	百分比（%）
婚嫁参军	3	85	/	3	/	2	93	2.4
劳改劳教	/	7	/	3	/	/	10	0.3
死亡	16	68	6	3	/	1	94	2.4
农业生产	250	998	138	217	95	134	1832	47.6

资料来源：《上海市劳动局革委会关于上海市企业单位 1961 年至 1962 年精减回乡职工的调查情况》，上海市档案馆：B127-3-121-16。

根据 1978 年的统计，1961 年至 1963 年期间精简回乡的老职工 18 万余人。已有 10 万余人重新参加了县以上的工矿企业工作。目前仍在农村的（包括在社队工作）有 8 万人。其中在江苏农村的 45000 人，在浙江农村的 1 万人，在安徽农村的 5000 人，在其他省市农村的 5000 人，在本市郊县农村的 15000 人[①]。据此推算，至 1978 年回乡老职工中已经有近 60% 的比例重新安排了工作，其中，本市郊县重新安排的比例最高。

总体来看，在回乡下乡职工的安置巩固工作中，市委、市人委以及后来的市革委会和上海市人民政府，都坚持了负责到底的精神，为推动精简工作遗留问题的解决做了大量工作。各级党组织和各单位都开展了大量的对回乡职工的访问工作，以便及时了解情况，关心回乡职工的生产、生活和思想情绪，正如有的职工家属反映："党对回乡职工如大人对待小人一样"[②]。我们以 1964 年对回乡职工遗留问题的处理为例，从一个横切面的视角可以看出上海市在这一问题上的成绩，也可以了解到该项工作的复杂与烦琐：

一九六四年，重新安排工作的九千七百多人，吸收子女一千七百多人顶替工作，改为退休或按原工资发给百分之三十救济费的二百二十五人，由国家给予定期或临时救济的七千另六十二户次，发放生活困难救济费二十二万五千四百余元，帮助六百七十人治疗疾病，发放医疗补助费

[①]《上海市革命委员会关于做好回乡老职工生活困难补助工作的批复》，上海市档案馆：B246-3-551-25。

[②]《上海市石油煤炭公司人事科关于访问回乡职工情况的汇报》，上海市档案馆：B123-5-736-262。

二万九千八百余元；帮助二千一百五十户修建住房，拨出木材二千三百米、毛竹四万另四百支，发放修建住房补助费十万另八千四百元。通过上述安排，生活状况有了较大的好转。据嘉定县对一万另八百十四户的调查，高于当地社员生活水平的占百分之四十二，相等于当地社员生活水平的占百分之五十三，低于当地社员生活水平的占百分之五①。

　　动员人口回乡自始至终是在各级党和政府的主导之下进行的。每一次大规模的动员人口回乡运动，都会成立相应的领导机构，不断根据回乡进程进行调整和纠偏，以加强思想教育为主要方式引导群众自觉自愿回乡，同时在负责到底的原则之下，对于回乡后的一些问题也给予了极大的关注。党和政府的注意力是从制定政策开始，一直延续到将动员对象安置在新的生产岗位上，党和政府的主导作用贯穿于动员工作的全过程。每一次的动员人口回乡过程中都会产生各种各样的问题，然而从总体而言，政府坚持体贴热情，避免强迫命令，贯彻负责到底，积极认真、统筹兼顾地掌控回乡进程。每一次的大规模动员都涉及几十万人口的前途和命运，之所以还能保持平稳，与党和政府主导作用的发挥是密不可分的。

---

① 《一九六四年郊区安置巩固回乡下乡人员工作总结（初稿）》，宝山区档案馆：54-2-018-046。

第五章 人·空间·生活：回乡群众及其社会生活

动员人口回乡的运动对于回乡群众而言，则是如人饮水、冷暖自知了。不同的职业、生活经历、政治身份、社会关系等因素，甚至具体做动员工作的干部态度如何都会影响回乡群众对于回乡运动的主观认知。放眼整个中国，人口由城至乡的流动是社会主义建设时期的大势，最著名的回乡者是解甲归故里的甘祖昌将军①，但更多的则是在政治运动中随波而动的芸芸众生，实际上大多数人的命运淹没在浩瀚的历史当中。本章对回乡群众的论述仅就所见资料展开论述，侧重于由城至乡的生活方式转变。

第一节 榜样的力量：回乡运动中的积极分子与先进事迹

每一次回乡运动的完成，都离不开积极分子在其中发挥带头作用，回乡后的生活，也不乏许多先进人物和先进事迹。这些人在回乡中发挥了榜样和示范作用，对动员回乡工作的顺利完成具有重要意义。

一、积极分子的带头作用

积极分子是共产党在群众工作中的重要武器。美国有学者认为，积极分子代表了中国共产党成功动员群众和激发人力资源的一种努力②。从一场运动

---

① 甘祖昌（1905—1986），江西莲花人，1927年加入中国共产党，1955年被授予少将军衔，是第三、第四届全国人民代表大会代表。20世纪50年代自愿回乡当农民，一直坚守在农业岗位上，1986年病逝。参见饶道良著：《井冈山红军人物志》，南昌：江西人民出版社2010年版，第34—35页。

② 参见张世勇：《积极分子治村：徽州村治模式研究》，济南：山东人民出版社，2009年版，第164页。

的视角来看，积极分子是指在运动中起带头作用的一部分人，不仅包括非党积极分子，而且党员、干部、团员等同样发挥了重要的带头和榜样作用。这些积极分子不仅自身主动要求回乡，而且积极协助党组织做好动员工作，带动了一批人回乡。回乡之后，克服困难，安心农村，扎根农业，同样发挥了示范和表率作用。

从动员回乡的历程来看，积极分子主要分为三类：

第一类，本身即为党员、干部、团员或骨干分子，具有发挥带头作用的自觉意识，主动申请回乡或动员家属回乡。

优秀的党员、干部在回乡运动中，往往主动地把党的要求作为自己努力的目标，在处理集体利益与个人利益的关系中服从大局。1955 年中国百货公司上海采购供应站党员谭宝松，觉得自己是支部委员，支部布置计划时向党员提出积极带头的要求，尽管自己和爱人两方思想都不通，也硬把爱人动员走了。当他送走爱人时，别人问他：哭了没有？他只好说：不哭，没有感情①。张国相原是黄浦区运输公司干部，在 1955 年和 1962 年的动员人口回乡中都自觉响应党的号召，他说我是一个党员，1955 年动员爱人回乡，1962 年自己带头回乡都是党的需要，是一场革命②。

应该说，在动员工作中许多党员干部的回乡要求是真心实意的。上钢五厂老工人、共产党员吴顺观，有 24 年工龄，按照政策本来可以不用回乡，但他多次主动要求厂党委批准他下乡务农，厂里认为他年纪较大，又是骨干，当时就没有批准。但他为了创造条件下乡，就先将久居城镇的爱人和儿子、女儿从松江迁到嘉兴县七星公社永丰三队安家落户③。回到家乡浙江省嘉兴县以后，在农业生产和日常生活中，处处起模范作用。如刮台风下雨时，他带头出工，发现社员有不正确的思想，他就根据党的政策，宣传解释；有人想抬价出售秧苗，坚决劝阻、制止。后来，吴顺观被评为农村的"六好"党员，被选为生产大队的党支部副书记④。侯兆英是某毛纺厂车间工会主席、

① 《中国百货公司上海采购供应站政治处关于动员职工家属回乡工作总结》，上海市档案馆：B122-2-37-121。
② 《上海市劳动局革委会关于下放海门的精简职工情况》，上海市档案馆：B127-3-121-9。
③ 《中共嘉兴县委员会关于动员职工和城镇人口下乡插队的情况汇报》，宝山区档案馆：54-2-013-047。
④ 《中共上海市委精简小组办公室关于上海市第二个五年计划期间和 1962 年 1 至 7 月减少城镇人口的工作总结、情况和意见（进一步减少城镇人口，加强农业战线）》，上海市档案馆：A62-1-21。

共产党员，她认识到，"一个共产党员，应该积极响应党的号召，分担国家的困难，自己虽然从小没有种过田，哪怕在农业上起一个极小的螺丝钉作用，也是共产党员应尽的义务"。厂方在召开欢送大会的前夕，她的老病复发了（便血），她母亲一定要她去医院治疗，但她坚持不去，怕让厂里知道而不放她回乡，带病坚持参加欢送大会。厂领导知道后劝她休息治疗，但她一再表示老病没问题，回乡也一样好治疗。侯兆英的行为深深地感动了到会的全厂职工，不少人上台表示向她学习，进而向党提出了回乡申请①。

团员的带头作用同样显著的。根据 1962 年共青团吴淞区委对 7 个大厂精简前后团组织变化情况的调查，团员总数减少了 22.51%，但团干部总数减少了 26.25%，团员减少的比例大于精简职工的比例，团干部的比重又大于一般团员的比重。在 7 个大厂中，团员总数减少最多的是 47.35%，团干部总数减少最多的达 42.19%，均接近半数。这对精简职工，克服经济困难起到了非常重要的作用。

表 5-1 吴淞区七个大厂 1962 精简前后团员情况变化表

单 位	1962 年 1 月至 9 月工业调整前后人数变化情况数								团干部精简情况数		
	原职工数	精简掉数	原青工数	精简掉数	减少%	原团员数	精简掉数	减少%	原团支委数	精简掉数	减少%
上钢一厂	18053	4670	1909	900	47.17	1905	577	30.29	384	162	42.19
上钢三厂	18826	5452	2038	883	43.32	2165	409	18.90	391	89	22.76
上钢五厂	14737	3565	4300	1125	26.16	2471	444	17.97	382	78	20.42
铁合金厂	3007	1065	388	263	68.67	566	268	47.35	60	13	21.67
上海钢管厂	1935	215	200	72	36	240	25	10.42	53	3	5.70
国营二机	4753	822	394	191	48.48	442	58	13.12	87	22	25.29
国棉八厂	6529	959	185	85	45.94	414	67	16.16	98	15	15.31
合 计	67840	16784	9409	3482	37.04	8203	1848	22.51	1455	382	26.25

资料来源:《共青团上海市吴淞区委关于工业调整和精简职工后团组织变化的情况报告》，上海市档案馆: C21-2-1959-28。

为了完成精简工作，各级党组织也往往有意识地要求党员干部发挥带头

---

① 《一颗红心向农村——记女职工侯兆英同志回乡支农》，宝山区档案馆: 18-2-006-022。

作用。中国纺织机械厂在辞退里弄工、临时工过程中，鉴于有些是厂内干部的家属，厂党委为推动辞退工作的顺利进行，在未推向群众以前，先在干部中做了工作，说服干部以身作则，动员自己的家属带头回去，因而不仅减少了动员工作的阻力，而且在群众中留下较好的影响①。中共光华丝绸厂支部将支部委员、厂长沈焕均在其自愿的前提下列为支农对象，该支部的报告中写道，"本厂职工大部分是海门人，回乡人员中海门人比例也较大，而他同回乡工人表示了自己回乡决心，由于他的带头报名支农，对厂内支农工作开展，是一个极大推动，如果不去对今后工作开展也有影响。为了从全局和党的工作出发，有利支农工作开展，支部委员会同意沈焕均同志回乡支农要求。现报请上级党组织和公司给予立即审批。"②该报告表明了党组织在精简职工过程中通过典型来带动全局的工作策略。枫泾镇委抓住了枫泾布厂出席全国群英会代表张小妹批准回乡生产的先进事迹进行宣传，在群众中树立了参加农业劳动光荣的气氛，推动了运动的迅速发展③。张小妹，女，1927年出生，是松江县枫泾布厂织布挡车工，1955年以后，先后被授予松江县先进生产者、江苏省第一届工业先进生产者、上海市"三八红旗手"、全国先进生产者等荣誉称号④。类似张小妹这样的回乡者，其带动作用是极为明显的。

第二类，许多工人具有高度的主人翁意识，顾全大局，把国家的困难当成自己的困难，自觉响应党的号召。

工人阶级是中华人民共和国的领导阶级，是国家的主人翁，这一观念经共产党在中华人民共和国成立后不断教育而得以强化。以国家为大家，小家服从大家，在许多工人心中是金科玉律。每当动员人口回乡运动开展，许多工人顾全大局，克服自身的困难，将家属动员回乡或自己退职回乡。1955年沪东造船厂起重队耿成亨在座谈会上说："我们工人阶级要带头响应政府号召，上海开支大，负担重，乡下去了不但好参加生产，还节省开支，我保证

---

① 中共上海市委精简小组办公室编写的《精简工作简报》(第1—10期)(3期)，上海市档案馆：A62-2-17。

② 《上海丝绸公司关于所属永达、九昌、上丝厂干部支农报告、批复（关于沈焕均同志要求支农报告）》，上海市档案馆：G35-2-219。

③ 《松江县精简城镇人口大力支援农业生产工作总结》，松江区档案馆：0005-19-0022-0016。

④ 杜钰洲主编：《让世纪更辉煌：中华纺织劳模大典1950—2000》，中国纺织工业协会，2002年印，第641页。

立即动员家属回去"，经检查三天后的确回去了①。上海宰牲场屠宰部章士坤说：我家现在要吃 130 斤米，这次我要把妻子和小孩动员回乡去，我本人每月只须 30 斤米就够了，这样可以替国家节省 100 斤大米的运输费。宰牛部李子仙说：本来只知道人多，到底多少不知道，听了报告才知道有 700 多万人，其中有 400 多万人不生产的，像我要负担七口人的生活，使我生产不安心。这次政府号召的确很好，上海人口太多，而乡下缺少劳动力生产，这次我要动员他们回乡去②。上海冻肉加工厂副产部工人于才林在 8 月 27 日要送家属回乡，派出所的同志对他说，如果你有困难可暂缓回去，于才林则很肯定地说：我是国营厂的工人，我应该要起带头作用。最终把家属送到乡下③。

　　20 世纪 60 年代初期的精简职工则更体现出工人对于阶级觉悟的自觉认知和主动认同。许多老工人都经历过旧社会，对于新旧社会的对比有着切身体验，对于克服国家经济困难有着很强的自觉性。如卢湾区大兴漂染厂老工人朱卫清，坚决要求回乡，厂里就以他为典型，召开群众座谈会，他在座谈会上谈自己要求回乡的体会时说："我从十三岁逃荒到了上海，当时只有一个小包袱，几件破烂衣服，现在回去，行李多得能装一小船，这都是毛主席给我的，翻身不能忘了党，忘了毛主席！""去年回乡可拿三千元，今年只有一千元，我回去不是为了钞票，是为了克服当前困难。""为了多拿一些钞票回乡，农业生产也不会搞好，这次不但人回去，还要把工人阶级思想带回去，要发挥工人阶级的先进作用。"④上海市汽车运输第五场 504 车队装卸工徐宝林，在座谈会上激动地说："我们工人阶级在新社会里感到无比幸福，国家有困难，我们不能坐视，在上海坐吃山空，增加国家负担。俗说：锅里有，碗里才有，帮助国家早日克服困难，我们小家庭才能早日得到幸福。因此我回家开了一个家庭会议，提起回乡参加农业生产事，当时，爱人同意，儿子反对，我便用切身的新旧社会对比进行了阶级教育，帮助他提高认识，

---

① 《中国第一机械工会沪东造船厂委员会关于紧缩上海人口动员职工家属回乡生产工作总结》，上海市档案馆：A43-1-35-59。

② 《中共中国食品公司华东区公司上海宰牲厂委员会关于逐步紧缩上海人口的宣传动员情况汇报》，上海市档案馆：B122-2-37-64。

③ 《中国化工原料公司上海采购供应站政治协理员办公室组织科关于逐步紧缩上海人口的宣传总结（上海冻肉加工厂紧缩上海人口工作总结）》，上海市档案馆：B122-2-37-133。

④ 中共上海市委精简小组办公室编写的《精简工作简报》（第 1—10 期）（6 期），上海市档案馆：A62-2-17。

他也同意回乡支援农业生产。我家三个劳动力，回乡参加农业生产，利国利己，一举两得"①。"锅里有，碗里才有"就是工人阶级主人翁意识的朴素表达，这种主人翁意识是精简工作中非常重要的积极因素。

第三类，非党积极分子，自觉认同党的政策，愿意响应党的号召而回乡。

也有一些非党积极分子，将社会主义的前途与自己的前途结合起来，响应政府的号召，不仅自己回乡，而且帮助做周围群众的思想工作，从而成长为积极分子。

1955年大动员时，静安区某里弄一位60岁的老太太说："我一向是响应政府号召的，这次仍旧要响应，因为政府这样做也是为了建设社会主义。"又说："我不但自己响应，还要带邻居某大姊一起响应。某大姊怕乡下晚爹虐待，我回乡一定帮助她说服教育晚爹"②。新成区新闸路春晖里某次小组会上，一位小学教师带头发言，表示家里虽有五个孩子，夫妻二人都工作，但仍响应号召，动员保姆回乡，在未找到上海保姆前，自己设法克服困难。树立了这个榜样后，有些犹疑不定的人也就表示了愿意回乡的态度③。中国石油公司上海批发站复兴岛库的工人苏文增不仅自己成功地动员家属回乡，而且其做家属思想工作的过程以黑板报的形式宣传开来，以启发其他工人做好家属的思想工作。

黑板报稿·我是怎样动员家属回乡的 ④
复兴岛库工人·苏文增

听了区库刘主任关于动员家属回乡生产的报告后，明确上海的人口已大大超过了一个工业城市应有人口的正常情况，我思想上就开始把这问题重视起来，并认识到应该响应政府号召，动员我的老婆小孩回乡。

一般人对上海的生活是留恋的。因此我第一次动员我老婆的时候，她坚决不走。找了很多原因，又是没衣服啦，又是家中没地啦等等。但是我们反

①《中共上海市汽车运输第五场委员会关于减少城镇人口支援农业生产的工作小结》，上海市档案馆：B154-5-177-35。
②《上海市民政局关于本市动员农民回乡工作概况》，上海市档案馆：B168-1-862-131。
③ 上海市人民委员会人口办公室编印的《工作简报》1955年第5期，上海市档案馆：B59-2-27-21。
④《中国石油公司上海批发站人事科关于紧缩人口工作情况汇报》，上海市档案馆：B122-2-37-75。

复向她说明回乡对国家对自己都有好处的道理，后来她慢慢地有点愿意了，但是说要到年底才走。要我先寄钱回去把房子修修好，还要大人、小孩都做套棉衣。我想只要她懂了道理有走的口气，就好办。

隔了一天，我又向她动员，问她是不是能早一点回乡。她气呼呼地说："你还认为我在这里有什么福享啦，没来上海的时候，你每月给我们寄二三十元钱，我们大人、小孩过得挺高兴的，在这里什么都要买，都要操心"。我就说："这不就很对吗？"我看就动员她早点回乡，这样就决定了九月份回去。后来我又想，我的小孩子，在上海还没能进学校念书，我老婆也为这事操心，如能早一点回去，还能赶得上报名读书呢，而且目下还有回乡的同乡可一同走，不就更好。就这样又向她进行动员，再找比较和睦关系好的邻居进行说服，在生活上一些问题尽可能给她照顾好，这样就在本月十四日回乡了。

我认为，我们每个职工都应认识动员家属回乡生产的重大意义，下决心响应政府号召，负起责任来动员有条件回乡生活的亲属、亲戚回乡生活。

宣传科印发，19550818

也有的动员对象一开始并不积极，经过反复思想工作才开始变得积极起来。新成区新闸路春晖里某动员对象借口有困难，不愿回乡，经干部反复访问了四次，结果动员对象逐次改变态度。第一次访问时，他不愿说明不回乡的理由；第二次说因欠债，须待4个月以后才能回乡；第三次才暴露欠债仅仅20元，因此回乡日期可改为3个月以后，干部指出20元并非不能筹措（父亲每月有固定收入），不如早设法偿还，早回乡赶上秋收；第四次他就自动改为8月10日回乡，干部即加以鼓励。他后来表现非常积极，几次在会议上带头发言，以自己思想转变过程教育别人，作用很大[1]。

在精简职工过程中，通过欢送会对回乡职工进行欢送，不少回乡职工在欢送会之后成为"新闻人物"，"不少职工都去找他们，有的表示祝贺，有的问长问短，而他们自己也成了最好的'宣传员'，讲自己的思想转变，讲农村的大好形势"[2]。这些欢送对象在客观上发挥了积极分子的作用。

---

① 上海市人民委员会人口办公室编印的《工作简报》1955年第5期，上海市档案馆：B59-2-27-21。

② 中共上海市第一商业局委员会人口办公室编印的《人口工作的情况汇报》1961年第4期，上海市档案馆：B123-5-5-10。

元兴漂染厂两位工资都是 95 元，年龄都是 55 岁的老工人钱元钊和陈小毛提出了回乡申请。当有人问钱元钊说，你回去后没有香烟吃怎么办？他说，我回乡不是去吃香烟的，是去"干活"的，去大办农业的，态度很坚决①。新丰布厂挡车工陆素珍在上海解放前肚子里生了大瘤，没法治疗，解放后享受劳保动了手术治好病，这次座谈，认清了国家的困难，积极报名要求回乡。她说："我的命是党救的，没有党，没有解放，我早就没有命。现在我家里虽因父母死去和儿子结婚还欠了债，生活上有困难，但为了帮助国家早日克服困难，我要求回乡"②。

各类积极分子在动员人口回乡中都发挥了同样重要的作用，以党员干部和积极分子为抓手，从而带动整个动员工作，是各地区、各单位普遍采用的办法。如 1963 年上海市委交通工作部要求，"领导干部家属合乎回乡条件的，能够带头回乡，体现了领导干部的决心，和党的政策，能够推动干部和群众动员家属回乡的工作。凡是有家属合乎回乡条件的领导干部，而自己又不是积极地响应号召的，局党委要亲自去做思想工作"③。1961 年松江棉织厂的团支书陆增福谈到该厂精简工作中积极分子和党团员发挥的作用时说：运动一开始，群众在背后纷纷猜疑，认为这次下放人员一定是平时工作不好的人要走，积极分子、党团员不会下放。领导上在掌握这种思想情况之后，就首先在群众认为这次不会下放的积极分子、党团员中进行排队，对符合政策的对象，列入第一批下放，名单宣布之后，对群众起了很大的鼓励作用，转变了原来对精简人员支援农业的不正确看法。有许多职工本来不准备回去的，都纷纷打报告要求批准，行动大大加快④。回乡的进程快速平稳推进，与积极分子的示范表率作用是分不开的。

二、欢欣的回乡者

在动员人口回乡的过程中，有很多人是高高兴兴、心情舒畅地走上回乡之路的。虽然 1963 年的一份宣传材料中说到，"有些人似乎认为叫到农村去

---

① 《关于普陀等区部分工厂批准第一批职工回乡支援农业生产材料的通报》，上海市档案馆：A36-1-246-64。

② 《上联、药三、新丰三个厂要求回乡职工情况的初步分析》，长宁区档案馆，37-13-380-62。

③ 《中共上海市委交通工作部办公室关于当前减少城镇人口工作的情况和意见》，上海市档案馆：A58-2-244-34。

④ 《松江县精简城镇人口大力支援农业生产工作总结》，松江区档案馆：0005-19-0022-0016。

就像要他到地狱似的"①，但是从整个回乡历程来看，尤其在 20 世纪 50 年代的动员人口回乡中，对于游民、妓女、三轮车工、摊贩等群体和一些外来人口而言，回乡意味着更高而稳定的收入，同时也意味着更加稳定、体面和有尊严的生活。1955 年大动员时某三轮车工人曾说，"踏三轮车是踏不出社会主义的，生意又清淡还是回乡生产有前途"，小贩、擦皮鞋的、拾荒的也都有同样的反映②。可见，即使从自身经济利益上来衡量，回乡也是"有前途"的。

在整个动员回乡过程中，一直不乏心情舒畅、欢欢喜喜回乡的对象，这些人或者是在反复动员之下"思想通了"，或者是从经济上觉得划算，也有不少因可以家庭团聚、"叶落归根"而自觉自愿回乡。1955 年，水上区某船民说："我们在旧社会就是因为在农村受地主压迫，不得已跑到城市来，到了城市仍旧受压迫，在上海拾垃圾、摇船二十年，也没有出路。解放后人民政府给我们做了不少工作，但我们还没有为着国家和自己的长远打算，积极回乡参加农业生产，今天政府为我们指出了光明大道，我们应当听政府的话"③。中国花纱布公司上海采购供应站仓储科顾耀明是部队转业的，家乡在太仓，家中有母亲、兄弟、姊妹，虽然开始时爱人不愿回去，他就讲道理，上海房租大，每月要支出 30 元左右，虽本人只拿 6 元多，而公家要补贴 20多元。在上海样样要花钱，倒一个马桶每月要几角钱，乡下既不出钱，又可卖出作肥料，因此家用开支就可减省，生活还可改善。他的爱人不久要生产，如果在上海医院生产，生产后没有人服侍，因此休养不会太好，乡下有婆母姐妹帮助，可以得到安定的休息。经这样的动员说服，他爱人欢欢喜喜地回去了④。

精简工作中有很多经过组织上反复动员而主动回乡的事迹。先锋电机厂第四车间党支部委员殷银城对家在农村的工人张达章比较了解，知道张达章家里没有劳动力，要靠他寄钱回去从集市买东西过生活，因此开支大，经济很拮据。殷银城找他谈心时，就着重带他核计家庭经济，算农村开支账。使

---

①《有关动员回乡的宣传资料》，宝山区档案馆：113-2-114-028。

②《上海市民政局关于本市动员农民回乡工作概况》，上海市档案馆：B168-1-862-131。

③ 上海市人民委员会人口办公室编印的《工作简报》1955 年第 3 期，上海市档案馆：B59-2-27-11。

④《中国花纱布公司上海采购供应站关于紧缩人口的工作情况汇报》，上海市档案馆：B122-2-37-44。

他了解乡下开支大是因为他家里没有劳动力，因此，吃的用的不能从生产队里得到分配，样样都要依靠集市。如果他回乡参加了劳动，虽然收入没有工厂里拿的工资高，但吃的粮食、蔬菜，烧的柴火，可以从生产队得到分配，开支省了，生活还可以过得宽舒些。经过这样一算账，再加上他有回乡与家属团聚的愿望，就高高兴兴报名回乡了①。汽车运输五场的回乡职工顾金海受到欢送会气氛的感染，热泪盈眶地说："我长到这么大，从没有参加过这样隆重的大会，我心里太高兴了，支援农业真光荣！"，于是也主动报名回乡了②。中国纺织机械厂老工人沈仲琦在决定报名回乡以前心神不安。后来，干部了解了他主要是怕回去后被农村讥笑是"回汤豆腐干"，"不光荣"，担心在常熟读高中的儿子学费供给有困难。针对这个情况，单位同意他先请假回乡去看一看，并且同意为他写个证明给他儿子读书的中学，说明情况，请学校考虑是否可以减免费用。当他看到农村欢迎他回去，他儿子的求学问题也得到了解决，不仅高高兴兴报了名，而且还感激党无微不至的关心。又有一个工人因为人家欠他七张工业券，他也欠人家一张肉票，想等半个月以后发了工业券和肉票以后再走。后来，工段长知道了，就把自己多余的工业券先给他，并且通过另一个借给他肉票的工人向他说明"一张肉票小意思，用不着还了"，他也心情舒畅地回乡去了③。

　　一些工资低、家庭负担重的职工和工人，因为感觉回乡合算而积极主动回乡。1961年动员时，福建省人委驻沪交通处干部蒋纪才，家在农村，他的妻子经常向他说："你在上海工作，听起来蛮好，工资收入反不及农民，倒不如回来种田"。他原来就有回农村去的念头，曾写过三次报告，但怕受批评，不敢提出来，听了动员报告后，他很高兴地说："我早就想回去了！"④立德布厂工人马赓福，只有妻子、小孩和一个70多岁的老母在农村，全家没有一个强劳动力，收入较少，这次回乡参加农业生产，不但生活水平没有降

---

①《中共上海市委工业工作部关于依靠骨干做好思想教育工作的通知》，上海市档案馆：A72-2-978-22。

②《中共上海市委交通工作部关于认真做好"减少城镇人口支援农业生产"工作情况的通报》，上海市档案馆：A58-2-160-40。

③《中共上海市委工业工作部关于转发中国纺织机械厂关于在精简工作中进行群众思想教育工作几点经验的情况报告的通知》，上海市档案馆：A72-2-978-28。

④《中共上海市人委机关委员会人口工作领导小组办公室关于人口工作的情况简报（人口工作情况简报三）》，上海市档案馆：B12-2-445。

低，而且老母亲得到了更好照顾，小孩可以每天上学，全家皆大欢喜①。对于这些人而言，回乡解决了他们的实际困难，不少人都表示让他们回乡是党对于职工和工人的关心。

根据 1962 年长宁区对上联、药三、新丰三个厂要求回乡职工的情况进行的分析，这三个厂已经离厂回乡和报名要求回乡的共 45 人，其中积极响应党的号召，顾全大局，帮助国家克服困难，要求回乡的有 10 个人，占要求回乡总数的 23%；通过算账，感到回乡合算的有 16 人，占要求回乡数的 35%；农村情况好家里经济稍宽裕，回乡后可团聚或照顾家庭的有 16 人，占要求回乡数的 35%。此外还有少数是犯过错误，群众关系不好，感到在厂里没前途，趁机要求回乡的有 3 个人，占 7%②。例如新丰布厂挡车工王秋宝虽在厂里工作工资每月 83 元 5 角，但是在上海生活仍有不小的困难，"三个小囡托费 16 元，在上海借住房租每月 6 元，加上补贴给娘 5 元，这样每月工资只多下 23 元。在厂里生产因眼睛有疾病，做夜班吃不消，回乡以后，我劳动力较强，参加农业生产搞些副业，照顾家务以后，以上费用不必支出，加上副业收入，与在厂里工作的收入也差不多，还可以领到 800 多元补助费，真是对国家对自己都有利"。新丰布厂挡车工邵爱娣家在江阴，公婆都在公社工作，经济情况较好，因丈夫吐血有病，三个小孩没有人照管，所以要求回乡。第三制药厂工人秦家贵是独养子，父亲年老，母亲又生病，这次要求回乡团聚照顾家庭。也有的长期在外夫妻分居关系不好，要求回乡团聚改善关系。从这三个厂的情况来看，感觉回乡经济上合算的，或者回乡满足了职工工人团聚愿望的占到总数的 70%。

在动员回乡过程中，政府也不断通过各种政策来塑造回乡职工和工人的光荣感，回乡支农光荣这一理念深入人心。一些地区、单位往往给回乡者戴上大红花、张贴光荣榜等形式来强化这一理念。20 世纪 60 年代初，大多回乡职工的回乡证明是以奖状或光荣证书的形式发给回乡对象的。许多工人在这种"光荣感"的感召下下定回乡决心，如 1961 年第二技工学校许多职工在欢送会之后讲到，"回乡参加农业生产比参军还光荣"③。思想上的光荣感以

---

① 《中共上海市委工业工作部关于上海市工业系统贯彻压缩城市人口的进展和职工回乡后的反映情况简报》（73 期），上海市档案馆：A36-2-480。

② 《上联、药三、新丰三个厂要求回乡职工情况的初步分析》，长宁区档案馆，37-13-380-62。

③ 《关于"精简职工，压缩城市人口"的情况简报（第 6 期）》，上海市档案馆：B127-2-407-38。

及经济、生活上的划算，共同促使许多职工主动作出了回乡决定。

图5-1　1961年10月10日上海矽钢片厂沈金泉的回乡证明

资料来源：《回乡调查情况表》，宝山区档案馆：128-2-173-014。

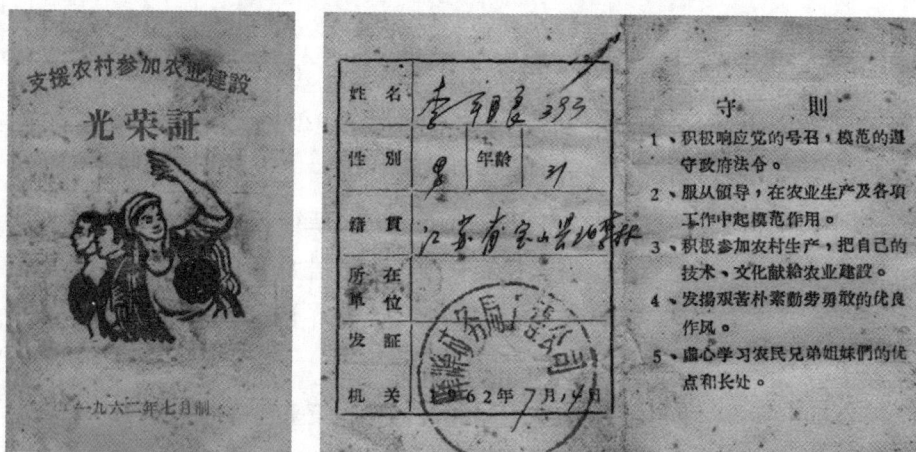

图5-2　宝山县回乡工人李祖良的回乡证明

图片来源：《回乡调查情况表》，宝山区档案馆：128-2-174-014。

三、工人阶级的优良传统与公社新人——回乡后的先进事迹

被精简的职工回到农村后，扎根农村，安心农业生产，这样的先进人物与先进事迹层出不穷。根据1965年上海市第一建筑材料工业公司赴江苏访问的情况，该公司精简到江苏的职工共有844人，本次共访问了816人，其中仍在农村从事农业劳动的641人。在这641人当中，表现较好，已经被

推选担任各种职务或"六好"社员的共117人，占在农村参加生产总人数的18.28%（表5-2）。如果据此推算，回乡职工中的先进分子、先进人物可以占到从事农业生产的回乡职工总数的近1/5。

表5-2　市第一建筑材料工业公司精简回江苏农村职工中的先进分子表（1965年）

共计	大队支部书记	大队支部副书记	大队支部委员	大队长	副大队长	大队团支书	大队贫协主席	大队贫协副主任
	2	1	2	1	1	1	1	2
117	民兵连长	民兵排长	生产队长	生产队副队长	生产队会计	生产队委	贫下中农代表	六好社员
	1	7	15	15	5	11	34	26

注："六好"社员中有大队贫协副主任1人，大队支委1人，生产队长2人，贫下中农代表4人。

资料来源：《中共上海市第一建筑材料工业公司政治处关于江苏省地区的回乡职工访问情况的报告》，上海市档案馆：B84-2-399-1。

回乡职工中先进人物与先进事迹的共同点在于他们坚持了工人阶级的优良传统，一方面热爱劳动，积极从事农业生产；另一方面维护集体利益，与破坏集体利益的现象进行斗争。在做好安置工作的过程中，回乡职工中的先进事迹和先进人物在报刊中广为宣传。如1963年《文汇报》在报道上海市农业先进会议大会中引用了上海大方糕饼厂回乡工人陈志和的发言，陈志和说，"我是一个共产党员，应该到党最需要的地方去，一个工人回到农村工作，应该努力保持工人阶级的优良传统"[1]。1964年2月15日，《新民晚报》报道了曾被评为上海市先进生产者的达丰第一纺织厂工人宗彩娣的故事，重点描述了宗彩娣夫妇安心农村，不想再回城市的思想表现，宗彩娣说，"支援农业是我们的责任，建设新农村是长时期的事情，我们在这里搞农业生产，不是一样为社会主义贡献力量吗？"[2]

1963年2月底宝山县召开的全县农业先进集体、先进生产者、先进工作者代表会上，更是描绘了回乡职工中先进人物和先进事迹的群像。如先锋一

---

[1] 《种好棉养好猪　支援国家和城市　发挥机械效能　为农业生产服务　上海市农业先进会议大会发言昨告一段落》，《文汇报》，1963年3月12日。
[2] 《还乡落户第三春——宗彩娣夫妇决心长期参加农业生产》，《新民晚报》，1964年2月15日。

大队的蔡洪祺是全大队回乡的第一人。刚回来时，群众有些议论，说什么上海固定工资不拿，回来开"长柄拖拉机"，无苦讨苦。在这些讽刺面前，他顶得住，情况十分稳定。回乡后不久，就担任了粮管员和兼任大队出纳工作，工作主动，责任心强。他身体不好，胃病十分严重，叫他休息不肯，一直坚持工作。有一次胃病发作，睡在床上，粮管所叫他完成试算工作，他就吃了些药，起床工作。他家岳母、妻子、孩子等身体不太健康，经常生病，经济比较困难，大队给他补助，给他表格填写，他拒绝了，自己克服。1963年早春，天气比较寒冷，他在田里劳动，见到一个小孩掉在河里，就奋不顾身跳入河中，把孩子救起来，结果自己生了几天病。杨行公社桂家木大队苏家宅生产队的苏文荣，原是南市区粮油中心店的公方经理，回乡后任出纳兼饲养员。由于他工作处处争先，看到困难的工作就上，见到社员困难就帮，养猪脏，"我来"，钱不够，"我来"，生活重，"我来"，因此"我来"的外号就慢慢叫开了。还有茂盛大队小邨生产队的陈国兴（图5-3），回乡后积极参加农业生产，从无怨言，对队里的任务从不挑肥拣瘦，乐意接受，认真完成。对不良倾向及时揭发，如社员杨某某拿集体稻柴，他马上报告队长，进行说服。冬天挑河泥，他总是跑在其他社员前面，带头跳入冰冷的河水里，烤干河决，做好一切准备工作，便于社员挑泥，增加生产效率。一般社员嫌稻田浇粪会弄脏衣服不愿做，他总是主动参加从不退让，把干田浇粪让给别人①。

图5-3　茂盛大队小邨生产队回乡工人陈国兴参加农业劳动图

资料来源：《回乡职工代表群和事迹材料》，宝山区档案馆：21-2-024-017。

应该说，这些先进人物和先进事迹是非常典型的。如果说会议或报刊中

---

① 《回乡职工代表群和事迹材料》，宝山区档案馆：21-2-024-017。

的材料多少带有宣传性质的话，散见在各类访问材料、工作总结中的先进事迹同样是广泛存在的。上海市石油煤炭公司在1962年访问时发现，该公司卢锡祉回乡以后不但能够安心农业生产，而且能够带头积极参加劳动，样样都干，因此，影响很好。大队的支部书记反映他是全大队50多个回乡职工中表现最好的一个。苏良生回乡后关心集体生产，千方百计做好工作，为了保证稻谷收好，曾经主动连续4夜在外巡逻，在担任小队仓库保管工作中也积极负责，因此，担任了生产小队的副队长和大队的民兵工作。宓福英明确了回乡支援农业生产是分担国家困难，在回乡时生产队确定他的定量是38斤，但是她再三要求把定量减为36斤，使生产队和周围的社员都很感动①。这三位先进人物都只是上海石油煤炭公司一个单位在一次访问中发现的，真正从全市范围而言，这样的人物和事迹并不少见。

直至20世纪70年代初，仍有许多回乡老工人不忘支援农业生产的初衷，毅然放弃复工或重新工作的机会，坚守农业生产和农村生活。如微型电机厂回乡老职工项宝宰，回到浙江镇海县柴桥公社后，为建设新农村吃大苦，出大力，处处起带头作用。1964年，大队组织山林队，他担任队长，带领19名社员上山开荒，奋战几年，扩大耕地500亩，种了茶叶、果树、杉木等经济作物，发展了集体经济，增加了社员收入，多次受到浙江省和宁波地区的表扬。1971年，镇海县胶木厂聘请他作技术指导，每天给工资3元5角，生产队因为他生活困难也同意他去，但他一心要把农业生产搞上去，宁愿拿9角一天的工分而婉言谢绝到工厂去。又如上钢五厂回乡工人沈宏坤（党员），回原籍江苏江都县东汇公社孙庄大队后，一心为支农，积极劳动，不怕困难，受到贫下中农的拥护，先后被选为生产队会计、生产队长、大队长，"文化大革命"中又担任大队党支部书记。大屯煤矿、江西钢厂招工都要他去，但他表示农业是基础，一定要搞好，坚决不离农村。他一家六口，四个孩子年龄尚小，住两间旧草房，每年要透支，生活很艰苦，但他从来不叫苦，去访问时他也不谈困难，不要补助，群众都说他"带来了工人阶级的好传统"②。

这些先进人物与先进事迹，与党的长期教育分不开，也与补助、救济等

---

① 《上海市石油煤炭公司人事科关于访问回乡职工情况的汇报》，上海市档案馆：B123-5-736-262。
② 《上海市劳动局关于访问回乡支农老职工的情况和今后意见的请示报告（关于访问回乡支农老职工的情况和今后意见的请示报告）》，上海市档案馆：B127-3-141。

相关政策是分不开的，不少回乡职工因感受到党组织的关怀而强化了扎根农村的自觉性。如上钢一厂回乡职工张石筱，当他从生产队拿到了厂里给他的慰问信和补助费后，马上写信来厂表示感谢。他写道："亲爱的党啊！你真是我的再生父母，我肚里有千百万个说不尽的感谢，只有你才能这样——真正像'及时雨'一样的关心和体贴人们的生活，关心人民的疾苦。亲爱的党——慈爱的母亲，你对我这样无微不至的关怀，咬齿不忘，铭刻肺腑。我保证在农村安心劳动，积极工作，带头执行党的方针政策，遵守政府法令，维护集体利益，搞好农业生产，多打粮食，支援祖国建设，用我的实际行动报答党的恩情"①。

长期的思想教育以及不断的生活关怀，内化为工人阶级自身的觉悟，成为回乡职工扎根农村的内在动力。坦率而言，作为积极分子和先进人物并不容易，往往要面对周围群众的眼光、家属的不理解和埋怨，但他们依然坚守初心，保持和强化着这种觉悟。或许汤长林的表现更能代表回乡职工的一般面貌，汤长林是龙华公社南郊大队贫农出身的回乡工人，因为回乡后生病和生活困难，有不少意见，但是有一天晚上看到大队饲养场里的猪跑了出来，他就东奔西走叫喊饲养场负责人和社员起来，共同把猪赶回圈后才放心地去睡觉，平时也积极参加集体生产劳动②。即使自身遇到困难，即使对回乡后的生活有所抱怨，但他们依然坚守岗位，至少是做好了本职工作，为农业生产的发展贡献着一己微薄之力。

第二节　回乡群众的城市生活空间

回乡群众，尤其是20世纪50年代的外来人口，他们本身在上海并未完成人的城市化进程。虽然城市生活令人向往，但他们在城市的生活空间是晦暗的。本节对回乡群众的城市生活空间，即回乡群众在上海吃、住等日常生活发生的场所进行了描绘，从而探知回乡群众从上海到家乡转变过程中的生活实态。

---

① 《关于回乡职工来信来访情况汇报》，宝山区档案馆：39-1-246-045。
② 中共上海市委精简小组办公室编写的《精简工作简报》（第16—20期）（19期），上海市档案馆：A62-2-22。

一、棚户

在民国时代，棚户就代表着恶劣不堪的最底层民众生活。据1948年的统计，上海人口为540万（不含流动人口），"棚户区居民约为八十万以上"①，亦即说，大约每7个上海人中，就有1个是住在棚户。根据20世纪50年代初的调查，上海棚户区总人口接近100万，是上海市总人口的1/5到1/6②。根据1948年虹口区的统计，全区棚户经过调查登记的有1607户，4979人，籍贯最多的是江苏、浙江，职业分类中小贩最多，有2200人，车夫1125人，失业者350人，妓女54人③。从中不难看出，棚户居民大多属于动员人口回乡的对象范围。

在20世纪50年代初期，棚户区同时也是外来农民、灾民、难民较为集中的场所，如根据1955年的资料，"制造局路五〇一弄和沪闵南拓路三三二弄两个居委会是棚户地区，外来农民较集中"④。直到1957年仍有"外来农民到处乱搭草屋、棚户等，影响社会秩序"⑤的记载。

上海解放后，上海对棚户区进行了整治，至1954年已经"在一八八处棚户修筑道路六十四万多平方公尺。修了路，埋了管，装了电灯和自来水，使得住在这些地区的九十万人受到益处"⑥。根据1963年的资料，"原来道路泥泞、空气浑浊、缺乏水电供应的棚户区，面貌也大为改观。在沪西、沪东等比较集中的棚户区，先后辟筑了火巷道路，埋设了下水道，安装了路灯和电灯，设置了公共给水站和公用传呼电话。中华人民共和国成立以来，这种环境经过改善的棚户区有几百处"⑦。可见，经过不断整治，棚户区的生活质量已经有了很大提升，与"行无路、食无水"的民国棚户有了很大改善，但依然是城市中的贫穷地带。

---

① 《回乡难民不患无田 华东区有可耕荒地三千万亩 可容纳移殖人口二百五十万》，《文汇报》，1949年8月6日。

② 转引自许纪霖、罗岗等著：《城市的记忆：上海文化的多元历史传统》，上海：上海书店出版社，2011年版，第258页。

③ 《广大的农村变成了乐园 留沪难民成群结队归去》，《文汇报》，1949年8月8日。

④ 《上海市民政局关于"蓬莱区第十一办事处工作安排得好并加强了对居民委员会的领导动员回乡工作得到有力的开展"的材料》，上海市档案馆：B168-1-862-31。

⑤ 《关于继续动员农民回乡生产的宣传提纲（草稿）》，宝山区档案馆：8-2-004-012。

⑥ 《上海，这不平凡的五年》，《文汇报》，1954年9月30日。

⑦ 《上海城市面貌十四年来日新月异 巨大的改造和建设工作使旧社会的消费城市成了社会主义的生产城市》，《文汇报》，1963年9月25日。

　　1949 年，在动员徐汇区棚户里的寡妇韦许氏回乡过程中，棚户的饮水问题成为说服韦许氏的关键。"因为在虹桥路用水，只有到马路旁消防龙头中去汲，人多水少，有时得出钱去买，水源使她伤足了脑筋"。工作人员从"吃水"问题扯到她家四口的伙食，又引起了她 61 岁老母的诉穷，说上海我工作不易，赚钱更是吃力。继而谈到解放区的乡村生活，撩起了她们怀念故乡的思绪。又经过第三次访问说明了政府的政策之后，韦许氏就登记回乡了①。

　　1950 年，上海市"对消防、交通及市政规划方面有严重危害的旧有无照棚户，其中有合乎迁送对象者，予以动员回乡"②，也动员了不少棚户居民回乡生产。之后，政府一方面逐步加大改造棚户区的力度，改善棚户区生活，适当允许棚户区存在以降低城市建设成本，但任何新搭棚户都是禁止的。1954 年 8 月，常熟区安徽会馆聚集了很多主要是来自安徽无为的灾民，至 8 月 20 日"已新聚集了八十余棚户，二四○余人，至廿七日止又新增加一五○人"③。9 月 8 日，区政府会同公安局对新搭建棚户予以拆除，"但当日下午灾民又重新搭建，于九日又进行拆除"，灾民转而要求收容，或挤在未拆除的老席棚中④，直至最终被动员回乡。

　　棚户属于居民的私有财产，因此在 1955 年的动员回乡过程中，动员棚户居民回乡需要处理好居民的棚户私产。某三轮车工人，愿意全家回乡，但他的棚户有一半租给两个单身人住，这两个人一时找不到别的住房，因此房子不能拆卖。居委会主任就到附近和居民协商，设法为两个单身人找到了房屋，使这个三轮车工人能够把房子拆卖。但木料拆卖后，屋瓦没有人买，居委会主任又多方设法，找到瓦店老板，经过说服、教育，老板同意以每张瓦7 分钱的价钱买了 100 多张。三轮车工人解决了这些具体困难，就欢欢喜喜地回乡了⑤。

二、碉堡

　　解放战争时期国民党军"在上海周围和市区，构筑了钢骨水泥碉堡五千

---

　　①《争取难民同乡转进生产的队伍》，《文汇报》，1949 年 9 月 20 日。
　　②《上海市民政局、中国人民救济总会上海市分会关于无照搭建棚户遣送回乡办法（草案）》，上海市档案馆：B168-1-683-3。
　　③《上海市民政局关于外地灾民流入城市情况的简报（第三号）》，上海市档案馆：A6-2-76。
　　④《上海市民政局关于外地灾民流入城市情况的简报（第五号）》，上海市档案馆：A6-2-76。
　　⑤ 上海市人民委员会人口办公室编印的《工作简报》1955 年第 10 期，上海市档案馆：B59-2-27-54。

座，另有水泥活动碉堡三千座及永久性野战掩体万多处"①。上海解放初期虽然拆除了一些碉堡，但仍有不少碉堡留存下来。1957 年 5 月 28 日，国务院发出通知，要求"凡在国防上（包括纵深地区）有使用价值者，不论地面或地下的一切敌伪时期的军事设备，均应保留、维护，教育群众不要破坏"。中国人民解放军上海警备区司令部 1958 年 3 月重申了国务院的这一指示，要求重视旧碉堡在国防中的作用，在基建中尽量不拆碉堡②。直至 1992 年，仍然有拆除国民党遗留旧碉堡的新闻报道。这些碉堡是较为坚固的，根据 1992 年拆除杨高路 7 座碉堡时的报道，"碉堡壁厚 80 公分，顶部离 1.6 万伏高压线不到 10 米，左右离民房最近的只有 3 米。如果用爆破作业，一旦危及高压线，将会造成浦东工厂全部停产；如用手工拆除，工期至少要两个月，将影响施工进度"③。

碉堡一般属于无主之物，无人打理，作为生活空间条件是很差的。1957 年来自安徽五河的一名 30 余岁的男性灾民蔡金凡因病死亡，"死后因怕火葬由同乡埋在碉堡，至三月十八日经灾民反映才发现"④。可见碉堡内的卫生条件是得不到保障的。

在 20 世纪 50 年代，碉堡成为外来灾民的重要聚集地。1954 年开始，外来灾民增多，"流入本市之外地农民，多数住在未拆除之碉堡内，以小贩、拾荒、求乞等方式维持生活，也有个别做小偷的，更有个别妇女搞不正常男女关系"⑤。住在碉堡内的安徽灾民反映，"这里有草皮可吃，乡下连草皮都没有。在这里虽苦，尚能生活，回去是要饿死的"⑥。根据市民政局 1957 年 1 月份的调查，在外来的 2447 名灾民中，"有 836 人，分别居住在 69 个碉堡和 6 个防空洞内，占灾民总数的 34%"，由于外来灾民没有组织，流动性大，灾民中伴随着偷窃等行为，"杨浦区碉堡内灾民时常偷拾农民晒的衣服，折农

---

① 舒同主任讲话全文，《文汇报》，1950 年 5 月 27 日。

② 《中国人民解放军上海警备区司令部关于在基建中尽量不拆碉堡的报告》，上海市档案馆：A54-2-340-7。

③ 《子弟兵为杨高路工程清除障碍　三天摧毁七座旧碉堡》，《文汇报》，1992 年 3 月 4 日。

④ 《上海市民政局关于动员灾民回乡工作的情况报告》，上海市档案馆：B168-1-879-44。

⑤ 《上海市人民政府郊区工作办事处关于外来农民流入上海市的情况报告》，上海市档案馆：B46-2-55-29。

⑥ 《关于安徽省农民盲目流入上海市妨碍上海社会秩序、请速派员前来上海领回的函》，上海市档案馆：B46-2-55-33。

民的棉花杆当柴烧，引起郊区农民的不满和反感"①。时值严冬，政府给碉堡内的灾民酌情发给一些稻草御寒，个别必要的发给旧棉衣，但最主要的政策，还是结合救济抓紧动员回乡。1959年宝山县委向市委报告，"有一部分无固定工作的外来人口晚上睡在碉堡里，据了解，仅在蕴藻浜以南地区就有20多个碉堡住了人"②。

20世纪50年代碉堡内住的基本上是外来的灾难民，关于碉堡生活的描述也总与饥饿、偷窃、赌博等现象交织在一起。1956年，在同济中学对面三个碉堡住的16个外来灾民虽然找到了推泥土工作，但仍有偷窃铜铁事情发生。外来灾民报不进户口，因此也领不到粮票，不满情绪也较多，在国京路碉堡上就有"给我些粮票吧！"这一标语③。在动员回乡的运动期间，也是碉堡内人们生活有所改善的时期。在1957年动员灾民回乡时，规定对碉堡灾民，在动员期间由政府进行救济，以便集中进行动员教育和遣送。在救济的标准上，对于集中在碉堡和侯遣所内不外出乞讨的灾民，"每人每天不超过一角三分，以二顿菜粥供给"，"灾民回乡路粮一律不发现金，而以每人每天一斤面粉计算，制成干粮发给"④。

在20世纪60年代，碉堡内仍然有外来人口的活动。1962年5月22日，晚10时左右，在宝山县工农派出所辖区内的一个碉堡内住着一些外来人口，其中有一个男的叫李某某（系下放职工）与一个女的在碉堡里"搞腐化"。外面一个16岁青年叫刘某某的，故意高声歌唱，李叫刘不要唱，刘不听，发生争吵，以至动手互殴。刘招架不住，即拔出随身小刀，将李的两膀戳了两刀，李受伤，痛得大喊救命，附近捕鱼农民闻声赶到，即将他们围住，并报告工农派出所。民警受案后，当晚未予处理，也未将伤者送医院，即将两人送到迁送站暂寄，第二天也未去处理，至24日晚，两人乘看管不严逃之夭夭⑤。随着精简工作结束后，碉堡也成为一些上访职工的落脚点，郊县的一些碉堡甚至成为个别回乡职工的安置地点。上海第一建筑材料工业公司回

---

① 《上海市民政局关于外来人口情况和意见的报告》，上海市档案馆：B168-1-880-6。
② 《县委向市委有关外来人口激增造成吃饭、住宿等生活上的混乱报告》，宝山区档案馆：1-11-016-074。
③ 《北郊区关于当前外来农民的情况报告》，宝山区档案馆：8-2-004-069。
④ 《上海市民政局关于动员灾民回乡工作的意见》，上海市档案馆：B168-1-879-6。
⑤ 《上海市民政局1962年1月—12月收容迁送工作情况简报及收容迁送工作情况反映、统计表（五月份收容迁送工作情况简报）》，上海市档案馆：B168-1-915。

乡职工陶某某,1964年10月来上海要求重新安排工作,1965年3月离开上海,"在沪期间陶住上海彰武路一碉堡内"①。直至1966年,仍然有"个别人至今住在'碉堡'、牛棚里"②的记载。

三、饭摊、饭店

无论对于本市人口还是外来人口而言,饭店或者饭摊都是重要的生活空间。在20世纪50年代,许多外来人口的饮食问题都是通过饭店或饭摊解决的,统购统销之后有的外来人口是"专门来上海吃饭的"③。1955年时,水上区的外来人口大部分是买面条、大饼或在陆上饭摊上吃饭度日,每天去陆上排队抢购面条、大饼。北新泾镇一到早晨商店面条被抢购一空,面条馆早上8、9时都已坐满,吃饭时小菜几个人买5份,而饭要吃三大碗。曾有少数农民到国际饭店吃饭,有一天四个农民干部游玩,路遇国际饭店,在门口张望,为该店职工看到,见是农民,就邀请入内,并介绍饭菜价目:每客最低五角,白饭尽量吃,农民听到感到很好,就在该处吃饭。从此后向其他农民宣传,因而前往国际饭店的农民陆续增多有八九十名,顾客中70%是属于水上外来农民,一般每顿要吃七八碗,饭量大的要吃13碗,同时发现向别人讨小菜、剩菜等现象④。

在20世纪50年代中期,政府对于饭馆和饭摊中外来人口的管理是较为宽松的。据在南京被收容的街头吃讨、游民反映,说在上海生活有办法,不受限制,如推桥头两次就够吃一天的,上海饭馆好要饭,政府不管。拾垃圾、擦皮鞋、做小贩、卖血都够生活的。有的游民说:"上海对我们很宽的,吃的饱、穿的暖、住的好、收容后不多时就要迁送我们还乡,发给路费,我们不回家,到了昆山又转回上海,只要隐蔽得好,就可以住下"⑤。在1955年大动员之后,部分地区的饭店甚至营业变好。如长宁区法华镇江宁路一带,

---

① 《上海市第一建筑材料工业公司关于支农职工的安置及有关规定的通知(关于回乡人员陶长山问题的处理情况报告)》,上海市档案馆:B84-2-421。

② 市委批转市委精简小组办公室《关于本市精减安置巩固工作情况和意见的报告》,宝山区档案馆:1-18-036-013。

③ 《中共上海市水上区委关于动员农民回乡生产情况的报告》,上海市档案馆:A80-2-117-6。

④ 同上。

⑤ 《江苏省公安厅、南京市公安局对上海市限制人口盲目流入管理暂行办法(草案)的意见》,上海市档案馆:B168-1-860-214。

主要顾客为小型工厂临时工、流动工等，他们家属返乡后，均到饭店去吃饭，因此附近地带饭馆营业普遍上升，一般为 20%，多者如一乐园为 48%①。

在三年困难时期，上海的饭摊和饭店排满了购买饮食的外来人口。1959年4月底宝山县委反映：最近我县大小集镇各处饭店天天排队，犹如长龙，有很多人每天清早4时就排队买点心，上午10时就坐等吃中饭，下午4时又在等吃晚饭了。上钢厂的钢铁食堂在晚上11点钟也有不少人去吃点心，而做夜班的工人倒反而吃不到点心。而且由于人数太多，供应又有一定限量，因而天天发现争吵现象。大场镇饮食业一个月的粮食供应已由8万斤激增到14万斤，其中60%都被外来人口吃了。吴淞合兴馆供应量也由每天300斤大米增加到900斤，但还是不能满足需要，照样有人吵吵闹闹。有时甚至连商店里的乳糕都卖得精光②。1960年宝山县委又反映，不少外来人口，早上7点就去排队买午饭，有些职工家属粮食被外来人口吃掉后，拖幼带老也去排队买饭，争购饼点和豆制品。在不收粮票的饭店门口大小便，有的10多岁的小孩，大便在饭店台子下，弄得脏臭不堪，严重地影响了正常的顾客吃饭③。

不少本市职工也选择去饭馆或饭摊吃饭，以将节省下来的饭票或粮食来供养家属或寄回老家。有的工人说："乡下来信，小孩吃一顿哭一顿"。有的接到乡下来信后说要寄钱回去"救命"，有的买了饼干寄回去，有的用肉票换粮票，甚至有人经常上饭摊吃饭，省下粮票寄回家乡。来沪的家属中有不少人没有带粮票，须到饮食店或饭摊里买熟食吃，有些职工为了弥补家属的粮食，不在厂内吃早饭而在外面买早点吃，这样就增加了开支，以致生活发生困难④。

外来人口与本市人口对于饭店和饭摊空间的争夺是较为激烈的。1959年吴淞镇关于外来人口情况的报告中提到，饭店和饮食商店摊贩中，自春节之后即形成拥挤排队的现象。如镇商店在饭店内每天有85%—90%都是外来人口，其中有的一顿饭要排四次队，最多的一次要吃七八碗，甚至吃了以后还

---

① 《上海市工商业联合会关于服务性行业动员返乡情况及存在问题的报告》，上海市档案馆：C48-2-1044-164。

② 《县委向市委有关外来人口激增造成吃饭、住宿等生活上的混乱报告》，宝山区档案馆：1-11-016-074。

③ 《关于外来人口的情况和工作报告》，宝山区档案馆：113-2-055-014。

④ 《上海市民政局制止农村劳动力盲目流入本市检查小组编印〈情况反映〉1959年第1—18期（6期）》，上海市档案馆：B168-1-896-16。

要带着出去，在摊贩排队的人就更多了①。这无疑影响了上海居民的正常生活，引起了上海居民的不满。同太路70号居民王大英反映说："许多临时户口到吴淞来，东西都被他们吃光了，今后就不给他们报户口，不给他们东西吃"。桂花弄某居民反映说："星期天我早上买早饭也吃不到，饭店门口排队格长，我想想真气，我要求凭户口簿吃饭，另外要求用粮票凭工作证吃饭"②。由于饭馆或饭摊空间的有限性，上海人对于动员外来人口回乡从总体上是支持的。

四、客栈

1964年12月5日，上海市冶金工会工作委员会完成了关于连发客栈的调研材料，将连发客栈称为回乡倒流人员的集居地③。冶金工会工作委员会认为，像这些回乡倒流人员，在一个小客栈里就有7个，全市各个角落里是不少的。随着国民经济的逐步好转，许多精简回乡职工重新回到上海，希望可以复工或重新安排工作。他们留在上海往往是长期的，连发客栈的7个回乡倒流人员，住在连发客栈的时间都在一年以上。这些客栈成为他们寻求新希望的重要驻足点。

连发客栈位于海宁路933号，是一家单间门面的小客栈，进门就是二排三层叠铺，约有30个床铺。一个小业主模样的人掌握着业务。这里距离北站较近，每晚从火车下来住宿的旅客很多，同时也住着7个一年以上的长期旅客。

这些长期旅客都是1962年回乡支农职工，当初回乡时都是单纯地从退职金、搞副业生产着眼，不安心农业生产，因之回乡不久就来上海，几个人一伙，住进了小客栈，做修理搭棚、补套鞋等业务和小商品贩卖活动。连发客栈斜对面有一家小茶馆（老虎灶）是他们活动休息的地方。他们满腹牢骚，大量在此发泄，责怪干部欺骗他们，又讲"他们懊悔响应党的号召，回乡支农，作了积极分子，今天吃亏了"。

上海碳素厂回乡工人蒋万茂，于1962年回原籍绍兴支农以后，对参加农业劳动有顾虑，又缺乏信心。1963年上半年就来到上海，他先到厂要求复工，后来他看达不到目的，就住进连发客栈，和其他人一样做修搭棚业务。一年

①《关于动员外来人口情况报告和工作打算》，宝山区档案馆：113-1-025-027。
②《吴淞镇动员外来人口回乡工作情况汇报》，宝山区档案馆：113-2-042-004。
③《上海市冶金工会工作委员会办公室关于连发客栈——回乡倒流人员的集居地的材料》，上海市档案馆：C1-2-4767-159。

多来，他没有回家，也没有到碳素厂去过，一直待在这个小客栈里。蒋万茂靠修搭棚日子并不好过，住客栈要3角一天，吃饭用粮又比较贵，而修搭棚也不是天天有活，各地区都有修理服务站，限制了他的活动。特别是刮风下雨天，只好坐在小茶馆里。他又不注意节约，收入好一些，就吃喝用光，没有收入就变卖被头衣服，不多时都卖光了。11月下旬，天气转凉，而蒋万茂只剩两套单衣了，只好躲在老虎灶边取暖。在这种情况下，他还是把回乡搞农业当作死路一条，要在上海硬挺到复工为止，但目前生活又很困难，就想上市委拦市领导的汽车，直接申诉，思想极为混乱。经过碳素厂发现后，会同冶金局工会积极做思想工作，又解决他目前的生活困难问题，蒋万茂的思想认识，已略有提高，同意回去。而其他6个人则继续准备在小客栈住下去。

对于客栈中的回乡倒流人员，派出所只管户口掌握，街道只管里弄居民，旅馆业把他们当作旅客看待，只要付3角钱，不欠租费就行，没有人去管他，更没有人去做思想工作。因此，在当时的情况下，这些人"处于社会主义教育运动之外"。并且在小客栈里"发泄对党和政府不满言论，起着颇为不良的影响"。上海市冶金工会工作委员会建议有关部门配合起来，对他们进行政治思想工作，动员他们到农业生产岗位上去。

第三节　从城市到农村的生产生活转换

贯穿于社会主义建设时期的回乡现象，所有回乡群众共同的生命体验在于其生活的环境从城市回到农村，其物质生活、收入来源、消费方式、娱乐形式、文化活动等都发生了深刻变化。"回乡下乡人员他们从城镇转向农村，从工厂企业转到农业，无论在生产、生活上必然有一个熟悉和习惯过程，这也是一个思想斗争的过程"[①]。上海回乡群众的特殊性在于，他们曾经生活在当时中国最大的、最先进的社会主义城市，对于他们而言，转变与调适的过程应比中小城市的回乡群体更为艰难。这种由城至乡的逆向生活转变，在现代化的历程当中，是一个非常独特的生命和心理体验。

---

① 《中共松江县委精简办公室关于安置接受工作检查访问的情况报告》，松江区档案馆：0005-19-0024-0112。

一、物质生活的转换

所谓物质生活，是指"社会物质资料的生产、交换、分配、消费的活动和过程。它构成人类社会生活的基础和最基本的活动。"① 物质生活方式由城至乡转换是所有回乡群众所面临的共同问题。这种转换主要体现为两个方面：

第一，劳动方式及生活环境变化。

无论回乡之前在上海从事什么职业，大多数回乡群众最终转向了"一年辛苦，几熟收"② 的农业生产方式。许多人对农业生产技术并不熟悉，即使熟悉的在身体条件和劳动方式上也需要重新适应，"手掌磨起了泡，肩膀脱了皮"③ 是一个必然的过程。未曾做过农活的青年工人其转变更为艰难，一些老社员反映说，"这些工人锄头也捏不像，整地高低不平，做墙沟弯弯曲曲不一，正是牛牵马棚（不好的意思），生活做来不像，工分不给不像"④。

除了劳动方式，还有生活条件，上海的生活条件无疑比农村要好得多。20 世纪 50 年代，即使在上海拾荒要饭，在不少灾民心中也感觉比农村生活更好。有的工人说："农村劳动，日晒夜露，城里做工，总在屋里，农村扛的，锄头铁锗，厂里拿的，扳头钳子，要讲劳动条件，农村比城市还差几千里。"⑤ 上海市仪表电讯工业局有职工讲，"农村生活条件是苦，在上海热天坐办公室有电风扇，钢铁厂劳动有汽水吃，农村就没有，天热晒太阳"⑥。在消费方面，"上海工资一般比外地高，轻工业比较发达，东西多，轻工业品物价比一般城市低"。在医疗条件上"农村医疗设备差，得了病抢救也来不及"⑦，一些身体有疾病的回乡职工，往往选择在上海治好病后再回农村。这种生活环境的变化可能在妇女和儿童身上体现得更为明显。1955 年江都县樊

---

①　宋丹：《社会学概论》，南京：南京大学出版社，1990 年版，第 172 页。

②　《宝山县关于回乡职工安置落实情况检查工作的总结（草稿）》，宝山区档案馆：21-1-041-044。

③　《中共上海市委工业工作部关于上海市工业系统贯彻压缩城市人口的进展和职工回乡后的反映情况简报（73 期）》，上海市档案馆：A36-2-480。

④　《共青团上海市委青农部关于一个生产大队回乡青年工人的情况调查报告》，上海市档案馆：C21-1-919-14。

⑤　《中共上海市委工业工作部关于上海市工业系统贯彻压缩城市人口的进展和职工回乡后的反映情况简报（40 期）》，上海市档案馆：A36-2-480。

⑥　上海市仪表电讯工业局人口办公室编印的《人口工作情况简报》1961 年第 1 期，上海市档案馆：B103-3-119-1。

⑦　《上海市仪表电讯工业局关于人口工作中几点思想情况的汇报》，上海市档案馆：B103-3-119-32。

川区东汇乡回乡妇女反映"乡下买东西不便，孩子买不到零食，蚊子太多，孩子晚上吵要电灯，麦糊菜粥吃不惯"等等①。孩子要零食、要电灯，都是上海这个现代化大城市给予他的童年印记，而对生活环境的转变以哭闹、吵要等方式体现出来。

　　总之，劳动条件，生活条件，上海都要比农村好得多。不少回乡群众在思想斗争中流露出对农村生活的惧怕心态，怕农村生活条件艰苦，怕不适应农业劳动，怕在农村吃不饱，怕农村条件差。这种惧怕心理成为动员工作中重点针对的问题之一。在20世纪50年代，动员工作人员不断为回乡对象描绘农村的美好未来，力图克制这种惧怕心理，而60年代之后，由于农村生活长期变化不大，政府在思想教育中转而强调国家困难，强调阶级觉悟，以做通群众的思想工作。

　　第二，工资收入与福利的变化。

　　由于工业的发达，上海的工资也一直居于比较高的水平。中华人民共和国成立后，随着公有制取得绝对主导地位，工资也居于国家的规划和控制之下，上海与其他地区的工资差距有所缩小，但仍被划为八类工资地区，工资收入比其他地区为高。但由于普遍家庭人口增多，物价提高，实际生活水平并没有提高多少。根据1956年的统计，1955年提高工资的结果是"部分职工生活上升，多数不变，少数下降"，造成这种现象的主要原因在于"人口增加如此之速，增加了国家安排和改善职工生活的困难"②。1962年，有的工人由于经常收听"反动"广播，在谈到苏联时曾经说，"修正主义者是关心人民生活的，所以国内人民拥护他，不像我们老是'小四子'（指每月只有四十元工资）"③，可见不少职工对于工资收入情况并不满意。

　　但与其他地区相比，上海的收入是高而稳定的，在连年灾荒，尤其经历过三年困难时期严峻考验的灾民看来，上海的生活简直就是天堂。"上海人天天在过年，猫、狗都吃鱼吃米，我们比上海一条狗还不如"，"上海太浪费

---

① 《上海市团市委、妇联关于动员知识青年与妇女参加国家建设工作方案及移民垦荒、回乡生产工作的计划、报告（本市动员农民回乡工作中动员妇女回乡的情况与今后工作意见）》，上海市档案馆：B25-2-11。

② 《上海市国民经济统计简报第31期：一年来本市工业职工家庭收支及消费水平变化状况》，上海市档案馆：B31-2-33-100。

③ 《中共上海市委工业工作部关于职工队伍中一些不良倾向情况的通报》，上海市档案馆：B76-3-855-121。

了，拿白米饭来喂猪，我们在乡下连菜皮也难吃得上"①。有的职工也讲："我千方百计到上海就是因为农村苦，一进黄浦江赛过上天堂，一进吴淞口忘记祖宗，回去不是寿头？"②而在农村，收入的主要来源是工分，与工资相比，工分的收入是较为不稳定的，若赶上荒年，集体无积累，则工分收入也会泡汤。对于回乡农民而言，"上海回去的农民一般对农业技术都不熟练，只能分配一般的劳动，因此所得工分就少"③。对于回乡职工，在他们刚回到农村之时，由于"久居城市，对于从事农业生产，在技术上和体力上都还不能适应，不少人虽然积极劳动，但所得工分普遍比农民低"④。因此在他们刚回去时可能比较困难，在回乡职工中，回乡后前几年生活困难的面是比较大的（表5-3），若无疾病、灾害等突发情况，则随着时间的延长会逐渐好转。

表5-3　上海市第一建筑材料工业公司关于在江苏农村的上海回乡、下乡人员生活情况分类表

地　区	目前在农村参加生产人数	生活较宽裕		生活一般可过					有严重困难	
		人数	%	小计	%	稍有节余	能够自给	勉强维持	人数	%
总　计	641	91	14.22	340	52.96	105	133	102	210	32.82
南通专区	138	55	39.86	60	43.48	26	24	10	23	16.66
苏州专区	64	13	20.64	28	42.86	11	12	5	23	36.50
盐城专区	66	6	9.09	25	37.88	8	6	11	35	53.03
扬州专区	234	8	3.43	150	64.10	40	58	52	76	32.47
淮阴专区	48			25	52.08	3	11	11	23	47.92
徐州专区	11			8	72.7	1	5	2	3	27.3
镇江专区	68	8	11.76	35	51.47	14	14	7	25	36.77
省属市	12	1	8.33	9	75	2	3	4	2	16.67

　　资料来源：《中共上海市第一建筑材料工业公司政治处关于江苏省地区的回乡职工访问情况的报告》，上海市档案馆：B84-2-399-1。

① 《关于访问来本市的安徽灾民的情况报告》，上海市档案馆：B168-1-879-1。
② 《共青团上海市委青工部关于压缩城市人口动员职工回乡工作中青工工作情况》，上海市档案馆：C21-2-1779。
③ 《上海市民政局关于倒流农民的情况报告》，上海市档案馆：B168-1-869-17。
④ 《中共上海市委精简小组关于精减到外地农村的职工生活困难情况和处理意见》，上海市档案馆：B243-2-599-16。

与收入相比，各类福利的条件的差距可能更大。上海的福利待遇是吸引外来人口尤其是工人职工家属的重要原因之一。1957 年上海市北郊区的一份报告曾分析上海福利待遇对于外来人口的吸引力，"工人家属在沪就能享受劳保、宿舍分配、生活补助、困难家属照顾进厂等一系列的福利，相反的就一概无权顾问，甚至在原籍确有困难亦丝毫得不到任何的帮助，因之有些家属原可安于农村，现在宁愿牺牲农村收入来沪居住以博这些福利之享受"①。以食油供应为例，1954 年 3 月 1 日起开始实行食油供应制度，当时规定：临时户口只要住满半月以上，即按常住户口标准发给半月油券，住满 1 月者，即按全月发给。当时的常住户口标准是市区不分小口大口每人每月 1 斤②。1955 年 7 月，为了配合动员人口回乡运动，才降低了标准。因此，1954—1955 年期间对于农村人口的吸引力非常大，甚至有的群众认为，"在城市领救济费一年比农村里劳动模范收入也多"③。

1962 年上海眼镜一厂工人讨论回乡问题，有些工人说："上海工资月月拿，生病有劳保，看戏买戏票，买东西有购物证，吃点心有糕点票，不说别的，就是连香烟也比农村多吸几根。"④1960 年浦东县在动员工人家属参加农业生产时，座谈会上职工家属反映，"劳动可以的，但要两个条件：1. 户口不能转为农业户口；2. 所享受的劳保和水电房租等补贴不能改变"，如泾南公社高庙生产队工人家属沈金生说："要取消劳保勿做，保留做做勿啥"⑤。参加农业劳动他们可能还可以接受，但要转为农民身份则有深深的顾虑，对于城市生活的各种福利有着强烈的眷恋。

最典型的是 1962 年扬子木材厂团员马克平考虑回乡时思想斗争很激烈，共计考虑了八个矛盾：1. 还乡后 62 元一月工资拿不到了；2. 劳保没有了，看病自己掏腰包；3. 上海每月吃 45 斤粮，乡下只能吃 25 斤；4. 上海每月有鱼

---

① 《上海市北郊区人民委员会关于动员外来农民还乡生产工作的情况报告》，宝山区档案馆：8-2-004-086。

② 《关于恢复临时流动人口食油供应问题的报告》，上海市档案馆：B6-1-64-43。

③ 《上海市动员农民回乡生产第一阶段工作的总结报告（草稿）》，上海市档案馆：B168-1-862-100。

④ 《中共上海市委工业工作部关于上海市工业系统贯彻压缩城市人口的进展和职工回乡后的反映情况简报（40 期）》，上海市档案馆：A36-2-480。

⑤ 《中共上海市浦东县委关于工人家属参加生产后、其福利待遇如何安排的请示报告》，上海市档案馆：A72-2-364-93。

票、肉票、糕点票、饼干票、就餐券，回乡后样样没有；5.上海每月香烟可吃18包，乡下只有几包；6.上海有电灯、电话、自来水，乡下点的是火油灯，吃的是臭河浜水；7.上海走的是柏油路，乘的是公共汽车、电车，乡下不论路近路远都靠两条腿走路；8.上海劳动在室内，用的是机器，乡下劳动在露天，日晒雨淋吃西北风，用的是铁耙、锄头，肩挑人抬自己身体是否吃得消。吃的用的样样是上海舒服方便，回乡去条件就没有这样好①。这八个矛盾涵盖了劳动方式、收入、消费、福利、公共设施等方面的城乡差别，我们亦可从中感受到当时上海与农村、工人与农民之间生活的巨大差距。

　　由于城乡之间在物质生活方面存在的巨大差距，对于"曾经沧海"的回乡群众而言，回乡的抉择是痛苦和纠结的。"艰苦的生活，笨重的劳动，不卫生的乡村，落后的农民"②是不少回乡群众心中的农村印象。在回乡群众的口中，回乡经常被描述为"小火轮掉头，回去吃老米饭"③，"宁可在上海吃二顿粥，也不愿回乡作农民"④，"宁可在上海做狗熊，不到乡下当英雄"⑤，"自小从贫困的农村出来，现在又要回乡，不是重新走入贫困吗"⑥，类似这般"死也不回乡"的言论在历次回乡运动、各类对象当中都有所表现。实在没办法必须回乡的，则往往在回乡前添置新衣服、新皮鞋、项链等物品，20世纪60年代不少精简职工向单位提出要手表、自行车等物品或相关票证，以维护他们在"小火轮掉头"时的"面子"。即使回乡后，"身在田里，心在城市"⑦或"人在田里，眼睛望着烟筒"⑧的现象也是很普遍的。

---

　　①《共青团上海市委青工部关于压缩城市人口动员职工回乡工作中青工工作情况》，上海市档案馆：C21-2-1779。

　　②　同上。

　　③　中共上海市委基本建设委员会精简小组办公室编印的《精简工作简报》1962年第1期，上海市档案馆：A54-2-1457-1。

　　④《上海市第二商业局关于紧缩和动员上海市饮食服务业从业人员回乡参加农业生产的初步方案（草案）》，上海市档案馆：B25-2-9-11。

　　⑤《上海市民政局关于外来人口情况和意见的报告》，上海市档案馆：B168-1-880-6。

　　⑥《上海市劳动局关于动员回乡工作中部分资本家解雇工人的动态情况报告》，上海市档案馆：B128-2-1286-12。

　　⑦《上海市民政局关于上海市动员农民回乡生产工作初步总结（四稿）》，上海市档案馆：B168-1-864-13。

　　⑧《郊区回乡下乡人员安置巩固工作情况》，松江区档案馆：0005-19-0048-0011。

二、人际关系的变化

如果说物质生活的差异是回乡职工回乡抉择中的关键要素的话，那么人际关系的变化则是回乡后所遇到的现实问题。"农村中的生产关系、阶级关系、政治关系和家庭关系等社会关系都是通过人际关系这一中介因素来制约和影响每个人的思想和行为的"①。回乡群众大都熟悉农村的人际关系网络，但在上海的生活经历又对其回乡后人际关系的处理产生了重要影响。

对于 20 世纪 50 年代的回乡群众而言，在上海生活的经历带给他们的大多并非荣光。1956 年，有倒流农民反映，"乡下干部和农民对上海回来的采取歧视的态度，称他们为'上海客'，工分多的不让他们干，工分少的和难做的如要跑十几里路去干活等才给他们干。因此，他们工分少，不能维持生活"②。来自江苏华阳乡的倒流人口反映，社主任对上海去的人员存在歧视观点，"上海去的在计工时要打七折，理由是上海人不熟悉种田，农业技术差"③。1955 年江苏盐城的地方干部反映，有的村干部认为回乡群众"在上海福享多了，让他吃吃苦头也好"，"安得下就安，安不下就让他们回上海去"。回乡群众与当地村干部存在不团结现象，有些人在沪生活较久，在服装言语习惯上不同，村干部说他们"洋相"，他们骂村干部"土干部"④。"土干部"和"洋相"，恰恰反映了干部和回乡群众眼中的对方形象，土和洋刻画的是回乡群众的上海经历所形成的新习惯与农村生活的不匹配。

作为在上海生活时间更久的回乡老职工，其身上必然有更深的城市生活烙印。一些公社和大队干部说，"这些同志长期在城市，刚回来在生产上、生活上是很多不习惯的，生产上很多地方可能是看不入眼，生活上一时转不过来"⑤。在宝山县农业先进集体和回乡职工代表会议上，参与会议的回乡职工大多是先进分子，在座谈中明显表示了对农村干部的不满。罗店公社天平大队义翔生产队回乡职工赵宏章说："看看农村干部的问题如此多，再不整风，实在不像样子，发展下去不得了"。彭浦公社龙潭大队回乡职工曹福

① 李秋洪：《中国农民的心理世界》，郑州：中原农民出版社，1992 年版，第 51 页。
② 《上海市民政局关于最近职工要求迁来家属和农民大量流入本市的情况报告（初稿）》，上海市档案馆：B168-1-869-74。
③ 《吴淞镇培基协居委会外来沪情况报告》，宝山区档案馆：8-2-004-128。
④ 《关于动员农民回乡生产工作的汇报会》，上海市档案馆：B168-1-862-154。
⑤ 《中共国营上海航海仪器厂政治部关于访问支农职工工作的总结》，上海市档案馆：B103-3-487-118。

珍说："解放十多年来，农村干部问题还如此多，真不知过去农村如何工作的"。罗南公社张士大队回乡职工徐阿荣说："要做到农村干部小队长不占便宜，起码还要 20 年"①。

回乡工人长期受到党的教育，一些先进分子敢于同损害集体利益的现象做坚决斗争。宝山县先锋二大队谭巷生产队仓库保管员谭根桃就是如此。1963 年 9 月份某天社员在田里装菜，最后收工了，田里还留下 5 只菜筐无人收回，他就立即去查问清楚，并对该生产班组长提出批评，立即拿回去。又有一次社员拉着没了气的劳动车在跑，他立即劝阻，不使公共财物受损②。

在中华人民共和国成立后农村的社会关系中，"政治性因素成为维系、调节社会关系的主要要素"③，回乡职工与农村中的落后现象进行斗争，对于这种新型农村社会关系的构建具有重要意义。在当时，判断农村人际关系中是非对错的准则政治正确，在受党教育多年的回乡职工无疑具有政治优势。同时，回乡职工又是多少有农村生活经验，本身也是"村里人"，这种斗争总体上相对温和，未见回乡职工因维护集体利益而与农民发生重大冲突的案例。这与后来的回乡下乡知青又有所差异，"知青和农民之间的紧张—俟时机成熟就会发展成公开的敌视和冲突"④。既熟悉农村，又将社会主义新型社会关系的理念带到农村，成为回乡职工、工人在农村社会关系发展中的重要角色。

三、文化生活的调适

与物质条件相比，城乡文化生活的差异可能更为巨大。回乡之后对农村文化生活的不适应，在青年尤其是知识青年的身上体现得最为明显。大多数回乡者在来上海之前就有一定的农村生活体验，在回乡时对农村文化生活本也没抱太大期望。但对青年而言，本身与农村的联系就少，在回乡中的矛盾与思想斗争也多，"顾虑回乡生活习惯改变多，看不到电影、书报"⑤，成为他们在文化生活方面共同的担忧。

1961 年，就有不少回乡的青年职工反映农村政治活动太少，文化生活

① 《宝山县农业先进集体会议、回乡职工代表会议简报（三）》，宝山区档案馆：7-15-025-020。
② 《回乡职工代表群和事迹材料》，宝山区档案馆：21-2-024-017。
③ 钟涨宝：《农村社会学》，北京：高等教育出版社，2010 年版，第 74 页。
④ ［美］伯恩斯坦（Bernstein, Thomas P.）著、李枫等译：《上山下乡——一个美国人眼中的中国知青运动》，北京：警官教育出版社，1993 年版，第 167 页。
⑤ 《共青团上海市委青工部关于工厂精简工作的情况》，上海市档案馆：C21-2-1959-4。

贫乏。有些职工来信反映农村看不到书报，听不到报告，又不组织政治时事学习。他们说："回家几个月，外面的情况一点不知道，简直成了聋子、瞎子。"有些党员、团员也反映农村党团组织生活不正常，"几个月才开一次支部大会或小组会"。有些回乡职工还要工厂党组织和干部经常寄一些书报给他们 ①。川沙县洋泾公社仁和生产大队的回乡青年工人反映，"我们一回来，团组织也不同我们谈谈，也不关心我们的思想。希望团组织对我们多帮助，为我们创设一些开展文化生活的条件，特别是解决看小说书的来源" ②。如月浦公社新生一大队侯炳珍讲："工厂里一星期过一次组织生活，回到农村半年了只过了一次，要求领导上从政治上、生活上多关心我们" ③。江湾公社八一大队的回乡青年则说，"现在一天到晚只有吃饭、劳动、睡觉三件事，生活很枯燥，像小老太婆一样" ④。组织生活的不健全，信息的闭塞，娱乐的贫乏，这些都是回乡青年职工和回乡知青中普遍存在的问题。

为了解决这一问题，不少地区采取多种方式来丰富青年的文化生活。如江湾公社八一大队团组织 1962 年建立了俱乐部，俱乐部开放以后，全大队约有 80% 的青年人都到俱乐部里来打球、下棋、玩扑克、看书。平常青年们反映有些好的电影票不易买到，俱乐部管理委员会就为大家集体买电影票。有的青年说：我们从小还没看过山，团支部就利用休息日组织大家去逛佘山。不少青年觉得俱乐部的新书少，俱乐部就定期同江湾公社文化馆轮换图书，借来一批新书给青年看。由于文化生活丰富多彩，青年们高兴地说："我们到下乡来，最苦恼的是没有白相和活动，缺少书看，现在团支部满足了我们的要求" ⑤。

川沙县江镇公社森林大队则以办民校的方式来丰富青年的文化生活。1961 年 10 月，该大队在党支部领导下，团支部发动青年办起了民校，地点在中心小学，由团支部书记任校长，团支部宣传委员和其他回乡知识青年任

---

① 《中共上海市委工业工作部关于上海市工业系统贯彻压缩城市人口的进展和职工回乡后的反映情况简报（73 期）》，上海市档案馆：A36-2-480。

② 《共青团上海市委青农部关于一个生产大队回乡青年工人的情况调查报告》，上海市档案馆：C21-1-919-14。

③ 《宝山县农业先进集体会议、回乡职工代表会议简报（四）》，宝山区档案馆：7-15-025-048。

④ 《共青团上海市委青农部关于印发八一大队团支部怎样做好回乡青年工作的经验材料的通知》，上海市档案馆：C21-1-919-37。

⑤ 同上。

教员，内容是政治、文化、技术三结合，还开展唱歌等文娱活动，来读书的青年是 35 个，有些文化程度稍高的青年也高兴到民校来，自己带了书来看，因为民校青年多，很热闹①。

然而，从总体来看，回乡青年文化生活解决得好的情况只是个案。大多数回乡青年的文化生活是枯燥乏味的，"像小老太婆一样"可能是多数回乡青年文化生活的常态。政府不断采取措施来加强农村的文化生活，如建立文化站、电影放映队等等，农村文化生活虽有进步，但与他们曾经生活过的上海必定差异巨大。当回乡青年脑中还存在上海大都市文化的幻象之时，农村文化生活的进步对他们而言是微不足道的。全国劳动模范王锡义在《回乡知青》这首诗中写道，"放牛青山上，抬头望雁行。何能生双翼，长空任翱翔！"②虽然王锡义并非上海的回乡知青，但其诗中所表达的对于前途的渺茫与渴求，应该是一致的吧！而回乡青年的文化生活，大概也只能是在"放牛青山上"之余的一种奢侈。

四、现代化要素的传播

动员人口回乡，增加农村劳动力从而增加农业生产，是政府动员人口回乡的主要意图之一。从总体来看，增加农业劳动力的意图是达到了，但回乡群众除了能够勤劳肯干者之外，在从事农业生产上并没有太大优势。这与中国农业生产长期以来仍处于小农经济，采用精耕细作的生产方式有关，再高的文化水平到了农村，在农业生产上所能起到的推动作用是有限的。

然而，他们毕竟是在大上海生活过，注定了他们在眼界上、知识上、能力上与一直生活在农村的群众不一样。从回乡开始，他们就将现代化大都市的生活方式、文化知识带回农村，使广大农村在建设社会主义新农村的征程上迈出了坚实的一步。同时，随着改革开放以来农业科技的进步，化肥、机械的普遍采用，中国逐步从落后的农业生产中解放出来，社办工业、乡镇企业逐步快速发展，回乡群众在其中发挥了巨大的作用。尤其是具有较高技术水平的精简回乡职工和回乡知青，更是成为农村现代化进程的直接推动者和现代化要素的传播者。

---

① 《共青团上海市委青农部关于一个大队回乡工人、学生安置工作的调查材料》，上海市档案馆：C21-1-919-62。

② 王锡义：《岁月书》，合肥：黄山书社，2008 年版，第 3 页。

第一，回乡群众推动了农业科技的进步。

从已有的资料来看，回乡群众在提高粮食产量上所需要的技术进步作出的贡献是有限的，不仅如此，大多数反而需要向老农重新学习农业技术。即使以农校毕业生为例，在粮食增产上作出贡献的比例也少得可怜。1964年上海松江农业学校关于毕业生回乡参加生产的调查中所发现了不少先进事迹，如李伯予，在农村坚决维护集体利益，被评为松江县"五好"青年，受到了共青团上海市委通报表扬。陈全珍（女）回乡后不仅自己积极带头参加集体劳动，并发动全队妇女积极参加集体生产有成绩，被评为奉贤县先进生产者，列席了上海市1963年农业先进集体代表会议，被社员选为生产副队长。顾秀珠（女）回到川沙县家乡后，一面刻苦学习老农经验，一面运用自己学过的新技术，和青年们种试验田获得高额丰产，受到市、县领导表扬。张金龙回乡后不仅处处带头生产劳动，兼任生产队会计工作中坚决贯彻勤俭办社，对维护集体经济成绩显著，被评为奉贤县先进生产者①。在农校毕业生的四个先进事迹之中，直接推动农业产量提升的案例只有一个，且还处于试验田阶段，一般的回乡群众就更不待言了。

回乡群众在农业科技的进步中所起到的作用，主要体现在畜牧业、病虫害防治和农业机械等方面。如松江农校毕业生沈品华在防治棉花病虫害，配制波尔多液上技术熟练，并能及时做好棉花病虫害的防治工作，因此，她所在生产队棉花产量由亩产220斤增加到330斤，受到干部、群众赞扬。毕业生裴美云和青年一起搞棉花试验田，亩产籽棉408斤的成绩，受到群众好评。她与其他几个知识青年办的民校是奉贤县先进单位。毕业生张瑞君，回乡后积极帮助公社畜牧场防治小猪白痢病工作，效果很好，1962年7、8两个月间平均每月死亡小猪20多只，他去工作后，积极采取防治措施，1963年7、8两个月只有一只小猪死亡②。

上海徐行公社的居福其，是一个读了两年中学的回乡知识青年，回乡后在徐行公社农业试验室工作。1961年，他听说外地培育了一种叫金小蜂的虫子，在棉花仓库中放养以后，可以大量杀死越冬红铃虫。后来有一个技术人员带来了几十只金小蜂，公社党委决定留着做种，把繁殖金小蜂的任务交给

---

① 《上海市农业局关于寄发农校毕业生回乡参加劳动生产的情况报告》，上海市档案馆：B45-3-152-32。
② 同上。

了他。经过几年的努力，共繁殖了 500 万只金小蜂，不仅满足本公社需要，而且还支援了附近四个兄弟公社，为棉花病虫害的防治作出了重要贡献。1965 年，他在上海青年纪念五四运动 46 周年大会发言，被誉为"科学实验的闯将"①。

1961 年，卢湾锯木板箱厂有的工人反映有些地区农业机械坏了不能及时修理等，"农业机械有了小毛病，也要拿到城镇去修理，就影响了生产"②。具有机械技术的工人回乡后，不少人在维修农业机械从而保证农时中发挥了重要作用。国营上海航海仪器厂调查发现，有的回乡技术工人帮助公社的水电站、磨粉坊解决了技术问题。如四级钳工郑金木，帮助大队小型发电站及时做好了螺盘，提早发了电使磨粉坊提前投入生产，很受群众好评③。

第二，回乡群众带动了农村文化的发展。

就上海而言，动员知识青年回乡是一个长期的过程，至少在 20 世纪 50 年代中期就已经开始。这些知识青年或者文化水平较高的人民回乡，直接推动了农村文化的发展。这种发展在很大程度上是以办学校或者做教师的形式来实现的。在回乡知青中从事教师工作的比例难以衡量，并且因地而异，但毫无疑问的是大量的回乡知青从事了教育工作，为乡村教育的发展做出了重要贡献。

1965 年，国营上海航海仪器厂就发现了将文化带到农村的回乡青年榜样。如夏高全把文化带到农村，办起了半农半读学校，很受贫下中农的欢迎④。宁波作家龚成在《席乡情》一书中回忆了他的父亲从上海回乡后创办鄞州二中的故事，"父亲从教四十余载，可谓桃李满天下。新中国成立初响应国家号召，从上海回乡参加建设，听从党的安排，创建山区中学，培养了一大批人才，为山区文教事业忙碌了一辈子"⑤。根据龚成的描述，其父在 20 世纪 30 年代时在上海曾与徐悲鸿、刘海粟共事多年，如此经历却响应党的号

---

① 《做科学实验的闯将——上海徐行公社农业试验室回乡知识青年居福其》，上海市档案馆：C21-1-1079-82。

② 《关于做好"压缩城镇人口、支援农业生产"思想教育工作的通报》，上海市档案馆：A36-1-246-67。

③ 《中共国营上海航海仪器厂政治部关于访问支农职工工作的总结》，上海市档案馆：B103-3-487-118。

④ 同上。

⑤ 龚成：《席乡情》，宁波：宁波出版社，2010 年版，第 101—102 页。

召回乡创办一所山区中学，对地方文化的发展无疑是作用巨大的。

回乡职工不仅在农村教育发展中发挥了直接的作用，而且对于农村人民群众教育意识、教育理念的培养和发展更是影响深远。由上海中国电工厂回乡的 6 级技工陈某，在去世后有两件事为后人所铭记。一是 1963 年春，家中穷得连剃头钱都没有，他两个多月未理发。后来借了邻居 5 角钱，理了发后买了一包 0.08 元的"经济牌"香烟，算是他享受的奢侈品了。二是 1964 年他大女儿初中毕业想读高中，但家境困难，其母亲竭力反对。陈某偷偷向亲友借钱给女儿，女儿步行 25 公里去参加考试，考上了高中①。陈某知道知识的重要性，即使家庭情况再困难，也坚持让女儿读书，对于周围村民而言，具有潜移默化的影响。

还有一些回乡职工，或者本身具有较高的文化素养，或者回乡后又勤加学习，为推动地方文化遗产的保护和发展做出了重要贡献。大隆机械厂精简回乡工人陆兆康，从上海回乡后，又开始向母亲学唱嘉善田歌，能唱《夏墓荡问答》《姐在园里摘枇杷》等，还能自编一些新田歌，如《四姑娘》《出太湖》，推动了嘉善田歌的继承和发展②。1962 年，上海木雕厂的黄炳荣在精简运动中回到家乡宁波陆埠，推动了陆埠佛雕的复兴。后来，"陆埠雕刻厂因他的指导，产品畅销港澳、东南亚及欧美"③，这同时也使陆埠佛雕后继有人，并成为省级非物质文化遗产。或许，这些人留在上海，在大都市的舞台上可以成就人生更大的辉煌，但他们回乡之后，将文化的种子撒在故土，孕育一方人文，同样也是功德无量。得失之间，却是难于定论。

第三，回乡群众在乡镇企业发展中发挥了巨大作用。

20 世纪 80 年代，中国的乡镇企业异军突起，成为改变农村面貌和中国工业化进程的一大亮点。20 世纪 60 年代以来的社办工业，为后来乡镇企业的发展打下了良好基础，而从城市回乡的职工、工人和知青，在社办工业和后来的乡镇企业发展中发挥了重要作用。"三年困难时期被精简回乡安家落户的 2000 多万城镇职工中，有许多人以自己的一技之长，靠在城市的亲友支持，帮助社队办起了新的企业。1968 年以后，大批城市居民、干部、知识青

---

① 曹锦清等著：《当代浙北乡村的社会文化变迁》，上海：上海远东出版社，2001 年版，第 77 页。
② 金天麟编著：《中国·嘉善田歌》，哈尔滨：黑龙江人民出版社，2008 年版，第 22 页。
③ 余姚市政协文史资料委员会：《余姚文史资料·第 13 辑》，1995 年十一月印，第 136 页。

年下放农村，或接受再教育，给社队企业的发展提供了人才和技术。特别是江苏长江以南的一些企业，他们通过各种渠道，直接、间接地利用城市的工业资源和技术力量，实行'厂社挂钩'、'厂队挂钩'，沟通城乡关系和供销渠道，使农村工业迅速发展"①。

尤其是苏南地区，成为中国乡镇企业发展的重镇。苏南地区是上海回乡职工、工人、知青较为集中的地区，同时也是人地矛盾较为突出的地区。由于人多地少，劳动力安排较为困难，但这恰恰也为社办工业、乡镇企业提供了重要前提。"上个世纪60、70年代，大批城市职工被精简回乡，知青插队落户到农村，带来了资金、技术和信息，自然就成为当地兴办社队企业的技术骨干，沟通城乡经济联系的桥梁"②。在苏南乡镇企业的发展中，上海的回乡职工、工人和知青在其中具体发挥了多大的作用很难有精确统计。根据苏南乡镇企业研究专家的论述，"苏南发展乡镇企业，70年代靠上海回乡工人，80年代靠上海星期工程师，90年代靠上海和南京等地高等院校毕业生"③。可见，上海的回乡工人在苏南乡镇企业的发展中具有起点上的重要性。

浙北地区同样如此。浙江宁海的花园村，从1965年开始探索办厂，先办陶器厂，后又办五金综合加工厂，摸索了十几年，产值一直徘徊在2~3万元。1975年，村办五金综合加工厂吸收了几家生产队办小工厂，筹集资金，聘用一位从上海回乡的技术人员，改称宁海县橡胶四厂，生产橡胶密封圈，当年产值12万元，利税2万元④。1978年冬，航民村村民朱阿大坐公交车时听到了一个老师傅聊天，自称是从上海精简回乡的，开了一家染坊。朱阿大回来后告诉了航民村时任村会计的朱重庆。1979年3月，朱重庆与朱阿大拜访这位老师傅。之后，村党支部决定拿出全村的所有集体积累6万元，再借贷6万元，办起了漂染厂⑤。一个村庄的辉煌正式起步。

这些现象未必符合动员回乡的初衷，自精简工作开始，扎根农村，安心

---

① 彭干梓、吴金明：《中华人民共和国农业发展史》，长沙：湖南人民出版社，1998年版，第390页。

② 高燮初主编：《吴地文化通史（上）》，北京：中国文史出版社，2006年版，第255页。

③ 胡兆量：《中国文化地理概述》，北京：北京大学出版社，2001年版，第284页。

④ 蒋志荣主编，赵峰、侯庆丰编著：《中国十大名村：安徽小岗村、浙江花园村》，兰州：兰州大学出版社，2009年版，第95页。

⑤ 《中国小康村纪实丛书》编委会编：《新农村建设群英谱》，北京：西苑出版社，2006年版，第38页。

农业，一直是政府政策的主要导向。开印染厂的老师傅、花园村聘请的技术工人，若以20世纪60年代的视角来看，都是劳动不安心的表现。但随着时代的变化，正是他们的这种"不安心"推动了农村的发展，以新的形式实现了推动农村发展的初衷。

综上所述，对于回乡群众而言，其生活经历了如下三个转变：

第一，在生产方式上向农业生产转变。无论回乡人员在上海是从事工商业还是失业、无业人员，无论回到农村后是做普通村民还是当干部，从生产方式的角度而言，最终都是成为农业生产劳动者。对于政府而言，不仅需要动员人口回乡，而且需要帮助解决使之成为农业生产者的一系列基本的生产生活条件，如土地、农具、房屋等。对于个体而言，有不少人在回乡前并没有从事农业生产的经验，回乡之后从事农业生产在生产技术上也有一个重新学习、适应的过程。在公社化和按劳分配的体制下，能否适应农业生产方式，成为他们回乡后生活状态和人生命运的决定性因素。

第二，在生活空间上向农村生活转变。中华人民共和国成立后的上海虽然经历了城市发展定位的多次调整，但城市的现代性、商业性特色始终未改，因此，上海城市这个生活空间的现代化特征非常明显，较高的工资，交通、娱乐等现代设施，乃至最为基本的电灯等基础设施，都是现代化的生活方式的体现。而在当时的大多数农村地区，生活条件远不能与上海相比，"楼上楼下，电灯电话"曾长期被认为是共产主义的目标，整个社会的生活条件可见一斑。对于回乡人员而言，在这种生活方式的对比之中无疑经历了曾经沧海难为水的阵痛，是影响其回乡后心态和人生轨迹的重要因素，也成为他们成为现代化要素传播者的重要基础。

第三，在社会身份上向农民身份转变。20世纪五六十年代是一个通过户籍、粮油供应、票证制度等多种制度安排构成的身份社会，是城里人还是乡下人，是工人还是农民，是干部还是群众，从某种程度上决定了一个人的基本生活状态。除少数退休职工外，绝大多数回乡人员都转变成为农民身份，其户籍、粮油关系、收入来源等相应待遇也经历了转变。这一系列制度安排塑造了他们新的生活状态，既维持和保障了他们的基本生活，又在某种程度上成为他们再度流入城市的桎梏，成为他们"扎根农村"的制度前提。

回乡群众的生活与命运是多面相的。若将全部回乡者的生活与命运写出，多数群众的生活经历可能是一段段平淡如水的故事，他们回乡后，被束缚在土地上，平淡地走完了一生。他们经历了从城市生活到农村生活的转变，对于大多数人而言，这一转变是劳动强度的增加和生活水平的降低，适应这一转变的过程是因人而异的。无论回乡群众怎样认识回乡这一现象，其命运是在政府动员之下的被动选择。从政府的角度而言，动员人口回乡是在生产力发展水平、意识形态、战争和粮食危机等背景下的无奈之举，也是实现中国共产党城市理想的重要举措。回乡群众为实现这一系列政策目标作出了重要贡献，回乡群众与上海市民共同推动了上海发展。

第六章 历史评价与反思

"治历史者，职在综合人类过去时代复杂之事实，推求其因果而为之解析，以昭示来兹，舍此无所谓史学也"①。在对动员人口回乡这一历史现象进行具体分析之后，仍然需要总结和归纳其中的因果关系。一种减少城市人口的方式如何得以持续30年而不断，其内在的动力何在？人民群众何以能够接受这种政治安排，而使这一减人过程总体上处于平稳状态？动员人口回乡对上海城市发展有哪些影响？动员人口回乡如何与社会主义工业化并行不悖，共同构成了中国现代化进程的不同面向？前面的分析我们已多少触及了这些问题，本章将围绕这些问题进行较为系统的总结。

第一节 动员人口回乡的动力与效果考察

动员人口回乡作为一个持续时间长、规模大、涉及面广的历史现象，首先要对其动力与效果进行历史分析，才能做出恰当的历史结论。

一、动员人口回乡的动力分析

动员人口回乡是多重因素交织作用的结果。这些因素包括生产力水平低下、工业化路径的选择、粮食危机、国防前哨城市的紧缩等等。1957年，上海市民政局的一份资料将上海减少城市人口的原因分析如下：

上海地处沿海，在国防前线，有些产品距离原料产地和销售市场较远，

---

① 柳诒徵：《柳诒徵自述》，合肥：安徽文艺出版社，2013年版，第69页。

从全国生产的合理布局和国防要求来看，上海城市是不宜发展太大的。同时，大城市建筑和公用事业设施的标准要求较高，城市越大，城市建设投资和经营管理的开支也就越多。城市人口的大量增加不单进一步增加目前城市住房、交通运输、物资供应等方面的紧张情况，同样也会增加农村的负担，这对进一步发展生产，改善城乡人民的生活也是有影响的。因此，不论从国家生产建设的要求，或者城乡人民的生活要求来看，上海城市都不能扩展太大，城市的服务人口、赡养人口不能过多，对人口继续增长的情况，必须进行有效的控制①。

这段分析几乎囊括了上海减少城市人口和动员人口回乡的所有因素。这些因素的共同指向是：上海城市规模不能太大。控制城市规模成为上海城市发展和人口控制的总目标，上海的一切发展在这一总目标的指导和约束之下。从长时段和全国范围来看，考虑动员人口回乡的发生时机与重大历史之间的内在关联性，则动员人口回乡的主要动因在于中国的工业化进程。

1. 回乡动因：回乡是一个穷国工业化的阵痛

首先，动员人口回乡运动的开展与工业化的推进或挫折具有直接相关性。

1949 年的动员人口回乡是一个正常的战后调整过程，实际上，没有政府的动员，亦有不少人口主动回乡。但在以重工业为主的社会主义工业化的目标下，动员人口回乡就具有了长期存在的必然性。重工业的投资大、吸纳就业能力低等特点决定了必须将城市人口规模限定在一定范围之内。因此，1955 年的动员人口回乡亦符合工业化的自身逻辑。

"二五"计划期间，在"大跃进"运动的催动之下，工业迅速发展，城市人口亦随之增加，背离了当时的生产力发展水平，三年困难时期不得不开展全国范围的精简职工、减少城镇人口运动。自此以后，中国城乡二元结构固化，政府在发展工业的思路上，亦不敢大量招收农村人口来推动工业发展，形成了一种历史惯性。动员知识青年上山下乡也是这一惯性之下仓促推进的一大运动，未经过充分调研和严格论证。其根源在于三五计划总体上依

---

① 《上海市民政局关于进一步做好人口工作、为建设社会主义新城市、为支援社会主义新农村而奋斗的报告》，上海市档案馆：B168-1-881-1。

然片面强调重工业的发展，又恰逢 20 世纪 50 年代初期出生的大量人口成长为劳动适龄人口，当时的城市产业结构吸纳能力有限。

其次，动员人口回乡运动从主观意图而言，是为工业化节约成本和资金。

中华人民共和国成立后，中国的工业化进程是在基础非常差和极为紧迫的条件下启动的。在中国革命的路径设计中，按照马克思主义的理论首先解决政权问题，之后，中国的工业化进程依然走得跌跌撞撞，走得步履蹒跚，走得并不从容，也并不圆满。文学中的回乡主题往往是温馨和宁静的，而作为一场历史运动，回乡现象则是波澜壮阔的。将动员人口回乡置于工业化的进程中来思考，回乡是一个穷国工业化的阵痛，在工业化的路径之下，将大量人口迁往农村是不得已的，而群众回乡的过程总体上也是被动的。无论是被动者与施动者，都是一种无奈。

放在中国的工业化进程中来考量，动员人口回乡具有开源与节流双重作用。对于城市而言，动员人口回乡是节流，它减少了城市建设和投入和城市供应的成本，以利于城市将更多的财力和精力投向工业建设。对于农村而言，动员人口回乡是开源，它增加了农业劳动力的数量，有利于农业的精耕细作和提高粮食的总产量，从而为维系中国的稳定、保障工业化进程做出了重要贡献。动员人口回乡"不但适合于建设社会主义城市的原则，也满足了农村在建设社会主义时对大批劳动力的需要"[1]。可以说，动员人口回乡维持了当时生产力水平基础上的城乡社会结构性平衡，如果没有动员人口回乡运动，则无论是对于城市还是农村，其结果都是不利的。

在这一背景下，中国采用了构建城乡二元结构的方法来加以解决。在大力发展城市工业的同时，不断地以动员人口回乡的方式增强农业的力量，并通过生产方式、生活以及身份建构等方式不断固化。城市的水平高于农村，农村人口流向城市被禁止，城市与乡村成为封闭的两个系统。放在中国工业化的历程中来考量，只能如邓小平所言，是"穷国的穷办法"。[2]

动员人口回乡主要是为了节约资金，以利于保证工业化所需。也有部分

---

① 《上海市民政局关于上海市继续动员农民回乡生产的宣传提纲》，上海市档案馆：B168-1-871-81。
② 邓小平：《邓小平文集（一九四九——一九七四年）·下卷》，北京：人民出版社，2014 年版，第 368 页。

动员人口回乡具有政治改造的意图，但从规模上而言，出于减少人口目的的动员回乡更具有大规模和持久性。换言之，动员人口回乡不是直接推动工业化的举措，而是为工业化的发展斩掉拖累。因此，动员人口回乡，抑或是人口由城市向农村的逆向迁移，虽然今天看来形式上是"反城市化"的，但其目标和实质恰恰在于推动工业化和现代化的进程。

再次，从上海的实践来看，上海工业发展与人口众多之间的矛盾尤为突出。

在此一过程中，上海具有典型性，主要表现在规模庞大，减少城市人口和动员人口回乡的力度很大。这受制于当时中国工业化发展大势，也是由上海的独特性所决定的。上海城市要转型为社会主义新城市，工业发展定位为生产高、精、尖的产品，同时又是国防前哨，这一切均决定上海城市规模必须严格控制。

在 20 世纪 50 年代关于上海人口的各类资料中，处处可见因为人口总量大和外来人口的增加给城市发展带来的困扰。1957 年曹荻秋在上海市第二届人民代表大会第一次会议上重申，"城市人口的不断增长，必然会引起房屋住宅、交通运输以及其他公用事业的更大困难。因此，对城市人口的增长，应该进行控制"①。在社会主义时期共产党的理念中，城市是作为工业生产的空间而出现的，"城市的发展规模（包括人口规模和用地规模），必须根据国家合理分布生产力的国民经济计划来研究确定"②。因此，"城市建设必须适应社会主义工业发展的需要，城市人口，也必然要和工业生产人口保持合理的比例"③。"一五"计划开始时，上海并非国家重点建设的城市，在 1955 年的动员人口回乡中还在强调这一点，"城市人口的增加对于一些新建和重点建设的城市，在一定时期内是必要的、有利的，但是对于本来人口很多和不是重点建设的旧城市却是不利的。社会主义国家力求避免人口过多集中到城市，这和资本主义国家对待这一问题的态度是不同的"④。有限的资金大多运用到工业的发展和建设当中，"在今天集中主要资金进行国家工业化的

---

① 中共上海市委党史研究室、上海市档案馆编：《上海市党代会、人代会文件选编（下）》，北京：中共党史出版社，2009 年版，第 414 页。

② 《上海市规划建筑管理局城市规划处关于上海市人口现状及今后规划的初步意见》，上海市档案馆：A54-2-158-24。

③ 《中共上海市委宣传部关于逐步紧缩上海人口的宣传提纲》，上海市档案馆：B168-1-870-33。

④ 《上海市人口办公室关于为什么要劝阻外地人口盲目流入上海的资料》，上海市档案馆：B25-2-6-77。

情况下，又不可能大量盖房子、学校和创办各种事业"①。在确立了"充分利用、合理发展"的方针之后，上海的资金亦大多投入工业生产，而对城市建设、人民生活的改善所留下的资金并不多。1959年柯庆施在市委工业会议上曾谈到，"今年工业基建计划投资六亿三千多万元，占基本建设投资总额的80%"②，那么，当年留给城市建设的资金恐怕连基本建设投资总额的20%都达不到了。柯庆施在这次会议上曾说上海的职工一个人都不增加，主要靠内部调剂，职工尚且如此，遑论外来人口。

而在20世纪60年代初，随着各方面计划的调整，上海的"生产能力大大超过生产任务，职工多余数量较大"③，大量的多余职工，必然空耗国家的工资支出和粮食供应。于是各单位根据生产任务，结合"工业七十条"的要求，开展了定员工作，将定员以外的多余职工进行精简。由于粮食长期不过关，工业生产也难于有大的发展，因此这种将城市人口往农村迁移的运动是持续不断的，后来的动员知识青年上山下乡亦在此背景之下进行。不断有人被抛下城市工业的战车。

2. 回乡主要动力：党委政府主导作用的发挥

在推动这一必然性发展中，党委政府发挥了主导作用。没有党委政府的主导作用，回乡过程是不可能自然而然发生的。从具体规划，到回乡群众完成生产条件、生活条件的准备这一过程中，都体现了党委政府的主导性。虽然间或有不愉快的个案，但总体而言，这一主导性的发挥是充分的。

在动员人口回乡过程中，政府的作用主要体现在：制定城市人口规划，细化减少城市人口指标；对动员对象进行摸底调研，并确定具体动员对象；开展思想动员工作；与外地政府衔接解决安置问题；解决回乡群众面临的具体困难，资助群众回乡；对回乡群众进行访问，了解情况；制定相关政策，解决回乡群众的生活困难等问题。可以说，政府对动员人口回乡中的作用是全面的、全方位的，甚至是一手包办的，因而其发挥的作用是主导性的。

---

① 《上海市人口办公室关于为什么要劝阻外地人口盲目流入上海的资料》，上海市档案馆: B25-2-6-77。

② 中共上海市委工业工作部关于柯庆施同志在市委工业会议上的报告（记录），上海市档案馆: A36-1-153。

③ 《上海市第一商业局关于精简城镇人口和劳动力的汇报资料》，上海市档案馆: B123-5-704-106。

仅从动员人口回乡的目标实现过程而言，政府基本上实现了各个时期的人口规划，实现了动员人口回乡的政治和经济意图，但其过程也存在不小的问题。自 1955 年大动员以来，从党委政府的行为来看主要存在三个方面的问题：

第一，将政策交给群众做得不够。中国共产党是坚持群众路线的政党，将政策交给群众是群众路线的题中应有之义。1955 年动员人口回乡中出现的问题，是由于对动员对象的界定模糊，但也存在着政策宣传不力，导致人民群众对于自己是否为动员对象模糊不清。在精简职工中，不少回乡群众对于动员工作中的"钉子户"不回乡抱怨重重，有"听党话吃亏了，老油条倒占了便宜，仍旧留在厂里"①的论调。在回乡老职工的救济及复工的相关政策中，"内部掌握，不得向群众宣传"的文件所占的比例越来越大，妨碍了群众了解和掌握党的政策，政策环境趋于封闭，往往有"内部消息"的人或者与干部走得近的人在享受相关政策红利中更具主动性。尤其是 1961 年的精简工作中由于对困难估计不足，做出了经济好转后仍然可以复工的承诺，是后来许多回乡职工有意见的重要原因。

第二，制度化建构的不足。动员人口回乡是运动式和制度化回乡的交替，但从规模上而言，运动式回乡占多数。在动员人口回乡中，与减少城市人口的相关制度建构是不足的，或者是执行不力的。比如，上海市多次发出文件禁止各企业从农村招工，但违反这一规定的企业并不少。在 20 世纪 50 年代末 60 年代初，对于违反这一规定的企业和干部，最严重的处罚结果是"由厂作了书面检讨"②。其他除勒令退工外，几乎看不到任何处罚，制度的威慑力不够。还有关于户籍制度，虽然总体上控制很严，但也存在时紧时松的现象。1963 年，曹荻秋在市委精简小组扩大会议上作了报告，其中对户籍管理提出了批评，指出"现在是松了。有的地方是户籍科长审批人口，分局长也不掌握。市委早就指出，应由公安局掌握起来；必要时，要报到市人委，由市人委来掌握。对各县，也应由县人委掌握，公安局长来批"③。从这两方

① 《宝山县关于回乡职工安置落实情况检查工作的总结（草稿）》，宝山区档案馆：21-1-041-044。
② 《上海市建筑材料工业公司关于辞退农业人口总结检查和处理报告》，上海市档案馆：B84-2-104-71。
③ 《中共上海市委交通工作部办公室关于曹荻秋同志在市委精简小组扩大会议上的讲话稿》，上海市档案馆：A58-2-244-49。

面来看，许多制度的贯彻不力，制度化的建构还存在不小的问题。实际上，对有些动员对象的再次动员正是在为制度的贯彻不力买单。

第三，由于上述两方面的原因，党委政府在开展动员人口回乡的运动中过于依赖政府的行政手段，过于依赖对群众一个一个地做思想教育，这无形中增大了政府工作的人力成本。在精简职工工作中就有职工谈到，"今天开一个座谈会，明天找几个人谈话，这样手工业方法不是办法"①。政府在有的文件中也坦承政府"习惯于手工业的工作方式"②。如果作为贯彻党的群众路线，这种工作方式无疑很好地体现了群众路线，但作为国家和社会治理的方式，则其与政治现代化的标准还有很大距离。

即使从这些缺点中，我们依然可以感受到党委政府在动员人口回乡中的主导作用。动员人口回乡工作的过程是坚持目标导向，以实现减人数字为目标，全力以赴地推进这一历史进程。过于依赖并且越来越依赖政策手段和运动式方式，凸显了党委政府的主导作用。

二、动员人口回乡的效果考察

在近30年的时间内，多达数百万人被动员回乡，对上海发展必然具有重大影响。本节从工业生产、城市建设、职工生活三个方面展开论述。

1. 动员人口回乡与上海工业生产发展

减人的最直接的效果之一，就是提高了劳动生产率，劳动生产率的提高往往成为每一次减少人口后最直接的成果体现，也是动员人口回乡的重要目标。在马克思主义的经济理论当中，劳动生产率"是指劳动者在单位时间内生产社会产品的效率。它是通过劳动者所生产的产品量和所消耗的劳动时间的比来表示的"③。这是理论上的计算方式，但在实际操作中，由于工时的难以统计，往往采用生产总值/工人数量的做法。在1961年上海市制定减少城市人口规划时曾经进行推算，"如果本市维持一九五九年的生产水

---

① 《中共上海市汽车运输第五场委员会关于减少城镇人口支援农业生产的工作小结》，上海市档案馆：B154-5-177-35。

② 《上海市编制委员会办公室关于上海市国家机关精简工作方案（草稿）》，上海市档案馆：B100-1-104-23。

③ 李国霞：《社会主义政治经济学若干问题》，呼和浩特：内蒙古大学出版社，1989年版，第69页。

平，一九六三年工业总产值达到一九五九年的水平，那么，一九六三年工业全员劳动生产率比一九五九年就可以提高 28.7%，比一九六〇年也还提高 4.8%"①。可见，在实际的操作当中，工时的标准往往被忽略，而采用简化的产值／劳动力的计算方法。

在 20 世纪 50 年代后期，上海就确定了以提高劳动生产率为主要方式来提高工业总产值，而不采用增加职工和工人数量的方式。柯庆施在 1959 年的市委工业工作会议上要求以提高劳动生产率来实现 1959 年的"大跃进"，柯庆施提出的口号是"依靠技术革命和提高技术熟练程度等条件下，一个人要做一个半人的事情，一小时做一个半小时的事情"②。这一思路被简称为"增产不增人"，在这一思路下，外来人口对于上海市的工业生产变得毫无必要。与想方设法提高劳动生产率同步，外来人口被大量动员回乡。这一思路取得了巨大成功，根据 1961 年的一份资料统计，"1960 年本市工业产值比 1957 年增长了 188%，而同一时期工业企业职工人数只增加了 31.5%，劳动生产率提高了 96.3%，新增产值 79.5% 是依靠提高劳动生产率来完成的"③。

精简职工的过程也伴随着调整劳动组织，以做到在减少劳动力的情况下不过多影响生产。精简职工的工作总结中往往伴随着劳动生产率提高的"喜讯"，如川沙纱厂"纺纱车间三分之一以上的工人都扩大了看锭、管台数。看四十二支纱的工人，由看六百锭扩大到八百锭；粗纱车间由两人管一台改为一人管一台；钢丝车由一人管七台扩大到十二台"，因此，"九月份的人员虽比八月份减少了百分之二十五，但产值却提高了百分之三十九点三，劳动生产率提高了百分之五十七点四"④。许多工厂通过提高劳动熟练程度、技术革新等手段提高劳动生产率，许多工人自觉把回乡职工留下的生产任务承担起来，以保证生产任务的完成。

于是，技术革新变得越来越重要，而调整生产方式、不断挖掘生产潜力也成为上海工业发展的主要思路。上海市革命委员会工业交通组在 1975 年

---

① 《关于 1961—1963 年上海市减少城镇人口的初步规划》，上海市档案馆：B127-2-365-8。
② 《中共上海市委工业工作部关于柯庆施同志在市委工业会议上的报告（记录）》，上海市档案馆：A36-1-153。
③ 《关于上海市人口问题的情况报告》，上海市档案馆：B127-2-371-1。
④ 中共上海市委人口工作小组办公室编写的《人口工作简报》(第 16—20 期)(17 期)，上海市档案馆：A62-2-14。

的总结中回顾了"文化大革命"以来上海工业发展的历程，同时也总结了提高劳动生产率的经验如下：

> 上海挖掘生产潜力，路子很多，主要是：大搞技术革新，技术改造，革新生产手段。上钢二厂线材车间，通过技术改造，试制成功多槽半连轧机，厂房没有增加，人员还有减少，年产量却达五十万吨，提高了一百三十倍。上海的手套行业连续实现四次重大革新，由手摇操作到机械传动，半自动化自动化。最近又发展到数字程序控制，劳动生产率提高十六倍，年产量翻了三番，职工由七千五百人减为二千五百人。像这样的事例不胜枚举。他们高举《鞍钢宪法》的旗帜，不断批判"生产定局论"，坚持革新，小厂办大事，老厂做出新贡献，深刻地说明：社会主义蕴藏着巨大的力量。
>
> 组织社会主义大协作，也有效地挖掘了潜力，上海有许多重要产品，采用"一厂一角、百厂协作，一厂一件，百厂成线"的办法，聚零为整，化弱为强，把几十家、几百家工厂组织起来，充分发挥各方面的专长，开展社会主义大协作，短期内迅速取得了成果。一九七二年，上海组织全市几百个单位参加"医疗器械大会战"，不到一年，试制成功激光手术刀，彩色扫描癌诊断器等一百四十多项具有先进水平的医疗器械，多快好省地完成一个厂、一个行业所不能完成的任务[①]。

实际上，各类材料中的劳动生产率情况基本上是以个案为例的，而非总体统计。若采用当时的计算方法，我们可以对整个社会主义建设时期上海工业的劳动生产率情况进行计算。在 20 世纪 50 年代，劳动生产率总体上可认为是稳步提升的，但精减职工之后的 1962 年总体上并未带来劳动生产率的提高，而是大幅度下降，主要原因在于总产值亦即生产任务的大幅减少。1963 年之后，上海的劳动生产率总体上是稳定不变的，并没有大的波动，即使 1967—1969 年处于"文化大革命"中高潮时期的三年，劳动生产率下降的幅度也并不剧烈，但最终也没有超过 1959 年、1960 年的水平。从 20 世纪 60 年代以后劳动生产率的变化情况我们可以看到"稳住上海"这一政策导向

---

① 《上海市革命委员会工业交通组关于上海高速发展生产严格控制城市规模的调查报告》，上海市档案馆：B246-2-1405-19。

的成效，亦可感受到60年代以后上海劳动生产率提升的乏力。

可见，关于动员人口回乡引起的劳动生产率的提高，个案肯定是存在的，但更大的可能性是一种宣传策略而非历史真相。自20世纪60年代之后，靠劳动生产率的提升来发展生产的战略的执行并没有多少进展。实际上，政府对这一情况是清楚的，在1972年研究"四五"计划时就提出职工队伍当中存在的两个突出问题，一是老弱人员逐渐增多，生产第一线人员紧张；二是由于支内较多地抽调了技术力量，各企业的技术力量相对削弱[①]。

由此可以得出结论，动员人口回乡对于劳动生产率的提升作用并不是直接的，更多的是一种保障措施，通过不断减少多余人员、压缩非生产人员以使劳动生产率维持在一定的水平上。另一方面，一线生产人员的紧张状态极大地影响了工人的生产劳动和生活，老弱人员的增多和技术力量的削弱，在劳动生产率总体稳定的情况下，一线生产人员的压力是增大的。以理论的视角看来，劳动生产率的稳定是通过提高劳动密度的手段来加以维持的。"劳动密度是指单位劳动时间所付出的劳动量"[②]，例如上述川沙纱厂的工人增加看锭数量，提高了劳动熟练程度，实质上就是提高了劳动密度。

2. 动员人口回乡与上海城市建设

动员人口回乡压制了上海城市建设的内在需求，降低了城市建设的成本，其作用是直接的和显而易见的。通过减少人口来降低城市建设的成本，以节约更多的资金来投入工业建设，这一思路在20世纪50年代后期就已经非常清晰了，如下所述：

从城市建设和城市管理、供应等方面来看，城市人口过多，问题也愈复杂，单位人口的服务费也愈高，特别是目前我国还处在大规模社会主义建设的初期，国家还不可能将更多的投资放在城市建设上，再加上海城市原有基础的薄弱，城市住宅、公用事业和各种公共福利设施本来就很缺乏，而解放以后由于人民生活的改善，迫切要求改善和提高，城市建设的速度赶不上人民日益增长的文化、生活的要求，如果人口继续增长，原有紧张情况非但不

---

①《上海市革委会综合计划组在"四五"规划研究情况第21期中关于今后三年劳动力安排初步设想的意见和市劳动局关于今后三年城市人口的情况》，上海市档案馆：B127-4-69。

② 仇德辉：《统一价值论》，北京：中国科学技术出版社，1998年版，第398页。

能改善，甚至还要降低原有的水平，因此从城市经济和城市建设来看，必需通过人口的全面规划，采取有效措施控制人口增长的速度，并确定分期人口发展规模，作为城市建设和各部门拟订规划的依据①。

为了节约成本，上海不仅在主观上不愿将更多的资金投入城市建设，而且城市建设也受当时技术条件的制约。化工专家徐善祥在1956年的政协上海市一届三次会议上即提案指出，"本埠……数十层大楼无法建筑，……无高架电车和地下铁道之可能，加以房荒严重，建筑材料缺乏……即就现有居民而论，衣食住行和医疗就业等等都有问题"②。因此，在当时的技术条件下，通过大力加强城市基本建设来容纳更多人口的可能性也非常小。

在此思路下，上海的城市建设投入比例是很低的。1975年，上海除工房外，"用于市政公用设施的基建投资仅一千六百万元，明年也只安排了三千万元，仅占全年基建计划的百分之二，北京经国务院批准五五期间除工房外，市政公用基建投资为每年一亿二千万元，占全市基建投资的百分之八左右"③。可见，上海城市建设的投资额与北京相比差距很大。

中华人民共和国成立之初，上海仍是一个范围狭小的单体城市，市区人口占上海总人口的83.3%。由于20世纪50年代后期将江苏十县划归上海，使得上海的郊区范围扩大，这对今后上海的发展具有重要意义。范围的扩大使得上海在规划城市建设和城市发展时具有了较为广阔的战略纵深，上海的城市发展、工业和人口布局都可以在一个更加广阔的空间范围内进行考量。

上海曾把卫星城建设作为城市发展和工业、人口布局的重要抓手。不断地动员人口回乡之后，在城市内部进行工业和人口的重新布局，以达到建设"最先进的社会主义城市"这一目标。因此上海在城市建设中实行了"加强城市建设，合理分布工业，逐步减少市区人口，建立卫星城镇的城市建设方针"，力图通过城市建设和改造，把上海"建成为一个园林化的雄伟而壮丽

---

① 《上海市规划建筑管理局城市规划处关于上海市人口现状及今后规划的初步意见》，上海市档案馆：A54-2-158-24。

② 《徐善祥关于在充分利用合理发展原则下考虑限制上海市居民人数问题的提案》，上海市档案馆：L1-1-92-1。

③ 《上海市革命委员会工业交通组关于城市改造和城市建设工作情况的汇报提纲》，上海市档案馆：B246-2-1405-8。

的社会主义城市"，同时也是一个"美丽而舒适的群体城市"①。在卫星城建设过程中，上海本来有强大的雄心，1958年开建闵行和吴泾，1960年计划开建浏河、嘉定、安亭、松江四个卫星城，此外在区域规划中作为卫星城来考虑的，还有青浦、朱泾、南桥、航头、南汇、川沙等地②。然而，随着全国性的精简职工、减少城镇人口运动的到来，这一方案没有最终完成。

卫星城的建设在一定程度上改变了上海城市布局，上海从一个单体城市转变为包括一个中心城区、县城、卫星城镇、农村在内的综合性的城市系统。这个城市系统的决策者不仅需要考虑工业和市政建设，而且需要考虑农业发展问题和新农村建设。就人口问题而言，行政范围的变更使市区人口的安置和城市人口的布局具有更大的选择余地和空间。于是，将人口往郊区农村或卫星城安置，而不过多增加城市建设的投入，成为政策导向。根据1975年的统计，"无产阶级文化大革命以来的八年中，上海给国家积累的资金达八百五十七亿元，同一时期，上海的基本建设投资约四十亿元，只占积累的百分之四点七"③。这一事实说明，上海的积累绝大多数作为国家积累，而城市基本建设的投资需求被大幅度压缩。动员人口回乡的进行降低了政府对于城市建设投资的欲求，为国家建设积累了更多资金作出了重要贡献。

3. 动员人口回乡与上海职工生活

中华人民共和国成立初期的疏散灾难民，大多不涉及上海人，对于上海人民的生活基本上没有什么影响。从1955年的动员人口回乡开始，动员运动伴随着各行业的紧缩，这种紧缩就影响了上海人的城市生活，尤其是连续不断地动员职工家属回乡，更是对上海职工和工人的生活产生直接影响。由于大量的外来人口被动员回乡，雇请保姆、奶妈的难度增大，尤其是许多职工的家属也被动员回乡，甚至是把在农村没有生产条件而在沪职工很需要的家属也动员回去，家中孩子无人照料的情况较为普遍。许多职工往往根本没有休息时间，忙完工作忙家庭，连轴转，也有许多职工反映孩子、家务没人

① 《中共上海市城市建设局委员会关于上海工业布局和城市发展的若干体会》，上海市档案馆：A54-2-638-14。
② 同上。
③ 《上海市革命委员会工业交通组关于上海高速发展生产严格控制城市规模的调查报告》，上海市档案馆：B246-2-1405-19。

管，"吃勿消"，要求单位帮助解决①。1955年就有工人反映，"家属回乡后开支省了不少，但对我自己太不方便了"②。

不断地动员职工家属回乡，使得两地有家、两地开支和两地分居的职工工人数量增加。政府不断强调动员职工家属回乡的积极意义，如1964年7月27日，《新民晚报》报道了江北煤矿动员职工家属回乡的"好处"，指出动员家属回乡有很大意义，可以通过算两笔经济账体现出来，一是增产节约粮食的账，二是节约建设资金的账③。但生活的压力、两地分居导致感情上的苦闷，也常使职工抱怨："这些苦情，坐汽车住洋房爱人子女在一起的负责干部是体会不到的"④。探亲也会增加职工的开销，1963年上海市卫生局的职工反映，家属回乡以后，"如果一年回乡探亲二周，便要减少三分之二的季度综合奖金的收入"⑤。上海的职工两地分居的具体数量在"文革"期间未发现精确统计资料，但1975年上海市革委会工业交通组的报告中把上海"带眷职工的比例比较低"⑥作为城市发展中存在的一个较为突出的问题，可知两地分居的职工数量已经到了需要决策部门重视的程度。

改革开放之后，夫妻两地分居问题受到中央领导同志的重视，上海也开始着重解决这一问题。据统计。1979—1983年，"工人夫妻两地分居照顾调入上海的共有16938人"，1985年8—10月，上海市劳动局对全市435万名职工中的夫妻两地分居问题进行全面普查，"全市职工两地分居的共有66201人"，其中，"分居时间在16年以上的占33.3%，10—15年的占19.5%，10年以下的占47.2%"⑦。由于1979—1983年的统计资料只涉及调入上海的数

---

① 《关于上海纺织工厂女工中由于雇佣不到奶妈、保姆而产生一些疾苦的情况反映》，上海市档案馆：A38-2-502-15。

② 《中国第一机械工会上海第二纺织机械厂委员会关于1955年8月份动员职工家属回乡的情况报告》，上海市档案馆：A43-1-35-49。

③ 《职工家属回乡生产大有好处——江北煤矿组织职工家属回乡参加劳动的重大意义》，《新民晚报》，1964年7月27日。

④ 《上海市民政局关于最近职工要求迁来家属和农民大量流入本市的情况报告（初稿）》，上海市档案馆：B168-1-869-74。

⑤ 《中共上海市卫生局委员会关于动员职工家属回乡工作情况的汇报》，上海市档案馆：B242-1-1457-16。

⑥ 《上海市革命委员会工业交通组关于上海高速发展生产严格控制城市规模的调查报告》，上海市档案馆：B246-2-1405-19。

⑦ 《上海劳动志》编纂委员会编：《上海劳动志》，上海：上海社会科学院出版社，1998年版，第192—193页。

量，调出上海的数量没有统计。因此，两者相加，至"文革"结束前上海市夫妻两地分居的职工保守估计应在 10 万以上，若再考虑父母、子女等两地分居的话，数量肯定更大。当然，引起夫妻两地分居的原因不仅仅是动员职工家属回乡，而且也包括支援三线建设等原因，但持续不断地动员职工家属回乡也是造成夫妻两地分居的重要原因。

劳动密度的增大，也使上海工人的生产劳动是紧张的，这种紧张在某种程度上以上海工人技术水平较高显示出来。如上海沪江机械厂，打破专业工种界限，广泛开展一专多能活动，60% 的工人，除掌握本工种技术外，还学会了两三种其他工种的技术。其中一部分工人已能通晓本厂生产的全过程，被称为"万能师傅"，科室管理人员也学会了一种以上的生产技术，都能顶一种生产岗位，能上能下，既是干部又是工人①。这些被誉为"万能师傅"的工人实际上也意味着他们要从事更多的工种和付出更多的劳动。

由于上海工人工资水平较高，上海工人的物质生活水平无疑也应该是高的。但是，较多的生活支出，较低的城市建设水平，也使许多工人的生活未必如想象般美好。不断积累的城市建设"欠账"使上海人的居住条件也有不少是很差的，根据 1975 年的统计，"结婚户和困难户仍有七万户。棚屋、危房不少，目前全市危险房屋还有一百二十六万平方米，棚户五百十五平方米，阁楼、天井等搭建三百二十八万平方米，还有居住在厨房里约二万一千多户"②。1975 年上海市居住房屋的总面积是 3848.5 万平方米，这一统计数据中是否包括棚户、阁楼、天井和厨房，我们不得而知，但危房、棚户、阁楼天井三者相加就近 1000 万平方米，上海人居住环境的窘迫可想而知。社会主义建设时期整个社会的物质生活都是清苦的，上海人的生活大多也只能维持在一个与高工资未必匹配的清苦的物质生活环境，在困难时期，上海人与全国人民一样渴盼"何时能吃到一碗不要粮票的阳春面呢？"③

通过以上分析，我们可以就动员人口回乡给上海的影响作出如下概括：

---

① 《上海市革命委员会工业交通组关于上海高速发展生产严格控制城市规模的调查报告》，上海市档案馆：B246-2-1405-19。

② 《上海市革命委员会工业交通组关于城市改造和城市建设工作情况的汇报提纲》，上海市档案馆：B246-2-1405-8。

③ 《上海市仪表电讯工业局党委宣传部关于减少城镇人口、减少职工宣传教育的情况和问题的报告》，上海市档案馆：B103-3-171-25。

首先，动员人口回乡为上海的工业化进程赢得了时间。从规模而言，动员人口回乡是上海减少城镇人口的主要渠道，不断地动员人口回乡大大减缓了上海成为千万人口大城市的速度。实际上，若我们将社会主义建设时期上海外迁的人口总数、动员回乡的外来人口数量和1976年上海市区人口的实际数量相加，1976年上海市区人口应当已经突破千万。而上海市区户籍人口直至1997年才突破千万，可以说，社会主义建设时期的减少人口将上海成为千万人口城市的步伐推迟了至少20年。这意味着上海可以将更多的精力投向工业建设，有利于加快上海的工业化进程。

其次，动员人口回乡为上海的工业化进程赢得了资金。动员人口回乡在很大程度上压制了城市建设对于资金的需求，从而使上海的积累更多地投向工业生产和支援国家建设，为上海的工业化进程提供了更多的资金。由于上海贡献了中央财政的近1/6，这对整个中国的工业化进程其影响都是巨大的。

再次，动员人口回乡推动了上海城市的转型。通过不断地将非生产性力量动员回乡，使上海成为一个精干的生产城市，完成了预期的城市转型目标。城市建设虽然节约了不少资金，但在城市工业化的过程中并未产生贫民窟的现象，亦有动员人口回乡的一份功劳。上海的户籍在业人口比重不断提升，一切转变都越来越贴近预定的城市定位。

动员人口回乡对上海的负面影响也是显而易见的。最为典型的是压缩城市人口、压缩城市建设投资所积累的历史欠账，这些欠账在八九十年代成为上海发展必须着力解决的问题。此外，动员人口回乡给上海人的生活造成了很多困扰，服务性行业的萎缩、生活的种种不便、上海人两地分居所造成的生活和情感问题，都是上海为动员人口回乡所付出的账单。

第二节　动员人口回乡的特点及历史评价

在上海减少城市人口的诸种方式之中，动员人口回乡是规模最大、持续时间最长的一种方式。政府之所以偏爱动员人口回乡这一方式，是由动员人口回乡成本低廉这一特点决定的。同时，从长期的动员人口回乡运动中，我们也可以看出动员人口回乡从易到难、效果递减的特点。

一、动员人口回乡具有成本低、见效快的特点

在动员人口回乡的过程中，政府居于施动者一方，考察动员人口回乡的原因，必须首先分析政府反复进行动员人口回乡运动的政治意图。在历次减少城市人口的运动中，政府毫不掩饰对动员人口回乡这一方式的偏爱，这里面的原因是多方面的，但主要在于动员人口回乡本身成本的低廉。

在社会主义建设时期，上海减少城市人口的手段主要是"三驾马车"，即动员人口回乡、支援外地建设和实行计划生育。支援外地建设规模是有限的，从上海一方而言，支援外地是应尽的义务，上海支援外地建设数量也是很大的，但支援的前提是不能过多影响上海的生产，因此其过程是有序的。从外地而言，接受方往往对职工的性别比例、技术条件有着较高的要求，这也决定了支援外地建设不可能成为减少人口的主要方式。并且 20 世纪 60 年代初，全国各地均在减少城镇人口，也限制了支援外地建设的规模。计划生育虽然在 20 世纪 50 年代既已开始推行，但作为减少城市人口的措施，计划生育见效太慢。因此，在 50 年代的计划生育工作抓得并不紧，直至精简职工以后才把计划生育作为减少人口的最主要的办法。

此外，减少城市人口还有其他方式，如征兵、在外地建立国营农场、下乡、学生投考外地、劳改犯去外地劳改等等，这些方式虽然也在减少城市人口的规划之内，但或者是对象的限制，或者是安置地点条件的限制，其规模是极为有限的。

于是，动员人口回乡的优势也就体现出来了，动员人口回乡可以在一定时期之内快速有效地减少城市人口。并且动员对象受性别、劳动力条件等限制因素较少，动员的范围也是较大的，只要是外地来的，原籍还有生产或生活条件，就可以动员回乡，即使原籍无条件的，也可以创造条件让其回乡。

尤其是动员人口回乡的经济成本较低，这种减人方式可以极大地减少国家资金。我们以 1964 年上海减少城镇人口的安置费用预算来进行比较，安置 1 名青年去新疆生产建设兵团要花费 800 元，筹办新国营农场需要 700 元，而安排 1 个回乡人员只需要 40 元。根据总数来统计，1964 年总共减少人口 22.3 万人，需要经费 4812 万元，每人平均安置费用约为 215 元（表 6-1），动员人口回乡只需要平均安置费用的 1/4 左右即可。

表 6-1　上海市 1964 年减少城镇人口安置费用预算

	人数（万人）	每人安置费（元）	安置费合计（万元）
合　计	22.3		4812
1. 青年去新疆生产建设兵团	5	800	4000
2. 安徽插队、插场			
闲散人口下乡插队	0.8	140	112
去县属集体农场	0.2	400	80
筹办新国营农场	0.3	700	210
3. 市郊农村插队、插场			
各县城镇人口下乡插队	0.3	100	30
青年去崇明和县办农场	0.4	600	240
4. 职工家属社会闲散人口等回乡和去外地	3.5	40	140
5. 撤镇	10		
6. 学生去外地工作或学习	0.8		
7. 职工支援外地建设	0.3		
8. 劳改劳教强制劳动	0.7		

资料来源：《中共上海市委精简小组办公室编制的上海市 1964 年控制城镇人口安置城镇人口所需物资、经费、城市知识青年和闲散劳动力下乡上山情况规划、统计表》和《1963—1967 年控制城镇人口发展农村安置城镇人口统计、规划表》等，上海市档案馆：A62-1-32。

　　动员人口回乡对于克服暂时经济困难，缓解粮食危机其效果是立竿见影的。1955 年的大动员大大减缓了上海粮食供应的压力。1962 年的精简工作之后，"工资总额比一九六一年减少一亿三千万元，粮食销量压缩以后，粮食供应的紧张情况已有所缓和"①。

　　虽然回乡群众在回乡之后还需要政府的大力救济，但这些救济一般停留在较低的标准。对于灾民，即使在城市仍需要政府的救济，回乡之后的救济并不是因动员回乡而产生的。对于 1955 年的回乡农民，江苏省提出的救济

①《中共上海市委精简小组办公室关于上海市精简职工、减少城镇人口情况的材料》，上海市档案馆：A69-2-165-1。

标准是：1. 口粮救济：每人每天按半斤细粮计算（折价人民币 6 分），救济人数一般应约束在回乡农民总人数的 24% 上下（这是指回来人数较多而困难又较多的县而言），救济时间可根据其具体困难情况确定。2. 房屋补助：新建每间以 30 元为限，修缮每间以 10 元为限，新建和修缮的补助户数两共最高不得超过回乡农民总户数的 10%。3. 棉衣补助：以每人一件为限，代金 3～5 元，应以残老孤幼为主要补助对象，一般应约束在回乡农民总人数 5% 以内 ①。可见，这种救济的目的是维持基本生活，且对救济的规模有明确的上限设定。对于回乡职工，1964 年市委精简小组的规定是"对全民所有制单位的回乡职工，原则上要保证不低于当地'五保户'的生活水平" ②，1965 年国务院则规定"应使他们的生活不低于当地一般居民" ③，虽然比 1964 年的标准有所提高，但总体上仍是维持一般的农村生活水平。同时，即使有些对象在城市仍需要政府救济，动员回乡后在农村的救济标准也比在城市的救济标准要低。并且，对于其他形式减少的城市人口，后续的救济补助同样是存在的，并不单单是的动员回乡的人口。

正是由于动员人口回乡本身的节约性，所以从上海解放之初开始，政府一直把动员人口回乡作为减少城市人口的主要方式，直至可以动员的对象所剩无几，才转向下乡、计划生育等更为高成本和见效慢的减人方式。即使到了回乡生产的对象所剩无几的时候，政府依然把动员来自农村的知青回乡、退休人员回农村居住和生活作为减人的重要方式，甚至创造了投亲插队这一变相的回乡形式。一切的目的，在于加强减人过程中的成本控制，以最节约的方式实现减人的目标。

二、动员人口回乡是一个从易到难的历史过程

从纵向的历史演进来看，动员人口回乡是一个从易到难的历史过程。可以从以下两个方面展开分析：

第一，每一次动员人口回乡运动中，先易后难是一个重要原则。

---

① 《江苏省民政厅、财政厅关于上海回乡农民安置救济调剂及开支标准范围问题的通知》，宝山区档案馆：7-7-029-039。

② 市委批转市委精简小组《对于市郊农村安置城镇回乡、下乡人员工作中若干问题的处理意见》，宝山区档案馆：54-2-018-004。

③ 《关于精减退职的老职工生活困难救济问题的通知》，宝山区档案馆：48-2-282-016。

1955 年的动员工作中，"对于动员的方法，规定应采取先易后难的办法，从关怀体贴群众出发，以耐心说服的态度来动员，作到合情合理，自觉自愿，防止一切强迫命令的作法"①。先易后难的原则要求加强对回乡对象的摸底调查，将回乡条件好、工作容易做、回乡阻力小的人先动员回乡，对回乡条件差和工作难度的动员对象暂缓动员或不动员。

在精简职工中同样贯彻了这一原则。1961 年的《人口工作简报》第 18 期要求各地区、各单位，"应采取先易后难的步骤，把容易动员的先动员出去。如对干部、职工已经动员回乡或调离本市的留沪家属；来自农村不久、原系农业人口并有劳动能力的干部、职工家属；以及干部、职工家庭中的非直系亲属和暂住人口等，都应深入地、耐心地说服她们回乡生产或迁往干部、职工所在地。"②1962 年 9 月，上海市委在《关于精简工作情况的报告》中再次强调，"在步骤上，贯彻先易后难，把容易减和好安置的坚决地先减下去，比较难减的强调工作做到家，否则宁可等一个时候，不要急于处理。"③

先易后难的原则有利于减少动员工作的阻力，将容易动员的人先动员回去，可以较为快速地形成社会舆论，从总体上而言，推动了动员工作的平稳有序进行。但贯彻这一原则的结果是，每次动员工作剩下的大多无回乡条件或回乡条件并不好，并且个别群众思想阻力很大，这就造成继续进行动员工作难度比上一次要高。

第二，随着历史的发展，动员人口回乡的工作难度逐渐加大。

首先，动员对象本身的历史性变迁造成了动员工作难度越来越大。动员人口回乡按照无业人口、改造对象、外来人口、工人职工、知识青年、无业人口的次序经历了历史性变迁。对于 20 世纪 50 年代初期的无业人口、改造对象而言，回农村总体上可以使他们的生活条件得以改善，因此阻力较小。60 年代之后，从被精简的职工，到知识青年，其与农村的联系越来越少，对于大多数人而言，回乡意味着生活变差，动员的难度也就越来越大。

---

① 《上海市民政局关于本市动员农民回乡工作概况》，上海市档案馆：B168-1-862-131。
② 中共上海市委人口工作小组办公室编写的《人口工作简报》（第 16—20 期）（18 期），上海市档案馆：A62-2-14。
③ 《中共上海市委关于精简工作情况的报告和市委精简小组关于上海市 1962 年减少城镇人口工作方案和上海市精减职工、减少城镇人口的工作总结（关于精简工作情况的报告）》，上海市档案馆：A62-1-10。

其次，随着时间推移，回乡安置条件的实现越来越难。在农村有生产生活条件是动员回乡的前提。离乡时间短，农村的生产生活条件相对较好，离乡时间越长，农村的生产生活条件相对较差。最典型的是房屋问题，中华人民共和国成立初期的回乡人口基本上不需要解决房屋问题，动员外来人口回乡即使需要解决房屋问题也是外地政府的工作。但对于精简职工而言，由于离乡日久，房屋问题成为安置的重要困难。对于知识青年而言，房屋问题也需要由政府来解决。因此，虽然动员人口回乡与其他安置形式相比成本低廉，但从历史发展的角度看，动员回乡的成本也越来越大。

再次，随着城乡二元结构的形成，城乡差异较大，回乡面临着更大的思想顾虑。在动员人口回乡之后，政府以制度化的形式来将绝大多数农业劳动力留在农村，这一制度化的形式就是今天我们熟知的城乡二元结构。应该说，城乡二元结构从形成上来讲，符合当时生产力发展水平的要求。从动员人口回乡与城乡二元结构的关系来看，动员人口回乡既是城乡二元结构形成的前提，也是巩固城乡二元结构的重要工作，"以动员农民回乡为重要手段，并限制农村人口向城市流动，第一次从制度上确立了城乡之间的身份差别"[1]。因此，回乡不仅意味着劳动方式、物质生活条件等一系列变化，而且是身份的变化，从职工、工人变为农民，必然面临着更大的思想斗争，动员的难度也就越来越大了。

虽然动员人口回乡有成本低廉的优势，政府也优先考虑回乡这一安置方式，但随着难度的加大，动员人口回乡越来越难以为继。由于动员难度的不断加大，政府转而更为强调下乡、计划生育等城市人口调控手段，动员人口回乡在减少城市人口中的比重也逐渐降低。

三、动员人口回乡的效果是递减的

从宏观而言，动员人口回乡在经济方面的意图，主要有如下两项：1.减少城市人口压力，为工业化节约资金；2.增加农村劳动力，扩大农村的生产。动员人口回乡在减少城市人口、增加农业人口方面无疑是成功的，但是否确切地推动了工业化进程、扩大了农村生产则是一个需要考察的问题。本节从

---

[1] 孙学文：《城中村改造解析：城乡一体化建设的探索》，郑州：河南人民出版社，2009年版，第29页。

社会主义建设时期中国的产业结构以及就业结构的产业特征进行分析。

所谓产业结构，就是"国民经济各个物质生产部门之间以及各个物质生产部门内部各组成之间的内在联系和比例关系"[①]，一般将国民经济部门划分为第一产业、第二产业、第三产业来研究三大产业之间以及各产业内部的比例关系。所谓就业结构，"是指社会劳动力在国民经济各部门、各行业、各地区的分布、构成和联系"[②]。按照经济学中的配第—克拉克定理，"随着经济的发展，第一产业国民收入和劳动力的相对比重逐渐下降；第二产业国民收入和劳动力的相对比重上升，经济进一步发展，第三产业国民收入和劳动力的比重也开始上升"[③]。

从图6-1可以看出1952年到1976年中国产业结构变迁的趋势：第二产业呈现波浪式上升的特点，在三大产业中的位次从第三上升为第一，体现了这一时期工业发展的成就，第一产业缓慢下降，这也是符合产业结构变迁一般规律的。然而，第三产业走势较为平稳，并且略有下降，这是中国经济发展的独特特征。如与同为发展中国家的印度进行比较，产业结构的区别主要在于"我国的服务业所占的比重一直很低，而且呈不正常的下降或停滞趋势。印度的服务业所占比重则较大，而且呈正常的上升趋势"[④]。

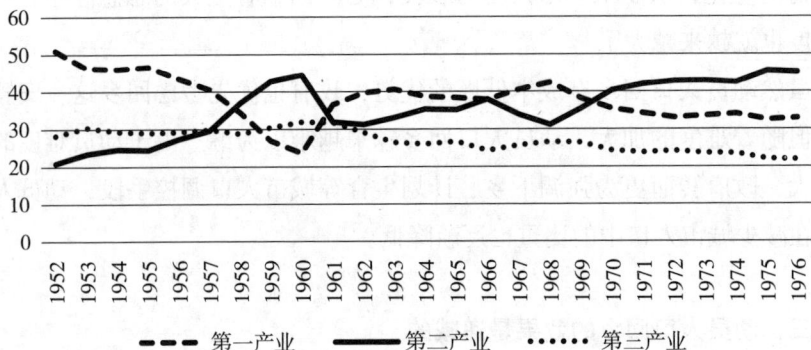

图6-1　1952—1976年中国产业结构走势图

资料来源：国家统计局国民经济综合统计司编：《新中国六十年统计资料汇编》，北京：中国统计出版社，2010年版，第10页。笔者制图。

---

① 杨东升：《国情学》，南京：南京大学出版社，1992年版，第112页。
② 李放：《劳动经济学》，北京：科学出版社，2007年版，第168页。
③ 黄宁阳：《中国新时期农村劳动力转移研究》，北京：科学出版社，2012年版，第23页。
④ 郑美琴：《中印产业结构比较》，《南亚研究》，1990年第4期。

　　第三产业的滞后性固然是因为中国共产党长期以来把服务业作为非生产部门，从而在政策上限制第三产业的发展，然而更深层的原因，则是因为工业与农业的紧张关系。图 6-1 形象地表明了第一产业和第二产业对产业结构中第一位次的争夺，证明了社会主义建设时期产业结构变迁和调整的主要方面在于判定工业还是农业在经济社会发展中居于优先位置，而第三产业则长期得到抑制。

　　人口迁移在很大程度上就是就业结构产业特征的变化。这一变化可以从如下三个方面分析：

　　首先，在社会主义建设时期，中国的第一产业、第二产业、第三产业就业的绝对数量都呈上升态势。1976 年与 1952 年相比，从业人员占总人口的比重上升了 5.3 个百分点，表明更多的劳动力资源被调动起来以加强国民经济建设。三个产业的就业人员分别增加了 12126 万人、4080 万人和 1899 万人，增长幅度分别为 70%、266.5%、101%（表 6-2）。这表明虽然第二产业从业人员增长幅度很大，但从吸纳劳动力、解决就业的规模方面考虑，第一产业居于绝对的主导地位。

表 6-2　1952—1976 年全国三大产业从业人员数（单位：万人，%）

年　份	从业人员		第一产业		第二产业		第三产业	
	合计	占总人口	人数	占比	人数	占比	人数	占比
1952	20729	36.1	17317	83.5	1531	7.4	1881	9.1
1953	21364	36.3	17747	83.1	1715	8.0	1902	8.9
1954	21832	36.2	18151	83.1	1882	8.6	1799	8.2
1955	22328	36.3	18592	83.3	1913	8.6	1823	8.2
1956	23018	36.6	18544	80.6	2468	10.7	2006	8.7
1957	23771	36.8	19309	81.2	2142	9.0	2320	9.8
1958	26600	40.3	15490	58.2	7076	26.6	4034	15.2
1959	26173	38.9	16271	62.2	5402	20.6	4500	17.2
1960	25880	39.1	17016	65.7	4112	15.9	4752	18.4
1961	25590	38.9	19747	77.2	2856	11.2	2987	11.7
1962	25910	38.5	21276	82.1	2059	7.9	2575	9.9
1963	26640	38.5	21966	82.5	2038	7.7	2636	9.9

（续表）

年　份	从业人员		第一产业		第二产业		第三产业	
	合计	占总人口	人数	占比	人数	占比	人数	占比
1964	27736	39.3	22801	82.2	2183	8.4	2752	9.9
1965	28670	39.5	23396	81.6	2408	8.7	2866	10.0
1966	29805	40.0	24297	81.5	2600	8.7	2908	9.8
1967	30814	40.3	25165	81.7	2661	8.6	2988	9.7
1968	31915	40.6	26063	81.7	2743	8.6	3109	9.7
1969	33225	41.2	27117	81.6	3030	9.1	3078	9.3
1970	34432	41.5	27811	80.8	3518	10.2	3103	9.0
1971	35620	41.8	28397	79.7	3990	11.2	3233	9.1
1972	35854	41.1	28283	78.9	4276	11.9	3295	9.2
1973	36652	41.6	28857	78.7	4492	12.3	3303	9.0
1974	37369	41.1	29218	78.2	4712	12.6	3439	9.2
1975	38168	41.3	29456	77.2	5152	13.5	3560	9.3
1976	38834	41.4	29443	75.8	5611	14.4	3780	9.7

　　资料来源：路遇、翟振武主编：《新中国人口六十年》，北京：中国人口出版社，2009年版，第663—665页。

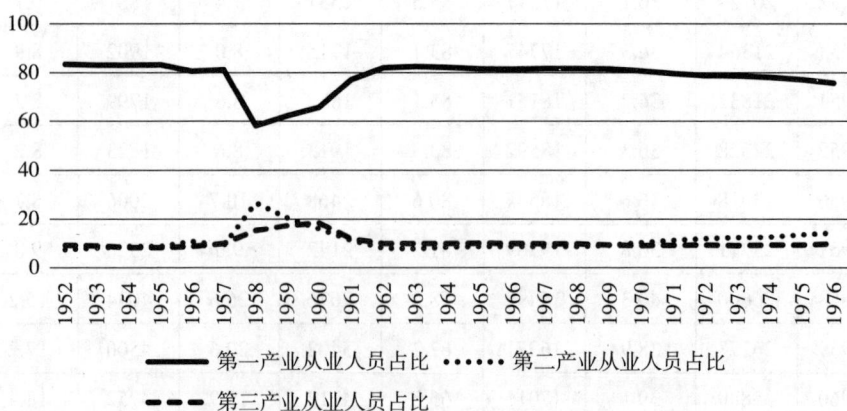

图6-2　1952—1976年中国就业结构的产业特征走势图

资料来源：根据表6-2制图。

表 6-3　1952—1976 年中国三大产业就业偏离度统计表

年份	一产就业偏离度	二产就业偏离度	三产就业偏离度
1952	−0.39	1.83	2.10
1953	−0.44	1.91	2.41
1954	−0.45	1.86	2.56
1955	−0.44	1.85	2.55
1956	−0.46	1.54	2.35
1957	−0.50	2.29	2.05
1958	−0.41	0.39	0.89
1959	−0.57	1.07	0.77
1960	−0.64	1.80	0.74
1961	−0.53	1.85	1.72
1962	−0.52	2.93	1.93
1963	−0.51	3.31	1.67
1964	−0.53	3.48	1.62
1965	−0.53	3.18	1.67
1966	−0.54	3.34	1.49
1967	−0.50	2.92	1.65
1968	−0.48	2.61	1.73
1969	−0.53	2.88	1.85
1970	−0.56	2.95	1.69
1971	−0.57	2.75	1.62
1972	−0.58	2.59	1.63
1973	−0.58	2.50	1.62
1974	−0.57	2.37	1.55
1975	−0.58	2.37	1.36
1976	−0.57	2.13	1.25

　　资料来源：国家统计局国民经济综合统计司编：《新中国六十年统计资料汇编》，北京：中国统计出版社，2010 年版，第 9 页；路遇、翟振武主编：《新中国人口六十年》，北京：中国人口出版社，2009 年版，第 663—665 页。根据上述资料中的数据进行计算得出。

其次，从 1952 年到 1976 年，在就业结构的产业特征中，第一产业与第二产业呈现出近乎完美的对称曲线（图 6-2），而第三产业除在"大跃进"和三年困难时期有轻微波动外，整个发展过程近乎一条直线。这表明在社会主义建设时期，第三产业就业结构的产业特征几乎未发生变化，产业之间就业格局的调整，主要发生在第一产业与第二产业之间。

再次，中国学界一般以就业结构偏离度来分析就业变化或失业的发展趋势，就业结构偏离度的计算公式为：结构偏离度 =GDP 的产业构成百分比 / 就业的产业构成百分比 –1。一般认为，就业偏离度越接近零，产业与就业的结构就越合理。当偏离度大于零时，说明该产业劳动生产率较高，应该吸纳更多的劳动力；当小于零时，说明该产业劳动生产率较低，已存在隐性失业的现象[①]。根据这一公式，对 1952—1976 年中国三大产业的就业偏离度进行计算（表 6-3），分析其走势，可以得出如下结论：

1. 从 1952—1976 年，第一产业、第二产业的就业偏离度呈扩大趋势，第三产业呈缩小趋势。这证明，在此一时期适当压制第三产业就业，是符合产业结构特征的，但第一产业和第二产业就业结构调整的最终结果，是不符合经济发展规律的。

2. 从此一时期就业结构不断调整的最终结果而言，以 1976 年的最终结果来看，最接近于零的是第一产业的结构偏离度，证明第一产业的就业结构最为合理，但已有一定程度的隐形失业现象；第二产业的结构偏离度最大，证明第二产业的就业结构最不合理，在劳动生产率较高的情况下，第二产业的就业受到了极大的限制。由此可以推论，从总体而言，从城市转入农村的人口过多，同样是不符合经济发展规律的。

3. 从变化的趋势来看，三大产业最合理的就业结构其时间节点应为1958 年。1962 年之后，第二产业的就业偏离度快速扩大，虽然后来呈逐渐缩小之势，但依然是三大产业中就业偏离度最高的。这表明，中华人民共和国成立后三大产业的就业偏离度快速调整，调整的最终结构是合理的。但 1962 年之后，由于工业发展的缩水和放缓、工人数量增加缓慢，因而第二产业就业偏离度扩大。没有适时地调整经济政策，使中国就业结构的产业特征的合

---

① 参考蒲艳萍：《转型期的中国经济增长、就业与公共政策》，重庆：重庆大学出版社，2008 年版，第 78 页。

理性不断降低。

因此，从国民经济发展的总体情况来看，1958年之前城市人口迁入农村是符合当时经济发展实际的。1958—1962年的调整已经是危机之后的被动调适。1962年之后，这种调整的合理性就大有疑问了。在1962年之后继续将大量人口迁往农村，恐怕已经不符合中国的经济发展实际。因此，继续将大量人口动员回农村，其推动中国国民经济健康发展的实际效果必然大打折扣。

四、动员人口回乡的历史评价

对历史事件的评价，从不同的视角出发，会得出不同的结论。总体而言，动员人口回乡实现了政府减少城市人口、保障工业化发展的预期目标。但从长时段的视角来分析，动员人口回乡也造成了一系列不良影响。

从动员人口回乡的积极意义而言，主要有如下几个方面：

第一，动员人口回乡的开展，实现了政府严格控制城市规模的预期目标。以上海而论，在整个社会主义建设时期，动员人口回乡的规模高达300余万人，占上海政府组织外迁人口数量的60%～70%，为上海减少城市人口、控制城市规模作出了巨大贡献。动员人口回乡大大放缓了上海成为千万人口大城市的步伐，为上海工业的发展赢得了资金和宝贵的时间。可以想见，如果不是大力动员人口回乡，上海在城市建设、粮食供应等方面将存在巨大压力，上海将财政收入大部分上缴国库是不可能的，中国社会主义现代化建设的总体局面或将更加困难。

第二，动员人口回乡在中国经济总体较为困难的情况下，解决了大量的人口就业问题。工业化的过程中，重工业吸纳就业能力较低，而又在当时中国的工业结构中占有主要地位，同时城市吸纳农村人口的能力也较差，在此背景下，政府主动将大量人口迁往农村，为解决劳动人民的生产、生活问题做了大量工作。在宣传文件中，党委政府反复强调，政府对待劳动人民的态度与国民党政府、与资本家不同，不是踢开不管，而是为人民提供的一条出路。事实也确实如此。

第三，动员人口回乡运动为城市人口的结构性改造作出了重要贡献。尤其在中华人民共和国成立初期，大量的灾难民、游民、乞丐、娼妓和其他城市贫民被动员回乡，改变了他们在旧社会受剥削、受压迫的社会地位，成为社会主义劳动者的一个组成部分。经过不断动员人口回乡，中国社会主义城市的人口结构是以社会主义劳动者，主要是职工和工人为主体，实现了城市人口结构的重大变革。

第四，在工业化的早期阶段，英国的圈地运动、美国的西进运动、许多发展中国家出现的贫民窟，都是工业化早期阶段所付出的历史代价。中国则是以构建城乡二元社会为手段，保障工业化的发展，避免了上述现象的发生。可以说，如果工业化的发展必须要付出代价的话，那么动员人口回乡的手段总体上是代价较小的，其过程是温和的。

当然，动员人口回乡无论是对底层人民的命运，还是对中国经济的发展，都存在不利的方面，主要体现在以下两点：

首先，动员人口回乡以行政命令和群众运动的形式，改变了回乡群众的生命轨迹。仅以上海一市而论之，被改变生命轨迹的群众约在300余万人。间接受影响的群众更是数不胜数，几乎所有的党员和干部均以不同形式参与到这场运动中来，凡是外地有亲属、朋友的上海人也均受这一系列运动的影响。

动员人口回乡运动造成了牺牲一部分人的利益来实现整体目标的历史事实。"先生产、后生活"，"紧农村、保城市"，"低工资、多用人"……中华人民共和国成立后的制度设计中充满了类似以上这些非均衡式的发展策略。政府是以全面计划化的方式来安排和建构人的生活，回乡群众享受多少国家福利和优待，都在政策的严格规定之下，并且其标准是从严从紧的。在生产力低下的条件下，人民只能维持低层次的生活水准上的公平。动员人口回乡在维护工业化发展的同时，亦使一部分群众生活面临这样那样的困难。

其次，长时段的视角下，动员人口回乡体现了减少城市人口的历史惯性。从疏散灾难民回乡、动员外来人口回乡、精简职工和减少城镇人口、动员知识青年上山下乡等历史事件的演进之中，不难发现这种历史惯性。在工业化的早期阶段，这种历史惯性本身具有历史的合理性，为中华人民共和国成立初期的工业化进程减轻了负担，但是未能及时调整相关政策，从而导致中国的就业结构不断趋向不合理，工业化和城市化进程缓慢。可见，现代化的推进需要新的思路和方法。

附录：上海市动员人口回乡大事记^①

1949年

5 月 27 日　上海解放。

7 月 10 日　饶漱石给毛泽东的信中认为刚解放的上海面临着三重封锁，要打破这三重封锁，只有积极动员上海大批工厂、学校内迁，及大批市民向内地疏散，把依靠帝国主义的上海变为依靠国内及为农村与国内市场生产服务的城市。

7 月 24 日　中共中央华东局下发《关于上海市疏散难民回乡生产的指示》，指出要改变上海半殖民地经济的畸形状态，使之摆脱对帝国主义的依赖，成为中国人民自己的生产城市，必须采取最有效的方法，疏散大批失业及无业的市民回乡生产，以减轻城市的负担，以增加农村的生产。

8 月 3 日　上海市第一次各界代表会议召开。会议听取并同意饶漱石《关于粉碎敌人封锁和建设新上海的方针的报告》、陈毅《关于上海市军管会和人民政府六、七两月的工作报告》。会议确定了疏散难民回乡为建设新上海的六大任务之一。

8 月 27 日　上海市疏散难民回乡生产救济委员会成立。

8 月　上海从 7 月开始疏散各地来沪难民回乡生产，至本月底共计疏散 40 余万人，占市区人口的 9.5%。其中，经市政府资助回乡的约 6 万人，由当地政府派人接回的有 10 余万人。

1950年

3 月 7 日　上海市生产救灾委员会（简称"生救会"）成立。其工作重

① 大事记编写除依据档案资料整理外，部分内容参考了《当代上海大事记》（上海辞书出版社，2007 年版）一书，文内未一一注明，在此一并表示感谢。

点在于根据形势的需要，将原先的组织收容、遣送，扩大为收容、遣送、教育、改造相结合，对难民问题进行综合治理。

6月2日　上海市失业工人救济委员会下设的回乡生产科正式开始工作。

6月17日　政务院批准了《救济失业工人暂行条例》，规定凡由乡村到城市不久或目前在乡村中有亲属可以回乡的失业工人，应由工会根据自愿原则，组织并鼓励他们回乡生产。上海市失业工人救济委员会据此制定了《回乡生产暂行办法》，指出应辅助目前在城市中暂时不能参加生产的剩余劳动力，将其暂时的转入农村去生产，借以发展农村经济，促进城市工商业的繁荣。

6月28日　《中华人民共和国土地改革法》通过，该法第三章第十二条规定：经城市人民政府或工会证明其失业的工人及其家属，回乡后要求分地而又能从事农业生产者，在当地土地情况允许的条件下，应分给与农民同样的一份土地和其他生产资料。

8月1日　上海市失业工人救济委员会发出了《关于各级工会迅速动员失业工人回乡生产的通知》，要求更积极有效地进行动员失业工人回乡生产，必须要使有用之劳动力投入生产岗位，暂时转入农业生产。这不仅解决了其本人及其家属的生活，同时也促进了农村经济的发展，使城市工商业原料供应减少了困难，对于整个国家经济建设有了帮助，能迅速地取得经济的基本好转与繁荣。

12月5日　陈云以《解决上海失业问题的办法》复信中共上海市委，指出：上海的失业问题之所以严重，是有历史原因的，在短期内很难避免；对于上海失业问题的处理，应根据全国各方面的需要，采取向上海招纳一批年富力强的青年职工进行训练；尽可能维持目前上海的工业生产，减少新的失业人口；控制外地人口大量流入等。

1951年

2月1日　政务院下发《关于遣送失业工人还乡生产应行注意事项的通知》，要求失业工人由城市遣送乡村需事先与还乡当地政府取得联系，同时规定长期携眷在外，在原籍无家无靠且无生产条件的失业工人，应在当地解决，以免去而复返，虚耗救济基金。

2月28日　邹剑雄在上海市第二届第一次各界人民代表会议上，提出了《外来流民甚多请设法消弭》的提案。提案认为，对外来流民，治标办法是公安局严加取缔，治本办法是将老弱者设法收容或遣送回籍，少壮者编入工赈队使其有劳力服务以安其生。

1952年

1—3月　上海市对无照三轮、人力车工进行收容整治，其中迁送2036人回乡。

本年　从1949年至1952年，上海市通过迁送站收容迁送和安置了16万人次。

1953年

4月12日　政务院下发了《关于劝止农民盲目流入城市的指示》，要求制止农民盲目流入城市的"混乱现象"。

6月15日　在中央政治局扩大会议上正式确定了党在过渡时期的总路线。

7月2日　上海市民政局发出通知，要求外来灾难民以动员遣送回乡为主，决不收容，以防止发生招来作用。

10月16日　中央发出《关于实行粮食的计划收购与计划供应的决议》，标志着中国正式开始实行统购统销制度。

1954年

7月28日　市民政局在《为外地受灾农民络续流入本市，提出处理意见请核示》的报告中，指出由于当前受灾面广，外地灾民流入本市增多，民政局提出对于灾民要采取贯彻遣送回乡生产自救的方针。

10月4日　市民政局在《灾区农民流入本市情况简报第六号》中统计，从7月底至9月下旬，流入上海的灾民共计28000人左右。灾民来沪后，私娼、盗窃、违章建筑、小贩等都日益增加，影响了对上海的进一步改造。

1955年

2月16日　中共上海市委召开干部扩大会议，根据中央关于上海不发展、不扩建、一般维持即可的决定，确定上海采取"积极改造、逐步紧缩"的方针。

4月19日　上海市民政局制定了《关于动员外来农民回乡生产工作的几项规定》。

4月26日　市委决定成立上海市紧缩问题调查研究委员会，由马天水同志为主任。同时，在该委员会下设人口问题研究小组，由宋日昌担任组长。

4—6月　上海市动员流入上海的农民总数近 14 万人。

7月14日　宋日昌向市委汇报了改组人口问题研究小组为人口问题研究委员会的建议，指出了为了加强对人口工作的领导，将人口问题研究小组扩大为人口问题研究委员会。

7月21日　中共上海市委批发了上海市民政局党组《关于党员农民回乡生产工作的方案》。

7月23日、25日　上海先后召开各区区长会议和各单位动员农民回乡生产工作干部大会，正式启动了全市性的动员农民回乡工作。

8月5日　中共上海市委常委扩大会议确定对上海工业实行"停止发展（停止大规模建新厂），积极改造，合理运用"的方针，停止实行紧缩内迁方针。

8月6日　各区区长会议召开，主要讨论动员农民回乡工作中的各项重要问题，副市长宋日昌指出了当前动员工作中存在的不足，要求各区加以注意。

8月8日、10日　副市长宋日昌与江苏省委主要领导同志就上海动员农民回乡问题进行汇报和洽商。

8月16日　市委召开各区区长会议，传达关于暂停动员农民回乡的指示。

8月17日　市人口办公室召开各区区长、各党委及人口办公室主任会议，市委书记陈丕显作重要指示，副市长宋日昌对进一步动员农民回乡工作作了布置。

8月　上海市颁布《关于节制生育的初步方案》。

9月初　江苏访问团和浙江访问团分别由洪天寿、戚原担任团长，团员和工作人员共有 70 人，分别赴江苏、浙江就上海动员回乡农民的情况进行调研和访问。

9月7日　国务院派赴上海的工作组在《关于上海人口、地方工业等几个主要问题的调查报告》中指出：上海目前人口构成中不合理部分，主要是非在业人口和服务性行业人口过多，应该大力动员和疏散这一部分人回乡生产，回乡安插、赡养，或根据需要动员一部分支援新建城市。

本年　上海市民政局制定了《上海市人口规划的初步意见（草案）》。该草案的主要精神在于要逐步降低上海被赡养人口的比重，亦即上海的非生产人口需要不断进行外迁。

　　本年　上海市共动员人口回乡 586408 人，是中华人民共和国成立后减少城市人口规模最大的一年。

1956年

　　3 月 29 日　上海市人口办公室制定了《一九五六年动员农民回乡生产的工作计划（草案）》，要求全年动员回乡 20 万人左右。

　　6 月　上海市完成了 1955 年动员人口回乡工作的遗留任务。自 1955 年 1 月至 1956 年 6 月，上海是动员人口回乡人数总计达 687208 人。

　　7 月 11 日　中共上海市第一届代表大会第一次会议召开。柯庆施作题为《调动一切力量，积极发挥上海工业的作用，为加速国家的社会主义建设而斗争》的报告，提出"充分利用上海工业潜力，合理地发展工业生产"（简称"充分利用、合理发展"）的工业发展方针。

　　11 月 15 日　上海市委人口问题研究委员会在《关于上海市人口增长的情况、今后方针和处理意见的报告》中确定人口工作的方针是：在充分发挥本市劳动力潜力、满足生产需要和支援国家建设的基础上，合理减少非生产人口，逐步消除人口臃肿现象。

　　12 月 5 日　上海市人委在《关于本市人口情况和处理意见（稿）》中规定，今后人口工作在政策方针上必须由市人民委员会统一掌握，在各项具体工作上应转由各有关部门作为经常工作进行。至此，上海市委人口问题研究委员会正式撤销。

　　12 月 13 日　上海市人民委员会颁布了《关于处理和防止外地人口流入本市的办法》，该办法规定对属于动员回乡的对象，可暂登记为临时户口，经动员后仍坚决不愿回去的，仍应耐心说服继续动员，不予转为常住户口，也不给予供应粮食。并提出了防止外地人口流入本市的八项措施。

　　12 月 18 日　市人委发出《关于外来人口有关住宿问题的若干处理办法的通知》，要求妥善处理外来人口露宿街头和暂借房屋居住不让的问题，以免影响社会治安和秩序。

　　12 月 30 日　国务院发出《关于防止农村人口盲目外流的指示》，要求灾区劝止灾民流入城市。

　　本年　上海市人口办公室对失业、无业人员的调查显示，截至 1956 年 3 月，上海市共有失业、半失业、无业人员 556515 人，占上海市总人口的 9.1%。

1957年

1月4日　曹荻秋在上海市第二届人民代表大会第一次会议上指出，"城市人口的不断增长，必然会引起房屋住宅、交通运输以及其他公用事业的更大困难。"因此，对城市人口的增长，应该进行控制。

1月30日　市人民委员会下发了《关于加强处理和防止外地人口流入上海市的通知》，规定撤销市、区的人口办公室，今后有关研究本市人口变化的情况、动员农民回乡生产和组织移民垦荒等项工作由民政部门统一掌握。

3月2日　国务院下发《关于防止农村人口盲目外流的补充指示》，要求各地立即采取措施，制止农民外流，在农民流入较多的城市，应设立专门机构负责外流农民的处理和遣送工作。除少数确实已投靠亲友或已就业安家的可以留居当地外，其余流落外地的农民应一律遣返原籍。

3月10日　市人委制定了《关于开展动员农民回乡生产工作的计划》，要求从3月15日起至5月15日止，在全市范围内开展动员农民回乡生产的工作，大力动员去年以来盲目流入本市和在本市不能生活而又可能回乡的人回乡，并划定了动员对象的具体范围。

7月6日　上海市民政局、兵役局决定自目前起至9月底止，在全市范围内全面开展对外籍复员军人进行动员回乡工作。据统计，当时流入上海的外籍复员军人约有1000人左右，并且有些外籍复员军人还在陆续来沪。对群众的政治影响和维护社会秩序而言，问题是比较严重的。

7月29日　上海市人民委员会在《关于"处理和防止外地人口流入本市的办法"的补充规定（草稿）》中提出，自目前起至9月底止，在全市范围内，全面开展对倒流回沪和盲目流入本市的外来人口的动员遣送工作，并将此列为全市第三季度的中心工作之一。

8月2日　上海市人委发出《关于进一步贯彻处理和防止外地人口流入本市的办法》，决定全面开展对倒流回沪和盲目流入上海的外来人口进行动员遣送工作，并将这一工作列为全市第三季度的中心工作之一。设立市人口办公室，制定控制盲流、紧缩城市人口的方案。至年底，共动员40万人回乡生产。

8月15日　市人委临时人口办公室部署开展动员遣送工作，要求各区、各单位成立临时办公机构，在9月底以前尽可能将一些应该和可以回去的人，都动员回去。本次动员遣送工作的最主要特点是在划定范围内的动员对象，不论报进常住户口与否，都应坚决动员回乡或回原单位生产。

8月19日　上海市公安局在《关于当前户口管理工作及今后改进意见的请示报告》中提出，灾难民、外籍复员军人、一向从事农业生产的农民、来沪谋生、待机就业迄未正式在业的，以及外地流入的未改变成分的地主、富农、刑释分子、管制分子、游民等，虽有合法手续，也不给予登记户口，应及时配合有关部门据理动员。

11月23日　上海市民政局制定了《上海市人口工作方案（草案）》，要求"二五"期间市区人口规模控制在650万人左右，并提出了综合性的减少人口措施：应该面向农村和山区，大力动员外地盲目流入本市的农民和本市的非生产人口回乡生产或居住，继续组织在业人员支援外地工农业建设，严格限制外地人口流入，并且积极开展节育工作。

12月25日　在中共上海市第一届代表大会第二次会议上，柯庆施在《乘风破浪，加速建设社会主义的新上海！》的报告中提出了"加强人口管理，争取将上海人口限制在700万左右"的人口工作目标。这次会议作出了"动员城市剩余劳动力，支援社会主义农业建设"的决议。

1958年

3月7日　在斜土路474号成立的上海市人口迁送站正式开始办公，统一办理露宿街头、有回乡条件而必须集中迁送的外来人口的集中迁送工作。

8月13日　中共上海市民政局党组在《关于人口工作的情况报告》中指出，今年本市人口盲目急剧增加的情况，已经基本上得到制止。该报告提出，要继续加强对外地盲目流入人口的动员迁送工作，对于其中流落街头的游荡分子及其他社会渣滓应及时收容审查强制迁送回乡。

8月31日　上海市民政局制定了《关于民政部门积极进行社会清理工作的意见（草稿）》，提出要配合有关部门大力做好外迁安置生产的工作。其具体对象要求是：对于应该管制的、劳动教养的、监督劳动的分子而又有乡可回的配合有关部门强制迁送回乡交由当地群众管制或监督劳动；对于不够劳动教养和监督劳动条件的分子而又有回乡条件的对象，应动员回乡；对于应该劳动教养而又丧失劳动能力的分子，不够劳动教养条件而又无家可归、无乡可回的游荡分子，应集中收容起来，迁送外地安置；对于需要迁送到劳教农场的对象，必须配合有关部门做好迁送工作。

10月21日　中共上海市民政局党组在《关于在收容教养人员中大力进

行清理外移工作的意见》中指出，我局所属单位的收容教养人员，必须进行一次全面地彻底地清理外移，其中育儿院、盲人制钉工人因工作需要应结合清理加以紧缩暂留在上海，其余对象，除应依法逮捕和劳动教养分子坚决逮捕劳动教养外，一律移出上海。

1959年

1月22日　中共上海市委批转劳动工资委员会办公室《关于少数工厂企业盲目招用人员的情况反映》，要求各单位严格控制劳动力的增长，不得任意增加职工。

3月11日　中共中央和国务院发出"关于制止农村劳动力盲目外流的紧急通知"，通知指出，农村劳动力盲目外流，不仅影响城市社会秩序，而且妨害农业生产的进行，为迅速制止这种现象，通知提出了十项紧急措施。

3月19日　市委召开会议部署动员农村劳动力回乡生产工作。至6月10日，共动员和迁送了25.3万人回乡生产。

3月26日　市委同意在市人民委员会下成立制止农村劳动力盲目流入城市的检查小组，由王克任组长，赵庆栋、刘次恭同志任副组长。

4月20日　中共上海市委发出《关于贯彻执行中共中央和国务院〈关于制止农村劳动力盲目外流的紧急通知〉的通知》，要求迅速妥善地动员已经流入上海的外地农民回乡生产；严格制止农民盲目流入上海。

9月13日　上海市委批转了中共上海市民政局党组关于加强对流浪街头和流散小船上的外来人口的收容遣送工作的请示报告，上海市委要求各区委、县委、党委抓紧贯彻执行，务求在国庆节前将流浪街头的外来人口遣送处理完毕。

本年　中央指示上海应严加控制，将转为固定工的人数压缩到最低限度。

本年　在市委工业工作会议上，柯庆施要求以提高劳动生产率来实现1959年的"大跃进"，柯庆施提出的口号是"依靠技术革命和提高技术熟练程度等条件下，一个人要做一个半人的事情，一小时做一个半小时的事情"。这一表述后来被简化为"增产不增人"。

1960年

2月　根据中共上海市委"关于对外来人口统一抓、统一管"的指示，上海成立市、区两级人口办公室，加强对外来人口管理工作，动员盲目流入上海的外地来沪人员回乡生产。

5月　14个市区和郊区的4个县先后设立了迁送站，负责一般"盲流"人员的收容迁送工作，而市迁送站则专门负责强迁对象的收容迁送和处理工作。

8月14日　市委发出《关于郊区农村劳动力问题的决定》，清理农村劳动力，加强农业第一线的工作着手启动。

8月17日　中共上海市民政局委员会在《关于遣送外来人口回乡生产工作的情况和请示报告》中统计，上半年全市总共动员迁送了247125人回乡生产。其中由社会动员回乡的142412人，经过收容迁送回乡的流浪街头人员91089人（包括强制迁送回乡6877人，提请公安部门处理989人），集中迁送回乡的流浪小船2770条，13624人。

8月28日　中共上海市委批转市公安局党组《关于处理外来暂住人口大力支援农业生产的请示报告》，要求动员一切应该回乡的外来暂住人口回乡生产劳动，组织有劳动能力而没有回乡条件的外来暂住人口，到外地生产劳动。

9月29日　中央精简干部和安排劳动力五人小组（简称"精简五人小组"）成立，安子文任组长。

10月6日　国家计委、建委、劳动部、建工部联合发出《关于缩减基本建设队伍支援农业生产的联合通知》，通知要求今冬明春基本建设队伍职工应该减少150至200万人，并决定在今年年底以前先从基本建设队伍中缩减150万人，以有力地支援农业，保证粮食生产。

1961年

1月6日　上海市委批转市委政法工作部《关于处理外来暂住人口的情况和今后意见的报告》，指出对外来暂住人口中应该回乡又能立即回乡的，应当动员他们回乡。

6月19日　市委人口工作领导小组成立，曹荻秋担任组长。

7月14日　曹荻秋在全市党员干部大会上作《减少城镇人口，大力支援农业生产》的动员报告，部署1961年减少职工和城镇人口工作。

7月15日　上海市人委同意市劳动局《关于本市部分职工要求回乡支援农业生产》的报告，指出：对职工申请离职参加农业生产，一般应予批准，同时要妥善帮助职工安排好回乡后的生产和生活。

8月1日 中共中央转批安子文提交的《关于精简职工减少城镇人口工作中几个问题的简报》。主要内容有：各地计划在今年内减少城镇人口1400万人（其中职工800万人左右），超过中央要求数字400万人。只要这个计划能够实现，中央决定在3年内减少城镇人口2000万人以上的要求就比较好办了。整个减人工作要符合决心大、行动快、步子稳、工作细、安置好的要求，缺一不可。

8月16日 市委人口工作领导小组办公室下发了《关于精减职工、减少城镇人口若干具体问题的意见》，对动员对象、精减职工的范围进行了明确规定。

8月20日 市委人口工作领导小组制定了《关于1961—1963年本市减少城镇人口的初步规划》。

10月7日 市委人口工作领导小组举行扩大会议，要求在7—10月已经减少城镇人口162249人的基础上，年内再减少3万人，以完成全年减少城镇人口20万人的任务。同时，要求深入检查回乡人员的安置情况，为制定1962年减人规划深入开展调查研究工作。

10月14日 上海市知识青年参加外地建设工作办公室成立。该办公室由市教育局、劳动局、公安局、民政局、团市委、市妇联等部门抽调干部组成。

11月7日 中央批准了公安部、内务部党组"关于坚决制止人口自由流动的报告"，之后，各地均加强了对自流人口的收容迁送工作。

12月15日 市委人口工作领导小组再次召开扩大会议，着重讨论了1962年继续减人的初步计划。

本年 截至年底，上海精简职工15.8万人，占全部职工的6.8%。其中回乡参加农业生产7.4万人（去外地农村3.9万人，去郊区农村3.5万人）；辞退里弄工和临时工5.6万，退职退休2.8万人。

1962年

2月14日 中央下发《中央关于一九六二年上半年继续减少城镇人口七百万人的决定》。

2月22日 中央精简小组成立，负责处理有关全国精减职工和城镇人口的日常事务。杨尚昆任组长。

3月16日 上海市人委召开会议，要求各企业、事业单位和机关、团体等贯彻精兵简政、增产节约的方针，努力提高劳动生产率和工作效率，有计划、有步骤地动员符合条件的职工、职工家属和其他城镇居民回乡生产、安置生活或支援外地建设。

3月29日　中共上海市委将1961年6月成立的市人口领导小组改建为中共上海市委精简小组，负责全市精简职工和减少城镇人口工作。曹荻秋任组长，马天水、王一平和杨士法为副组长，王克任办公室主任。

同日　上海市劳动局印发《关于精减职工中有关生产补助费等问题的规定》。

4月26日　中华人民共和国教育部回复上海市教育局《关于动员回乡的职工子女转学问题的请示意见》，指出大中城市和重要工矿区中、小学非毕业班的学生，凡家长回乡，一般都应随同家长回乡，或者参加劳动，或者转入当地学校学习。毕业班的学生则采取分别对待的办法。

5月11日　上海市劳动局下发了《关于对被精减职工按退职办法发给退职补助费的通知》。

5月27日　中共中央、国务院下发了《关于进一步精简职工和减少城镇人口的决定》。该决定确定了"坚决缩短工业战线、调整商业体制、缩小文教规模、精简行政机构、进一步精减职工、减少城镇人口"的总原则。

6月1日　国务院全体会议第116次会议通过了《国务院关于精减职工安置办法的若干规定》。该规定指出，精减下来的职工，主要地应当安置到农村。6月19日，上海市人委转发了这一规定，指出过去有关规定同国务院通知不一致的，均按国务院规定办理。

7月16日　国务院下发了《关于在精简工作中妥善安置资产阶级工商业者的若干具体规定》，原则上要求对资产阶级工商业者和他们的家属，不下放农村，自愿申请回乡的，可以同意，但不要动员，更不能强迫。对已经下放的，如非自愿，应该调回。

7月18日　上海市委统战部、市委整编委员会、市委精简小组联合发出通知，保护台湾籍工人和干部的利益，要求对机关、学校和企业中的台湾籍工人、干部一般不作为精简对象。

9月27日　市委精简小组下发了《关于被精减职工安置巩固工作中几个问题的处理意见》，要求根据妥善安排、负责到底的精神，对于已经精减的职工，必须认真做好安置巩固工作，使被精减的人员，各得其所。有回乡、下乡条件的，坚决巩固在农业战线上，使其安心劳动；在城市有劳动能力愿意参加劳动的，积极进行安排，使其生活过得去；少数精减不够妥当的，应采取多种办法，分别予以安置。

11 月 19 日　市委农村工作部、市人委农业办公室下发《关于安置回乡人员的情况和意见》，要求切实解决回乡人员存在的具体问题，尽最大力量使回乡人员巩固在农业战线。

本年　《上海市一九六二年减少城镇人口工作方案（稿）》文件中提出了计划精减职工 20 万人，减少城镇人口 28 万人，总共计划减少 40 万人口的工作计划。其中，计划动员人口回乡的人数为 16 万，占计划减人总数的 40%。同时为控制城市规模，规定不准任何职工家属（包括军官家属）进城。

本年　对非法市场先后进行了三次大规模的取缔，在市郊指定集中在 47 个市场，拔掉了 165 个非法集市。

本年　至 11 月底止，全市已精简职工 287000 人，抵除增加的职工人数以后，净减 21 万人，超额完成了规定的两年任务。

1963年

2 月 19 日　市委精简小组制定了《上海市一九六三年精简工作方案》。方案指出，一九六三年减少城镇人口的任务，主要是动员有条件回乡的职工家属回乡；动员没有回乡条件的社会闲散人口下乡插队落户；动员待学、待业的青年上山下乡从事农垦；动员家在农村的退休退职职工回乡。其次是抽调技工支援外地建设，动员一部分外调职工留沪家属迁往职工所在地，在城镇青年职工和学生中征集兵员。此外，还可通过改变城镇建制和缩小城市近郊区而减少一部分城镇人口。同时还强调，今后各单位必须严格按照劳动计划办事，不得私自增加职工，也不得将临时工转为固定工，更不得从农村招收新职工。

2 月 28 日　市委精简小组召开扩大会议，确定 1963 年精简职工、减少城镇人口工作的目标是减少城镇人口 75000 到 10 万人。

3 月 7 日　上海市委精简小组办公室印发《关于回乡、下乡人员口粮、车旅费和安家补助费等几个具体问题的通知》。

3 月 14 日　市委召开会议，要求全市在 4 月 10 日左右，掀起一个回乡和下乡的高潮。

4月1日　中共上海市委转发《1963年精简工作方案》，提出1963年要减少城镇人口8至10万人，主要是压缩社会人口。

6月4日　上海市委农村工作部精简小组办公室通报了南汇县和川沙县的两起回乡职工自杀事件，指出在安置回乡、下乡人员工作中还存在不少问题，要求各县认真组织一次检查，深入了解情况，并采取措施防止类似事件的再度发生。

6月8日　曹荻秋在市委精简小组扩大会议上讲话，指出人口办公室的计划基本上是可以实现的，有困难，但关键在抓。曹荻秋在会议上作出了"大抓六月，争取上半年基本完成全年任务"的指示。

7月27日　上海市委批转市劳动局党组《关于上海市闲散劳动力的情况和安置管理工作的意见》，指出当时上海需要安置的闲散劳动力约有15万人，今后不能升学而到达劳动年龄的青年，每年约有六七万人，安置这些劳动力的主要方向，应该是面向农村，面向外地。

7月31日　中共中央批转中央精简小组《关于精减任务完成情况和结束精减工作意见的报告》，标志着全国性的精简职工、减少城镇人口运动正式结束。

8月18日　中共上海市委精简小组办公室制定了《上海市第三个五年计划期间减少城镇人口工作的初步规划（草案）》。该方案指出，为了实现维持现有规模的目标，在5年内上海至少需要动员70万人外迁，其中需动员回乡135000人。

10月15日　市委精简小组办公室下发了《关于本市两年来动员回乡职工中一些遗留问题的情况和处理意见（稿）》。

10月17日　上海市民政局下发了《关于回乡职工生活困难救济工作中几个具体问题的意见》。

11月25日　上海市民政局制定了《关于回乡职工生活困难救济的试行办法》和《关于回乡职工疾病医疗补助的试行办法》。

11月27日　华东局组织召开了各有关省、市精简领导小组会议。会议讨论了精简城市人口和城市劳动力回乡、下乡的工作，会议对周总理和谭副总理关于下乡安排工作的指示和经验进行了座谈。

12月16日　中共上海市第三届代表大会召开。本次大会确立了要把上海建设成为一个先进的工业和科学技术基地的奋斗目标。

1964年

1月24日 中共上海市委转发市委精简小组办公室的报告，要求组织得力干部检查对回乡、下乡人员的安置、思想工作，解决发现的问题；并要求县、社、队三级必须把安置、教育、团结回乡和下乡人员，列入经常的议事日程。

1月 国务院成立计划生育委员会。

2月1日 中共上海市委、市人委向回乡、下乡支援农业生产的同志发出慰问信，指出：1964年，上海将继续动员城市人口下乡参加农业生产，希望继续发扬工人阶级自力更生、奋发图强、艰苦奋斗、勤俭建国的光荣传统，在公社党委的领导下，团结群众，苦干、巧干，迎接农业生产的新高潮。

3月3日 中共上海市委批转市公安局党组《关于处理户口申报问题的请示报告》，要求从严掌握处理户口申报问题，既要坚决制止农村和小城镇人口盲目迁入上海，又要继续动员有条件回乡、下乡的人参加农业生产，但对于有正当迁移理由并具备证件的人，准予报进常住户口。

3月18日 中共上海市委批转市劳动局党组《关于1964年市区社会闲散劳动力安排意见》，认为安置社会闲散劳动力，必须长期坚持面向外地，面向农村的方针。

同日 中共上海市委批转市委精简小组提出的《上海市1964年减少城镇人口工作方案》，提出：在今后一个长时期内，上海城镇人口应该基本上维持现有水平，力争有所减少。

4月20日 上海市委精简小组办公室印发《关于回乡、下乡人员口粮和安家补助费等问题的意见》。

5月8日 市人委批转了上海市民政局《关于制止郊县人口外流加强安置的请示报告》，要求各县人民委员会切实抓一下，做好对外流人口的生产、生活的安排，加强对他们的教育管理，力争在最短时期内解决人口外流的问题。

8月10日 上海市委转批市委精简小组《关于市郊农村安置城镇回乡、下乡人员工作中若干问题的处理意见》，要求对于精简回乡的职工，要本着负责到底的精神，继续给以精神上的鼓励与必要的物质帮助。上海市委强调，解决回乡、下乡人员的生活困难的根本办法，还是要贯彻"自力更生"

的精神。

11 月 11 日　上海市民政局下发了《关于回乡、下乡人员生活困难救济和回乡、下乡职工疾病医疗补助问题的通知》。

1965年

1 月 23 日　市委精简小组下发了《关于精减到外地农村的职工生活困难情况和处理意见》，要求采取加强思想政治工作、解决生活困难问题等办法做好回乡职工的安置巩固工作。

2 月 15 日　中华人民共和国劳动部办公厅印发了由劳动部办公厅人民接待室汇集的《关于处理安置工作和精减遗留问题的若干政策界限》。该文件共涉及城市人民就业、精减退职老职工救济等方面的十一个问题。

3 月 16 日　中共上海市委办公厅转发了市委精简小组办公室《关于本市郊区若干回乡职工自杀情况的调查报告》，要求各县结合农村社会主义教育工作，对社队干部和回乡下乡人员及其家属进一步加强教育。对于回乡下乡人员中尚未解决的问题，特别是已经发现的自杀苗头，应当及时地认真处理解决。

4 月 2 日　市委精简小组办公室制定了《上海市一九六五年减少城镇人口工作方案》，计划全年动员迁出 9 万人左右，其中动员社会青年和闲散劳动力回乡下乡 5000 人。

6 月 9 日　国务院下发《关于精减退职的老职工生活困难救济问题的通知》，该通知将生活困难退职老职工的救济标准从原标准工资的 30% 提高到 40%。

10 月 27 日　市人委下发了《关于贯彻国务院关于精减退职的老职工生活困难救济问题的通知》。

11 月 27、28 日　市委精简小组办公室和市委农村政治部会同召开了郊区精简安置工作会议。会议部署了郊区农村在春节前对回乡、下乡人员全面进行一次检查访问工作，并传达了中央安置工作会议的精神。

1966年

2 月 1 日　国务院批转了《五省精减安置巩固工作座谈会纪要》，要求各级党委、人委认真做好这项工作，在 1966 年内再狠抓一年，力争基本上解决问题。

3 月 22 日　市委精简小组办公室制定了《本市一九六六年控制与减少城

市人口工作方案》，计划市区人口外迁 10 万人左右，其中，规定对有回乡条件的职工家属、退休职工和其他闲散人口，应积极动员回乡，全年尽可能动员 15000 人左右。

4 月 12 日　内务部、劳动部和财政部联合下发了《对于有关精减安置巩固工作几个问题的解答意见》。该意见主要对"五省会议纪要"中的相关规定进行细化解释。6 月 1 日，上海市民政局、劳动局、财政局联合转发了这一文件。

5 月 27 日　上海市委批转市委精简小组办公室《关于本市精减安置巩固工作情况和意见的报告》。该报告要求郊区八县农村在"四清"运动将结束时，划出一定时间，由"四清"工作队和公社党委，专门抓一下回乡下乡人员的安置教育工作。

1967年

4 至 6 月　安徽、河南等地灾民大量流入上海，市革委会共收容遣送了 34786 人（次）回乡生产。

1968年

4 月 22 日　上海市革委会批转市革会郊区组、工业交通组、财贸组"关于立即清理流入城市的农村劳动力的通知"，市革委会强调，清理流入城市的农村劳动力，是一场激烈的阶级斗争。今后各组劳动部门必须加强对劳动力的监督管理，未经上级有关领导部门批准，不得擅自从农村招收人员。

5 月 16 日　上海市劳动局革委会下发通知，停止执行职工退休、退职后子女顶替和取消职工因病死亡后照顾子女工作，今后职工退休、退职后其子女劳动安排，应根据国家需要，劳动就业政策和本人条件，由地区劳动部门统筹安排。

6 月 11 日　上海市革委会成立下乡上山办公室。全市 1966、1967 和 1968 三届初高中毕业生共 67 万人（后来统称为老三届），除家在农村可回原地生产劳动的 7 万人，1968 年、1969 年在市区工交、财贸系统可分配 25 万至 30 万人和在郊区农场分配 5 万人，尚有 25 万至 30 万人需到外地下乡上山。

7 月 8 日　上海市知识青年上山下乡办公室成立。

12 月 21 日　上海市革委会决定，全市所有尚未分配的中学毕业生采取"一片红"政策，除极少数身体残疾和家庭有特殊困难的外，全部动员上山下乡，共计 50.7 万人。

1969年

12 月 16 日　市革委会下乡上山办公室下发了经批准后的《关于脱离劳动的城市居民回原籍参加农业生产补助问题的请示报告》，指出对于要求回乡的居民，凡是经与原籍县一级革委会联系取得同意的，应该予以积极支持和鼓励。该报告还规定了补助的具体标准。

12 月 20 日　中国人民解放军上海市公检法军管会、上海市革命委员会下乡上山办公室、市人民防空办公室、市劳动局革委会、市民政局革委会、市财政局税务局革委会、市粮食局革委会、市公用事业局革委会八个部门联合下发了《关于疏散城市人口几个问题的解决办法》，制定了对国营企事业单位和国家机关的退休职工、城市居民中的职工家属、不在职的革命残废军人、长病假职工、脱离劳动的城市居民、老弱残退职的三轮车工人等六类人员的经费解决办法和具体发放标准。

12 月 26 日　上海市人防委作出《关于加强战备、疏散城市人口的初步规划（讨论稿）》，提出：对市区 620 万人，采取先期疏散（亦称预期、平时疏散）与临战疏散相结合的方针。

1970年

3 月 8 日　上海市革委会、市人防办联合召开会议，传达、介绍北京市战备经验。会后，上海开始大规模营造半永久、永久性的防空工事，并与知识青年上山下乡、工厂支援三线建设、疏散城市人口相结合。

4 月 24 日　上海市革委会下乡上山办公室提出要兴起一个更大规模的动员里弄闲散居民、退休人员和知识青年下乡上山运动高潮，并要求用战备的姿态做好动员工作。

11 月 1 日　上海商业工作会议上的《对个体商贩清理改造的意见》文件中规定，凡属有条件回乡或赴农村插队落户的个体户，不论经营的行业是否有需要，都要尽力动员他们上山下乡。

1972年

8 月 4 日　上海市劳动局革命委员会制定了《关于后三年上海市城市人口情况》。该文件提出了为了使市区人口进一步减少，需采取以下四项措施：一、加强晚婚和计划生育的宣传教育工作和具体措施，使市区人口出生率尽力降低到 7% 以下。二、严格控制农村人口和外地户口的迁入，对外地确实自动离职回来的人员，不报入户口。三、继续动员知识青年去外地参加工农业建设。四、积极争取支内职工的在沪家属前往外地。

1973年

8月13日 宝山县革委会下发《关于加强农村劳动力外出的管理通知》，要求各公社严格控制农村劳动力擅自外流，并对农村劳动力外出的审批权限和手续作了详细规定。

11月14日 市革委会领导同志就慰问回乡职工问题批示：在即将到来的七四年春节前后是否还需要组织慰问团分别到江苏、浙江、郊区对六一年、六二年支农工人进行慰问，对困难户参照七三年春节办法进行补助，七三年补助的面似乎小了，这次是否组织访问的人更多一点，补助的面更大一点，请劳动局革委会考虑一下这个意见。

1974年

4月26日 复旦大学历史系工农兵学员和部分教师在宝山县月浦公社调查后，发现有的大队、生产队劳动力外出过多，严重影响了农业生产。

10月16日 上海市革委会工交组秘书组编写的《工交情况》第392期反映：最近一个时期，少数工厂私招乱用农村劳动力的情况比较多。

后 记

就我个人粗浅的认识,对于一个研究者而言,选题是最为重要的,也是最令人痛苦的。我的博士毕业论文选题纠结了近两年的时间,印象中的博士生涯,一半以上的时间在选研究题目。2012年我有幸考入上海大学文学院攻读博士学位,师从忻平教授,拟定的几个研究题目,忻老师和我本人都不太满意。2013年开始,忻老师以敏锐的学术眼光带领我们推动历史研究的当代史转向,给予我们很大的自由度,要求我们遵循自己的兴趣自主选择研究题目。

为了选取合适的研究选题,我用很大的精力通读了六卷本的《毛泽东年谱(1949—1976)》和《当代上海大事记》,扩大了当代中国史研究的宏观视野。我把枯燥的编年体的历史记录一条条读下来,遵循读到历史资料第一眼的触动和困惑,选取历史记录中反复出现的同类事件作为研究选题。任何一个历史事件的发生可能是偶然的,但反复出现的历史事件一定具有深刻的历史性。最终,我将"动员人口回乡"作为论文题目。忻老师和全体同门多次帮助我讨论论文的提纲,在写作过程中多次指点,于是有了我的博士毕业论文,并在此基础上最终形成本书。

近年来我也反复追问自己,选定这个题目的初心是什么,最初的触动和感动是什么?至今可能我依然无法明确表达出来。我研究生期间开始从事中国共产党党史研究,个人体会毛泽东时代的研究是最难的。改革开放以来虽然也并非一帆风顺,但最终结果是成就斐然,举世瞩目;毛泽东时代,既有伟大的成就,也有重大的失误乃至错误,讲清毛泽东时代的中国史充满挑战,对于认识中华人民共和国史也尤为重要。毛泽东时代是中华人民共和国现代化的奠基时代,这是任何人都不会否认的。奠基时代的智慧、奋斗、精神、教训,都是值得我们永远探索与铭记的。以动员人口回乡为切入点,揭示了中华人民共和国起步阶段的穷国雄心，反映了一代人为了中华人民共和国的现代化进程所付出的奋斗与牺牲，他们勒紧裤腰带过日子，牺牲自己的利益，为之奋进。这是中华人民共和国第一代人，即我的祖辈与父辈的经历和记忆。在本书写作前，我就有着，并在研究后进一步加深了对这一代人的敬意！

感谢我的硕士导师、天津大学的贾晓慧教授，她一直关心我的成长，在我做博士论文时依然不吝给我颇多赐教——关注现实的习惯是贾老师对我的言传身教。上海大学的诸位老师均给博士生上课，由于每一位博导只有一两节课，所以他们传授的内容都是精华。由于从中共党史到中国近现代史属于跨专业，所以我补修了陈德军、杨卫华、吴静三位老师的硕士课程，他们的课程对我启发很大。

陶飞亚教授、陈勇教授、陈德军副教授参与了我的预答辩，对本书的修改提出了非常多的指导意见。张云教授、陶飞亚教授、邵雍教授、廖大伟教授、赵泉民教授对本书进行了评阅，使我受益良多。张云教授、张劲教授、陈挥教授、陶飞亚教授、陈勇教授参加了我的毕业论文答辩，他们为我的论文耗费了很多精力，提出了宝贵意见。在此，对上述各位尊敬的老师以及我的全体同门所给予的帮助和指导，谨表谢忱！

由于动员人口回乡牵涉面广，鄙人学识有限，书中疏漏错误之处在所难免，恳请专家和读者批评指正。

作者
2019 年 11 月 18 日

图书在版编目(CIP)数据

城市转型与人口治理:1949—1976年上海动员人口
回乡研究/张坤著.—上海:学林出版社,2020
ISBN 978-7-5486-1689-4

Ⅰ.①城…　Ⅱ.①张…　Ⅲ.①城市人口-城市管理-
研究-上海-1949-1976　Ⅳ.①C924.245.1

中国版本图书馆 CIP 数据核字(2020)第 185688 号

责任编辑　吴耀根　王莹兮
封面设计　周剑峰

百年上海与中国共产党

城市转型与人口治理:1949—1976年上海动员人口回乡研究
忻　平 主编　张　坤 著

出　　　版	上海人 出版社
	学林出版社
	(200001　上海福建中路 193 号)
发　　　行	上海人民出版社发行中心
	(200001　上海福建中路 193 号)
印　　　刷	上海商务联西印刷有限公司
开　　　本	720×1000　1/16
印　　　张	19.75
字　　　数	250 千字
版　　　次	2020 年 11 月第 1 版
印　　　次	2020 年 11 月第 1 次印刷

ISBN 978-7-5486-1689-4/K·191
定　　价　88.00 元